SV

Wer macht den Abwasch, wickelt die Schreihälse und besorgt den Einkauf, wer verdient die Brötchen und bestimmt die Mobilität, und warum sollen eigentlich die schönen Nachtseiten des Bettes immer nur mit dem angetrauten Alltagsgegenüber genossen werden dürfen? In der modernen Gesellschaft vermehren sich auch in der Beziehung zwischen Frau und Mann die Entscheidungen und Entscheidungszwänge. Ulrich Beck und Elisabeth Beck-Gernsheim erzählen davon, wie Männer und Frauen mehr und mehr zu den Gesetzgebern ihrer eigenen Lebensform werden und welche unfreiwillige Komik und welche Verwicklungen daraus entstehen.

Elisabeth Beck-Gernsheim ist Professorin für Soziologie an der Universität Erlangen, Ulrich Beck lehrt Soziologie an der Universität München und an der London School of Economics.

Ulrich Beck
Elisabeth Beck-Gernsheim
Das ganz normale Chaos
der Liebe

Suhrkamp

Umschlagfoto: Hans Wiesenhofer

Erste Auflage dieser Ausgabe 2005
© Suhrkamp Verlag Frankfurt am Main 1990
Alle Rechte vorbehalten, insbesondere das
der Übersetzung, des öffentlichen Vortrags sowie der Übertragung
durch Rundfunk und Fernsehen, auch einzelner Teile.
Kein Teil des Werkes darf in irgendeiner Form
(durch Fotografie, Mikrofilm oder andere Verfahren)
ohne schriftliche Genehmigung des Verlages reproduziert
oder unter Verwendung elektronischer Systeme
verarbeitet, vervielfältigt oder verbreitet werden.
Druck und Bindung: Ebner & Spiegel, Ulm
Printed in Germany
ISBN 3-518-06822-9

1 2 3 4 5 6 – 10 09 08 07 06 05

Inhalt

Ulrich Beck/Elisabeth Beck-Gernsheim
Einleitung

*Riskante Chancen – Gesellschaftliche Individualisierung
und soziale Lebens- und Liebesformen* 7

Ulrich Beck
Kapitel I

*Freiheit oder Liebe. Vom Ohne-, Mit- und Gegeneinander der
Geschlechter innerhalb und außerhalb der Familie* 20

1. Freiheit, Gleichheit und Liebe 20
2. Zur Lage von Männern und Frauen 23
3. Die Industriegesellschaft ist eine moderne Ständegesellschaft 38
4. Freisetzung aus Frauen- und Männerrolle? 43
5. Bewußtwerdung der Ungleichheiten: Wahlmöglichkeiten und -zwänge 51
6. Ende des Individuums oder Renaissance enormer Subjektivität? 56

Elisabeth Beck-Gernsheim
Kapitel II

*Von der Liebe zur Beziehung? Veränderungen im Verhältnis von
Mann und Frau in der individualisierten Gesellschaft* 65

1. Die Liebe wird wichtiger denn je 66
2. Die Liebe wird schwieriger denn je 73
3. Utopie der Hoffnung 103

Elisabeth Beck-Gernsheim
Kapitel III

*Freie Liebe, freie Scheidung. Zum Doppelgesicht von
Freisetzungsprozessen* 105

1. Die alte Zeit: Zwänge und Sicherheiten 106
2. Die Moderne: Mehr Freiheit, mehr Unsicherheit 108
3. Auf der Suche nach der gemeinsamen Welt 110
4. Auf der Suche nach der gemeinsamen Sache 114
5. Die Mühen der Beständigkeit 132

Elisabeth Beck-Gernsheim
Kapitel IV

Alles aus Liebe zum Kind 135
1. Der Kinderwunsch heute 137
2. Die Vorbereitung aufs Kind 147
3. Kinderwunsch ohne Kind: Die Patientenkarriere beginnt 160
4. Eltern und Kinder im Kosmos der neuen Erwartungen 167

Ulrich Beck
Kapitel V

Der späte Apfel Evas oder Die Zukunft der Liebe 184
1. Die Mobilisierung der Illusion: Zurück zur Kleinfamilie 186
2. Gleichstellung als Vereinzelung: Der Widerspruch zwischen Arbeitsmarkt und Familie 189
3. Die »nacheheliche Ehe« – Scheidungsbedingte Groß- und Fortsetzungsfamilien 192
4. Der späte Apfel Evas: Die »erlittene« Emanzipation der Männer 199
5. Scheidung als Trauzeuge: Ehekoalitionen 204
6. Elternschaft als Baukastensystem: Die genetische Selbst- korrektur und Selbstgestaltung der Menschennatur 209
7. Fluchtpunkte und Suchidentitäten: Jenseits von Frauen- und Männerrolle 213

Ulrich Beck
Kapitel VI

Die irdische Religion der Liebe 222
1. Was kommt nach der Tradition – nichts? 222
2. Zerfall und Vergötzung von Ehe, Familie und Liebespartnerschaft 225
3. Liebe als Nachreligion 231
4. Wider die Ungeschichtlichkeit der Liebe: Liebe als demokratisierte und trivialisierte Romantik 239
5. Liebe als soziales Sinnmuster subjektiver Selbstverwal- tung: Eigendynamik, Konfliktlogik, Paradoxien 253

Anmerkungen 267
Literatur 285
Drucknachweise 301

ULRICH BECK/ELISABETH BECK-GERNSHEIM

Einleitung

Riskante Chancen – Gesellschaftliche
Individualisierung und soziale Lebens- und
Liebesformen

Das ganz normale Chaos der Liebe: Ist das nicht Wunschtraum?
Alptraum? Haremsphantasie? Was hat das mit der langweiligen
Normalität beispielsweise in der Bundesrepublik zu tun? Keine
großen Affären, keine leidenschaftlichen Dramen. Soziale Sicher-
heit (mit vielen Löchern). Wirtschaftswunder. Risikogesellschaft.
Und nun: das real existierende Chaos der Liebe? Schwingt da etwa
Persönliches mit?

Auch, aber nicht nur. Der Anschein der Normalität täuscht –
ebenso wie die Statistiken, die es erlauben, Scheidungsziffern mit
Wiederverheiratungsquoten hochzurechnen und derart in der großen Hoffnung verschwinden zu lassen, für die Ehe und Familie
nach wie vor stehen. Wer diese Ungereimtheiten – die Romantisie-
rung der Liebespartnerschaft und Familie, den Zusammenbruch
ihrer tradierten Gewißheiten, die Geräuschkulisse des Geschlech-
terkonfliktes – entschlüsseln will, muß das *historisch aufbrechende Gegeneinander von Liebe, Freiheit und Familie* ins Zentrum rücken.

1. Die kleine nachfranzösische Revolution

Es sind die alten und immer wieder neuen, uneingelösten Versprechen auf Freiheit und Unabhängigkeit, die heute ihr Recht gegen
die überlieferten Formen der Privatheit und Intimität einklagen.
Diese Hoffnungen, die die amerikanische Unabhängigkeitserklä-
rung ebenso inspiriert haben wie die Französische Revolution, sind
verlacht worden, verachtet, bekämpft. Und ihre Mehrdeutigkeit ist
Legende. Doch sie haben sich auch verselbständigt und entfalten
eine neue Kraft, so daß die kleine nachfranzösische Revolution –
versteckt in den persönlichen Wünschen der Individuen – sich

heute auch gegen die Ungleichheitsform der Familie wendet und zugleich die Werte der Familie fast wie eine Religion überhöht.

Zum einen ist der Typ von Familie, der mit der Industriegesellschaft entstanden ist und den die Soziologen »Kleinfamilie« nennen, das Gegenteil zu der Idee von Gleichheit, die im selben Zeitraum ihren politischen Aufstieg erlebt hat. Diese Form identifiziert Frau mit Familie. Nicht nur in Form von Mutterschaft und Familienarbeit, sondern damit zugleich auch in der Rolle der »abgeleitet Unselbständigen«, deren Schicksal das der Lohnabhängigkeit des Ehemannes ist. Um ihn dreht sich der Arbeitsmarkt, oder er dreht sich um den Arbeitsmarkt, und der Erwerbszwang verurteilt die zugewiesene »Familienperson« – eben die Ehefrau – zur Mitmobilität, zum ökonomischen Schicksal aus »zweiter Hand«, zur lebenslangen, quasi-geburtsständischen Rolle der Wirkenden in Familie und Haushalt.

Doch in schnellem Tempo wächst heute die Zahl der Frauen, die aus dem ihnen zugewiesenen Hausfrauen-Ständeschicksal auszubrechen versuchen. Und in diesem Massenaufbruch wird mit einem Mal sichtbar: Das Traumbild der Hoffnung – die Familie, der Ort von Zärtlichkeit, Nichtmarkt, privatem Glück und wechselseitiger Ergänzung oder wie sonst die Wünsche umschrieben werden, die hier ihre Behausung haben – ist seiner Architektur nach der Zwitter zweier Zeitalter, eine Kombination von Zärtlichkeit, Sklaventum und Moderne, die in dem Maße auseinanderbrechen muß, in dem das Normalste der Welt geschieht: daß auch Frauen die Freiheit und Gleichheit beanspruchen, die die Männer mit guten und daher wenig guten Gründen an der Familie enden lassen wollten.

Was wir erleben, ist also etwas Bekanntes und Unbekanntes zugleich. Wir kennen die Bauernaufstände, die Auflehnung des Bürgertums gegen die Beschränkungen der feudalen Adelsgesellschaft. Aber viele erkennen nicht, daß sich heute im Gegeneinander von Männern und Frauen das alte Gesetz der Freiheit in anderen Formen und mit anderen Konsequenzen neu vollzieht. Ebenso wie die Bauern aus ihrer Schollenbindung »freigesetzt« wurden, ebenso wie der Adel seiner Geburtsprivilegien beraubt wurde, ebenso zerbricht das geschlechtsständische Binnengefüge der Kleinfamilie an der Gleichheit und Freiheit, die nun auch vor den Toren der Privatheit nicht länger haltmacht, und es entsteht: das ganz gewöhnliche, ganz alltägliche Chaos der Liebe.

Was aber kommt *nach* der Familie, dem Ort der häuslich gewordenen Liebe? Die Familie! Anders, mehr, besser, die Verhandlungsfamilie, die Wechselfamilie, die Vielfamilie, die aus der Scheidung, Wiederverheiratung, Scheidung, aus Kindern deiner, meiner, unserer Familienvergangenheiten und -gegenwarten hervorgegangen ist; die Ausfaltung der Kleinfamilie, ihre Verzeitlichung, das Bündnis der Vereinzelten, das sie darstellt, ihre Verzärtelung und Überhöhung, die ja nicht zuletzt auch auf ihrem Monopolcharakter als lebbare Gegenwelt beruht, den sie in der enttraditionalisierten, abstrakten, von Katastrophen gezeichneten Risiko- und Wohlstandsgesellschaft gewinnt: *Liebe wird nötig wie nie zuvor und unmöglich gleichermaßen.* Die Köstlichkeit, die Symbolkraft, das Verführerische, Erlösende der Liebe *wächst* mit ihrer Unmöglichkeit. Dieses seltsame Gesetz verbirgt sich hinter Scheidungs- *und* Wiederverheiratungsziffern, hinter dem Größenwahn, mit dem die Menschen im Du ihr Ich suchen, zu befreien suchen. In dem Erlösungshunger, mit dem sie übereinander herfallen.

Frauen und Männer heute sind auf Suche, auf Zwangssuche durch Ehe ohne Trauschein, Scheidung, Vertragsehe, Ringen um Vereinbarkeit von Beruf und Familie, Liebe und Ehe, um »neue« Mutterschaft und Vaterschaft, Freundschaft und Bekanntschaft hindurch. Das alles ist unwiderruflich in Bewegung geraten. Sozusagen der »Klassenkonflikt«, der nach dem Klassenkonflikt kommt. Wo Wohlstand und soziale Sicherheit ein hohes Niveau erreicht haben, wo Frieden und demokratische Grundrechte selbstverständlich zu werden beginnen, da eben werden die Widersprüche von Freiheit, Gleichheit, Familie, von Freiheit, Gleichheit und Liebe nicht länger verdeckt durch den täglichen Kampf gegen soziale Not und Unterdrückung. Mit dem Verblassen traditionaler sozialer Identitäten treten im Zentrum der Privatheit die Geschlechtsrollengegensätze zwischen Männern und Frauen hervor. Sie beginnen – im kleinen und großen Konflikt um den Abwasch, männliche und weibliche Sexualität und Erotik und die Politik, die in alldem auch vermutbar ist –, die Gesellschaft hinter- und vordergründig zu verändern. Die Liebe wird flüchtig in dem Maße, in dem sie, mit Hoffnungen aufgeladen, zum Kultplatz der um Selbstentfaltung kreisenden Gesellschaft wird. Und sie wird mit Hoffnung aufgeladen in dem Maße, in dem sie flüchtig und sozial vorbildlos wird.

Dies geschieht – gerade weil es im Medium der Liebe geschieht – verdeckt, verschachtelt, versetzt. Zunächst nicht als Allgemeines, sondern im Gegeneinander von Ich – Du. Die historisch konfliktvoll und bedeutungsvoll werdende Liebe entlädt sich direkt nicht in allgemeinen Macht- und Lagegegensätzen, sondern in der Unmittelbarkeit der beteiligten Personen, in ihren Eigenschaften, Fehlern, Versäumnissen, die zum Tumultplatz der Aufrechnungen und Ausbruchsversuche werden. Etwas profaner gesagt: auch Arbeiter und Unternehmer sehen ihren Konflikt als einen Konflikt zwischen Individuen. Aber immerhin sind sie nicht auch noch dazu verurteilt, einander zu lieben, einen Haushalt zu gründen, eine Ehe zu führen und Kinder aufzuziehen. Im Binnenverhältnis von Männern und Frauen dagegen verkehrt die Haushaltsgemeinschaft der Gegensätze alles ins Persönlich-Ätzende. Die Verabredung, alles individuell zu gestalten, die Welt draußen zu lassen und aus der Gemeinsamkeit der Liebe neu zu erschaffen, läßt die Gegensätze von Mann und Frau zu persönlichen Eigenschaften werden. Daher verletzen die Gegensätze so tief, weil sie immer schon Teil der Geborgenheit sind, der sich die Heimatlosen anvertraut hatten.

Die Liebe ist unwirtlich geworden. Ihre Hoffnung, die immer höher steigt, hält sie zusammen, gegen die schlechte Wirklichkeit des scheinbar privaten Verrats. »Beim nächsten Mann wird alles besser« – diese Trostformel faßt beides: die Hoffnungslosigkeit, die Hoffnung, die Überhöhung der beiden und ihre Verkehrung ins Individuelle. Daß dies alles komisch, banal-komisch, tragisch-komisch, manchmal auch tragisch ist, voller Verwicklungen und Verwirrungen, versuchen die Kapitel des vorliegenden Buches zu erzählen. Vielleicht sind den Menschen einfach andere Themen abhanden gekommen. Vielleicht ist aber auch die zugleich verheißungs- und konfliktvoll gewordene Liebe die »neue« Mitte, um die die enttraditionalisierte Lebenswelt kreist. Als Hoffnung, Verrat, Sehnsucht, Eifersucht – Sucht also, die selbst so quadratische Menschen wie die Bundesbürger erfaßt. In diesem Sinne: das ganz normale Chaos der Liebe.

2. Individualisierung – Aufbruch in eine andere Gesellschaft?

Doch was um alles in der Welt treibt die Menschen dazu, Freiheit, Selbstentfaltung, den Griff nach den Sternen des Ichs ausgerechnet gegen Familie auszuspielen? Was ist der Grund für diesen Aufbruch in den fremdesten, weil naheliegendsten, heiligsten, gefährlichsten Kontinent des eigenen Selbst? Was *erklärt* diese scheinbar ganz individuelle und doch geradezu schematisch ablaufende Bewegung, diesen Eifer, fast Besessenheit, diese Schmerzbereitschaft, Rücksichtslosigkeit und Lust, mit der viele Menschen ihre Wurzeln aus der Erde, der sie entwachsen sind, herausreißen, um nachzusehen, ob diese Wurzeln auch wirklich gesund sind?

Für viele liegt die Antwort auf der Hand: Nichts Externes, Gesellschaftliches, die Menschen selbst sind der Grund, ihr Wille, das Ungenügen, ihr überschäumender Erlebnishunger, die abnehmende Bereitschaft, auszuführen, sich einzuordnen, zu verzichten, steckt dahinter. Eine Art universalisierter Zeitgeist hat die Menschen erfaßt und angestiftet, und die Macht der Bewegung reicht genauso weit wie die Kraft der Menschen, Himmel und Erde, Wünsche und Wirklichkeit zusammenzuzwingen.

Doch diese Schnellerklärung, diese scheinbar so naheliegende Optik wirft neue Fragen auf: Wie erklärt sich dann der *Massenaufbruch*, die Gleichzeitigkeit, mit der die Menschen an ihren Lebensverhältnissen rütteln? Verabredet haben sie sich nicht, die Millionen Geschiedener, stehen auch nicht im Banne eine Gewerkschaft für Ich-Autonomie und Individualstreikrecht, setzen sich vielmehr ihrem Selbstverständnis nach gegen etwas zur Wehr und durch, das ihnen oft übermächtig erscheint, meinen für sich zu streiten, führen innerste Wünsche aus. Alles vollzieht sich also nach dem Schauspiel des Einmaligen in den Kostümen des Persönlichen und Individuellen – allerdings in genau dieser Form in einer endlosen Dauerpremiere geradezu vorgestanzt unabhängig voneinander in den verschiedensten Sprachen und Großstädten der Welt.

Warum entscheiden sich also viele Millionen in vielen Ländern individuell und doch wie in kollektiver Trance, wie im Vollzug eines höheren Gesetzes, einer höheren Gerechtigkeit, ihr gestriges Eheglück zu verlassen und gegen einen neuen Traum einzutauschen, jenseits des rechtlichen Netzes und Nestes in »wilder Ehe« (welches Versprechen!) zusammenzuleben, so auch ungeschützte

Elternschaft zu praktizieren, immer häufiger sogar bewußt allein? Oder einfach für sich zu leben, dem Traum zu folgen von Unabhängigkeit, Wechsel, Vielseitigkeit, um immer wieder neue Seiten des Ichs aufzuschlagen, auch dann, wenn dieser Traum längst Züge eines Alptraums angenommen hat? Ist das eine Art Egoismus-Epidemie, ein Ich-Fieber, dem man durch Ethik-Tropfen, heiße Wir-Umschläge und tägliche Einredungen auf das Gemeinwohl beikommen kann?

Oder bricht sich da Anderes, Tieferes Bahn? Sind die einzelnen, bei allem Funkeln und Fechten mit Selbstbestimmung, vielleicht auch Botengänger, Ausführende eines tiefgreifenden Wandels? Sind das die Anzeichen, Vorzeichen einer neuen Zeit, eines neuen Verhältnisses von Individuum und Gesellschaft, das erst noch gefunden und erfunden werden muß? Einer Art von Gemeinsamkeit, die gerade nicht mehr aus alten Vorgaben und Formeln konsenssicher abgerufen werden kann, sondern aus dem Individuellen, Biographischen in immer wieder neuen Absprachen, Nachfragen, Begründungen freigeredet, hervorgefragt und gegen die Vergänglichkeit, die zentrifugale Kraft der Biographie zusammengehalten, in Aufmerksamkeit bewahrt werden muß? Ja, dies ist die Sicht, die Theorie dieses Buches. Ihr Stichwort lautet: *Individualisierung*. Was damit gemeint ist, sei zunächst erläutert an einem exemplarischen historischen Vergleich.

Die Väter des Bürgerlichen Gesetzbuches (und daß dieses Kind nur Väter hat, ist gewiß kein Zufall) schrieben noch gegen Ende des 19. Jahrhunderts, als es in der Familie schon vernehmlich kriselte, die Ehe fest als eine weit oben schwebende, in sich begründete Institution, an der insbesondere auch die Eheleute selbst nicht zu rütteln und zu kritteln haben. »Der christlichen Gesamtanschauung des deutschen Volkes entsprechend«, heißt es da (wie abgeschrieben aus dem funktionalistischen Theoriebilderbuch, Seite allgemeiner Wertehimmel), »geht der Entwurf davon aus, daß im Eherecht... nicht das Prinzip der individuellen Freiheit herrschen darf, sondern die Ehe als *eine vom Willen der Gatten unabhängige sittliche und rechtliche Ordnung anzusehen ist.*«[1]

Individualisierung meint, erzeugt genau das Gegenprinzip: Die Biographie der Menschen wird aus traditionalen Vorgaben und Sicherheiten, aus fremden Kontrollen und überregionalen Sittengesetzen herausgelöst, offen, entscheidungsabhängig und als Aufgabe in das Handeln jedes einzelnen gelegt. Die Anteile der prinzipiell entscheidungsverschlossenen Lebensmöglichkeiten nehmen ab, und die Anteile der entscheidungsoffenen, selbst herzustellenden Biographie nehmen zu. *Normal*biographie verwandelt sich in *Wahl*biographie[2] – mit allen Zwängen und »Frösten der Freiheit« (Gisela von Wysocki), die dadurch eingetauscht werden.

Anders, bezogen auf unser Themenfeld, gesagt: Was Familie, Ehe, Elternschaft, Sexualität, Erotik, Liebe ist, meint, sein sollte oder sein könnte, kann nicht mehr vorausgesetzt, abgefragt, verbindlich verkündet werden, sondern variiert in Inhalten, Ausgrenzungen, Normen, Moral, Möglichkeiten am Ende eventuell von Individuum zu Individuum, Beziehung zu Beziehung, muß in allen Einzelheiten des Wie, Was, Warum, Warum-Nicht enträtselt, verhandelt, abgesprochen, begründet werden, selbst wenn auf diese Weise die Konflikte und Teufel, die in allen Details schlummern und besänftigt werden sollen, aufgeweckt und entfesselt werden. Die Individuen selbst, die zusammenleben wollen, sind oder, genauer: *werden* mehr und mehr die Gesetzgeber ihrer eigenen Lebensform, die Richter ihrer Verfehlungen, die Priester, die ihre Schuld wegküssen, die Therapeuten, die die Fesseln der Vergangenheit lockern und lösen. Aber auch die Rächer, die Vergeltung üben an erlittenen Verletzungen. Liebe wird eine Leerformel, die die Liebenden selbst zu füllen haben, über die sich auftuenden Gräben der Biographien hinweg – auch wenn dabei der Schlagertext, die Werbung, das pornographische Script, die Mätressenliteratur, die Psychoanalyse Regie führen.

Mit der Reformation wurden die Menschen aus den weltlichen Armen der Kirche, aus der gottgewollten Ständehierarchie entlassen – in eine gesellschaftliche, bürgerliche, industrielle Welt, die nun der Selbstgestaltung, Naturunterwerfung, der Schöpfung vom Reißbrett der Technik schier unendlich Raum zu bieten schien. Heute werden sie vergleichbar und doch ganz anders auf den Samtpfoten der Normalität und des Wohlstands, zugleich aber mit der verselbständigten Gewalt von Modernisierungsprozessen aus den industriegesellschaftlichen Fortschrittsgewißheiten und Lebensformen entlassen – in eine Einsamkeit der Selbstverantwortung, Selbstbestimmung *und* Selbstgefährdung von Leben und Lieben, auf die sie nicht vorbereitet und von den externen Bedingungen, den Institutionen auch nicht ausgerüstet sind. Individualisierung heißt: Die Menschen werden *freigesetzt* aus den verinnerlichten Geschlechtsrollen, wie sie im Bauplan der Industriegesellschaft für die Lebensführung nach dem Modell der Kleinfamilie vorgesehen sind, und sie sehen sich (dieses setzt jenes voraus und verschärft es) zugleich gezwungen, bei Strafe materieller Benachteiligung eine *eigene Existenz* über Arbeitsmarkt, Ausbildung, Mobilität aufzubauen und diese notfalls *gegen* Familien-, Partnerschafts- und Nachbarschaftsbindungen durchzusetzen und durchzuhalten.[3]

Was sich als individueller Auf- und Ausbruch gegen Widerstände Luft und Wirklichkeit verschafft, hat also auch ein allgemeines Gesicht, folgt einem *allgemeinen Diktat*. Gehorcht dem Zwang, eine Berufsbiographie, und das setzt voraus: eine Bildungsbiographie, zu planen und zu durchlaufen, den entsprechenden Mobilitätserfordernissen Genüge zu tun, die gerade von Beschwörern der Familienharmonie ohne Rücksicht auf diese am Arbeitsmarkt eingeklagt werden. Die Freiheit und das Freiheitsbewußtsein, das heute die Altfamilie erschüttert und nach irgendeiner Art Neufamilie sucht, sind ihrem Ursprung nach keine individuelle Erfindung, sondern ein spätes Kind des sozialstaatlich abgepufferten Arbeitsmarktes, sind auch eine Art *Arbeitsmarkt-Freiheit*, bei der Freiheit den Wortsinn von Selbstzwang, Selbstanpassung annimmt. Die Zwänge, die hier erfüllt werden müssen, müssen *verinnerlicht*, in die eigene Person, Lebensführung und -planung hineingenommen werden und kollidieren dann, geradezu mechanisch, mit dem Familiengefüge, der Familienarbeitsteilung, die ihrem Modell nach genau dieses ausschließt.

Was als individuelles Versagen, meist der Frauen, erscheint, ist von oben und historisch betrachtet das Versagen eines Familienmodells, das *eine* Arbeitsmarktbiographie mit einer lebenslangen Hausarbeitsbiographie zu verzahnen weiß, nicht aber *zwei* Arbeitsmarktbiographien, die ihrer eingebauten Verhaltenslogik nach um sich selbst kreisen *müssen*. Zwei derart zentrifugale Biographien zusammenzubinden und zusammenzuhalten, ist aber ein Dauerkunststück, ein Drahtseildoppelakt, der so pauschal keiner Generation zuvor zugemutet wurde, mit wachsender Gleichberechtigung aber allen zukünftigen Generationen abverlangt wird.

Dabei ist dies nur ein Punkt. Dieser aber macht bereits deutlich, daß in dem ganzen Geschlechter-Indianer-Liebes-Kampf-Spiel auch ein bislang verdeckter, fremder, ganz unerotischer, geschlechtsloser Widerspruch hervorbricht, nämlich der *Widerspruch zwischen den Anforderungen des Arbeitsmarktes und den Anforderungen der Partnerschaft* – wo und wie auch immer (Familie, Ehe, Mutterschaft, Vaterschaft, Freundschaft). Das Idealbild der arbeitsmarktkonformen Lebensführung ist *der oder die vollmobile einzelne*, der ohne Rücksicht auf die sozialen Bindungen und Voraussetzungen seiner Existenz und Identität sich selbst zur fungiblen, flexiblen, leistungs- und konkurrenzbewußten Arbeitskraft macht, stylt, hin und her fliegt und zieht, wie es die Nachfrage und Nachfrager am Arbeitsmarkt wünschen.

Individualisierung bezeichnet also ein zwiespältiges, mehrgesichtiges, schillerndes Phänomen, genauer: einen Gesellschaftswandel, dessen Bedeutungsvielfalt *real* und durch allerdings notwendige Begriffsklärungen allein nicht aus der Welt zu schaffen ist. Von der einen Seite: Freiheit, Entscheidung, von der anderen: Zwang, Exekution verinnerlichter Marktanforderungen. Einerseits Selbstverantwortlichkeit, andererseits Abhängigkeit von Bedingungen, die sich dem individuellen Zugriff vollständig entziehen. Eben nämlich die Bedingungen, die eine Vereinzelung bewirken, bewirken auch neue, neuartige Abhängigkeiten: *den Selbstzwang zur Standardisierung der eigenen Existenz.* Die freigesetzten Individuen werden arbeitsmarktabhängig und *daher* bildungsabhängig, abhängig von sozialrechtlichen Regelungen und Versorgungen, von Verkehrsplanungen, Kindergartenplätzen und -zeiten, von BAFöG-Zahlungen und Rentenmodellen.

Anders gesagt: Traditionale Ehe und Familie und individualisiertes Ringen um Ehe und Familie stehen sich nicht gegenüber wie Zwang und Freiheit. Vielmehr wird eine Mischform von Zwang und Freiheit durch eine andere ersetzt, allerdings durch eine, die Freiheiten und Zwänge offenbar jünger, attraktiver mischt, den Herausforderungen der Zeit angemessener, was sich nicht zuletzt daran zeigt, daß bei aller Nervigkeit *für sich selbst* kaum jemand zurück will. Die Uhren zurückdrehen wollen zwar nicht wenige Männer – aber *für Frauen.*

Leitende Normen verblassen, büßen ihre verhaltensprägende Kraft ein. Was früher stumm vollzogen wurde, muß nun beredet, begründet, verhandelt, vereinbart und kann gerade deswegen immer wieder aufgekündigt werden. Alles wird »diskursiv«. Eine immer berechtigte und mögliche Umwertung der Werte läßt die

Relevanzen und Dringlichkeiten des Alltags wie eine Fahne im Wind der Denkkonjunkturen und Partnerschaften einmal in diese, einmal in jene Richtung drehen. Die Intimität erhoffenden, Intimität praktizierenden, spielenden, spiegelnden Darsteller, Zuschauer, Regisseure, Kritiker ihrer selbst können gar nicht so schnell Regelungen vereinbaren, wie diese benötigt werden – und immer wieder aus der einen oder der anderen Perspektive sich als falsch, ungerecht und also provisorisch erweisen. Da ist ein *Ausbruch in Rigiditäten*, in neue alte falsche Klarheiten des Entweder-Oder, des Punkt, Basta, Schluß fast schon ein Befreiungsschlag.

Die Vielfalt, die entsteht, treibt Blüten, gegensätzliche Wahrheiten hervor. Verbotenes wird erprobt, Normalität. Das steckt an, schürt Zweifel auch dort, wo man sich in alten Gewißheiten sicher glaubte. Vielfalt erfordert Toleranz, zweifellos, erscheint aber aus der Gegenperspektive leicht als *Anomie*, Regellosigkeit, sittliche Anarchie, der mit starker Hand entgegenregiert werden muß. Die Heile-Welt-Bewegung, die sich gerade auch in der Bundesrepublik neu formiert, ist in diesem Sinne nicht nur als Antwort auf materielle Benachteiligungen und existentielle Abstiegsängste zu entschlüsseln, sondern antwortet auf die kulturellen Tiefenverunsicherungen, wie sie sich im Zuge von Individualisierungsprozessen in allen Nischen, Winkeln und Schichten des Alltags einnisten und fortbohren. Hier meldet sich mit ihrem Stimmzettel eine überrollte Normengläubigkeit zu Wort, die gerade auch die bis in den Alltag hinein zerfallende Geschlechterhierarchie meint, wo sie zur Rettung von Vaterland, Nation usw. auffordert.

3. Gab es Individualisierungen nicht immer schon?

Viele werden nun sagen und fragen: Gab es Individualisierungen nicht schon immer? Bei den alten Griechen (Michel Foucault), in der Renaissance (Jakob Burckhardt), in der höfischen Kultur des Mittelalters (Norbert Elias) usw. usf.?[4] Richtig ist, Individualisierung in einem allgemeinen Sinne dieses Wortes ist nichts Neues, nichts, das in der Weltwohlstandsnische Bundesrepublik zum ersten Mal sich zeigt. Doch das scheinbar Gleiche gewinnt heute einen anderen, vielleicht noch gar nicht recht erschlossenen Sinn. Dieser liegt nicht zuletzt in dem *Massencharakter*, in der Weitläufigkeit und *Systematik* des gegenwärtigen Individualisierungsschubes. Dieser vollzieht sich als Nebenfolge langfristig angelegter *Modernisierungsprozesse* in reichen westlichen Industriegesellschaften. Es handelt sich, wie gesagt, um eine Art *Arbeitsmarkt*-Individualisierung, die nicht zu verwechseln ist mit der Wiederauferstehung des legendären bürgerlichen Individuums nach seinem vieldokumentierten Ableben. Waren es in früheren Jahrhunderten kleine Gruppen, elitäre Minderheiten, die sich den Luxus individueller Entfaltungswünsche leisten konnten, so werden heute die »riskanten Chancen« von Individualisierungsprozessen (Heiner Keupp) *demokratisiert*, schärfer noch: geradezu gesellschaftlich produziert – im Zusammenwirken von Wohlstand, Ausbildung, Recht, Mobilität usw.

In der Bundesrepublik hat sich der Lebensstandard auch der unteren Gruppen in der sozialen Hierarchie »spektakulär, umfassend und sozialgeschichtlich revolutionär« verbessert[5] (auch wenn in dem letzten Jahrzehnt durch hohe Arbeitslosigkeit schwere Einbrüche zu verzeichnen sind). Wo frühere Generationen oft nichts anderes kannten als den täglichen Kampf ums Überleben, einen monotonen Kreislauf von Armut und Hunger, wird nun für breite gesellschaftliche Gruppen ein materielles Niveau erreicht, das Spielräume und Gestaltungsmöglichkeiten eröffnet (bei fortbestehenden oder sich sogar verschärfenden Abständen auf der Einkommensskala). Kaum überschätzt werden kann auch die Bedeutung der Bildungsexpansion seit den siebziger Jahren, insbesondere in ihren Konsequenzen für die Frauen. »Als eine Frau lesen lernte, trat die Frauenfrage in die Welt« (Marie von Ebner-Eschenbach)[6]. Ausbildung schließt die Falle auf: ermöglicht berufliches Fortkommen, also die Flucht aus der Enge der Hausfrauenexistenz; raubt den ungleichen Berufschancen die Legitimation; schärft das Selbstbewußtsein und die Durchsetzungsfähigkeiten auf allen Streitplätzen vorenthaltener Chancen; selbst erarbeitetes Geld wiederum stärkt die Stellung innerhalb der Ehe und befreit von dem Zwang, die Ehe als Mittel der Lebenssicherung zu suchen und zu führen. Das alles hat die Ungleichheiten nicht wirklich beseitigt, schärft aber den Blick für sie, läßt sie offen, rechtfertigungslos, nervig, politisch werden.[7]

Mit Recht fragen viele auch und wenden ein: ob in dieser Sicht nicht Einzelbefunde unzulänglich verallgemeinert werden, Minderheitenwirklichkeiten aufgebauscht, zum Trend und damit zur Zukunftsmehrheit stilisiert werden? Individualisierungsprozesse, wie sie hier verstanden und nachgezeichnet werden, sind nicht als ein punktuelles Ereignis zu begreifen, das alle auf einmal erfaßt, sondern als Produkt langer historischer Prozesse, die hier früher, dort später einsetzen, deren Beschreibung für den einen Kunde aus einem fremden Land der Zukunft, für andere die Wiederholung des Vertrauten und Alltäglichen ist. Die Situation in München, Berlin und Frankfurt (um nur die bundesdeutschen Großstädte mit ausgeprägten Individualisierungsmerkmalen herauszugreifen, gemessen beispielsweise am Anteil der Einpersonenhaushalte) ist gänzlich verschieden von der in Ostfriesland, Mittelfranken oder Oberbayern.[8] Und ebenso wie es in spätindustriellen Gesellschaften handwerkliche und landwirtschaftliche Produktions- und Lebensformen gibt, gibt es in Ländern, Regionen und Städten mit weit vorangeschrittener Individualisierung Klassenkulturen, intakte Ehen und Kleinfamilien. In gewisser Weise sprechen wir von den Konturen einer individualisierten Gesellschaft mit dem gleichen Recht, mit dem man im 19. Jahrhundert, also zu einem Zeitpunkt, wo Feudales und Ständisches noch allgegenwärtig waren, von einer industriellen Gesellschaft sprechen konnte: der Trend ist entscheidend, seine Systematik, die mit fortschreitender Modernisierung verknüpft ist.

So betrachtet, gibt es nicht »die« Gegenwart, nur eine »Gleichzeitigkeit des Ungleichzeitigen« (Ernst Bloch), die der Betrachter einmal in die eine, einmal in die Gegenrichtung summieren kann. Für den Streit um Kontinuität und Bruch, der jetzt allenthalben tobt, munitioniert die Wirklichkeit beide Lager. Was aber Daniel Yankelovich für die USA beschreibt, gilt in dieser Hinsicht auch für die Bundesrepublik:

»Im amerikanischen Leben koexistieren Kontinuität und weitreichende Veränderungen. Die amerikanische Kultur ist so breit gefächert, daß ein Beobachter, der ihre Beständigkeit herausstellen will, dies leicht tun kann; und umgekehrt kann ein Beobachter ebenfalls die sich wandelnde Natur des amerikanischen Lebens dokumentieren. Die entscheidende Frage ist immer nur, ob die wichtigen Dinge dieselben geblieben sind oder ob sie sich verändert haben? Wenn die wichtigen Dinge sich verändert haben, ... dann werden sie die Grenzen der Kultur durchströmen und in unser wirtschaftliches und politisches Leben hineinfließen. Und wenn sie gewichtig genug sind, dann werden sie die Kontinuität der Lebenserfahrung in entscheidender Weise aufbrechen.«[9]

Das Bild, das wir zeichnen, ist bewußt unausgewogen. Im Zentrum steht mehr das sich anbahnende Neue als das Alte, Bekannte. Auch wird der Blick auf Konflikte und Krisen gelenkt, weniger auf Gelungenes. Doch die Turbulenzen eben sind es, die die Menschen plagen und zu Fragen antreiben. Wie Heinrich Mann schreibt: »Ein ganz und gar glückliches Zeitalter hätte keine Literatur.«[10] Und wohl auch keine Sozialwissenschaft.

Vielleicht enthält dieses Buch zwei Bücher, zwei Versionen derselben »Sache« (soweit es überhaupt »sachlich« ist, wovon das Buch handelt). Wir haben nicht weggebügelt und auch nicht ausgekämmt, was an Unterschiedlichem und gegensätzlich Gesehenem sich in dem kondensiert, was nach vielen Gesprächen und gemeinsamen Erfahrungen in den Kapiteln jeder für sich niedergeschrieben hat. Das bedingt Überlappungen, kreisende Denkbewegungen, Wiederholungen, die wir in Kauf genommen haben (ohne die Kritik daran mindern oder abweisen zu wollen), auch weil auf diese Weise das Provisorische, Vermutende, Gewagte unserer Ausführungen offen erkennbar und kritisierbar bleibt. Im übrigen: über das Chaos der Liebe zu zweit wie mit einer Hand zu schreiben, hätte bedeutet, die Sprache der Eskimos in Bermudashorts erkunden zu wollen.

Die Gefahr liegt auch auf der Hand. Ivan Illich hat in ganz anderen Zusammenhängen treffend beschrieben, was auch wir unseren Leserinnen und Lesern zumuten: »Sie können sich unser Vorgehen wie sechs Bergtouren zum selben Gipfel oder wie sechs Ritte auf dem Besenstiel um denselben Brocken vorstellen. Vielleicht werden einige unter Ihnen sogar meinen, sie seien auf einem Abstieg in ein Inferno, immer wieder dasselbe Loch, aber (jedes Mal) ... auf einer anderen Wendeltreppe«.[11]

ULRICH BECK

Kapitel I

Freiheit oder Liebe
Vom Ohne-, Mit- und Gegeneinander der Geschlechter innerhalb und außerhalb der Familie

1. Freiheit, Gleichheit und Liebe

Man kann viele und vieles lieben: Andalusien, seine Großmutter, Goethe, schwarze Netzstrümpfe auf weißer Haut, Schmalzbrot mit Käse, das auffordernde Funkeln in den Augen einer Vollbusigen, ofenwarme Semmeln, das Spiel der Wolken *und* der Beine, Erna, Eva, Paul, Heinz-Dietrich – gleichzeitig, nacheinander, maßlos, schweigsam, mit Händen, Zähnen, Worten, Blicken, Sorgen. Doch die geschlechtliche Liebe (in welcher Form auch immer) ist von einer solchen Gewalt und Turbulenz, daß wir oft das All der Liebesmöglichkeiten auf diese flackernde, trügerische Wunscheinheit von Wort, Hand, Kuß, um hier abzubrechen, einschränken.

Der ganz alltägliche Krieg der Geschlechter, laut und leise, innerhalb, vor, nach, neben der Ehe ist vielleicht der eindringlichste Maßstab für den Hunger nach Liebe, mit dem die Menschen heute übereinander herfallen: paradise now! ist die Devise der Irdischen, deren Himmel und Hölle entweder nirgendwo oder auf Erden liegen. Dies klingt selbst noch in der Wut der Enttäuschten nach und in der Angst, die Freiheit will, vielleicht sogar die Mitfreiheit herbeisehnt, aber doch weiß, wieder und wieder erfährt, daß Freiheit und Freiheit nicht Liebe heißt, sondern Gefährdung, Zerstörung der Liebe.

Die Menschen heiraten um der Liebe willen und lassen sich um der Liebe willen scheiden. Die Partnerschaft wird austauschbar praktiziert, nicht um die Last der Liebe endlich abzustreifen, sondern weil das Gesetz der erfüllten Liebe dies verlangt. Der späte Turmbau zu Babel, aus Scheidungsurteilen errichtet, ist ein Denkmal der enttäuschten, überhöhten Liebe. Sogar der Zynismus kann oft genug kaum verheimlichen, daß er die verbitterte Spätform der Liebe ist: Die Zugbrücken der Wünsche sind hochgezogen, weil dies als einziger, bester Schutz erscheint gegen ansonsten unerträgliche Verletzungen.

Viele reden von Liebe und Familie wie frühere Jahrhunderte von Gott. Die Sehnsucht nach Erlösung und Zärtlichkeit, das Hickhack darum, die unwirkliche Schlagertext-Wirklichkeit in den versteckten Kammern des Begehrens – alles das hat einen Hauch von alltäglicher Religiosität, von Hoffnung auf Jenseits im Diesseits.[1] Der irdische Glaube der religionslosen, scheinbar rationalen Gegenwartsmenschen ist das Du, die Suche nach der Liebe im anderen. Oft nicht eingestandenermaßen, da dadurch jeder sich an etwas ausliefert, das den Prinzipien des kalkulierten Lebens widerspricht. Aber gleichzeitig doch mit einer Ausschließlichkeit, weil nur durch die bewahrte und versteckte Wirklichkeit dieser Sehnsucht alles Selbstbehaupten und Kalkulieren von einer Flamme Sinn erhellt wird. Die Hoffnung auf Zweisamkeit ist die überdimensionale Restgemeinschaft, die die Moderne den Privatmenschen in der enttraditionalisierten, ausgedünnten Societät gelassen hat. Hier und vielleicht sogar nur noch hier werden *soziale Erfahrungen* gemacht, durchlitten, in einer Gesellschaft, deren Wirklichkeiten, Gefahren und Konflikte ins Abstrakte verrutscht sind, sich der sinnlichen Wahrnehmung und Beurteilung mehr denn je entziehen.

Die diesseitige Rest- und Neureligion der Liebe führt im individualistischen Gegeneinander zu erbitterten Glaubenskriegen, nur daß diese in den vier Wänden oder vor Scheidungsrichtern und Eheberatern ausgetragen werden. Die Sucht nach Liebe ist *der* Fundamentalismus der Moderne. Ihr sind fast alle verfallen, gerade auch dann, wenn sie fundamentalistischen Glaubensbekenntnissen ablehnend gegenüberstehen. Liebe ist die Religion nach der Religion, der Fundamentalismus nach der Überwindung desselben.[2] Sie paßt zu unserer Zeit wie die Inquisition zum Atomkraftwerk, wie das Gänseblümchen in die Mondrakete. Und doch wachsen die Ikonen der Liebe in uns wie selbstverständlich aus unseren intimsten Wünschen empor.

Der Gott der Privatheit ist die Liebe. Wir leben im Zeitalter des real existierenden Schlagertextes. Die Romantik hat gesiegt, die Therapeuten kassieren.[3]

Es gibt keinen Verlust der Mitte. Jedenfalls nicht in der Schwerkraft des Alltags. Anderes dringt nach, füllt aus, wo dem Bauplan vergangener Welten nach Gott, Nation, Klasse, Politik, Familie ihr Regiment entfalten sollten. Ich und noch einmal ich und als Erfüllungsgehilfe Du. Und wenn nicht Du, dann Du.

Dabei ist Liebe keineswegs gleichzusetzen mit Erfüllung. Das ist ihre Leuchtseite, der fleischliche Kitzel. Selbst die Erotik, die damit spielt und Stimmungen wortgestalterisch in üppigen Verheißungen ausmalt: versteckt, hervorblitzen läßt und im Bruch des Gewöhnlichen durch das Verboten-Gewöhnliche die Geilheit zum Zündeln bringt, ist Nichterfüllung, bedarf nicht einmal der Erfüllung. Erfüllung verwandelt oft genug den Anblick des Fleisches, der gerade noch entzückte, zu einem fremden weißen Haufen, dem die eilig heruntergerissenen Kleider nun fehlen als notwendige Bedingungen der Erträglichkeit.

Wie leicht läßt Erfüllung sogar den Blick vereisen! Wo eben noch überreale Dringlichkeit zwei wandelnde Tabus zu einem Knoten, der Mein und Dein nicht kennt, verschlang, entgleitet nun der Blick ins Medizinische, wird dem des Fleischbeschauers ähnlich, wohl gar dem des Metzgers, der schon Würste sieht, wo noch Schweine laufen.

Wer aber diese Gipfelstürmerei für die Ebene und die Abgründe der Liebe hält, ist sowieso verloren. Liebe ist Genuß, Vertrauen, Zärtlichkeit, gewiß, wenigstens als Verheißung, aber alles andere und das Gegenteil nicht weniger: Langeweile, Wut, Gewohnheit, Verrat, Zerstörung, Einsamkeit, Terror, Verzweiflung, Lachen. Lieben überhöht den oder die Geliebte(n), verwandelt ihn/sie in Quellen von Möglichkeiten, wo andere nur Fettpolster, Barthaare, und (wortreiche) Sprachlosigkeit bemerken.

Doch Liebe kennt auch keine Gnade, keinen Schwur, keinen Vertrag. Was gesagt wird, gemeint wird, getan wird, ist ebensowenig eins wie die Sprache des Mundes, der Hände und anderer Körperteile. Vor welchem Gericht könnte der oder die Nicht-Genug- oder Falsch-Geliebte ihr Recht einklagen? Gibt es Gerechtigkeit, Wahrheit, oder wie sonst die Säulen unserer Welt heißen mögen, in Sachen der Liebe?

Die Toleranz des Intolerablen, die Liebe verspricht, ist oft schwach ausgeprägt, abgenutzt durch Gewöhnung, die nur zu gut weiß, wovon sie schweigen soll. Liebende sind Tabus, die sich zutiefst verletzen können, weil sie füreinander keine Tabus sind. Genau hier liegen die Quellen der Rache, die Menschen in Ehen und »nachehelichen Ehen« aneinander üben können.

Frühere Generationen dachten und hofften, sie müßten erst Freiheit und Gleichheit zwischen Mann und Frau erringen, dann werde die Liebe ihren Glanz, ihre Wehmut, ihre Lust entfalten. Denn Liebe und Ungleichheit schließen sich aus wie Feuer und Wasser. Wir, die wir zum ersten Mal Zipfel von Gleichheit und Freiheit in den Händen haben, stehen vor der Gegenfrage: Wie können zwei Menschen, die gleich und frei sein oder werden wollen, die Gemeinsamkeit der Liebe finden und bewahren? In den Ruinen falsch gewordener Lebensformen bedeutet Freiheit: Aufbruch, Neu-Entwerfen, der eigenen Melodie folgen, die aus dem Gleichschritt führt.

Vielleicht treffen sich zwei Parallelen im Unendlichen. Vielleicht auch nicht. Wir werden es nie erfahren.

2. Zur Lage von Männern und Frauen

Die Menschen haben zweitausend Jahre gebraucht, um die Schreckensbotschaft »all men are equal« in ihren Konsequenzen auch nur zu erahnen. Noch nicht einmal eine historische Sekunde lang, nämlich zwei Jahrzehnte, beginnt ihnen die noch völlig unabsehbare Katastrophe zu dämmern: »and women are equal too«!

Wenn es also allein um Liebe und Ehe ginge. Wer jedoch die Beziehungen zwischen den Geschlechtern nur an dem festmacht, was sie zu sein scheinen: Beziehungen zwischen den Geschlechtern mit den Themen Sexualität, Zärtlichkeit, Ehe, Elternschaft usw., verkennt, daß sie das sind und gleichzeitig alles andere auch: Arbeit, Beruf, Ungleichheit, Politik, Wirtschaft. Es ist dieses unausgewogene Ineinander von allem, von Gegensätzlichstem, das alle Fragen so vertrackt macht. Wer über Familie redet, muß auch über Arbeit und Geld reden, wer über Ehe redet, muß über Ausbildung, Beruf, Mobilität reden, und zwar über Ungleichverteilungen bei inzwischen (weitgehend) gleichen Bildungsvoraussetzungen.

Ist nun diese Alldimensionalität der Ungleichheit zwischen Mann und Frau in den vergangenen zwei Jahrzehnten in der Bundesrepublik tatsächlich in Bewegung geraten? Die Daten sprechen eine doppelte Sprache. Auf der einen Seite haben sich epochale Veränderungen – insbesondere in den Bereichen Sexualität, Recht und Bildung – vollzogen. In der Summe sind dies (von Sexualität einmal abgesehen) aber eher Veränderungen im *Bewußtsein* und auf dem *Papier*. Ihnen steht auf der anderen Seite eine *Konstanz im Verhalten und der Lagen* von Männern und Frauen (insbesondere auf dem Arbeitsmarkt, aber auch in der sozialen Sicherung) gegenüber. Dies hat den – scheinbar paradoxen – Effekt, daß das Mehr an Gleichheit die fortbestehenden und sich verschärfenden Ungleichheiten noch deutlicher ins Bewußtsein hebt.

Dieses historisch entstandene Gemenge von neuem Bewußtsein und alten Lagen ist in doppeltem Sinne explosiv: Die jungen Frauen haben – in der Angleichung der Bildung und in der Bewußtwerdung ihrer Lage – Erwartungen auf mehr Gleichheit und Partnerschaft in Beruf und Familie aufgebaut, die auf *gegenläufige* Entwicklungen auf dem Arbeitsmarkt und im Verhalten der Männer treffen. Die Männer umgekehrt haben eine *Rhetorik der Gleichheit* eingeübt, ohne ihren Worten Taten folgen zu lassen. Auf beiden Seiten ist das Eis der Illusionen dünn geworden: Bei Angleichung der Voraussetzungen (in Bildung und Recht) werden die Lagen von Männern und Frauen zugleich ungleich*er*, bewuß*ter* und legitimations*loser*. Die Widersprüche zwischen weiblicher Gleichheitserwartung und Ungleichheitswirklichkeit, zwischen männlichen Gemeinsamkeitsparolen und Festhalten an den alten Zuweisungen spitzen sich zu und bestimmen mit der durchaus gegensätzlichen Vielfalt ihrer Umgangsformen im Privaten und Politischen die zukünftige Entwicklung. Wir stehen also – mit allen Gegensätzen, Chancen und Widersprüchen – erst am *Anfang* der Freisetzung aus den »ständischen« Zuweisungen des Geschlechts. Das Bewußtsein der Frauen ist den Verhältnissen vorweggeeilt. Daß die Uhren ihres Bewußtseins zurückgedreht werden können, bleibt unwahrscheinlich. Viel spricht für die *Prognose eines langen Konflikts*: Das *Gegen*einander der Geschlechter bestimmt die kommenden Jahre. Diese These soll zunächst anhand von Daten zur »Alldimensionalität« der Lebenslagen von Männern und Frauen empirisch erläutert, dann theoretisch ausgeleuchtet und ausgearbeitet werden.

Ehe und Sexualität

In allen westlichen Industrieländern gibt es die Signale *hoher Scheidungsziffern*. Obwohl die Bundesrepublik – etwa im Vergleich zu den USA – noch gemäßigt abschneidet, wird auch bei uns inzwischen nahezu jede *dritte* Ehe geschieden (in Großstädten bereits fast jede zweite, in kleinstädtischen und ländlichen Gebieten ca. jede vierte Ehe). Während im statistischen Durchschnitt betrachtet die Scheidungsziffern seit 1985 leicht rückläufig sind[4], haben die Scheidungen in Langzeitehen erheblich zugenommen.[5] Bis 1984 konnte der Scheidungsbilanz eine positive Wiederverheiratungsbilanz entgegengehalten werden. Inzwischen entschließen sich immer weniger Geschiedene zu einer neuen Heirat. Dies liegt in dem allgemeinen Trend stagnierender Heiratszahlen.[6] Demgegenüber steigt die Scheidungsquote für wiederverheiratete Paare ebenso wie die Scheidungsquote für Eltern mit Kindern. Entsprechend wächst der Dschungel elterlicher Beziehungen: meine, deine, unsere Kinder mit den jeweils damit verbundenen unterschiedlichen Regelungen, Empfindlichkeiten und Konfliktzonen für alle Betroffenen.

Die Daten der offiziellen Scheidungs- und Heiratsstatistik werden durch die Wirklichkeit der *sprunghaft gestiegenen Zahl von »Ehen ohne Trauschein«* noch übertroffen. Schätzungen sprechen davon, daß in der Bundesrepublik 1989 zwischen 2,5 und 3 Millionen Personen in nichtehelichen Lebensgemeinschaften leben.[7] In dieselbe Richtung weist die Zunahme unehelicher Kinder, deren Anteil 1967 bei 4,6% lag, 1988 dagegen schon auf über 10% angewachsen ist (in Schweden sogar auf 46%).[8] Scheidungen in trauscheinlosen Ehen werden aber von keiner Statistik erfaßt. Dabei hat sich nicht nur der Anteil dieser Form des Zusammenlebens in dem vergangenen Jahrzehnt vervielfacht. Erstaunlich ist auch die Selbstverständlichkeit, mit der diese bis in die sechziger Jahre umstrittene und bekämpfte »wilde Ehe« inzwischen allgemein akzeptiert wird. Diese Quasi-Institutionalisierung außerrechtlicher und außerfamilialer Formen des Zusammenlebens signalisiert, vielleicht mehr als das Phänomen selbst, das Tempo des Wandels.

Noch in den sechziger Jahren besaßen Familie, Ehe und Beruf als Bündelung von Lebensplänen, Lebenslagen und Biographien weitgehend Verbindlichkeit. Inzwischen sind in allen Bezugspunkten Wahlmöglichkeiten und -zwänge aufgebrochen. Es ist nicht mehr klar, ob man heiratet und nicht zusammenlebt, ob man das Kind innerhalb oder außerhalb der Familie empfängt oder aufzieht, mit dem, mit dem man zusammenlebt, oder mit dem, den man liebt, der aber mit einer andern zusammenlebt, vor oder nach der Karriere oder mitten darin. Alle derartigen Planungen und Absprachen sind prinzipiell aufkündbar und damit in den mehr oder weniger ungleichen Belastungen, die in ihnen enthalten sind, legitimationsabhängig. Dies läßt sich als *Entkopplung und Ausdifferenzierung* der (ehemals) in Familie und Ehe zusammengefaßten Lebens- und Verhaltenselemente verstehen. In der Folge wird es immer schwerer, Begriff und Wirklichkeit aufeinander zu beziehen. Die Einheitlichkeit und Konstanz der Begriffe – Familie, Ehe, Elternschaft, Mutter, Vater usw. – verschweigt und verdeckt die *wachsende Vielfalt* von Lagen und Situationen, die sich dahinter verbergen (z. B. geschiedene Väter, Väter von Einzelkindern, alleinerziehende Väter, uneheliche Väter, ausländische Väter, Stiefväter, arbeitslose Väter, Hausmänner, Väter in Wohngemeinschaften, Wochenendväter, Väter mit einer berufstätigen Ehefrau usw.).[9]

Die Richtung der Entwicklung wird dabei durch die Zusammensetzung der Haushalte signalisiert: *Immer mehr Menschen leben allein.* Der Anteil an Einpersonen-Haushalten hat in der Bundesrepublik inzwischen *ein Drittel* (35%) überschritten. In urbanen Zentren wie Frankfurt, Hamburg und München liegt der Anteil bei 50% – mit steigender Tendenz. Im Jahre 1900 lebten in rund 44% aller Privathaushalte fünf oder mehr Personen. 1986 lag der entsprechende Anteil nur noch bei knapp 6%. Dagegen nahm das Zusammenleben in Zweipersonen-Haushalten von 15% im Jahr 1900 auf 30% 1986 zu. Am Ende der achtziger Jahre leben also in der Bundesrepublik etwa 9 Millionen Menschen (rund 15% der Bevölkerung) allein – mit steigender Tendenz. Allerdings handelt es sich nur bei gut der Hälfte um Personen, die der Stereotype des »Single-Daseins« entsprechen, also junge, ledige Berufstätige, ansonsten dagegen um ältere, verwitwete Personen, überwiegend Frauen.[10]

Diese Entwicklungstendenzen dürfen jedoch nicht geradlinig im Sinne einer *wachsenden Anarchie und Bindungsflucht* in den Beziehungen zwischen Männern und Frauen interpretiert werden. Es gibt auch den gegenläufigen Trend. Den auf ein Drittel angestiegenen Scheidungszahlen stehen immerhin noch *zwei Drittel* »normale« Ehen und Familien gegenüber (was immer sich dahinter verbergen mag). Zwar haben sich innerhalb einer Generation – insbesondere bei den Mädchen – auffallende Veränderungen im sexuellen Verhalten vollzogen. So war es früher nur jungen Männern – und dies auch nur inoffiziell und augenzwinkernd – gestattet, sexuelle Erfahrungen zu sammeln. Heute stehen weit über die Hälfte aller Mädchen (61%) offen zu der Forderung, daß es für Frauen wichtig ist, sexuelle Erfahrungen zu sammeln. Immerhin jede zweite sieht einen gewissen Reiz darin, zwei Freunde gleichzeitig zu haben.[11] Doch dies darf nicht darüber hinwegtäuschen, daß auch das gelockerte Sexualverhalten stark normiert ist. Die Jugendlichen streben in der Mehrzahl – selbst wenn sie die Leitbilder von Ehe und Familie für sich bezweifeln – *kein bindungsloses Leben* an. Auch heute steht das Ideal stabiler Partnerschaft im Vordergrund, »erscheint praktizierte Treue oft selbstverständlich – nur eben ohne die offiziellen Legitimationen und Zwänge von staatlichem Recht und kirchlicher Moral«.[12] Die Entwicklung ist also doppeldeutig. Auf die vieldiskutierte Frage, ob Ehe und Familie einer ausklingenden Epoche angehören, läßt sich mit einem *klaren Jein* antworten.

Bildung, Arbeitsmarkt und Beschäftigung

Die rechtliche Gleichstellung der Frau ist im Grundgesetz der Bundesrepublik Deutschland verankert. Wesentliche Ungleichheiten in der Rechtsstellung wurden aber erst 1977 mit dem neuen Ehe- und Familienrecht abgebaut. Auf dem Papier gilt nun keine Norm mehr, die Mann und Frau unterschiedlich behandelt. Den Frauen wird die Möglichkeit eingeräumt, ihren Geburtsnamen zu behalten. Die bis dahin gesetzlich fixierte Zuständigkeit der Frauen für Hausarbeit und Familie wurde aufgehoben und die Haushaltsführung in die Entscheidung der Eheleute gelegt. Ebenso sind beide berechtigt, erwerbstätig zu sein. Die elterliche Sorge für die Kinder haben Vater *und* Mutter, die bei Meinungsverschiedenheiten – so der Wortlaut des Gesetzes – »versuchen müssen, sich zu einigen«.[13]

Neben dieser weitgehenden rechtlichen Gleichstellung von Mann und Frau ist das wohl hervorstechendste Ereignis in der Entwicklung der Bundesrepublik die geradezu *revolutionäre Angleichung in den Bildungschancen*: Noch zu Beginn der sechziger Jahre war die Benachteiligung der Mädchen in der Ausbildung offensichtlich (überraschenderweise in den höheren Schichten erheblich größer als in allen anderen). Im Jahre 1987 haben die

Mädchen mit den Jungen nahezu gleich gezogen, beim Realschulabschluß diese sogar überholt: 53,6%.[14] Es gibt auch gegenläufige Entwicklungen. So zeigt ein Vergleich der beruflichen Ausbildungsabschlüsse immer noch ein starkes Gefälle bei der Berufsausbildung (40% der erwerbstätigen Frauen, aber nur 21% der Männer besaßen zu Beginn der achtziger Jahre keinen beruflichen Ausbildungsabschluß). Auch ging die Studienbereitschaft von Abiturientinnen in den vergangenen zehn Jahren von 80% auf 63% zurück (bei Abiturienten von 90% auf 73%).[15] Nach wie vor sind auch Studentinnen in bestimmten Fachrichtungen überrepräsentiert (fast 70% wählen geistes-, sprach- und erziehungswissenschaftliche Fächer), und Frauen qualifizieren sich in Lehrerberufen eher für »untere« Schulen.[16]

Dennoch scheint es nicht übertrieben – gemessen an der Ausgangssituation –, von einer *Feminisierung* der Bildung in den siebziger Jahren zu sprechen. Doch dieser Bildungsrevolution ist *keine* Revolution auf dem Arbeitsmarkt und im Beschäftigungssystem gefolgt. Im Gegenteil: die Türen, die in der Bildung geöffnet wurden, werden »auf dem Beschäftigungs- und Arbeitsmarkt ... wieder zugeschlagen«.[17] Dem geringen Zuwachs an Frauen in Männerberufen steht ihre massive Verdrängung in allen anderen Bereichen gegenüber. Die in den siebziger Jahren geforderte (und geförderte) Integration der Frau in den Beruf folgt ungebrochen der »*geschlechtsständischen Gesetzmäßigkeit*« *der umgekehrten Hierarchie:* Je zentraler ein Bereich für die Gesellschaft (definiert) ist, je mächtiger eine Gruppe, desto weniger sind Frauen vertreten; und umgekehrt: als je randständiger ein Aufgabenbereich gilt, je weniger einflußreich eine Gruppe, desto größer ist die Wahrscheinlichkeit, daß Frauen sich in diesen Feldern Beschäftigungsmöglichkeiten erobert haben. Dies zeigen die entsprechenden Daten in allen Bereichen – Politik, Wirtschaft, Hochschule, Massenmedien usw.

In Spitzenpositionen von *Politik* sind Frauen nach wie vor eine Ausnahme. Einerseits hat sich die Repräsentanz von Frauen in politischen Entscheidungsgremien seit 1970 kontinuierlich verbessert; andererseits verringert sich ihr Anteil, je näher politische Entscheidungszentren rücken. Die Quotenregelung der SPD zielt genau auf diesen Sachverhalt; in welchem Ausmaß sie ihn zu verändern vermag, läßt sich noch nicht beurteilen. Bislang gilt: In Parteigremien haben die Frauen am deutlichsten Einzug gehalten (von 14% im Jahre 1970 auf durchschnittlich 20,5% 1982). In den Parlamenten nimmt der Frauenanteil von oben nach unten zu; auf kommunaler Ebene ist er am größten (der Anteil von Frauen in Länderparlamenten schwankt zwischen 6 und 15%; in Gemeinde- und Stadtparlamenten sind Frauen zwischen 9,2 und 16,1% vertreten). In der *Wirtschaft* ist mit nur 2,7% der Anteil von Frauen in Positionen mit Dispositionsbefugnis sehr gering, wobei ihre Repräsentanz in weniger einflußreichen Bereichen der Betriebe (z. B. Personalbüros) größer ist. Das Bild in der *Justiz* ist auf einem gehobenen Niveau ähnlich. Der Anteil von Frauen liegt hier weit höher (beispielsweise 1979 10% Staatsanwältinnen, 1987 16%).[18] Aber an den Bundesgerichtshöfen, »dort also, wo die Grundsatzentscheidungen unserer Rechtsprechung fallen, wo die Weichen unserer Justiz für Jahrzehnte gestellt werden, haben Frauen (fast) nichts zu suchen«.[19] In den *Hochschulen* sind Frauen an der Spitze der Stellenpyramide – in Professorenstellen der Besoldungsgruppe C 4 – immer noch die Ausnahme (1986 waren von insgesamt 9956 Stellen nur 230 mit Frauen besetzt), wobei nach unten hin ihr Anteil kontinuierlich steigt (bereits erheblich höher ist der Anteil bei C 3–Professuren und ein Vielfaches dann in den ungesicherten Stellen des Mittelbaus und der wissenschaftlichen Hilfskräfte – besonders in »Randfächern«).[20] Auch in den *Massenmedien* dasselbe Bild: Je höher man steigt, desto seltener haben Frauen das Sagen. Wenn Frauen im Fernsehen tätig sind, dann vorwiegend im »Mittelbau« und in den »bunten« Ressorts – aber weniger in den »wichtigen« politischen und wirtschaftlichen Themenbereichen und fast nie im Rundfunkrat.[21]

Die *qualifizierte Berufsarbeit* der jüngeren Frauen bleibt davon unberührt. Die jungen Frauen sind gut ausgebildet und haben ihren Müttern gegenüber (und auch z. T. ihren Vätern gegenüber!) oft einen *deutlichen Aufstieg* geschafft. Allerdings trügt auch hier die Ruhe. In vielen Bereichen des Erwerbslebens *haben die Frauen »sinkende Schiffe« erobert.* Typische Frauenberufe sind oft diejenigen, deren Zukunft unsicher ist: Sekretärinnen, Verkäuferinnen, Lehrerinnen, angelernte Industriearbeiterinnen. Gerade dort, wo Frauen schwerpunktartig arbeiten, besteht ein ausgeprägter Rationalisierungtrend oder existieren – im besten Soziologendeutsch – »beträchtliche Rationalisierungsreserven«. Dies gilt gerade auch für die Industriearbeit. Die Mehrzahl »weiblicher«

Arbeitsplätze – in der Elektroindustrie, in der Nahrungs- und Genußmittelindustrie, in Bekleidungs- und Textilindustrie – ist teilweise durch abbaubare Mechanisierungssperren, aber auch durch Mechanisierungslücken oder durch Restarbeiten in hochmechanisierten bzw. teilautomatisierten Produktionssystemen gekennzeichnet, die wahrscheinlich bei zukünftigen mikroelektronischen Rationalisierungswellen wegfallen werden. Diese Verdrängung der Frauen aus Beschäftigungsverhältnissen spiegelt sich bereits in der Entwicklung der *Erwerbslosigkeit*. Der Anteil der arbeitslos gemeldeten Frauen lag in den letzten Jahren immer über dem der Männer – mit steigender Tendenz. Im Jahre 1950 betrug die Arbeitslosenquote von Frauen 5,1% (Männer: 2,6%); 1989 ist sie auf 9,6% (Männer 6,9%) angestiegen. Von den rund 2 Millionen Erwerbslosen in der Bundesrepublik seit 1983 sind – bei einem Drittel geringerer Erwerbsbeteiligung – 1988 mehr als *die Hälfte* Frauen.[22] Die Akademikerarbeitslosigkeit stieg von 1980 bis 1988 bei Männern um 14%, bei Frauen dagegen sogar um 39% an. Nicht mitgezählt sind dabei die Frauen, die – mehr oder weniger freiwillig – als Hausfrauen aus dem Erwerbsleben ausscheiden. So haben sich die Zahlen für Personen, die sich im Anschluß an Arbeitslosigkeit in »sonstige Nichterwerbstätigkeit« – überwiegend Hausarbeit – zurückziehen, in den vergangenen zehn Jahren vervielfacht (1970: 6000, aber 1984 bereits 121000). Mit anderen Worten, alles steigt: Die Erwerbs*beteiligung*, die Erwerbs*losigkeit* und die *Schatten*erwerbslosigkeit von Frauen.

Abgerundet wird dieses Bild weiblicher Unterprivilegierung im Beruf durch einen – im Schnitt – *schlechteren Verdienst*. Arbeiterinnen in der Industrie verdienten 1987 mit 13,69 DM 73% des Stundenlohns der Männer.[23] Ein Vergleich seit 1960 zeigt, daß sich die Unterschiede bei den Bruttostundenverdiensten zwischen Männern und Frauen – relativ betrachtet – verringert haben. Jedoch trotz gleicher Ausbildung und vergleichbarem Alter verdienen Männer im allgemeinen mehr als Frauen. Während z. B. bei den Angestellten die Frauen 1985 im Gesamtdurchschnitt nur auf 64% des Bruttomonatsverdienstes der Männer kamen, erreichen in den Leistungsgruppen für Arbeiter die Frauen im Gesamtdurchschnitt nur 73% des Verdienstes ihrer männlichen Kollegen.[24]

Diese Entwicklung am Arbeitsmarkt steht nun in deutlichem Widerspruch zu den Erwartungen, die die nachwachsende Frauengeneration aufgebaut hat und äußert. Eines der wesentlichen Ergebnisse der von G. Seidenspinner und A. Burger veröffentlichten Studie *Mädchen '82* ist »die Tatsache, daß für Mädchen zwischen 15 und 19 die *Verwirklichung des Berufswunsches an erster Stelle steht*« – und auch höher rangiert als Heirat und Mutterschaft.[25] Diese hohe Berufs- und Bildungsmotivation der jungen Frauen trifft auf die gegenläufigen Entwicklungstendenzen des Arbeitsmarktes, und es bleibt abzuwarten, wie dieser »*Wirklichkeitsschock*« kurzfristig und langfristig, privat und politisch verarbeitet wird.

Die Freisetzung aus den »ständischen« Rollenzuweisungen der Geschlechter betrifft nie nur eine Seite – die Frau. Sie kann nur soweit erfolgen, wie auch die *Männer* ihr Selbstverständnis und ihr Verhalten ändern. Dies wird nicht nur an neu errichteten Zugangssperren zum Beschäftigungssystem deutlich, sondern auch entlang der anderen Achse traditionaler »Frauenarbeit«: Alltagsarbeit, Kinderarbeit, Familienarbeit.

Frauenemanzipation und Familienarbeit in der Perspektive der Männer

Die im Herbst 1985 von Sigrid Metz-Göckel und Ursula Müller veröffentlichte, repräsentative empirische Studie *Der Mann* zeichnet ein ambivalentes, aber in seiner Ambivalenz durchaus eindeutiges Bild. Die harmonische Männersicht der Geschlechterordnung, von der Helge Pross noch Mitte der siebziger Jahre berichtet hat – »der Mann ist stärker, er will den Beruf und will Familienernährer sein; die Frau ist schwächer, sie will ihre heutige Familienrolle und nur zeitweise einen dann auch noch anspruchslosen Beruf, und sie will zum Mann aufschauen können«[26] –, ist einer *verbalen Aufgeschlossenheit bei weitgehender Verhaltensstarre* gewichen. »Die Männer sind in ihren Reaktionen geteilt. Womit sie mit ihrem Kopf eintreten, setzen sie in die Tat nicht um. Hinter den Parolen von Gemeinsamkeiten verstecken sie faktisch Ungleichheit.«[27] Insbesondere an den alten Zuständigkeiten für Haushalt und Kinder hat sich wenig oder gar nichts geändert. »Väter kochen nicht, waschen nicht, sie wischen nicht. Sie beteiligen sich so gut wie gar nicht an der Hausarbeit. Sie begnügen sich mit einem finanziellen Beitrag zur Haushaltsführung und Kindererziehung.«[28] Entsprechend gilt »die mehrheitliche Akzeptanz der

Hausmann-Rolle nur für die *anderen* Männer«.[29] Mit einer gewissen Schlitzohrigkeit wird bei verbaler Beweglichkeit auf den alten Zuständigkeiten beharrt. Ihre eigene »Hausarbeits-Freiheit« zu verteidigen *und* die Gleichberechtigung der Frau zu akzeptieren ist den Männern kein Widerspruch. Sie haben sich in neuen Argumenten eingerichtet: Vor zehn Jahren erklärte die Mehrheit der Männer die Benachteiligung der Frau im Berufsleben noch mit mangelnder Qualifikation. Da diese Argumente im Anschluß an die Bildungsexpansion nicht länger zu halten sind, werden heute andere Schutzwälle bezogen: die *Mutterrolle.* »61% der Männer sieht in der Familienbelastung der Frau den entscheidenden Hinderungsgrund für berufliche Karriere... Gefragt, wie eine Familie mit Kindern (unter zehn Jahren) Berufsarbeit, Haushalt und Kindererziehung am besten unter sich aufteilen könne, befürwortet die große Mehrheit der deutschen Männer das Modell: Die Frau bleibt zu Hause, der Mann ist berufstätig (80%)... All dies stellt in der Wahrnehmung der Männer keine eigentliche Benachteiligung der Frauen dar, sondern eine Sachgesetzlichkeit... Die Frauenfrage zur Kinderfrage zu machen, das ist die stabilste Bastion gegen die Gleichstellung der Frau.«[30] Die historische Ironie will es, daß gleichzeitig ein geringer, aber wachsender Teil der Männer – die alleinerziehenden Väter und Hausmänner – auch diese Rückzugsposition untergräbt.

Die Autorinnen beschreiben mit doppelbödiger Ironie die Widersprüchlichkeit des neuen männlichen Frauenbildes. »Das ›Heimchen am Herd‹ ist passé. Der Entscheidungsautonomie der Frauen messen sie einen hohen Stellenwert bei. Die selbständige Frau, die weiß, was sie will, ist gewünscht. Diese neue Selbständige ist eine Frau, die ihre Angelegenheiten (und die der anderen Familienmitglieder) eigenständig und verantwortlich regelt und damit zur Entlastung des Mannes beiträgt... Dieser Spielart der Emanzipation gewinnen Männer sogar viele positive Seiten ab. Probleme mit der Emanzipation haben die Männer dann, wenn die ›Selbständigkeit‹ der Frau sich auch gegen sie zu wenden droht, Forderungen an sie gestellt und Interessen gegen sie durchgesetzt werden.«[31]

Erste Untersuchungen der verschwindenden Minderheit von Männern, die den Rollentausch vollzogen haben und *neue Väter* und *Hausmänner* geworden sind, vervollständigen das Bild.[32] Ihren eigenen Angaben nach ist dies eine Entscheidung von nur bedingter Freiwilligkeit. Sie sind dem »Wunsch oder der Forderung der *Partnerin* gefolgt, weiter berufstätig bleiben zu können. In einzelnen Fällen war dies bereits Bedingung für die Schwangerschaft.«[33] Die alte Männer-Ideologie von den Freiräumen der Hausarbeit wird bezeichnenderweise von den Männern, die diesen Worten Taten folgen ließen, nicht mehr geteilt. »Herausragende Erfahrung der Hausmänner ist die Isolation in der und das Unausgefülltsein durch die als monotone Routine empfundene Hausarbeit.«[34] Die *Hausmänner* leiden unter dem Haus*frauen*-Syndrom: Unsichtbarkeit der Arbeit, fehlende Anerkennung, fehlendes Selbstbewußtsein. Einer von ihnen sagt:»... das Schlimmste, das ist das Saubermachen, das Unangenehmste, ja das ist wirklich ekelhaft... Das lernt man wirklich erst kennen, wenn man es jeden Tag macht, wenn man sagen wir mal freitags irgendwo saubergemacht hat, nächste Woche zur selben Zeit an derselben Stelle liegt der gleiche Dreck. Und das ist wirklich das fast Entwürdigende, wenn nicht zumindest Nerventötende an dieser Beschäftigung... Man könnte fast sagen, das ist so ein Kampf gegen Windmühlenflügel.«[35] Angesichts dieser Erfahrung revidieren selbst die Männer, die bewußt die Hausarbeit gegen die »entfremdete Berufsarbeit« eingetauscht haben, ihr Bild vom Beruf, erkennen die Bedeutung der Erwerbsarbeit für die Selbst- und Fremdbestätigung und streben nun mindestens eine Teilzeitbeschäftigung an.[36] Wie wenig diese Art des Austausches der Rollen bislang sozial akzeptiert ist, geht daraus hervor, daß die Männer von ihrer Umwelt gelobt werden, während die Schattenseiten auf die Ehefrau fallen. Sie sieht sich dem Vorwurf ausgesetzt, eine »Unmutter« zu sein.[37]

Fassen wir zusammen: Hinter den Fassaden des von beiden Seiten gepflegten Partnerschaftsideals stauen sich die *Widersprüche* auf. Je nachdem, wo man hinschaut, kann man Fortschritte und Niederlagen erkennen. Zunächst zu den Frauen. Zweifellos haben sich in zentralen Dimensionen im Leben der jungen Frauen – im Vergleich zur Generation ihrer Mütter – *neue Freiräume* aufgetan; in den Bereichen Recht, Bildung und Sexualität, aber auch in der beruflichen Stellung.[38] Ein Blick auf die aktuelle und sich abzeichnende zukünftige Entwicklung zeigt aber auch, daß diese Freiräume durchaus *gesellschaftlich ungesichert* sind. Die Entwicklungstendenzen der Erwerbsarbeit und die ständische Geschlossenheit der Männerwelt in Politik, Wirtschaft usw. begründen die Vermutung, daß alle bisherigen Auseinandersetzungen noch Harmonie waren und die Phase des Konflikts erst bevorsteht.

Ausgangssituation und Perspektive sind dabei in mehrfache Ambivalenzen eingebunden. Im Generationsvergleich stehen die Frauen im allgemeinen nicht schlecht da (bessere Bildung, daher im Prinzip auch bessere Berufschancen). Gleichzeitig haben ihre eigenen Ehemänner, die anähernd gleich ausgebildet sind, sie beruflich überholt, und unverändert hängt an ihnen der Urteilsspruch »lebenslänglich Hausarbeit«. Dem Interesse der Frauen an eigenständiger ökonomischer Absicherung und dem Sich-Einlassen auf individualisierende Berufstätigkeit steht aber nach wie vor das Interesse an Partnerschaft und Mutterschaft gegenüber, und zwar auch und gerade bei denjenigen Frauen, die wissen, was dies für ihre Berufschancen und ihre ökonomische Abhängigkeit vom Ehemann heißt. Das Hin und Her zwischen »eigenem Leben« und »Dasein für andere« mit neuem Bewußtsein zeigt die Unentschiedenheit des weiblichen Individualisierungsprozesses. Allerdings wird der Geist der Gleichheit sich nicht mehr zurück in die Flasche korken lassen. Es war – aus Männerperspektive – eine außerordentlich kurzsichtige und naive Strategie, den Frauen durch Bildung den Blick zu schärfen und darauf zu setzen, sie würden die durchsichtigen männlichen »Rechtfertigungen« der geschlechtlichen Ständeordnung in Familie, Beruf und Politik nicht durchschauen und in alle Zukunft hinnehmen.

Auch auf seiten der Männer ist in den vergangenen zehn Jahren einiges in Bewegung geraten. Das alte Klischee des »harten Mannes« stimmt nicht mehr. Auch Männer wollen mehrheitlich Gefühle und Schwächen zeigen.[39] Sie beginnen ein neues Verhältnis zur Sexualität zu entwickeln. Sexualität »erscheint nicht mehr als isolierter Trieb, sondern als selbstverständlicher Bestandteil ihrer Persönlichkeit. Auf die Partnerin wird Rücksicht genommen.«[40] Doch Männer befinden sich in einer anderen Lage. Das Wort Gleichstellung hat für sie einen anderen Sinn. Es bedeutet nicht – wie für die Frauen – mehr Bildung, bessere Berufschancen, weniger Hausarbeit, sondern komplementär: mehr Konkurrenz, Verzicht auf Karriere, mehr Hausarbeit. Noch gibt die Mehrheit der Männer sich der Illusion hin, daß der Kuchen zweimal gegessen werden kann. Sie halten Gleichstellung von Frau und Mann und Beibehaltung der alten Arbeitsteilung (insbesondere im eigenen Fall) für ohne weiteres vereinbar. Nach der bewährten Regel: wo

Gleichheit droht, muß Natur her, täuschen sie sich über die Widersprüche zwischen ihren Worten und Taten mit biologischen Begründungen der herrschenden Ungleichheiten hinweg. Von der Gebärfähigkeit der Frau wird auf die Zuständigkeit für Kind, Hausarbeit, Familie und daraus auf Berufsverzicht und Unterordnung im Beruf geschlossen.

Dabei treffen die aufbrechenden Konflikte gerade die Männer besonders empfindlich. Gemäß dem traditionalen männlichen Geschlechtsrollenstereotyp ist der »Erfolg« des Mannes wesentlich an ökonomischen, beruflichen Erfolg gebunden. Erst ein sicheres Einkommen ermöglicht es ihm, dem Männlichkeitsideal des »guten Ernährers« und »fürsorglichen Ehemannes und Familienvaters« nachzukommen. In diesem Sinne ist auch die konforme dauerhafte Befriedigung sexueller Bedürfnisse an ökonomisch meßbaren Erfolg gebunden. Im Umkehrschluß bedeutet dies, daß zur Erreichung dieser Ziele und Erfüllung dieser Erwartungen der Mann »sein Bestes« in der Arbeit geben muß, Karrierezwänge verinnerlichen, sich selbst verausgaben, ja ausbeuten muß. Diese Struktur des »männlichen Arbeitsvermögens« ist zum einen die Voraussetzung dafür, daß die betrieblichen Disziplinierungsstrategien von Belohnung und Bestrafung greifen. Wer eine Ehefrau und zwei Kinder zu ernähren hat, tut, was ihm gesagt wird. Auf der anderen Seite bleibt die Verausgabung der männlichen Arbeitskraft auf ein »harmonisches Heim«, für das die Frau steht, angewiesen. Die Verkörperung des Berufsmenschentums macht also die Männer in besonderem Maße emotional unselbständig. Sie binden sich selbst ein in eine Arbeitsteilung, in der sie wesentliche Seiten ihres Selbst und ihrer Fähigkeiten im Umgang mit sich selbst an die Frau delegiert haben. Parallel wächst der Zwang zur Harmonisierung in allen Angelegenheiten der Geschlechterbeziehung. Männer entwickeln eine beachtliche Fähigkeit, die sich zusammenbrauenden Konflikte nicht zur Kenntnis zu nehmen. Im gleichen Maße werden sie verletzbar durch dosierten oder endgültigen Entzug des in ihrem Partnerschaftsverständnis enthaltenen emotionalen Austauschs. Wenn die Beziehung zur Frau dann nicht harmonisch, sondern konflikthaft ist, trifft sie dies doppelt: Zum Entzug treten die Hilflosigkeit und das Unverständnis.

Thesen

Doch die Themen und Konflikte zwischen Männern und Frauen sind nicht nur das, was sie zu sein scheinen: Themen und Konflikte zwischen Männern und Frauen. In ihnen zerbricht auch eine gesellschaftliche Struktur im Privaten. Was als Beziehungskonflikt erscheint, hat eine allgemeine, gesellschaftstheoretische Seite, die hier in drei Thesen entwickelt werden soll:

(1) Die vorgegebenen Geschlechtsrollen sind *Basis* der Industriegesellschaft und nicht etwa ein traditionales Relikt, auf das zu verzichten ein leichtes wäre. Ohne Trennung von Frauen- und Männerrolle keine traditionale Kleinfamilie. Ohne Kleinfamilie keine Industriegesellschaft in ihrer Schematik von Arbeit und Leben. Das Bild der bürgerlichen Industriegesellschaft basiert auf einer unvollständigen, genauer: *halbierten* Vermarktung menschlichen Arbeitsvermögens. Vollindustrialisierung, Vollvermarktung *und* Familien in den traditionalen Formen und Zuweisungen schließen sich aus. Einerseits setzt Erwerbsarbeit Hausarbeit, marktvermittelte Produktion die Formen und Zuweisungen der Kleinfamilie voraus. Die Industriegesellschaft ist insofern auf die ungleichen Lagen von Männern und Frauen angewiesen. Andererseits stehen diese im Widerspruch zu den Prinzipien der Moderne und werden in der Kontinuität von Modernisierungsprozessen problematisch und konfliktvoll. Im Zuge der *tatsächlichen* Gleichstellung von Männern und Frauen werden damit aber die Grundlagen von Familie (Ehe, Sexualität, Elternschaft usw.) in Frage gestellt. Das heißt: in der Modernisierungsphase nach dem Zweiten Weltkrieg fallen Durchsetzung *und* Aufhebung der industriellen Marktgesellschaft zusammen. Der Universalismus des Marktes kennt auch seine eigenen, selbstgesetzten Tabuzonen nicht und durchlöchert die Einbindung der Frauen in ihr industriell erzeugtes «Ständeschicksal» von Hausarbeitszuweisung und Eheversorgung. Damit werden die biographischen Abstimmungen von Arbeit und Leben sowie die Normen in der Familie brüchig, soziale Sicherungslücken der Frauen sichtbar usw. In den heute aufbrechenden Konflikten zwischen Männern und Frauen müssen so die ins Persönliche gewendeten Widersprüche einer Industriegesellschaft ausgetragen werden, die in der Durchmodernisierung und Durchindividualisierung die zugleich

modernen *und* ständischen Grundlagen ihres Zusammenlebens aufhebt.

(2) Die Individualisierungsdynamik, die die Menschen aus Klassenkulturen herausgelöst hat, macht auch vor den Toren der Familie nicht halt. Die Menschen werden mit einer Gewalt, die sie selbst nicht begreifen und deren innerste Verkörperung bei aller Fremdheit, mit der sie über sie kommt, auch sie selbst sind, aus den Fassungen des Geschlechts, seinen ständischen Attributen und Vorgegebenheiten, herausgelöst oder doch bis ins Innerste der Seele hinein erschüttert. Das Gesetz, das über sie kommt, lautet: *Ich bin ich*, und dann: ich bin Frau. Ich bin ich, und dann: ich bin Mann. Zwischen Ich und *zugemuteter* Frau, Ich und *zugemutetem* Mann klaffen Welten. Dabei bedeutet und bewirkt der Individualisierungsprozeß Gegensätzliches: Einerseits werden Männer und Frauen auf der Suche nach einem »eigenen Leben« aus traditionalen Formen und Rollenzuweisungen *freigesetzt*. Auf der anderen Seite werden die Menschen in den ausgedünnten Sozialbeziehungen in die Zweisamkeit, in die Suche nach dem Partnerglück *hineingetrieben*. Das Bedürfnis nach geteilter Innerlichkeit, wie es heute im Ideal von Ehe als Gefühlsgemeinschaft ausgesprochen wird, ist kein Urbedürfnis. Es *wächst* mit den Verlusten, die die Individualisierung als Kehrseite ihrer Möglichkeiten beschert. In der Konsequenz führt der direkte Weg aus Ehe und Familie meist früher als später wieder in sie hinein – und umgekehrt. Das Jenseits zu Frust oder Lust der Geschlechter ist immer wieder Frust oder Lust der Geschlechter, ihr Gegeneinander, Aufeinander, Untereinander, Nebeneinander, Ohneeinander, Füreinander – oder alles zugleich.

(3) In *allen* Formen des Zusammenlebens von Frauen und Männern (vor, in, neben und nach der Ehe) brechen die *Jahrhundert-Konflikte* hervor. Sie zeigen dort immer ihr privates, persönliches Gesicht. Doch die Familie ist *nur Ort, nicht Ursache* des Geschehens. Man kann die Bühnen wechseln. Das Stück, das gespielt wird, bleibt dasselbe. Das Ineinander der Geschlechter in seiner Vielschichtigkeit von Arbeit, Elternschaft, Liebe, Beruf, Politik, Entfaltung und Selbstverwirklichung im und gegen den anderen ist ins Wanken geraten. In den ehelichen (und außerehelichen) Beziehungen entzündet sich die Bewußtwerdung der Konflikte an den aufbrechenden *Wahlmöglichkeiten* (z.B. auseinanderstrebende berufliche Mobilität der Ehepartner, Aufteilung der Haus-

arbeit und Kinderversorgung, Art der Empfängnisverhütung, Sexualität). Mit den Entscheidungen werden die unterschiedlichen und gegensätzlichen Konsequenzen und Risiken für Männer und Frauen und damit die *Gegensätze ihrer Lagen* bewußt. So wird z. B. mit der Zuständigkeit für die Kinder über die berufliche Karriere der Ehepartner und damit über ihre gegenwärtige und zukünftige ökonomische Abhängigkeit und Unabhängigkeit mit allen damit wiederum verbundenen unterschiedlichen Konsequenzen für Männer und Frauen entschieden. Diese Entscheidungsmöglichkeiten haben eine persönliche *und* eine institutionelle Seite. Das heißt: fehlende institutionelle Lösungen (z. B. fehlende Kindergärten und flexible Arbeitszeiten, ungenügende soziale Sicherungen) potenzieren private Beziehungskonflikte, und umgekehrt: institutionelle Vorkehrungen entlasten das private »Hickhack« der Geschlechter. Entsprechend müssen private *und* politische Lösungsstrategien in ihrem Zusammenhang gesehen werden.

Die drei Grundthesen – der »ständische Charakter« der Industriegesellschaft, Individualisierungstendenzen im weiblichen und männlichen Lebenszusammenhang sowie die anhand von Wahlchancen und -zwängen bewußt werdenden Konfliktlagen – sollen nun nacheinander entwickelt und erläutert werden.

3. Die Industriegesellschaft ist eine moderne Ständegesellschaft

Die Besonderheiten der Gegensätze in den Lebenslagen von Männern und Frauen lassen sich in Abgrenzung gegen Klassenlagen theoretisch bestimmen. Die Klassengegensätze entzündeten sich im 19. Jahrhundert an der materiellen Verelendung breiter Teile der Arbeiterschaft. Sie wurden öffentlich ausgetragen. Die mit der Enttraditionalisierung der Familie heute hervortretenden Gegensätze zwischen den Geschlechtern brechen wesentlich in der Zweisamkeit auf, haben ihre Austragungsorte in Küche, Bett und Kinderzimmer. Ihre Geräuschkulisse und Anzeichen sind die ewigen Beziehungsdiskussionen oder das stumme Gegeneinander in der Ehe; die Flucht ins Alleinsein und aus ihm heraus; Verlust der Sicherheit im anderen, den man plötzlich nicht mehr versteht; die Schmerzen der Scheidung; die Vergötterung der Kinder; der

Kampf um ein Stück eigenes Leben, das dem anderen abgerungen und dennoch mit ihm geteilt werden soll; das Aufspüren der Unterdrückung an den Lächerlichkeiten des Alltags, der Unterdrückung, die man selbst *ist*. Man nenne dies, wie man will: »Grabenkampf der Geschlechter«, »Rückzug ins Subjektive«, »Zeitalter des Narzißmus«. Dies ist genau die Art, in der eine *gesellschaftliche Form* – das ständische Binnengefüge der Industriegesellschaft – ins Private hinein zerspringt.

Die mit dem Industriesystem entstehenden Klassengegensätze sind sozusagen »immanent modern«, in der industriellen Produktionsweise selbst begründet. Die Gegensätze zwischen den Geschlechtern beugen sich *weder* dem Schema moderner Klassengegensätze, *noch* sind sie bloßes traditionales Relikt. Sie sind ein Drittes. Sie sind, ebenso wie die Gegensätze von Kapital und Arbeit, *Produkt* und *Grundlage* des Industriesystems, und zwar in dem Sinne, daß Erwerbsarbeit Hausarbeit *voraussetzt* und die Sphären und Formen von Produktion und Familie im 19. Jahrhundert getrennt und *geschaffen* werden. Gleichzeitig beruhen die so entstehenden Lagen von Männern und Frauen auf *Zuweisungen* qua Geburt. Sie sind insofern der seltsame Zwitter »*moderner Stände*«. Mit ihnen wird eine *industriegesellschaftliche* Ständehierarchie in der Moderne etabliert. Sie beziehen ihren Zündstoff und ihre Konfliktlogik aus dem *Widerspruch* zwischen Moderne und Gegenmoderne *in* der Industriegesellschaft. Entsprechend brechen die geschlechtsständischen Zuweisungen und Gegensätze nicht wie die Klassengegensätze in der früh-, sondern in der *spät*industriellen Modernisierung auf, also dort, wo die sozialen Klassen bereits enttraditionalisiert sind und die Moderne nicht länger haltmacht vor den Formen von Familie, Ehe, Elternschaft, Hausarbeit.

Im 19. Jahrhundert wurden mit der Durchsetzung der Industriegesellschaft die Formen der Kleinfamilie ausgeprägt, die heute wiederum enttraditionalisiert werden. Familienarbeit und Produktion werden gegensätzlichen Organisationsprinzipien unterworfen.[41] Gelten hier Regeln und Macht des *Marktes*, wird dort die *un*entgeltliche Verrichtung der Alltagsarbeit selbstverständlich in Anspruch genommen. Der *Vertrags*förmigkeit der Beziehungen steht die kollektive *Gemeinschaftlichkeit* von Ehe und Familie gegenüber. Individuelle Konkurrenz und Mobilität, die für den Produktionsbereich gefordert werden, treffen in der Familie auf die

Gegenforderung: Aufopferung für den anderen, Aufgehen in dem Gemeinschaftsprojekt Familie. In Gestalt familialer Versorgung und marktabhängiger Produktion sind also zwei Epochen mit gegensätzlichen Organisationsprinzipien und Wertsystemen – Moderne und moderne Gegenmoderne – im Grundriß der Industriegesellschaft zusammengeschweißt, die sich ergänzen, bedingen *und* widersprechen.

Entsprechend epochal verschieden sind die Lebenslagen, die im 19. Jahrhundert mit der Trennung von Familie und Produktion geschaffen und zugewiesen werden. Es gibt also nicht nur ein System der Ungleichheiten, das seine Basis in der Produktion hat: Unterschiede der Bezahlung, der Berufe, der Stellung zu den Produktionsmitteln usw. Es gibt auch ein System der Ungleichheiten, das *quer* dazu liegt und die epochalen Unterschiede zwischen der »Familienlage« in ihrer relativen Gleichheit einerseits und der Vielfalt der Produktionslagen andererseits umfaßt. Die Produktionsarbeiten werden über den Arbeitsmarkt vermittelt und gegen Geld ausgeführt. Ihre Übernahme macht die Menschen – bei aller Einbindung in abhängige Arbeit – zu *Selbst*versorgern. Sie werden zu Trägern von Mobilitätsprozessen, darauf bezogenen Planungen usw. Die unbezahlte Familienarbeit wird dem Grundriß der alten Industriegesellschaft nach als natürliche Mitgift qua Ehe zugewiesen. Ihre Übernahme bedeutet prinzipiell Versorgungs*un*selbständigkeit. Wer sie übernimmt – und wir wissen, wer das ist –, wirtschaftet mit Geld aus »zweiter Hand« und bleibt auf die Ehe als Bindeglied zur Selbstversorgung angewiesen. Die Verteilung dieser Arbeiten – und darin liegt die feudale Grundlage der Industriegesellschaft – bleibt der Entscheidung entzogen. Sie werden qua Geburt und Geschlecht zugewiesen. Im Prinzip *liegt das Fatum auch in der Industriegesellschaft bereits in der Wiege:* lebenslange Hausarbeit oder arbeitsmarktförmige Existenzführung. Diese ständischen »Geschlechtsschicksale« werden gemildert, aufgehoben, verschärft und verschleiert durch das Versprechen der Liebe. Liebe macht blind. Da Liebe bei aller Not auch als Ausweg aus der Not, die sie selbst schafft, erscheint, darf die Ungleichheit, die ist, nicht sein. Sie ist aber und läßt die Liebe schal und kalt werden.

Was als »Tyrannei der Intimität« (Sennett) erscheint und beklagt wird, sind also – gesellschaftstheoretisch und gesellschaftsgeschichtlich gewendet – die Widersprüche einer im Grundriß der

Industriegesellschaft halbierten Moderne, die die unteilbaren Prinzipien der Moderne – individuelle Freiheit und Gleichheit jenseits der Beschränkung von Geburt – immer schon geteilt und qua Geburt dem einen Geschlecht vorenthalten, dem anderen zugewiesen hat. Die Industriegesellschaft war und ist nie als Nur-Industriegesellschaft möglich, sondern immer als halb Industrie-, halb Ständegesellschaft, deren ständische Seite kein traditionales Relikt, sondern industriegesellschaftliches Produkt und Fundament ist, eingebaut in die institutionelle Schematik von Arbeit und Leben.

In der wohlfahrtsstaatlichen Modernisierung nach dem Zweiten Weltkrieg geschieht nun ein Doppeltes: Einerseits werden die Anforderungen marktabhängiger Normalbiographie auch auf den weiblichen Lebenszusammenhang ausgedehnt. Damit vollzieht sich nichts Neues, nur die Anwendung der Prinzipien entwickelter Marktgesellschaften über die Geschlechtslinie hinweg. Andererseits werden auf diese Weise aber völlig neue Lagen innerhalb der Familie und zwischen Männern und Frauen ganz allgemein geschaffen, ja, die ständischen Lebensgrundlagen der Industriegesellschaft aufgelöst. Mit der *Durchsetzung* der industriellen Marktgesellschaft über ihre geschlechtsspezifische Halbierung hinweg wird insofern immer schon die *Aufhebung* ihrer Familienmoral, ihrer Geschlechtsschicksale, ihrer Tabus von Ehe, Elternschaft und Sexualität, sogar die Wiedervereinigung von Haus- und Erwerbsarbeit betrieben.

Das Gebäude der industriegesellschaftlichen Ständehierarchie ist aus vielen Elementen zusammengezimmert: Teilung der Arbeitssphären von Familie und Produktion und ihre gegensätzliche Organisation, Zuweisung der entsprechenden Lebenslagen qua Geburt, Bemäntelung des Gesamtverhältnisses mit den Zärtlichkeits- und Antieinsamkeitsversprechen von Liebe, Ehe, Elternschaft. Rückblickend betrachtet, mußte dieses Gebäude auch errichtet, gegen Widerstände durchgesetzt werden. Man hat also Modernisierung bisher zu einseitig gesehen. Sie hat ein Doppelgesicht. Parallel zur Entstehung der Industriegesellschaft im 19. Jahrhundert wurde die moderne Geschlechtsständeordnung errichtet. In diesem Sinne geht im 19. Jahrhundert Modernisierung einher mit Gegenmodernisierung. Die epochalen Unterschiede und Gegensätze von Produktion und Familie werden etabliert, gerechtfertigt, zu Ewigkeiten verklärt. Ein Bündnis aus männlich inspirierter Philosophie, Religion und Wissenschaft verknotet – wenn schon, denn schon – das Ganze mit dem »Wesen« der Frau und dem »Wesen« des Mannes.

Modernisierung löst also nicht nur die Feudalverhältnisse der Agrargesellschaft auf, sondern schafft auch neue und beginnt diese heute wiederum aufzulösen. Dasselbe – Modernisierung – hat unter den unterschiedlichen Rahmenbedingungen des 19. und am Ende des 20.Jahrhunderts gegenteilige Konsequenzen: damals die Trennung von Hausarbeit und Erwerbsarbeit, heute das Ringen um neue Formen der Wiedervereinigung; dort die Einbindung der Frauen in Eheversorgung, heute ihr Drängen auf den Arbeitsmarkt; dort die Durchsetzung der weiblichen und männlichen Rollenstereotype, heute die Freisetzung der Menschen aus den ständischen Vorgaben des Geschlechts.

Dies sind Anzeichen dafür, daß heute die Modernisierung auf die Gegenmoderne übergreift, die sie in die Industriegesellschaft eingebaut hat: Die Geschlechtsbeziehungen, die verschweißt sind mit der Trennung von Produktion und Reproduktion und zusammengehalten werden in der Kompakttradition der Kleinfamilie mit allem, was sie an gebündelter Gemeinschaftlichkeit, Zugewiesenheit und Emotionalität enthält, brechen auseinander. Plötzlich wird alles unsicher: die Form des Zusammenlebens, wer wo wie was arbeitet, die Auffassungen von Sexualität und Liebe und ihre Einbindung in Ehe und Familie; die Institution der Elternschaft zerfällt in das Gegeneinander von Mutterschaft und Vaterschaft; Kinder, mit der von ihnen geforderten, jetzt anachronistisch werdenden Bindungsintensität, werden zu den letzten Partnern, die nicht gehen (die bei der Scheidung abgesprochenen Kinder einmal ausgenommen). Es beginnt ein allgemeines Ringen und Experimentieren mit »Wiedervereinigungsformen« von Arbeit und Leben, Haus- und Erwerbsarbeit usw. Kurz gesagt: das Private wird politisch, und dies strahlt auf alle Bereiche aus.

Doch dies deutet nur die Richtung der Entwicklung an. Der springende Punkt dieser Überlegungen liegt in folgendem: Die Probleme der durchgesetzten Marktgesellschaft können nicht in den sozialen Lebensformen und institutionellen Strukturen der halbierten Marktgesellschaft bewältigt werden. Wo Männer und Frauen eine ökonomisch selbständige Existenz führen müssen und wollen, kann dies weder in den traditionalen Rollenzuweisungen der Kleinfamilie noch in den institutionellen Strukturen von Berufsarbeit, Sozialrecht, Stadtplanung, Schulen usw. erfolgen, die gerade das traditionale Bild der Kleinfamilie mit ihren geschlechtsständischen Grundlagen voraussetzen.

Die »Jahrhundertkonflikte«, die sich in persönlichen Schuldzuweisungen und Enttäuschungen in den Geschlechtsbeziehungen entladen, haben ihren Grund auch darin, daß immer noch versucht wird, unter Konstantsetzung der institutionellen Strukturen die Freisetzung aus den Geschlechtsstereotypen (weitgehend) allein im privaten Gegeneinander von Männern und Frauen, und zwar in den Rahmenbedingungen der Kleinfamilie, zu proben. Dies kommt dem Versuch gleich, einen Gesellschaftswechsel bei gleichbleibenden Gesellschaftsstrukturen in der Familie zu vollziehen. Was dann bleibt, ist ein Austausch der Ungleichheiten. Die Freisetzung der Frauen aus Hausarbeit und Eheversorgung soll erzwungen werden durch den Rückschritt der Männer in diese »moderne Feudalexistenz«, die die Frauen für sich gerade ablehnen. Das kommt – historisch – dem Versuch gleich, den Adel zu Leibeigenen der Bauern zu machen. Doch ebensowenig wie die Frauen werden die Männer dem Ruf »Zurück an den Herd!« folgen (das sollten die Frauen eigentlich am besten wissen!). Dabei ist dies nur ein Punkt. Zentral ist diese Einsicht: Die Gleichstellung von Männern und Frauen ist nicht in institutionellen Strukturen zu erreichen, die die Ungleichstellung von Männern und Frauen voraussetzen. Wir können nicht die neuen »runden« Menschen in die alten »eckigen« Schachteln der Vorgaben des Arbeitsmarktes, Beschäftigungssystems, Städtebaus, sozialen Sicherungssystems usw. zwängen. Wenn dies versucht wird, darf sich niemand wundern, daß das private Verhältnis der Geschlechter zum Schauplatz für Auseinandersetzungen wird, die nur defizitär in den Zerreißproben des »Rollentauschs« oder der »Rollenmischformen« von Männern und Frauen »gelöst« werden können.

4. Freisetzung aus Frauen- und Männerrolle?

Die skizzierte Perspektive kontrastiert eigentümlich mit den zuvor dargestellten Daten. Diese dokumentieren ja auch eindrucksvoll den Gegentrend der Erneuerung der geschlechtsständischen Hierarchie. In welchem Sinne kann überhaupt von »Freisetzung« die Rede sein? Werden Frauen wie Männer gleichermaßen aus den stereotypen Vorgaben ihres »Geschlechtsständeschicksals« freigesetzt? Welche Bedingungen bewirken dies, welche wirken dagegen?

Wesentliche Einschnitte haben in den vergangenen Jahrzehnten – wie die oben zusammengefaßten Daten belegen – die Frauen ein Stück weit aus den traditionalen Weiblichkeitszuweisungen freigesetzt. Dabei waren fünf Bedingungen ausschlaggebend, die keineswegs in einem ursächlichen Verhältnis zueinander stehen:

Zunächst hat sich durch Verlängerung der Lebenserwartung das biographische Gefüge, die Abfolge der Lebensphasen, verschoben. Wie insbesondere Arthur E. Imhof in seinen sozialhistorischen Studien zeigt, hat dies zu einer »demographischen Freisetzung der Frauen« geführt. Reichte – schematisch gesprochen – in früheren Jahrzehnten die Spanne eines Frauenlebens gerade hin, um die gesellschaftlich »erwünschte« Zahl von überlebenden Kindern auf die Welt zu bringen und großzuziehen, so enden diese »Mutterpflichten« heute etwa mit dem 45.Lebensjahr. Das »Dasein-für-Kinder« ist zu einem vorübergehenden Lebensabschnitt der Frau geworden. Ihm folgen noch einmal durchschnittlich drei Jahrzehnte des »leeren Nestes« – jenseits des traditionalen Lebenszentrums der Frauen. »So leben heute allein in der Bundesrepublik Deutschland über fünf Millionen Frauen im ›besten Alter‹ in nachelterlicher Gefährtenschaft…, häufig… ohne konkrete sinnvolle Tätigkeit.«[42]

Zweitens haben Modernisierungsprozesse insbesondere in der Phase nach dem Zweiten Weltkrieg auch die Hausarbeit umstrukturiert. Zum einen ist die soziale Isolierung der Hausarbeit keineswegs ein Strukturmerkmal, das ihr als solches innewohnt, sondern Ergebnis historischer Entwicklungen, nämlich der Enttraditionalisierung der Lebenswelten. Im Zuge von Individualisierungsprozessen verschärft die Kleinfamilie ihre Grenzziehung, und es bildet sich eine Insularexistenz heraus, die sich gegenüber den verbliebenen Bindungen (Klassenkulturen, Nachbarschaften, Bekanntschaften) verselbständigt. Erst so entsteht in der Hausfrauenexistenz die isolierte Arbeitsexistenz par excellence. Zum anderen greifen technische Rationalisierungsprozesse auf die Hausarbeit über. Vielfältige Geräte, Maschinen und Konsumangebote entlasten und entleeren die Arbeit in der Familie. Sie wird zur unsichtbaren und nie endenden Restarbeit zwischen Industrieproduktion, bezahlten Dienstleistungen und technisch perfektionierter Binnenausstattung der Privathaushalte. Beides zusammengenommen – Isolierung und Rationalisierung – bewirkt eine »Dequalifizierung der Hausarbeit« (Claus Offe), die die Frauen in der Suche nach einem erfüllten Leben auch auf die außerhäusliche Berufsarbeit verweist.

Drittens: Wenn es richtig ist, daß Mutterschaft die nach wie vor stärkste Anbindung an die traditionale Frauenrolle ist, dann können die Bedeutung von empfängnisverhütenden und -regelnden Mitteln sowie die rechtlichen Möglichkeiten, Schwangerschaften zu beenden (§ 218), für die Herauslösung der Frauen aus den traditionalen Vorgaben wohl kaum überschätzt werden. Kinder sind – im Prinzip – Wunschkinder, Mutterschaft ist gewollte Mutterschaft. Die Daten zeigen zwar auch, daß Mutterschaft ohne ökonomische Abhängigkeit vom Ehemann und ohne Familienzuständigkeit immer noch für viele Utopie bleibt. Doch kann die junge Frauengeneration – anders als die ihrer Mütter – das Ob, den Zeitpunkt und die Zahl der Kinder (mit)bestimmen. Gleichzeitig wird weibliche Sexualität vom Fatum der Mutterschaft befreit und kann auch gegen männliche Normen selbstbewußt entdeckt und entwickelt werden.

Viertens verweisen die wachsenden Scheidungszahlen auf die Brüchigkeit der Ehe- und Familienversorgung. Die Frauen sind oft nur »einen Mann weit« von der Armut entfernt. Fast 70% aller alleinerziehenden Mütter müssen mit ihren Kindern mit weniger als 1200 DM im Monat auskommen. Sie und die Rentnerinnen sind die häufigsten Klienten der Sozialhilfe. In diesem Sinne sind die Frauen »freigesetzt«, d. h. abgeschnitten von der lebenslangen Garantie der ökonomischen Absicherung durch den Mann. Das statistisch dokumentierbare Drängen der Frauen auf den Arbeitsmarkt (das alle Prognosen über eine Bewältigung der Erwerbslosigkeit in den neunziger Jahren über den Haufen werfen könnte) zeigt ja auch, daß viele Frauen diese historische Lehre verstanden haben und die Konsequenzen aus ihr ziehen.

In dieselbe Richtung wirkt fünftens die Angleichung der Bildungschancen, die ja auch Ausdruck einer starken beruflichen Motivation der jungen Frauen ist (s. o.).

In allem – demographische Freisetzung, Dequalifizierung der Hausarbeit, Empfängnisverhütung, Scheidungsrecht, Bildungs- und Berufsbeteiligung – drückt sich zusammengenommen der Grad der Freisetzung der Frauen aus den Vorgaben ihres modernen, weiblichen Ständeschicksals aus, die nicht mehr revidierbar ist. Damit greift aber die Individualisierungsspirale: Arbeitsmarkt, Bildung, Mobilität, Karriereplanung, alles jetzt in der Familie doppelt und dreifach.

Doch diesen in die Individualisierung hineinführenden Bedingungen stehen andere entgegen, die die Frauen zurückbinden in die traditionalen Zuweisungen. Die wirklich *durchgesetzte* Arbeitsmarktgesellschaft, die *allen* Frauen und Männern eine eigenständige ökonomische Existenzsicherung ermöglicht, würde die Arbeitslosenzahlen hochschnellen lassen. Das heißt: Unter Bedingungen der Massenarbeitslosigkeit und der Verdrängung aus dem Arbeitsmarkt sind Frauen zwar freigesetzt *von* der Eheversorgung, aber nicht frei *zu* einer eigenständigen Sicherung durch Erwerbsarbeit. Dies bedeutet aber auch: sie sind nach wie vor zu einem großen Teil auf die ökonomische Sicherung durch den Mann *angewiesen*, die *keine* mehr ist. Dieses Zwischenstadium zwischen »Freiheit von«, aber nicht »Freiheit zu« wirklichem Lohnarbeiterverhalten wird durch die Rückbindung an *Mutterschaft* zusätzlich bestärkt. Solange Frauen Kinder bekommen, Kinder stillen, sich für Kinder verantwortlich fühlen, in Kindern einen wesentlichen Teil ihres Lebens sehen, bleiben Kinder gewollte »Hindernisse« im beruflichen Konkurrenzkampf und Verlockungen für eine bewußte Entscheidung *gegen* ökonomische Eigenständigkeit und Karriere.

So werden die Frauen durch den Widerspruch zwischen Freisetzung und Rückbindung an die alten Zuweisungen in den weiblichen Lebenszusammenhang hin- und hergerissen. Dies spiegelt sich auch in ihrem Bewußtsein und Verhalten. Sie fliehen vor der Hausarbeit in den Beruf und umgekehrt und versuchen, in unterschiedlichen Lebensabschnitten ihrer Biographie durch entgegengesetzte Entscheidungen die auseinanderstrebenden Bedingungen ihres Lebens »irgendwie« zusammenzuhalten. Die Widersprüche der Umwelt verstärken ihre eigenen: Vor dem Scheidungsrichter müssen sich die Frauen fragen lassen, wieso sie ihre berufliche Versorgung vernachlässigt haben. In der Familienpolitik müssen sie sich fragen lassen, warum sie ihren Mutterpflichten nicht nachkommen. Dem Ehemann vermiesen sie mit eigenen Berufsambitionen sein sowieso schon schweres Berufsleben. Scheidungsrecht und Scheidungswirklichkeit, fehlende soziale Sicherungen, die geschlossenen Türen des Arbeitsmarktes und die Hauptlast der Familienarbeit kennzeichnen einige der Widersprüche, die der Indi-

46

vidualisierungsprozeß in den weiblichen Lebenszusammenhang hineingetragen hat.

Die Situation der *Männer* ist eine ganz andere. Während die Frauen auch aus Gründen der ökonomischen Existenzsicherung die alten Zuweisungen zum »Dasein für andere« lockern und eine neue soziale Identität suchen müssen, fallen bei den Männern *selbständige* ökonomische Existenzsicherung und *alte* Rollenidentiät *zusammen.* In der männlichen Geschlechtsrollenstereotype des »Berufsmenschen« sind ökonomische Individualisierung *und* traditionales männliches Rollenverhalten zusammengeschlossen. Die Fremdversorgung durch den Ehepartner (die Ehefrau) ist den Männern historisch unbekannt, die »Freiheit *zur«* Erwerbsarbeit bei gleichzeitiger Familienexistenz selbstverständlich. Die dazugehörige Schattenarbeit fällt traditional der Ehefrau zu. Freuden und Pflichten der Vaterschaft konnten immer schon dosiert als Freizeitvergnügen genossen werden. In der Vaterschaft lag kein wirkliches Hindernis der Berufsausübung, im Gegenteil: der Zwang zu ihr. Mit anderen Worten: alle Komponenten, die Frauen aus der traditionalen Frauenrolle *herauslösen, entfallen* auf seiten der Männer. Vaterschaft *und* Beruf, ökonomische Selbständigkeit *und* Familienexistenz sind im männlichen Lebenszusammenhang keine Widersprüche, die *gegen* die Bedingungen in Familie und Gesellschaft erkämpft und zusammengehalten werden müssen, ihre Vereinbarkeit ist vielmehr in der traditionalen Männerrolle vorgegeben und gesichert. Das aber heißt: Individualisierung (im Sinne marktvermittelter Existenzführung) *bestärkt* männliches Rollenverhalten.

Wenn also Männer sich gegen die Vorgaben ihrer Geschlechtsrolle wenden, dann hat das andere Gründe. Auch in der Berufsfixierung der Männerrolle sind Widersprüche enthalten: etwa die Aufopferung im Beruf für etwas, für dessen Genuß dann die Muße, ja die Bedürfnisse und die Fähigkeiten fehlen; das Platzhirschverhalten um nichts; die Verausgabung für berufliche und betriebliche Ziele, mit denen man sich nicht identifizieren kann, aber muß; die daraus resultierende »Gleichgültigkeit«, die doch nie eine ist, usw. Dennoch sind wesentliche Impulse für die Freisetzung aus der Männerrolle wohl nicht immanent, sondern von *außen* durch Veränderungen bei den Frauen *induziert*, und zwar in einem doppelten Sinne. Männer werden einerseits durch die größere Erwerbsbeteiligung der Frauen aus dem Joch der *alleinigen*

Ernährerrolle entlassen. Damit wird der Zwangszusammenhang, sich *für* Ehefrau und Kinder im Beruf fremdem Willen und Zwekken unterwerfen zu müssen, gelockert. In der Konsequenz ist ein anderes Engagement im Beruf und in der Familie möglich. Andererseits wird die »Familienharmonie« brüchig. Die frauenbestimmte Seite der männlichen Existenz gerät aus der Balance. Gleichzeitig dämmert den Männern ihre Unselbständigkeit in Alltagsdingen und ihre emotionale Angewiesenheit. In beidem liegen wesentliche Impulse, die Identifikation mit den Vorgaben der Männerrolle zu lockern und neue Lebensformen zu proben.

Die Konflikte lassen die Gegensätze zwischen Männern und Frauen schärfer hervortreten. Zwei »Katalysator-Themen« sind zentral. *Kinder* und *ökonomische Sicherung*; in beiden Fällen können sie in der Ehe latent gehalten werden, treten aber im Fall der Scheidung offen hervor. Dabei verändert sich bezeichnenderweise im Übergang vom traditionalen zum Doppelverdiener-Modell der Ehe die Verteilung von Lasten und Chancen. Im Fall der Eheversorgung der Frau steht − schematisch gesprochen − nach der Scheidung die Frau *mit* Kindern und *ohne* Einkommen, der Mann dagegen *mit* Einkommen und *ohne* Kinder da. Im zweiten Fall ändert sich auf den ersten Blick wenig. Die Frau verfügt über ein Einkommen *und* hat die Kinder (nach geltender Rechtsprechung). Doch dreht sich hier in einer wesentlichen Hinsicht die Ungleichheit um. In dem Maße, in dem die ökonomische Ungleichheit zwischen Männern und Frauen − sei es durch Berufstätigkeit der Frauen, sei es durch Versorgungsregelungen im Scheidungsrecht, Alterssicherung − abgebaut wird, wird die − teils natürliche, teils rechtliche − *Benachteiligung des Vaters* bewußt. Die Frau hat das Kind mit ihrem Bauch, der bekanntlich ihr gehört, biologisch und rechtlich im Besitz. Die Eigentumsverhältnisse zwischen Samen und Ei differenzieren sich aus. Der Vater im Kinde bleibt immer an die Mutter und ihr Belieben verwiesen. Dies gilt auch und gerade für alle Fragen des Schwangerschaftsabbruchs. In dem Maße, in dem die Distanzierung von Frauen- *und* Männerrolle fortschreitet, droht das Pendel umzuschlagen. Die sich aus der Karriereorientierung herauslösenden und ihren Kindern zuwendenden Männer finden ein leeres Nest vor. Die Tatsache, daß sich Fälle (insbesondere in den USA) häufen, bei denen Väter ihnen nach der Scheidung abgesprochene Kinder *entführen*, spricht eine deutliche Sprache.

Doch die Individualisierung, die die Lagen von Männern und Frauen auseinanderdividiert, treibt sie umgekehrt auch in die Zweisamkeit hinein. *Mit der Ausdünnung der Traditionen wachsen die Verheißungen der Partnerschaft.* Alles, was verlorengeht, wird in dem anderen gesucht. Da hat sich zunächst Gott verzogen (oder wir haben ihn verdrängt). Das Wort »Glauben«, das einmal Erfahren-Haben gemeint hat, hat den leicht schäbigen Beiklang von »wider besseres Wissen« angenommen. Mit Gott verschwindet der Gang zum Priester, und damit wächst die Schuld, die nicht mehr abgeladen werden kann und die in der Einebnung von Richtig und Falsch dem wachen Fragen doch nicht geringer, sondern unbestimmter, unbestimmbarer wird. Die Klassen, die das Leid, das sich in ihnen sammelte, wenigstens zu interpretieren wußten, haben sich aus dem Leben in die Reden und Zahlen verflüchtigt. Nachbarschaften, im Austausch und in Erinnerungen gewachsen, sind mobilitätsbedingt zusammengeschmolzen. Bekanntschaften können geschlossen werden, kreisen aber um ihr eigenes Zentrum. Man kann auch in Vereine eintreten. Die Palette der Kontakte wird eher größer, weiter, bunter. Aber ihre Vielzahl macht sie auch flüchtiger, leichter dem Fassadenspiel verhaftet. Intimitäten können ebenfalls auf diese Weise flüchtig, fast schon wie das Händeschütteln, ausgetauscht werden. Dies alles mag in Bewegung halten und Chancen eröffnen, und doch kann die Vielfalt von Beziehungen die identitätsbildende Kraft einer stabilen Primärbeziehung wohl nicht ersetzen. Wie Untersuchungen zeigen, ist *beides* notwendig: Beziehungsvielfalt *und* dauerhafte Intimität. Glücklich verheiratete Hausfrauen leiden unter Kontaktproblemen und sozialer Isolation. Geschiedene Männer, die sich zu Gruppen zusammengeschlossen haben, um ihre Probleme auszusprechen, können selbst dann, wenn sie in soziale Netzwerke eingebunden sind, die aufbrechende Einsamkeit nicht bewältigen.

In den Idealisierungen der modernen Liebesehe spiegelt sich noch einmal der Weg der Moderne. Die Überhöhung ist das Gegenbild zu den Verlusten, die diese hinterläßt. Gott nicht, Priester nicht, Klasse nicht, Nachbar nicht, dann wenigstens Du. Und die Größe des Du ist die umgedrehte Leere, die sonst herrscht.

Das heißt auch: weniger das materielle Fundament und die Liebe, sondern die Angst vor dem Alleinsein hält Ehe und Familie zusammen. Was *jenseits* von ihr droht oder befürchtet wird, ist bei allen Krisen und Konflikten vielleicht das stabilste Fundament der Ehe: Einsamkeit.

In alledem liegt zunächst eine grundsätzliche Relativierung der Kontroverse um die Familie. Man hat die bürgerliche Kleinfamilie, in deren Form in den hochindustrialisierten Demokratien des Westens das Zusammenleben der Geschlechter normiert ist, heiliggesprochen oder verdammt, sah eine Krise der Familie die andere jagen oder die Familie aus der ihr zugedachten Krisenumwobenheit auferstehen. Dies alles bleibt dem Verdikt der *falschen Alternative* verhaftet. Wer alles Übel oder alles Heil der Familie anlastet, greift zu kurz. Die Familie ist nur die Oberfläche, an der die historischen Konfliktlagen zwischen den Männern und Frauen sichtbar werden. Diesseits oder jenseits der Familie – immer treffen die Geschlechter aufeinander und mit ihnen die Widersprüche, die sich zwischen ihnen angesammelt haben.

In welchem Sinne kann dann aber von Freisetzung relativ zur *Familie* gesprochen werden? Mit der Verlängerung der Individualisierungsdynamik in die Familie beginnen sich die Formen des Zusammenlebens *durchgängig* zu wandeln. Das Verhältnis von Familie und individueller Biographie lockert sich. Die lebenslange Einheitsfamilie, die die in ihr zusammengefaßten Elternbiographien von Männern und Frauen in sich aufhebt, wird zum Grenzfall, und die Regel wird ein lebensphasenspezifisches Hin und Her zwischen verschiedenen Familien auf Zeit bzw. *nicht*-familialen Formen des Zusammenlebens. Die Familienbindung der Biographie wird in der Zeitachse im Wechsel zwischen Lebensabschnitten durchlöchert *und so aufgehoben*. Unter den austauschbar werdenden Familienbeziehungen schält sich innerhalb und außerhalb der Familie die Eigenständigkeit der männlichen und weiblichen *Einzelbiographie* heraus. Jede(r) durchlebt jeweils phasengebunden mehrere Teilfamilienleben und auch familienfreie Lebensformen und gerade *deswegen* mehr und mehr sein eigenes Leben. Also erst im *Längsschnitt* der Biographie – nicht im jeweiligen Augenblick oder in der Familienstatistik – zeigt sich die Individualisierung der Familie, d. h. die Umkehrung der Priorität von Familie und Individualbiographie (diesseits und jenseits der Familie). Empirisch ergibt sich der Grad der Freisetzung aus der Familie infolgedessen in der *lebensgeschichtlichen Zusammenschau* der Daten über Scheidung *und* Wiederverheiratung, vor-, zwischen- und nebeneheliche Formen des Zusammenlebens, die – für sich genommen und auf das Pro und Contra der Familie bezogen – widersprüchlich bleiben. Zwischen die Extreme Familie oder Nichtfamilie gestellt, beginnt sich eine wachsende Zahl von Menschen für einen dritten Weg: einen widerspruchsvollen, *pluralistischen Gesamtlebenslauf im Umbruch* zu »entscheiden«. Dieser biographische Pluralismus der Lebensformen, d. h. der Wechsel zwischen Familien gemischt mit und unterbrochen durch andere Formen des Zusammen- oder Alleinlebens, wird zur (paradoxen) »Norm« des Mit- und Gegeneinander von Männern und Frauen unter Individualisierungsbedingungen. Über das Gesamtleben betrachtet, ist die Mehrzahl der Menschen also in eine ihnen unter Schmerzen und Ängsten *historisch verordnete Erprobungsphase der Formen ihres Zusammenlebens eingetreten*, deren Ende und Ergebnis heute noch gar nicht abgesehen werden kann. Aber alle durchlittenen »Irrtümer« können von dem erneuten »Versuch« nicht abhalten.

5. Bewußtwerdung der Ungleichheiten: Wahlmöglichkeiten und -zwänge

Unterschiede und Gegensätze in den Lagen von Männern und Frauen bestehen nicht erst seit gestern. Und doch werden sie bis in die sechziger Jahre hinein von der überwiegenden Mehrheit der Frauen »selbstverständlich« hingenommen. Seit zwei Jahrzehnten wächst die Aufmerksamkeit, und es gibt gezielte politische Bemühungen, die Gleichstellung der Frauen zu erreichen. Mit den ersten Erfolgen *verschärft* sich das Bewußtsein der Ungleichheiten. Die *tatsächlichen* Ungleichheiten, ihre Bedingungen und Ursachen sind also zu unterscheiden von ihrer *Bewußtwerdung*. Die Gegensätze zwischen Männern und Frauen haben zwei Seiten, die durchaus unabhängig voneinander variieren können: die Objektivität der Lagen *und* deren Delegitimierung und Bewußtwerdung. Wer die lange Zeit der Hinnahme der Ungleichheiten ins Verhältnis setzt zu der kurzen Zeit ihrer Problematisierung und gleichzeitig sieht, daß der Abbau der Ungleichheiten den Blick erst richtig für sie geöffnet hat, wird die eigenständige Bedeutung der Bewußtwerdung nicht unterschätzen. Nach den Bedingungen der Bewußtwerdung soll nun gefragt werden.

Mit fortschreitender Modernisierung vermehren sich in allen

gesellschaftlichen Handlungsfeldern die Entscheidungen und Entscheidungszwänge. Mit leichter Übertreibung kann man sagen: »*anything goes*«. Wer wann den Abwasch macht, die Schreihälse wickelt, den Einkauf besorgt und den Staubsauger herumschiebt, wird ebenso unklar, wie wer die Brötchen verdient, die Mobilität bestimmt, und warum eigentlich die schönen Nachtseiten des Bettes immer mit dem qua Standesamt hierfür vorgesehenen, angetrauten Alltagsgegenüber genossen werden sollen dürfen. Ehe läßt sich von Sexualität trennen und die noch einmal von Elternschaft, die Elternschaft läßt sich durch Scheidung multiplizieren und das Ganze durch das Zusammen- oder Getrenntleben dividieren und mit mehreren Wohnsitzmöglichkeiten und der immer vorhandenen Revidierbarkeit potenzieren. Aus dieser Rechenoperation erhält man rechts vom Gleichheitszeichen eine ziemlich umfängliche, selbst noch im Fluß befindliche Ziffer, die einen leichten Eindruck über die Vielfalt von direkten und mehrfach verschachtelten Schattenexistenzen vermittelt, die sich heute hinter den gleichgebliebenen und so treuen Wörtchen Ehe und Familie immer häufiger verbergen.

In allen Dimensionen der Biographie brechen Wahl*möglichkeiten* und Wahl*zwänge* auf. Die dafür nötigen Planungen und Absprachen sind prinzipiell aufkündbar und in den ungleichen Belastungen, die in ihnen enthalten sind, legitimationsabhängig. In darauf bezogenen Aus- und Absprachen, Fehlern und Konflikten schälen sich immer deutlicher die unterschiedlichen Risiken und Folgen für Männer und Frauen heraus. Das Verwandeln von Vorgegebenheiten in Entscheidungen heißt – systematisch gedacht – zweierlei: Die *Möglichkeit der Nichtentscheidung wird der Tendenz nach unmöglich*. Die Entscheidungsmöglichkeit entfaltet ein Muß, hinter das nicht ohne weiteres zurückgegangen werden kann. Es muß nun durch die Mühlen der Beziehung, Bedenken und damit: Abwägungen der unterschiedlichen Konsequenzen hindurch. Dies heißt aber zweitens, daß die zu durchdenkenden Entscheidungen *zum Bewußtmacher der in ihnen aufbrechenden Ungleichheiten und sich daran entzündender Konflikte und Lösungsbemühungen werden*. Das fängt schon bei der im Grunde genommen konventionellen beruflichen Mobilitätsentscheidung an. Einerseits erfordert der Arbeitsmarkt Mobilität unter Absehung von den persönlichen Umständen. Ehe und Familie erfordern das Gegenteil. In dem zu Ende gedachten Marktmodell der Moderne wird die familien- und ehe*lose* Gesellschaft unterstellt. Jeder muß selbständig, frei für die Erfordernisse des Marktes sein, um seine ökonomische Existenz zu sichern. Das Marktsubjekt ist in letzter Konsequenz das alleinstehende, nicht partnerschafts-, ehe- oder familien»behinderte« Individuum. Entsprechend ist die durchgesetzte Marktgesellschaft auch eine *kinderlose* Gesellschaft – es sei denn, die Kinder wachsen bei mobilen, alleinerziehenden Vätern und Müttern auf.

Dieser Widerspruch zwischen den Erfordernissen der Partnerschaft und den Erfordernissen des Arbeitsmarktes konnte so lange verborgen bleiben, wie feststand, daß Ehe für die Frau Berufsverzicht, Familienzuständigkeit und »Mitmobilität« unter den beruflichen Sternen des Ehemannes bedeutet. Er bricht dort auf, wo *beide* Ehepartner frei für lohnarbeitsabhängige Existenzsicherung sein müssen oder wollen. Für diesen Widerspruch zwischen Familie und Arbeitsmarkt wären sehr wohl *institutionelle* Lösungen oder Milderungen denkbar (etwa ein Mindesteinkommen für alle Bürger oder eine soziale Sicherung, die nicht an Berufsarbeit gekoppelt ist; Abbau aller Hindernisse, die Doppelbeschäftigung von Eheleuten erschweren; entsprechende »Zumutbarkeitskriterien« usw.). Diese sind aber weder vorhanden noch überhaupt vorgesehen. Entsprechend müssen die Ehepaare nach *privaten* Lösungen suchen, die unter den ihnen zur Verfügung stehenden Möglichkeiten jedoch auf eine interne Verteilung von *Risiken* hinauslaufen. Die Frage lautet: Wer *verzichtet* auf ökonomische Selbständigkeit und Sicherheit, also auf das, was in unserer Gesellschaft die selbstverständliche Voraussetzung der Lebensführung ist. Denn wer mitzieht, muß (meist) erhebliche berufliche Nachteile in Kauf nehmen, wenn *sie* nicht überhaupt aus ihrer beruflichen Bahn herausgeworfen wird. Entsprechend steigt der Konfliktpegel. Ehe, Familie, Partnerschaft werden zum Ort, wo die ins Persönliche gewendeten Widersprüche einer durchmodernisierten Marktgesellschaft auch nicht mehr kompensiert werden können.

Zur Gretchenfrage der beruflichen Mobilität gesellen sich andere Gretchenfragen: Zeitpunkt, Zahl und Versorgung der Kinder; der Dauerbrenner der nie gleich zu verteilenden Alltagsarbeiten; die »Einseitigkeit« der Verhütungsmethoden; die Alptraumfragen des Schwangerschaftsabbruchs; Unterschiede in Art und Häufigkeit der Sexualität; nicht zu vergessen die Nervigkeit einer

Optik, die selbst noch in der Margarine-Reklame einen Sexismus wittert. An allen diesen konfliktzündenden Schlüsselthemen des Zusammenlebens zwischen Männern und Frauen wird die *Dissoziation der Lagen* bewußt: Der *Zeitpunkt* der Elternschaft trifft im männlichen und weiblichen Lebenszusammenhang auf ganz andere Voraussetzungen und Hindernisse. Wenn dann schließlich die Ehe schon »auf Abruf« geführt wird – sozusagen »scheidungsgerecht« –, dann wird die Spaltung, die abgewendet werden soll, vorweggenommen, und aus allen Entscheidungen und Regelungen treten die ungleichen Konsequenzen immer offener hervor. Was hier über die Familie an Enttabuisierung und neuen technischen Möglichkeiten hereinbricht – man denke auch an die durch Psychologie und Pädagogik vorgespiegelten Gestaltungsmöglichkeiten des Kindes, die Eingriffsmöglichkeiten in den Mutterleib, die die Chirurgie eröffnet, von der science-fiction-Realität der Humangenetik ganz zu schweigen (dazu S. 209 ff.) –, dividiert die in ihr ehemals zusammengefaßten Lagen auseinander: Frau gegen Mann, Mutter gegen Kind, Kind gegen Vater. Die traditionale Einheit der Familie bricht in die Entscheidungen, die ihr abverlangt werden, auseinander. Die Menschen tragen viele der Probleme nicht, wie sie vielleicht glauben und sich vorwerfen, in die Familie hinein. Fast alle Konfliktthemen haben auch eine institutionelle Seite (das Kinderthema beruht z. B. wesentlich auf der institutionell gut gesicherten Unmöglichkeit, Kinderbetreuung und berufliches Engagement zu vereinen). Aber diese Einsicht versorgt nun einmal die Kinder nicht! Mit einer gewissen Zwangsläufigkeit wird so alles, was von außen – vom Arbeitsmarkt, Beschäftigungssystem, Recht usw. – in die Familie hineinschlägt, ins Persönliche verdreht und verkürzt. In der Familie (und in all ihren Alternativen) entsteht so der systematisch bedingte Wahn, in ihr lägen die Fäden und Hebel, das aufgebrochene Jahrhundert-Fatum der Ungleichheit zwischen den Geschlechtern in der konkreten Zweisamkeit zu ändern.

Auch der Kern der Familie, das Heiligtum der Elternschaft, beginnt in seine Bestandteile, in die Lagen von Mutterschaft und Vaterschaft, zu zerfallen. In der Bundesrepublik wächst heute bereits jedes 10. Kind in einer Einelternfamilie auf, das heißt unter der Obhut alleinstehender Männer oder Frauen. Die Zahl der Eineinelternfamilien steigt, während die Zahl der Zweielternfamilien abnimmt. Die alleinversorgende Mutter ist dabei nicht mehr nur

»sitzengelassen worden«, sondern eine Wahlmöglichkeit, die ergriffen wird und angesichts der Konflikte mit dem Vater (den frau eigentlich nur noch *dafür* und sonst gar nicht mehr braucht) in vielen Köpfen als Ausweg zum mehr denn je ersehnten Kind herumirrlichtert.

Mit dem innerfamilialen Individualisierungsprozeß verändert sich – wie Elisabeth Beck-Gernsheim[43] und Maria S. Rerrich[44] zeigen – auch die soziale Beziehung und Bindungsqualität zum Kind. Einerseits wird das Kind *Hindernis* im Individualisierungsprozeß. Es kostet Arbeit und Geld, ist unberechenbar, bindet an und würfelt die sorgfältig geschmiedeten Tages- und Lebenspläne durcheinander. Mit seinem Erscheinen entwickelt und perfektioniert das Kind seine »Diktatur der Bedürftigkeit« und zwingt mit der nackten Gewalt seiner Stimmbänder und dem Leuchten seines Lächelns den Eltern seinen kreatürlichen Lebensrhythmus auf. Gerade dies macht es auf der anderen Seite aber auch unersetzlich. Das Kind wird zur *letzten verbliebenen, unaufkündbaren, unaustauschbaren Primärbeziehung*. Partner kommen und gehen. Das Kind bleibt. Auf es richtet sich all das, was von der Partnerschaft herbeigesehnt, aber in ihr unauslebbar wird. Das Kind gewinnt mit dem Brüchigwerden der Beziehungen zwischen den Geschlechtern Monopolcharakter auf lebbare Zweisamkeit, auf ein Ausleben der Gefühle im kreatürlichen Hin und Her, das sonst immer seltener und fragwürdiger wird. In ihm wird eine anachronistische Sozialerfahrung kultiviert und zelebriert, die mit dem Individualisierungsprozeß gerade unwahrscheinlich *und* herbeigesehnt wird. Die Verzärtelung der Kinder, die »Inszenierung der Kindheit«, die man ihnen angedeihen läßt – den übergeliebten, armen Wesen –, und das böse Ringen um die Kinder in und nach der Scheidung sind einige Anzeichen dafür. Das Kind wird zur *letzten Gegeneinsamkeit*, die die Menschen gegen die ihnen entgleitenden Liebesmöglichkeiten errichten können. Es ist die *private Art der »Wiederverzauberung«*, die mit der Entzauberung und aus ihr ihre Bedeutung gewinnt. Die Geburtenzahlen gehen zurück. Die Bedeutung des Kindes aber *steigt*. Mehr als eines wird es dann meistens nicht. Für mehr ist dieser Aufwand auch kaum leistbar. Doch wer glaubt, die (ökonomischen) Kosten würden die Menschen vom Kinder-in-die-Welt-Setzen abhalten, stolpert über seine eigenen Befangenheiten im Kosten-Nutzen-Denken.

Das Stück modernes Mittelalter, das die Industriegesellschaft nicht nur konserviert, sondern produziert hat, schmilzt weg. Die Menschen werden freigesetzt aus den zur Natur verklärten ständischen Schalen des Geschlechts. Es ist wichtig, dies in seinen historischen Dimensionen zu erkennen, weil sich diese gesellschaftsgeschichtliche Veränderung als privater, persönlicher Konflikt vollzieht. Die Psychologie (und Psychotherapie), die das Leiden, das ihr nun massenhaft zugetrieben wird, auf Bedingungen der familialen Sozialisation zurückführt, wird kurzschlüssig. Wo den Menschen die Konflikte aus den Lebensformen, die ihnen vorgegeben sind, entgegenspringen, wo ihr Zusammenleben vorbildlos wird, kann ihr Leiden nicht mehr nur auf frühkindliche Versäumnisse und Weichenstellungen zurückgeführt werden. Sexualität, Ehe, Erotik, Elternschaft haben unter den Bedingungen der Freisetzung aus den modernen ständischen Geschlechtsschicksalen von Männern und Frauen viel mit Ungleichheit, Beruf, Arbeitsmarkt, Politik, Familie und den in sie eingelassenen und zukunftsunfähig gewordenen Lebensformen zu tun. Diese Historisierung und gesellschaftsgeschichtliche Revision ihrer Kategorien steht der Psychologie noch bevor.

6. Ende des Individuums oder Renaissance enormer Subjektivität?

Was bedeutet diese Freisetzung aus dem geschlechtsständischen Gefüge der Industriegesellschaft für die Diskussion um das Ende des Individuums? Wird auf diese Weise das Innen der Menschen florierenden Erlebnisindustrien, Religionsbewegungen und politischen Doktrinen geöffnet? Werden die noch verbliebenen Ich-Zuständigkeiten aufgelöst und unter marktfördernden Moden wechselnden Innenstandardisierungen unterzogen?

Nur auf den ersten Blick erscheint es so, als sei die gesellschaftliche Bewegung der siebziger Jahre in »subjektiven Selbstbespiegelungen« untergegangen. »So nahe und so weit man zu sehen vermag, wird heute im Alltag von Beziehungen und Bindungen innerhalb und außerhalb von Ehe und Familie unter der Last zukunftsunfähig gewordener Lebensformen schwere Arbeit geleistet. In der Summierung kommen hier Änderungen zustande, die für ein privates Phänomen zu halten man sich wohl abgewöhnen muß. Was sich da zusammenläppert an empfindlicher Praxis in

Lebensgemeinschaften aller Art, an rückschlagserfahrenen Neuerungsversuchen im Verhältnis zwischen den Geschlechtern, an neu auflebender Solidarität aufgrund geteilter und eingestandener Unterdrückung, geht der Gesellschaft vielleicht sogar anders an die Wurzeln als systemverändernde Strategien, die auf der Höhe ihrer Theorie hängen geblieben sind.«[45]

Das Individuum – unfreiwillig kriminalistisch auch »Subjekt« genannt – ist oft totgesagt und zu Grabe getragen worden. Es geistert nach zweihundert Jahren Kultur- und Ideologiekritik meist nur noch als Gespenst des »subjektiven Faktors« in Büchern und Köpfen herum. Diese Bilanz zieht auch Theodor W. Adorno; unter dem Stichwort »Dummer August« notiert er: »Mitten unter den standardisierten und verwalteten Menscheneinheiten west das Individuum fort. Es steht sogar unter dem Schutz und gewinnt Monopolwert. Aber es ist in Wahrheit bloß noch die Funktion seiner eigenen Einzigkeit, ein Ausstellungsstück wie die Mißgeburten, welche einstmals von Kindern bestaunt und belacht wurden. Da es keine selbständige ökonomische Existenz mehr führt, gerät sein Charakter in Widerspruch mit seiner objektiven gesellschaftlichen Rolle. Gerade um dieses Widerspruchs willen wird es im Naturschutzpark gehegt, in müßiger Kontemplation genossen.«[46]

Dem widerspricht die noch unbegriffene Erfahrung der siebziger und achtziger Jahre: *die Renaissance einer ganz unvordenklich einflußreichen Subjektivität.*[47] Die diffusen Grüppchen und Zirkel, die zu allem und jedem entstanden sind und organisatorisch nicht lange auf ihren wackligen Beinen zu stehen vermochten, haben die Themen einer gefährdeten Welt auf die Tagesordnung gesetzt – *gegen* den Widerstand der etablierten Parteien und Wissenschaften und *gegen* die Schwerkraft industrieller Milliardeninvestitionen. Es scheint nicht übertrieben zu sagen: Die Bürgergruppen haben *thematisch* die Initiative ergriffen. Die Stufenleiter der politischen Anerkennung lautet: verfolgt, verlacht, ausgegrenzt – immer schon gesagt, Parteiprogramm, Regierungserklärung. So geschehen bei Frauenfragen, Umweltfragen, Friedensfragen. Gewiß, dies sind zunächst nur Worte, Absichten, Sonntagsreden. Aber auf der Wortebene ist der Sieg schon fast zu perfekt.

Noch einmal: Das ist Verpackung, programmatischer Opportunismus, vielleicht auch wirklich beabsichtigtes Umdenken. Das Handeln, die Orte, aus denen die Fakten entstehen, sind davon noch weitgehend unberührt. Dennoch bleibt: Die Zukunftsthemen, die nun in aller Munde sind, sind nicht der Weitsichtigkeit der Regierenden oder dem Ringen im Parlament entsprungen – schon gar nicht den Kathedralen der Macht in Wirtschaft und Wissenschaft. Sie sind vielmehr von den in sich verhaspelten, moralisierenden, sich um den richtigen Weg streitenden, vom Zweifel geplagten und zerstrittenen Gruppen und Grüppchen auf die politische Tagesordnung balanciert worden. Die demokratische Subversion hat einen ganz unwahrscheinlichen thematischen Sieg errungen. Und dies in Deutschland, also im Bruch mit einer autoritätsgläubigen Alltagskultur, die noch jeden amtlichen Unsinn und Wahnsinn durch vorwegeilenden Gehorsam ermöglicht hat.

Ist das nicht Ideologie und Balsam für gebeuteltes, spätlinkes Spießertum? Die freie Verwandlung des Rückzuges in einen Aufbruch? Nein. Niemand sagt: es wird besser, Licht in Sicht. Nun doch ein »neuer Mensch«, der morgens dichtet, nachmittags Stecknadeln produziert und abends fischen geht. Wer aber die Themenverschiebungen, die sozialen und Bewußtseinsveränderungen der vergangenen zwei Jahrzehnte in der Bundesrepublik Deutschland nur aus der Perspektive vergangener Klassenkampf-Pfadfinderschaft interpretiert, bleibt in die Unbeweglichkeit seiner falsch werdenden Prämissen eingesperrt.

Adorno hatte den Abschied vom Individuum mit dem Abschied von seiner ökonomischen Existenzform begründet. Genau da liegt der Irrtum: *Im Gefüge des Wohlfahrtsstaates erhält der Individualismus eine historisch neue, ökonomische Basis* – nicht im Betrieb, aber am *Arbeitsmarkt*, genauer: am tarifvertraglich, sozialrechtlich abgepufferten, organisierten Arbeitsmarkt mit seinen Bildungs- und Mobilitätserfordernissen. Dieser seltsame Sozialtypus pauschaler Vereinzelung, selbstvollzogener Standardisierung, der hier entsteht, ist gewiß nicht die Wiederauferstehung des bürgerlichen Individuums nach seinem Ableben. Aber es ist auch nicht das falsche Bewußtsein des sich über seine Klassenlage individualistisch hinwegtäuschenden Proletariats, das nun endgültig den ideologischen Sirenenklängen des Kapitals erlegen ist. Es ist – kurz, möglicherweise verkürzt gesagt – der zur Wahlfreiheit verdammte Inszenator seines Lebenslaufes.

In der individualisierten Gesellschaft muß der einzelne bei Strafe seiner permanenten Benachteiligung lernen, sich selbst als

Handlungszentrum, als Planungsbüro in bezug auf die Möglichkeiten und Zwänge seines Lebenslaufes zu sehen. »Gesellschaft« *muß* unter den Bedingungen des herzustellenden Lebenslaufes als eine »Variable« begriffen werden, die individuell gehandhabt werden kann. Sicher ist die Knappheit der Bildungschancen ein alle betreffendes Problem. Aber wie kann ich bei einem Notendurchschnitt von 2,5 noch Medizin studieren? Die gesellschaftlichen Determinanten, die in das eigene Leben hineinwirken, müssen als »Umweltvariablen« kleingearbeitet und durch »Maßnahmenphantasie« abgemildert oder unterlaufen werden.

Gefordert ist ein aktives Handlungsmodell des Alltags, das das Ich zum Zentrum hat, ihm Handlungschancen zuweist und eröffnet und auf diese Weise erlaubt, die aufbrechenden Gestaltungszwänge und Entscheidungsmöglichkeiten in bezug auf den eigenen Lebenslauf sinnvoll zu kontrollieren. Das bedeutet, daß sich hier unter der Oberfläche intellektueller Spiegelfechtereien für die Zwecke des eigenen Überlebens ein ichzentriertes Weltbild entwickelt, das das Verhältnis von Ich und Gesellschaft sozusagen auf den Kopf stellt und für die Zwecke der individuellen Lebenslaufgestaltung handhabbar denkt und macht.

Die Ausdifferenzierung von »Individuallagen« geht aber gleichzeitig mit einer hochgradigen *Standardisierung* einher. Genauer gesagt: Eben die Medien, die die Individualisierung bewirken, bewirken auch eine Standardisierung. Dies gilt für Markt, Geld, Recht, Mobilität, Bildung usw. in jeweils unterschiedlicher Weise. Die entstehenden Individuallagen sind durch und durch (arbeits-)marktabhängig. Sie sind geradezu die Perfektionierung der Marktabhängigkeit bis in alle Fasern der Existenz(sicherung) hinein. Sie entstehen in der *durchgesetzten* Markt- und Arbeitsmarktgesellschaft, die traditionale Versorgungsmöglichkeiten (z.B. durch Ehe) nur noch in Grenzfällen kennt.

Jedoch auch diese Gleichzeitigkeit von Individualisierung und Standardisierung faßt die entstehenden individualisierenden Arbeitsmarktlagen noch unzureichend. Diese weisen nämlich einen neuartigen Zuschnitt auf: Sie übergreifen die getrennten Bereiche des Privaten und des Öffentlichen. Das scheinbare Jenseits der Institutionen wird zum Diesseits der herzustellenden Wahlbiographie. So wird gerade die individualisierte Privatexistenz immer nachdrücklicher und offensichtlicher von Verhältnissen und Entscheidungen abhängig, die sich ihrem Zugriff vollständig entziehen. Es entstehen Risiko-, Konflikt- und Problemlagen, die sich ihrem Ursprung und Zuschnitt nach gegen jede individuelle Bearbeitung sperren. Diese umfassen so ziemlich alles, was politisch diskutiert und umstritten ist: von den sogenannten »Maschen des sozialen Netzes« über das Aushandeln von Löhnen und Arbeitsbedingungen bis hin zur Abwehr bürokratischer Übergriffe, der Bereitstellung von Bildungsangeboten, der Regelung von Verkehrsproblemen, der Abwendung von Umweltzerstörung usw. Die Individualisierung greift also gerade unter Rahmenbedingungen, die eine individuelle Verselbständigung weniger denn je zulassen.

Anders gesagt: Der persönliche Lebenslauf nimmt immer mehr das Doppelgesicht einer *institutionenabhängigen Individuallage* an. Danach sind es heute zwar immer mehr die individuellen Entscheidungen und Wahlen, Handlungen oder Unterlassungen einer Person, die in bestimmte Lebensbahnen und einen entsprechenden Platz in der Sozialstruktur einweisen – also etwa der Besuch eines bestimmten Schultyps, das Bestehen oder Nicht-Bestehen eines Examens, die Wahl dieses oder jenen Berufs. Jedoch sind, das eben ist der entscheidende Punkt, auch solche Verhaltensweisen, die zunächst als ganz private erscheinen, auf vielfältige Weise an politische Entwicklungen und institutionelle Vorgaben zurückgebunden. So wirkt weichenstellend bis in das ganz persönliche Schicksal hinein z. B. die jeweilige Zielsetzung der Bildungspolitik, die einmal die unterprivilegierten Gruppen entdeckt und ihnen Stipendien bereitstellt, dann wieder solche Unterstützungen kürzt und statt dessen die Eliten-Förderung anstrebt; oder die Regelungen im Familien- und Scheidungsrecht, in der Steuergesetzgebung und der Hinterbliebenenversorgung, die – je nach der finanziellen Einstufung von Ledigen, Verheirateten, Verwitweten, Geschiedenen – die Heiratsbereitschaft fördern oder blockieren.

Mit dieser Institutionenabhängigkeit wächst zugleich die *Krisenanfälligkeit* der Biographie. Der Schlüssel der Lebenssicherung liegt im Arbeitsmarkt. Arbeitsmarkttauglichkeit erzwingt Ausbildung. Wem das eine oder andere vorenthalten wird, der steht materiell vor dem Nichts. Das Vorhandensein von Lehrstellen erhält so die Dimension des Einstiegs in die Gesellschaft. Entsprechend können durch konjunkturelle oder demographische Hochs und Tiefs ganze Generationen ins existentielle Abseits driften. D. h.: institutionenabhängige Individuallagen lassen gerade ent-

lang von Bevölkerungsentwicklungen, Wirtschafts- und Arbeits-
markt-Konjunkturen generationenspezifische Benachteiligungen
bzw. Bevorzugungen, sogenannte *Kohortenlagen*, entstehen.
Diese erscheinen immer auch als mangelnde Versorgungsleistun-
gen staatlicher Institutionen, die auf diese Weise unter Druck
geraten, die vorprogrammierte Chancenlosigkeit ganzer Generationen und Altersstufen durch rechtliche Regelungen und sozialstaatliche Umverteilungen zu verhindern bzw. zu kompensieren.

Die Institutionen dagegen handeln in rechtlich fixierten Kategorien von »*Normalbiographien*«, denen die Wirklichkeit immer
weniger entspricht. Der Sozialversicherung beispielsweise liegen
Standards zugrunde, die angesichts hoher Arbeitslosigkeit von
vielen nicht erfüllt werden können und denen die Entwicklung der
Lebensbedingungen in der Familie und zwischen Männern und
Frauen davongelaufen ist. Die Konzeption des »Familienernäh-
rers« ist durch die Familie mit geteilten und wechselnden Rollen
als Verdiener und Versorger, Betreuer und Erzieher von Kindern
zurückgedrängt worden. An die Stelle der »vollständigen« sind
Varianten »unvollständiger« Familien getreten. Die wachsende
Gruppe alleinerziehender Väter sieht sich durch ein Scheidungsrecht diskriminiert, das auf das Muttermonopol festgelegt ist.

Einer sich aus den Achsen der industriegesellschaftlichen Lebensführung – soziale Schichten, Kleinfamilie, Geschlechtsrollen – herausentwickelnde Gesellschaft steht also ein System von
Betreuungs-, Verwaltungs- und Politik-Institutionen gegenüber,
die nun mehr und mehr eine Art *Statthalterfunktion der ausklingenden Industrieepoche* übernehmen. Sie wirken auf das von den
amtlichen Normalitätsstandards »abweichende« Leben normativ
pädagogisch disziplinierend ein und werden so zu den Beschwörern und Verfechtern ehemaliger Sicherheiten, die nur noch für
einen kleiner werdenden Teil der Bevölkerung gelten. So verschär-
fen sich die *Gegensätze zwischen institutionell entworfener und
gesellschaftlich geltender »Normalität«*, und das Gebäude der Industriegesellschaft droht ins Normativ-Rechtliche abzugleiten.

Im Ergebnis entsteht eine andere, eine neue Art gesellschaftlicher Subjektivität und Individualität, in der sich Privates und
Politisches mischen, überschneiden, gegenseitig hochschaukeln.
Das heißt auch: Individualisierung meint nicht Individuation,
eher einen Zwitter aus Konsum- und Selbstbewußtsein. Selbstbewußtsein, das aus seiner Suche, seiner Ungewißheit, vielleicht

sogar seiner gefundenen Abwesenheit hervorgeht, das Unvereinbarkeiten und den Zynismus ihrer Handhabung als Grundlage, Lebenselixier akzeptiert hat. In gewisser Weise entstehen kleine pauschale Kafkas, in der Art von Kafkas Figuren: banale Realromanfiguren, die sich in Paradoxien zu bewegen wissen wie Fische im Aquarium.

Und doch ist es nicht übertrieben zu sagen: In dem Beziehungswirrwarr zwischen den Geschlechtern, in dem Engagement gegen Umweltzerstörungen und Friedensgefährdungen wurde auch Aufklärung jenseits der großphilosophischen Denkmalspflege in hemdsärmeliger Theorielosigkeit, eigentätig und persönlich, neu entdeckt, sozusagen für den biographischen Hausgebrauch. Man mag dies für ein großes Wort für eine zu kleine Sache halten. Wenn es aber richtig ist, daß Aufklärung etwas damit zu tun hat, der Übermacht der Verhältnisse ein Stück eigenes Leben abzuringen, dann ist dieses Kräutchen Selbstbefreiung, das heute im Garten der eigenen Biographie entdeckt und gepflegt wird, sozusagen eine Wald- und Wiesen-, Vor- und Nebenart der philosophisch hochgezüchteten »Orchideen-Aufklärung«, von der heute meistens im Zusammenhang mit »Post-« die Rede ist. Es soll nicht verniedlicht werden, daß die Menschen heute eine Art »Tanz um das goldene Selbst« aufführen, daß sie sich in dem industriellen Dschungel wachstumssicherer Therapiebranchen auf Nimmerwiedersehen verirren. Wer aber nur das sieht, verkennt das Neue, das sich zögernd und irrtumsverloren hier auch zeigt, mit untauglichen, abgegriffenen Sprachklischees um Mitteilung ringt.

Es sind dies Erfahrungen, die es nach den vorherrschenden Theorien gar nicht geben dürfte, schärfer noch: gar nicht geben *kann*, aber eben doch gibt, in sehr konkreter, einschneidender Form sogar; Erfahrungen, die das Leben der Menschen und der Gesellschaft von »innen« her tiefgreifend verändern. Wir haben es hier mit etwas zu tun, das für den einen das Erste und Konkreteste, für den anderen barer Unfug ist. So darüber zu sprechen, heißt, an der Grenze zwischen zwei Erfahrungsbegriffen zu stehen – was aber für den einen wiederum völlig überflüssig, für den anderen absolut unsinnig ist. Jenem kann eine solche Erläuterung der eigenen Selbsterfahrung nichts hinzufügen, sie bliebe ihr gegenüber lächerlich abstrakt. Für diesen ist von etwas Nichtexistentem die Rede oder wenigstens von etwas, über das man sinnvoll nicht reden kann. Genau hier liegt das Dilemma: Unterirdisch breitet sich eine Erfahrung, eine Aktivitätsmöglichkeit im Umgang mit sich selbst und der Welt aus und gewinnt Bedeutung, über die zu reden für die einen nicht nötig, für die anderen nicht möglich ist.

Insofern ist die Rede vom »Zeitalter des Narzißmus« (Lasch) irgendwie richtig, aber auch verkürzend und irreführend. Sie verkennt Reichweite und Tiefenwirkung der in Gang gesetzten Entwicklung. Die individualisierten Lebenswelten sind weitgehend unfreiwillig in eine *historisch verordnete Such- und Erprobungsphase* eingetreten. Es geht darum, gegen die Dominanz irreal werdender Rollenvorgaben (Mann, Frau, Familie, Karriere) neue Formen des Sozialen zu »erleben« (im aktiven Sinne des Wortes). Es geht um die Freiheit, Impulse und Wünsche zu äußern und ihnen nachzugeben, die man bisher gewohnt war zu unterdrükken. Man nimmt sich die Freiheit, das Leben jetzt und nicht erst in ferner Zukunft zu genießen, eine Kultur des Genusses bewußt zu entwickeln und zu pflegen; aber auch die Freiheit, eigene Bedürfnisse in Rechte umzuwandeln und notfalls gegen institutionelle Vorgaben und Verpflichtungen zu wenden. Es bildet sich ein Freiheitsbewußtsein dafür heraus, wie das eigene Leben gegenüber fremden Übergriffen abzuschirmen und abzusichern ist und wie man sich dort, wo dieser Freiraum persönlich erlebbar gefährdet ist, sozial und politisch engagieren muß – möglicherweise vorbei an den vorgesehenen Formen und Foren politischer Interessenartikulation und -organisation.[48]

Aus diesen Erfahrungen entstehen auch Ansätze einer *neuen Ethik*, die auf dem Prinzip der »Pflichten gegenüber sich selbst« beruht – dies nicht in einem solipsistischen Mißverständnis, sondern als Ausdruck des Bemühens, Individuelles und Soziales neu und im Hinblick auf fließende, projektive, soziale Identitäten abzustimmen. Die Entdeckung und Überwindung von Normierungen im eigenen Leben und Denken wird auf Dauer gestellt, wird selbst zu einem individuellen und sozialen Lernprozeß. An die Stelle der bislang vorherrschenden festen Menschenbilder tritt ein offenes, auch in Abhängigkeit von der Selbstveränderung des Menschen *veränderbares* Menschenbild. Das von der Innenseite der sozialen Rollen in das Denken und Leben eingebaute Selbstbild des Menschen ist in diesem Sinne nichts als eine historische Hypothese (und Hypothek), über die man nur noch nicht hinausgekommen ist.

Die ungegangenen, ausgewalzten Trampelpfade, die hier je individuell kollektiv beschritten werden, sind letztlich die genaue Umkehrung der Abfolge von Schritten, in der Aufklärung bisher dominant ausgelegt und vorangetrieben wurde. Nicht mehr die Folge: Erkenntnis der Natur, Entwicklung von Technologien, Entfaltung der Produktivkräfte, Vermehrung des materiellen Reichtums, Veränderung der ökonomischen, gesellschaftlichen und politischen Verhältnisse und *dann*: Befreiung des Menschen. Vielmehr wird das Ende unbescheiden vorweggenommen: Entwicklung des Selbst in seinen sozialen Blockierungen und Vorgegebenheiten sowie der Möglichkeiten, diese eigentätig praktisch zu lockern, aufzubrechen und dann über Ehe, Familie, Geschlechterbeziehung hinaus in Arbeit, Politik und Institutionen, Umgang mit Natur und Technologie hineinzuwirken – immer bezogen auf das zentrale Problem: Findung und Entfaltung des Selbst im Sozialen und Definition eines Sozialen, das wechselseitige Selbstbefreiung und -findung möglich macht.

ELISABETH BECK-GERNSHEIM

Kapitel II

Von der Liebe zur Beziehung?
Veränderungen im Verhältnis von Mann und Frau
in der individualisierten Gesellschaft

In Schlagertexten wird weiterhin das Lied von der ewigen Liebe
gesungen. In Befragungen wird immer noch das Leben zu zweit als
Land der Hoffnung genannt, als jener Ort eben, wo man Nähe,
Wärme, Zärtlichkeit findet, eine Gegenwelt zu den kalten Beton-
wüsten draußen.

Aber gleichzeitig hat das Bild von der heilen Welt der Familie
schon tiefe Risse bekommen. Auf Leinwand und Bühne, in Romanen wie im hilflosen Gestammel der Erfahrungsberichte, wohin
man auch schaut: ins Blickfeld gerät ein Schlachtengetümmel. Der
Kampf der Geschlechter ist das zentrale Drama der Zeit. Das Geschäft der Eheberater floriert, die Familienrichter haben Hochkonjunktur, die Scheidungsziffern sind hoch. Und auch im Alltag
der ganz normalen Familien wird leise die Frage gestellt: Warum,
ach, warum ist das Zusammenleben so schwierig?

Das Motto, um die Antwort zu finden, läßt sich in einem Satz
von Elias zusammenfassen: »Oft genug läßt sich das, was heute
geschieht, überhaupt nicht verstehen, wenn man nicht weiß, was
gestern geschah.«[1] Deshalb zunächst ein Blick auf die Vergangenheit. Er soll uns zeigen, wie da, wo die Menschen entlassen werden
aus den Bindungen, Vorgaben, Kontrollen der vormodernen Gesellschaft, die neuen Hoffnungen der Liebe beginnen, aber zugleich auch ihre neuen Konflikte. Im Zusammenwirken der beiden
entsteht jenes explosive Gemisch, das wir als *Liebe heute* erfahren.

1. Die Liebe wird wichtiger denn je

Die Auflösung traditioneller Bindungen

Beim Vergleich zwischen vormoderner und moderner Gesellschaft wird immer wieder hervorgehoben, daß das Leben der Menschen früher durch eine Vielzahl traditioneller Bindungen bestimmt wurde – von Familienwirtschaft und Dorfgemeinschaft, Heimat und Religion bis zu Stand und Geschlechtszugehörigkeit. Solche Bindungen haben stets ein Doppelgesicht.[2] Auf der einen Seite schränken sie die Wahlmöglichkeiten des einzelnen rigoros ein. Auf der anderen Seite bieten sie auch Vertrautheit und Schutz, eine Grundlage der Stabilität und inneren Identität. Wo es sie gibt, ist der Mensch nie allein, sondern stets aufgehoben in einem größeren Ganzen.[3] Zum Beispiel die Religion:

»Eingebundenheit unserer Vorfahren in christliche Glaubensvorstellungen... hieß gleichzeitig auch immer Eingebundenheit ihrer kleinen Welt, ihres Mikrokosmos, in eine große Welt, den Makrokosmos... Aus der Eingebundenheit des Mikrokosmos in den Makrokosmos, dem Aufgehobensein von Hunderten und Tausenden von kleinen Welten in der einigenden großen Welt, die ihrerseits gemäß christlichen Vorstellungen in den allesumspannenden Armen Gottes ruhte, ergab sich nicht nur, daß selbst der geringste Mensch nie auf verlorenem Posten stand, nie nur auf sich selbst angewiesen wäre, vielmehr muß eine solche Weltanschauung bei unseren Vorfahren damals auch zu einer seelischen Stabilität geführt haben, die selbst durch das schlimmste Wüten von Pest, Hunger und Krieg nicht so leicht aus dem Gleichgewicht zu bringen war.«[4]

Mit dem Übergang zur modernen Gesellschaft kommen dann auf vielen Ebenen Entwicklungen auf, die eine weitreichende Individualisierung einleiten, eine Herauslösung des Menschen aus traditionell gewachsenen Bindungen, Glaubenssystemen und Sozialbeziehungen. Damit verbunden sind neue Formen des Lebenslaufs, auf der sozialstrukturellen Ebene neue Möglichkeiten wie Anforderungen, auf der subjektiven Ebene neue Denk- und Verhaltensweisen. Dieser Prozeß beginnt, wie Weber in der *Protestantischen Ethik* ausgeführt hat, bereits mit den Lehren der Reformation, die die Heilsgewißheit früherer Epochen aufheben und den Menschen in eine tiefe innere Vereinsamung entlassen.[5] Dieser Prozeß setzt sich in den folgenden Jahrhunderten auf vielen Ebenen fort – von der Herausbildung eines komplexen Wirtschaftssystems und einer weitreichenden gesellschaftlichen Infrastruktur bis zur Zunahme von Säkularisierung, Urbanisierung, Mobilität usw. –, erfaßt immer weitere Gruppen und Lebensbereiche und erreicht zur Gegenwart hin ein historisch einmaliges Maß. Das Ergebnis all dieser Entwicklungen ist, daß allmählich ein *Anspruch und Zwang zum eigenen Leben* (jenseits von Gemeinschaft und Gruppe) sich herauszubilden beginnt.

Diese Herauslösung aus traditionellen Bindungen bringt für den einzelnen eine Befreiung aus früheren Kontrollen und Zwängen. Aber gleichzeitig werden damit auch jene Bedingungen außer Kraft gesetzt, die den Menschen der vormodernen Gesellschaft Halt und Sicherung gaben. Von den Anforderungen des Arbeitsmarktes über soziale und geographische Mobilität bis zu Konsumdruck und Massenmedien: Sie alle zerreiben – in teils direkten, teils indirekten Formen, in immer wieder neuen Schüben und mit entsprechend wachsender Kraft – viele der traditionellen Bindungen und Sozialbeziehungen, die das Individuum mit seiner Umgebung, seiner Herkunft, seiner Geschichte verknüpfen. Im Zuge der zunehmenden Säkularisierung, der Pluralisierung von Lebenswelten, der Konkurrenz von Werten und Glaubenssystemen werden viele Bezüge aufgelöst, die dem einzelnen ein Weltbild vorgaben, einen sinnstiftenden Zusammenhang, eine Verankerung der eigenen Existenz in einem größeren Kosmos. Die Folge ist – wie von Philosophie und Geschichte bis zu Soziologie und Psychologie vielfach beschrieben – ein tiefgreifender Verlust an innerer Stabilität. Mit der »Entzauberung der Welt« (Weber) beginnt ein Zustand der »inneren Heimatlosigkeit«[6], die Isolierung im Kosmos. Als Beispiel die Veränderungen im Verhältnis zwischen Mensch und Natur, die C. G. Jung beschreibt:

»In dem Maße, wie unser wissenschaftliches Verständnis zugenommen hat, ist unsere Welt entmenschlicht worden. Der Mensch fühlt sich im Kosmos isoliert, weil er nicht mehr mit der Natur verbunden ist und seine emotionale ›unbewußte Identität‹ mit natürlichen Erscheinungen verloren hat. Diese haben allmählich ihren symbolischen Gehalt eingebüßt. Der Donner ist nicht mehr die Stimme eines zornigen Gottes und der Blitz nicht mehr sein strafendes Wurfgeschoß ... Es sprechen keine Stimmen mehr aus Steinen, Pflanzen und Tieren zu den Menschen, und er selbst redet nicht mehr zu ihnen in dem Glauben, sie verständen ihn. Sein Kontakt mit der Natur ist verlorengegangen und damit auch die starke emotionale Energie, die diese symbolische Verbindung bewirkt hatte.«[7]

Man kann sagen, daß dies eine erste Stufe des Individualisierungsprozesses darstellt: Im Zuge jahrhundertelanger Entwicklungen werden traditionelle Deutungsmuster und Glaubenssysteme, kurz, die gesellschaftlich vorgegebenen *Antworten,* allmählich zerrieben. Eine weitere Stufe beginnt, als der einzelne zunehmend mit neuen *Fragen* konfrontiert wird – besonders spürbar in der zweiten Hälfte dieses Jahrhunderts, und zwar nicht zuletzt im Zuge der Erweiterung von Lebens- und Bildungschancen. So hat sich der Lebensstandard gerade auch der unteren Bevölkerungsschichten in den fünfziger und sechziger Jahren in einem Ausmaß verbessert, das als »spektakulär, umfassend und sozialgeschichtlich revolutionär«[8] bezeichnet wurde. Wo frühere Generationen oft nichts anderes kannten als den täglichen Kampf ums Überleben, einen monotonen Kreislauf von Armut und Hunger, wird nun für breite gesellschaftliche Gruppen ein materielles Niveau erreicht, das Spielräume und Gestaltungsmöglichkeiten der Lebensführung erlaubt.[9] Hinzukommt die in den sechziger Jahren einsetzende Bildungsexpansion. Damit werden immer mehr Heranwachsende freigesetzt von den Zwängen des frühen Geldverdienens und frühzeitigem physischen und psychischen Verschleiß. Sie gewinnen Zugang zu Jugend im soziologischen Sinn, als Karenzzeit und Moratorium.[10] Sie gewinnen erst recht Zugang zu Bildungsinhalten, die nicht auf elementare Kenntnisse beschränkt sind, sondern gezielt auch in andere Erfahrungsbereiche, Denkformen, Traditionen hineinführen.

Die Folge solcher sozialstruktureller Veränderungen ist, daß zum ersten Mal für breite Gruppen Fragen aufkommen können, die über die unmittelbare Existenzsicherung hinausreichen. Gerade da, wo das Dasein von materiellen Zwängen einigermaßen entlastet ist, können Fragen nach dem Sinn dieses Daseins, nach dem Sinn des eigenen Tuns eine neue drängende Kraft entfalten. Es sind die alten philosophischen Themen, jetzt in die private Lebenswelt eindringend: *Wer bin ich? Woher komme ich? Wohin gehe ich?* Sie bringen neue Herausforderungen – aber auch neue Formen der Belastung, ja der Überlastung. Die alten Deutungsmuster sind brüchig geworden, neue Zweifel drängen sich auf: Damit ist der einzelne nun allein. Und nicht jeder vermag eigene Antworten zu finden. Was bleibt, sind Ängste und Unsicherheiten, die nicht mehr das Materielle betreffen, sondern eben das darüber Hinausgehende – den Sinn.

Nach dem Psychotherapeuten Viktor E. Frankl ist das »Leiden am sinnlosen Leben« zum vorrangigen seelischen Problem der Gegenwart geworden: Heute sind wir »nicht mehr wie zur Zeit von Freud mit einer sexuellen, sondern mit einer existentiellen Frustration konfrontiert. Und der typische Patient von heute leidet nicht mehr so sehr wie zur Zeit von Adler an einem Minderwertigkeitsgefühl, sondern an einem abgründigen Sinnlosigkeitsgefühl, das mit einem Leeregefühl vergesellschaftet ist – ... einem existentiellen Vakuum.«[11]

Die Entstehung personenbezogener Stabilität

Die bis ins 18. Jahrhundert vorherrschende Lebensform war nicht die Familie im heutigen Sinn, sondern der Haushalt des »Ganzen Hauses«, eine Wirtschaftsgemeinschaft. Deren oberstes Gebot waren die tägliche Existenzsicherung und der Erhalt der Generationenabfolge. Unter diesen Bedingungen blieb kaum Raum für persönliche Neigungen, Gefühle, Motive. Vielmehr waren Partnerwahl und Ehe ein vorwiegend ökonomisches Arrangement. Nach dem individuellen Zusammenpassen (oder Nicht-Zusammenpassen) der künftigen Eheleute wurde wenig gefragt.

»Das ›persönliche Glück‹ ... lag für den Bauern darin beschlossen, eine Frau zu heiraten, mit der er arbeitete, die ihm gesunde Kinder gebar und ihn durch ihre Mitgift vor Schulden bewahrte. Man kann wohl nicht bestreiten, daß das auch eine Art von Glück ist. Auf die Person des Partners bezogene Liebe an sich, unabhängig von diesem Fundament, hatte jedoch kaum eine Chance, sich zu entwickeln.«[12]

Wie die sozialhistorische Forschung zeigt, hat im Übergang zur modernen Gesellschaft auch ein tiefgreifender Wandel von Ehe und Familie eingesetzt: Die Arbeitsgemeinschaft von einst nimmt immer mehr den Charakter einer Gefühlsgemeinschaft an. Mit der Entstehung der bürgerlichen Familie kommt es zu einer »sentimentalen Auffüllung des innerfamiliären Bereiches«[13], zur Herausbildung jener Privatheit und Intimität, die unser modernes Bild von Familie kennzeichnen.

Es ist wohl kein Zufall, daß dies in einer Epoche geschieht, in der die traditionellen Bindungen brüchig zu werden beginnen. Denn der Binnenraum von Familie, auf den sich jetzt die Gefühle und Bindungen konzentrieren, übernimmt offensichtlich eine Ausgleichsfunktion: Er schafft einen Ersatz für die Deutungsmuster und Sozialbeziehungen, die mit dem Übergang zur Moderne aufgelöst werden. Es ist die einsetzende Isolierung und Sinnentleerung, die der Sehnsucht nach Familie Auftrieb gibt: die Familie als Heimat, um die »innere Heimatlosigkeit« erträglich zu machen, als »Hafen« in einer fremd gewordenen und unwirtlichen Welt.[14] Hier entsteht eine historisch neue Form von Identität, die man am zutreffendsten vielleicht als *personenbezogene Stabilität* bezeichnen kann. Je mehr die traditionellen Bindungen an Bedeutung verlieren, desto mehr werden die unmittelbar nahen Personen wichtig für das Bewußtsein und Selbstbewußtsein des Menschen, für seinen inneren Platz in der Welt, ja für sein körperliches und seelisches Wohlbefinden.

Zur empirischen Illustration ein Ergebnis aus Studien, die den Zusammenhang von sozialer Unterstützung und chronischer Krankheit betreffen. Hier hat sich gezeigt, daß die enge Vertrauensbeziehung zu einer anderen Person wichtigen psychischen Schutz gibt und die Anpassung an notwendig gewordene Änderungen im Leben erheblich erleichtert: »Selbst wenn sich ... die sozialen Kontaktmöglichkeiten eines Menschen, etwa ... durch den Rückzug aus der Arbeitswelt, erheblich reduzieren, muß dies nicht zu erhöhter Anfälligkeit etwa gegenüber Depressionen führen: wenn nur der ›Confidant‹ erhalten bleibt. Die Qualität dieser spezifischen Beziehung zu einer Person, der man volles Vertrauen schenkt, auf deren Verständnis man stets rechnen kann und an die man sich jederzeit auch mit persönlichen Problemen wenden kann, scheint demnach ein besonderer Schutzfaktor zu sein ...«[15]

Liebe und Ehe als Anker der inneren Identität

Gewissermaßen als Herzstück dieser personenbezogenen Stabilität bildet sich ein neues Verständnis von Liebe heraus. Es ist das Leitbild der zugleich romantischen und dauerhaften Liebe, die aus der engen gefühlsmäßigen Bindung zwischen zwei Personen erwächst und ihrem Leben Inhalt und Sinn gibt. Hier wird der andere zu dem, der die Welt mir bedeutet, und Sonne und Mond und sämtliche Sterne dazu. Nehmen wir als Beispiel ein klassisches Liebesgedicht – Friedrich Rückert, *Du bist mein Mond*.[16]

> »Du bist mein Mond, und ich bin deine Erde;
> Du sagst, du drehtest dich um mich.
> Ich weiß es nicht, ich weiß nur, daß ich werde
> In meinen Nächten hell durch dich [...]

> Du meine Seele, du mein Herz,
> Du meine Wonn', o du mein Schmerz,
> Du meine Welt, in der ich lebe,
> Mein Himmel du, darein ich schwebe,
> O du mein Grab, in das hinab
> Ich ewig meinen Kummer gab!
>
> Du bist die Ruh, du bist der Frieden,
> Du bist der Himmel mir beschieden.
> Daß du mich liebst, macht mich mir wert,
> Dein Blick hat mich vor mir verklärt,
> Du hebst mich liebend über mich.
> Mein guter Geist, mein bessres Ich!«

Dies ist die exemplarische Form einer personenbezogenen Stabilität, die auf der romantischen Liebe gründet. Ihr innerer Kern läßt sich folgendermaßen beschreiben: *Je mehr andere Bezüge der Stabilität entfallen, desto mehr richten wir unser Bedürfnis, unserem Leben Sinn und Verankerung zu geben, auf die Zweierbeziehung.* Immer mehr richten wir unsere Hoffnung jetzt auf einen anderen Menschen, diesen Mann, diese Frau: Er oder sie soll uns Stabilität gewähren in einer Welt, die immer schneller sich dreht. In einem Satz von Pfeil nüchtern zusammengefaßt: »Die ›romantische Gattenliebe‹ wird geradezu nötig in dieser Umwelt.«[17] Anschaulicher bei Benard/Schlaffer:

»Vielleicht war es früher leichter. Man glaubte an die Kirche, an den Staat, und man glaubte daran, daß man in den Himmel kommen würde, wenn man eine gute Ehefrau und Mutter war. Nachdem Gott nun, wenn schon nicht tot, dann zumindest verreist ist, bleiben nur mehr die Menschen übrig als Quellen existentiellen Sinns. Der Arbeitsplatz ist für die meisten... keine wirklich absorbierende Stätte von Befriedigung und Sinnerfüllung. Es bleibt die Familie, die Beziehung zu Menschen, für deren Wohlergehen man sich einsetzen will. Verständnis, Mitteilung und Fürsorge sind auf den engen Kreis unmittelbarer Beziehungen zusammengeschrumpft. Wenn man keine Beziehung hat, ist man auf die frostigen Interaktionen veramtlichter Tage reduziert. Die Zeit vergeht – und wozu? Die Frage nach dem Sinn wird erträglicher, wenn man als Fluchtpunkt und Orientierung eine andere Person oder andere Personen hat... In einem leeren Kosmos kann man sich eine kleine Insel der Zivilisation einrichten...«[18]

Vor diesem Hintergrund gewinnt auch die Ehe eine neue Bedeutung, eben jene, die uns heute vertraut ist. Ihr Grundmuster haben soziologische wie psychologische Studien herausgearbeitet. So wird die Ehe zu einer zentralen Instanz für die soziale »Konstruktion der Wirklichkeit«:[19] Im Zusammenleben von Mann und Frau wird ein gemeinsames Universum aus Interpretationen, Urteilen, Erwartungen aufgebaut, das von den trivialen Geschehnissen des Alltags bis zu den großen Ereignissen der Weltpolitik reicht. Es entwickelt sich im verbalen oder nicht-verbalen Dialog, in geteilten Gewohnheiten und Erfahrungen, in einem kontinuierlichen Wechselspiel zwischen Alter und Ego. Durchgängig wird das Bild unserer Welt verhandelt, zurechtgerückt und verschoben, in Frage gestellt und bekräftigt.

Und nicht nur die soziale Konstruktion der Realität, sondern mehr noch: auch die der *Identität* wird zum Grundthema der Ehe. Dies ist die Seite, die insbesondere die psychologischen Studien ins Blickfeld rücken: *Im Austausch mit dem Ehepartner suchen wir auch uns selbst.* Wir suchen unsere Lebensgeschichte, wollen uns aussöhnen mit unseren Enttäuschungen und Verletzungen, wollen unsere Hoffnungen und Lebensziele entwerfen. Wir spiegeln uns im anderen, und das Bild vom Du ist wesentlich auch ein Wunschbild vom Ich: »Du bist ein Bild meines heimlichen Lebens«[20], »mein bessres Ich«.[21] Die Ehe wird zu einer Institution, die »spezialisiert ist auf die Entwicklung und Stabilisierung der Person«.[22] Liebe und Identität werden unmittelbar ineinander verwoben.

So im ersten Stadium der Verliebtheit: »Die Verliebtheit ist die Suche nach der eigenen Bestimmung... ein Suchen nach dem eigenen Selbst, bis auf den Grund. Dies wird durch die andere Person erreicht, im Dialog mit ihr, in der Begegnung, in der jeder Anerkennung im anderen sucht, im Akzeptieren, im Verständnis, in der Bestätigung und Befreiung dessen was war, und dessen was ist.«[23]

So im vertrauten Gespräch eines langjährigen Paares: »Das Vergangene mit seinen ungelösten Fragen und Schmerzen befreit sich. Nein, der Vergangene und Gegenwärtige, der jeder Mensch ist, sucht Antwort auf die Frage: Wer bin ich und wozu bin ich da? Und er sucht zuallererst einen anderen, der diese Frage hören will; als ob man sich erst verstehen könnte, wenn einer zuhört und als ob die eigene Geschichte erst im Ohr des anderen ganz würde... So entsteht und bestätigt, korrigiert und verändert sich im Miteinanderreden das Bild, das jeder Ehepartner von sich und seiner Welt hat... immer wird die eine Sache der persönlichen Identität verhandelt, die Frage: Wer bin ich und wer bist du?«[24]

Doch die Erfahrungen in der Eheberatung und erst recht die Scheidungszahlen machen unmittelbar sichtbar, daß dieser Dialog, der zunächst so leidenschaftlich gesucht wird, später häufig mißlingt. Er gerät ins Stocken; wird durch Tabuzonen des Schweigens eingegrenzt; wird unterbrochen oder ganz abgebrochen.

Warum das so ist? Das ist das Thema der folgenden Abschnitte. Sie sollen zeigen, wie beide Entwicklungen – die wachsende Sehnsucht wie das häufige Scheitern – eine gemeinsame Wurzel haben. In einem Satz zusammengefaßt: Nicht nur die Hoffnungen der Liebe, sondern erst recht ihre Enttäuschungen verweisen zurück auf die wachsende Individualisierung, die mit der Moderne beginnt.

2. Die Liebe wird schwieriger denn je

Die Chancen und Zwänge des eigenen Lebens

Die traditionellen Bindungen der vormodernen Gesellschaft enthielten rigorose Verhaltensregeln und Vorschriften. Je mehr diese aufgelöst werden, wird eine Erweiterung des Lebensradius möglich, ein Gewinn an Handlungsspielräumen und Wahlmöglichkeiten. Der Lebenslauf wird an vielen Punkten offener und gestaltbarer.[25]

Die unmittelbare Folge dieser Gestaltbarkeit ist, daß der einzelne auf immer mehr Ebenen mit Entscheidungen konfrontiert wird, von den trivialen Fragen des Alltags (welcher Urlaubsort, welche Automarke?) bis zu Fragen, die die langfristige Lebensplanung angehen (welcher Ausbildungsgang, wieviel Kinder?). Ihm wird abverlangt, mündiger Bürger und kritischer Verbraucher zu sein, preisbewußt und umweltbewußt, informiert von Kernenergie bis zum Umgang mit Medikamenten. Dieses »Leben mit einem Überangebot an Wahlmöglichkeiten«[26] wird, wie Modernisierungstheorien beschreiben, häufig als Überforderung für den einzelnen spürbar. Doch bisher wenig gesehen wird, daß es gerade auch dann neue Belastungen bringt, wenn der einzelne nicht mehr als einzelner lebt, sondern zu zweit. Denn dann müssen bei allen Fragen, die direkt oder indirekt den Partner betreffen – vom Fernsehprogramm bis zum Urlaubsziel, von der Wohnungseinrichtung bis zur Erziehung der Kinder –, die Vorstellungen und Wünsche,

Gewohnheiten und Normen gleich *zweier* Personen in den Entscheidungsprozeß eingespeist werden. Die Folgen sind absehbar: *Je höher die Komplexität im Entscheidungsfeld, desto größer auch das Konfliktpotential in der Ehe.*

Dieses Konfliktpotential wird dadurch weiter erhöht, daß auf der Kehrseite der neuen Gestaltbarkeit neue Anforderungen und Zwänge aufkommen. So sind die Planungen und Entscheidungen zwar in bestimmtem Sinne frei, aber gleichzeitig strukturell von der Logik der Individualisierung bestimmt, die jetzt in den Lebenslauf eingreift. Denn mit der Auflösung der Familie als Wirtschaftsgemeinschaft entstehen neue Formen der Existenzsicherung, die *über den Arbeitsmarkt vermittelt und auf die Einzelpersonen bezogen* sind. Dabei wird das Verhalten des Berufstätigen den Gesetzen des Marktes unterstellt – z. B. Mobilität und Flexibilität, Konkurrenz und Karriere –, die kaum Rücksicht nehmen auf private Bindungen. Wer aber diesen Gesetzen nicht folgt, riskiert Arbeitsplatz, Einkommen und soziale Stellung. Idealtypisch wird das Ich hier zum Mittelpunkt eines komplizierten Koordinatensystems, das viele Dimensionen umfaßt – von Ausbildung und Stellenmarkt bis zu Krankenversicherung und Altersvorsorge –, das ständig aktualisiert und revidiert werden muß. Vor allem werden die Anforderungen des Arbeitsmarktes zu einer zentralen Achse der persönlichen Zukunftsplanung: »Für die meisten Menschen ist der hauptsächliche institutionelle Vektor der Lebensplanung der Arbeitsmarkt und der eigene Bezug zu ihm... das grundlegende Organisationsprinzip für biographische Projekte ist der eigene Beruf, und andere Karriereentwürfe drehen sich um den Beruf und sind von ihm abhängig.«[27]

Hier werden dann eine Reihe sozialstruktureller Entwicklungen wirksam, die in der Nachkriegszeit der Bundesrepublik besonders deutlich hervortreten: Mobilität in ihren vielfältigen Formen – örtliche, soziale und alltägliche Mobilität im Wechsel zwischen Familie und Beruf; zwischen Arbeit und Freizeit; zwischen Ausbildung, Erwerbstätigkeit, Ruhestand – löst die Menschen immer wieder aus vorgegebenen Bindungen (Nachbarn, Kollegen, Regionalkultur usw.). In ähnlicher Weise distanziert Bildung ein Stück weit vom Herkunftsmilieu. Die individuell nach »Leistung« erworbenen Bildungspatente eröffnen individuelle Arbeitsmarktkarrieren, die zwar für ganze Berufsgruppen typisch verlaufen, aber dennoch den einzelnen dazu zwingen, sich zum Bezugspunkt von Vorbereitungen und Entscheidungen, von Erfolgen und Versäumnissen zu machen. Arbeitsmarktbeteiligung erfordert Mobilität und setzt Bildung voraus, so daß die verschiedenen Komponenten sich ergänzen und verstärken.

Dabei erfaßt diese äußere Beschreibung nur einen Teil der Veränderungen, um die es hier geht. Denn die Logik der Individualisierung, die die prinzipielle Gestaltbarkeit des Lebenslaufs in Richtung *bestimmter* Entscheidungen und Handlungen lenkt, hat auch »innere« Folgen für die beteiligten Personen. Sie führt in einen Kampf um »eigenen Raum«, im wörtlichen und im übertragenen Sinn, in die Suche nach dem Selbst, ins Ringen um Selbstverwirklichung. Daß diese Stichworte heute – in Interviews, Therapie, Literatur – eine so große Rolle spielen, ist nicht etwa Ausbruch eines kollektiven Egoismus. Vielmehr sind diese Themen Ausdruck eben jener sozialstrukturellen Entwicklungen im Dreieck von Bildung, Arbeitsmarkt, Mobilität, gewissermaßen ihre Fortsetzung bis ins Innerste der Person hinein, und erscheinen nun in den einzelnen Biographien massenhaft als scheinbar individuelles Problem. Wo das Leben zur »selbstentworfenen Biographie«[28] wird, da ist Selbstverwirklichung »nicht einfach ein neuer Stern am Wertehimmel, [sondern] die kulturelle Antwort auf die Herausforderungen einer neuen Lebenslage«[29] oder, noch pointierter gesagt: ein kulturell vorgegebener Zwang.

Die Frage liegt auf der Hand: *Wieviel Raum bleibt in der selbstentworfenen Biographie mit all ihren Zwängen für einen Partner mit eigenen Lebensplänen und Zwängen?* Muß der andere hier nicht zur Fremderwartung, ja zum Störfaktor werden? Inwieweit ist im Rahmen von Lebensformen, wo Selbstverwirklichung zum vorgegebenen Zwang wird, ein Zusammenleben noch möglich? Wie oft müssen Situationen entstehen, wo selbst bei bestem Willen auf beiden Seiten letztlich doch zwei Monaden miteinander verhandeln, die nicht ein gemeinsames Universum aufbauen, sondern ihre getrennten Universen verteidigen – manchmal zivilisiert, manchmal erbittert und ohne Bandagen?

Es ist interessant, aus diesem Blickwinkel die neuen Leitbilder von Liebe, Ehe, Partnerschaft zu betrachten, die viele Beratungsbücher heute verkünden. In allerlei Variationen, manchmal eher mild, manchmal sehr kraß formuliert, zeigt sich ein Trend, der Selbstbehauptung zum Gesetz macht – nicht nur in der Außenwelt von Beruf und Öffentlichkeit, sondern jetzt eben auch im Innenraum des Privaten. Die Zauberformel heißt Authentizität. Die vielzitierten Sätze der Gestalttherapie, auf unzähligen Grußkarten, Postern und Kaffeebechern wiedergegeben, drücken am klarsten die Botschaft aus.

> »Ich tu, was ich tu;
> und du tust, was du tust.
> Ich bin nicht auf dieser Welt,
> um nach deinen Erwartungen zu leben.
> Und du bist nicht auf dieser Welt,
> um nach den meinen zu leben.
> Und wenn wir uns zufällig finden – wunderbar.
> Wenn nicht, kann man auch nichts machen.«[30]

Welch ein Gegensatz zu Liebesgedichten à la Rückert! Nun muß man zugeben, die meisten Beratungsbücher gehen längst nicht so weit. Aber immerhin: Sie weisen in eine ähnliche Richtung. Nicht mehr zur Anpassung an den anderen, nein, zur bewußten Abgrenzung wird jetzt aufgerufen. Eingeübt wird die konstruktive Auseinandersetzung, das »Nein in der Liebe«.[31] Therapie soll die Einsicht fördern, »daß es für zwei Menschen, die sich lieben, gar nicht erstrebenswert ist, *ein* Herz und *eine* Seele zu sein«.[32] Und als Empfehlung wird ausgegeben, »möglichst viele Aspekte des täglichen Zusammenlebens in einem Ehe-Vertrag zu regeln« – vom Recht und der Pflicht zu »persönlicher Freiheit« bis zur »Regelung für den Fall der Trennung«.[33] In solchen Formeln spiegelt sich das Grundmuster der Individualisierung, angewandt auf das Leben zu zweit. Versucht wird, Umgangsformen zu finden für selbständige Individuen mit eigenen Lebenswegen und Rechten, für den schwierigen Balance-Akt zwischen eigenem Leben und Leben zu zweit. Aber der Verdacht drängt sich auf: Wird dies Grunddilemma der individualisierten Gesellschaft nicht manchmal mit Rezepten behandelt, die das Problem weniger lösen als weiter vergrößern? Wenn der Akzent jetzt darauf liegt, daß »Streiten verbindet«[34], wie oft wird damit die angestrebte kreative Spannung erreicht – und wie oft steht am Endpunkt die kreative Scheidung, die auch ein Buchtitel preist?[35]

»Should such negotiations break down, according to a different book, there can be a ›successful divorce‹, – by no means to be thought of as a failure – but one which ›has been pre-considered in terms of personal upward mobility, with stress laid not nearly so much on what is being left, and may therefore be lost, as on what lies ahead that may be incorporated into a new and better image‹. After the successful divorce, this behavior-modification book tells us, ›Little Affairs‹ may be useful… The person with a ›Positive Self Image‹ need not worry about promiscuity. *All* these affairs will be ›meaningful‹ because they will all contribute to the ›self's reservoir of experiences‹.«[36]

Wenn die Liebe wieder einmal scheitert, wenn diese Hoffnung immer weiter erlischt, muß man eine neue erfinden. Die Devise heißt dann: »How to Be Your Own Best Friend.«[37] Ist das die einzige Hoffnung, die bleibt? *Führt die Individualisierung, die anfangs die romantische Sehnsucht erzeugte, konsequent und zwangsläufig in ein neues Stadium hinein – in die postromantische Welt?*

»In the post-romantic world, where the old ties no longer bind, all that matters is *you:* you can be what you *want* to be; you *choose* your life, your environment, even your appearance and your emotions… The old hierarchies of protection and dependency no longer exist, there are only free contracts, freely terminated. The marketplace, which has long ago expanded to include the relations of production, has now expanded to include *all* relationships.«[38]

Ja, nicht nur das Leben des einzelnen wird offener und gestaltbarer, sondern speziell auch die Form des Lebens zu zweit. In der vorindustriellen Gesellschaft gab es ein klares Modell, in den Anforderungen der Existenzsicherung verankert. Es war die Ehe als Arbeitsgemeinschaft, darin Mann und Frau mit je eigenem Arbeitsbereich und Kinder wichtig als Arbeitskräfte und Erben. Und heute dagegen? Eine endlose Reihe von Fragen: Soll die Frau berufstätig sein, ja oder nein, ganz oder nur halbtags? Soll der Mann gradlinig Karriere machen, partnerschaftlich Berufs- und Familienaufgaben teilen, oder gar die Position des Hausmanns übernehmen? Will man Kinder, ja oder nein, wann und wie viele? Wenn ja, wer sorgt dann für die Erziehung, wenn nein, wer muß dann verhüten? Die Wahrscheinlichkeit wächst, daß – hier oder da, früher oder später – die Partner zu unterschiedlichen Antworten kommen. Und dies nicht aus vorrangig persönlichen Gründen, weil es ihnen an Kompromißbereitschaft und gutem Willen mangelt, sondern weil in ihren je eigenen Biographien, insbesondere ihren Berufsbiographien, jeweils *Grenzen* der Gestaltbarkeit angelegt sind, da andernfalls erhebliche Nachteile drohen: das Stellenangebot in einer entfernten Stadt, für den einen beruflicher Aufstieg, drängt den anderen ins berufliche Abseits.

Und neben der Vielzahl der inhaltlichen Fragen dann auch noch die Offenheit auf der Zeitachse: Jede Entscheidung ist widerrufbar im Eheverlauf. Ja, sie *soll* sogar widerrufbar sein nach den biographischen Zwängen, die im individualisierten Lebenslauf angelegt sind, die vom einzelnen immer wieder Aktualisierung und Optimierung seiner Entscheidungen verlangen; die wiederum aufgenommen und verstärkt werden durch die neuen psychologischen Leitbilder, die zu mehr Offenheit, Lernfähigkeit, Wachstum auffordern. Solche Postulate sind – das ist zweifellos richtig – hilfreich gegen die Stummheit und Gleichgültigkeit eines festgefahrenen Ehealltags. Aber sie haben auch ihre Gefahren. Denn was, wenn ein Partner an der alten Form festhalten will, der andere nicht mehr; oder wenn sie beide eine Änderung wollen, nur nach verschiedenen Seiten? Und solche Fälle sind keineswegs selten:

Da sind die Paare, wo anfangs beide sich einig waren, daß es für alle das Beste sei, wenn die Frau sich ganz der Familie widmet. Aber nach einigen Jahren leidet die Frau unter der Enge und Isolation des Privaten, will wieder berufstätig werden; während der Mann das eingespielte Muster als zufriedenstellend erlebt, auf Gewohnheitsrechte pocht, von der Änderung sich bedroht fühlt. Oder das Beispiel der Paare, die in den sechziger Jahren mit konventionellen Vorstellungen von Treue zum Standesamt gingen, dann einige Jahre danach überall von der »offenen Ehe« als Idealrezept lasen. Was, wenn nun einer an der Sicherheit des Gewohnten festhalten, der andere die Verlockungen des Neuen erproben will: Wer hat dann recht?

Manchmal keiner. Recht und Unrecht werden zu unscharfen Kategorien, wenn es keinen gemeinsamen Maßstab mehr gibt, sondern die Maßstäbe *zweier* Biographien mit ihren unterschiedlichen Vorgaben und Zwängen, und dazu noch den schnellen Wechsel der Leitbilder. Umso größer wird der Raum für subjektive Interpretationen, in die die eigenen Wünsche einfließen – und zwar bei beiden Partnern, nur meist mit charakteristisch anderer Färbung. Umso häufiger geschieht es, daß mindestens einer sich mißverstanden fühlt, verletzt und verraten.

Mann versus Frau

In den klassischen Texten der Frauenbewegung wird vielfach die Hoffnung geäußert, daß dann, wenn das Zeitalter der Unterdrückung der Frau endet, auch ein neues und besseres Verhältnis zwischen den Geschlechtern beginnt. Auf eine Formel gebracht: *Nur zwischen Freien und Gleichen ist wirkliche Liebe möglich.* Nehmen wir als Beispiel die berühmte *Erklärung der Frauenrechte*, geschrieben von Mary Wollstonecraft im Jahr 1792:

»It is vain to expect virtue from women till they are in some degree independent of men; nay, it is vain to expect that strength of natural affection which would make them good wives and mothers. Whilst they are absolutely dependent on their husbands they will be cunning, mean, and selfish, and the men who can be gratified by the fawning fondness of spaniel-like affection have not much delicacy, for love is not to be bought... Would men but generously snap our chains, and be content with rational fellowship instead of slavish obedience, they would find us more observant daughters, more affectionate sisters, more faithful wives... We should then love them with true affection, because we should learn to respect ourselves.«[39]

Kaum jemand wird behaupten wollen, die stolzen Hoffnungen von einst hätten sich bisher erfüllt. Warum aber ist die Entwicklung anders verlaufen? Betrachten wir dazu den Modernisierungsprozeß genauer, und zwar mit speziellem Blick auf Männer und Frauen. Die klassische Aussage der Modernisierungsdebatte lautet, daß mit dem Übergang zur Moderne der einzelne aus traditionellen Bezügen freigesetzt wird. Diese Aussage ist, wenn man sie mit den Ergebnissen der sozialhistorischen Familien- und Frauenforschung vergleicht, ebenso richtig wie falsch, genauer: sie enthält nur die Hälfte der Wahrheit. Denn was sie ausblendet, ist die »andere« Hälfte der Menschheit. Zu Beginn der Moderne bleibt Individualisierung ganz auf Männer beschränkt.

Exemplarisch dafür eine Stelle in Fichtes Naturrecht, wo das Verhältnis der Frau zum Mann folgendermaßen dargestellt wird: »Diejenige, welche ihre Persönlichkeit mit Behauptung ihrer Menschenwürde hingibt, gibt notwendig dem Geliebten alles hin, was sie hat... Das Geringste, was daraus folgt, ist, daß sie ihm ihr Vermögen und alle ihre Rechte abtrete, und mit ihm ziehe. Nur mit ihm vereinigt, nur unter seinen Augen, und in seinen Geschäften hat sie noch Leben und Tätigkeit. Sie hat aufgehört, das Leben eines Individuums zu führen; ihr Leben ist ein Teil seines Lebens geworden, (dies wird trefflich dadurch bezeichnet, daß sie den Namen des Mannes annimmt).«[40]

Zusammenfassend schreibt der amerikanische Historiker Degler: »The idea of individualism in the West has a long history...

John Locke and Adam Smith celebrated the principles of individual rights and actions, but the individuals they had in mind were men. On the whole women were not then thought of as anything other than supportive assistants – necessary to be sure, but not individuals in their own right. The individual as a conception in Western thought has always assumed that behind each man – that is, each individual – was a family. But the members of that family were not individuals, except the man, who was by law and custom its head.«[41]

Charakteristisch für den Verlauf des Modernisierungsprozesses ist gerade, daß sich männliche und weibliche Normalbiographie zunächst nach ganz unterschiedlichen Richtungen hin verändern. Der weibliche Lebenszusammenhang wird im 19. Jahrhundert nicht erweitert, sondern im Gegenteil: enger begrenzt auf den Binnenraum des Privaten. Neben der physischen Versorgung der Familienmitglieder wird vor allem auch die psychische zur besonderen Aufgabe der Frau – das Eingehen auf den Mann und seine Sorgen, das Ausgleichen in familialen Spannungssituationen, kurz all das, was in der neueren Diskussion Gefühlsarbeit oder auch Beziehungsarbeit heißt. Je mehr der Mann hinaus muß in die feindliche Welt, desto mehr soll die Frau »voll und rein und schön« bleiben, um »im stillen, in sich befriedeten Sein die versöhnte Innerlichkeit des Gemütslebens« zu erhalten.[42] Inmitten einer immer stärker durchrationalisierten Welt soll sie für den Mann einen Ausgleich schaffen, eine Oase des Friedens.

»Die liebe Frauenwelt« soll eine »glückliche stille Oase« sein, »ein Quell der Lebenspoesie, ein Rest aus dem Paradiese. Und das wollen wir uns von keiner ›Frauenfrage‹, von keinem unglücklichen Blaustrumpf und von keinem überstudierten Nationalökonomen nehmen lassen. Wir wollen sie... so viel als möglich auch dem armen und ärmsten ›Arbeiter‹ mit Gottes Hilfe erhalten.« (Nathusius 1871)[43]

»Uns reizt an den Frauen gerade die Gefühlswärme, die Naivetät und Frische, die sie vor den frühzeitig überarbeiteten und frühgereiften Männern voraushaben, und der Reiz, den sie durch diese Eigenschaften auf die Männer ausüben, würde unwiderbringlich verloren gehen, wenn dieses Anmutendste an ihnen durch die Erziehung vernichtet würde.« (Appelius, Vizepräsident des Weimarer Landtags, im Weimarer Landtag 1891)[44]

»Des Weibes Ausartung ist Selbständigkeit und männliches Wesen; ihre größte Ehre ist einfältige Weiblichkeit und das heißt, sich unbeschwerten Herzens unterzuordnen, sich bescheiden, nichts anderes, noch etwas mehr zu wollen, als sie soll ... Der Mann ist vor dem Weibe und zur Selbständigkeit geschaffen; das Weib ist ihm beigegeben um seinetwegen.« (Löhe, 19. Jahrhundert)[45]

An solchen Äußerungen, wie sie sich in unzähligen Variationen durch Politik und Philosophie, Religion, Wissenschaft, Kunst des 18. und 19. Jahrhunderts ziehen, wird der eigentliche Kern der hier entstehenden »Kontrasttugenden« (Habermas) deutlich. Je mehr dem Mann draußen Selbstbehauptung abverlangt wird, desto mehr wird die Frau drinnen auf Selbstzurücknahme geübt. Dies zeigt sich unmißverständlich in einer Vielzahl rechtlicher Regelungen, die eindeutig die Abhängigkeit der Ehefrau vom Manne verfügten.[46] So war die Frau verpflichtet, den Namen des Mannes zu führen, seine Staatsangehörigkeit zu teilen, bei ihm zu wohnen, ihren Umgang nach seinen Wünschen zu regeln. Er hatte das Recht, ihre Korrespondenz zu überwachen, die Richtlinien der Haushaltsführung und ihre Ausgaben zu bestimmen, und vielfach war auch noch die Verfügungsgewalt über das eigene Vermögen der Frau dem Mann übertragen.

Der Preis solcher Regelungen ist hoch, und er geht eindeutig zu Lasten der Frau. Aber die Funktion ist ebenso sichtbar. Indem es konfligierende Wünsche zwischen Mann und Frau per definitionem nicht gibt, eben nicht geben darf, wird eine gewisse Form der Stabilität erreicht, so drückend sie für die eine Seite auch ist. Unter solchen Bedingungen muß selbst die allmähliche Zunahme der Wahlmöglichkeiten die familiale Harmonie zunächst keineswegs stören: Es ist ja sein Wille, der gilt. Der Weg der Frau heißt Anpassung an den Mann.

»Sie muß angewöhnt werden..., das männliche Geschlecht als das zum Vorzuge der Herrschaft bestimmte von Jugend auf anzusehen; sich dasselbe durch Sanftmut, Geduld und Nachgeben geneigt zu machen.« (Basedow 1770)[47]

Agatha Christie schreibt in den Erinnerungen an ihre Mädchenzeit:

»In einer Beziehung war der Mann unangreifbar: Er war der Herr des Hauses. Wenn eine Frau heiratete, akzeptierte sie seine Lebensweise und die Stellung, die er in der Welt einnahm. Das scheint mir eine gesunde Grundlage für eine glückliche Zukunft zu sein. Wenn du dich mit dem Leben deines Zukünftigen nicht abfinden kannst, nimm den Job nicht – mit anderen Worten, heirate nicht. Da haben wir zum Beispiel einen Textilgroßhändler; er ist Katholik, er zieht es vor, am Stadtrand zu wohnen, er spielt Golf, und er verbringt seinen Urlaub gerne am Meer. *Das* heiratest du. Entschließe dich, an all dem Gefallen zu finden. So schwer wird es schon nicht sein.«[48]

Seit damals haben sich rapide Veränderungen vollzogen. Die Freisetzung aus traditionellen Bezügen, die zu Beginn der Moderne auf Männer beschränkt blieb, wird seit Ende des 19. Jahrhunderts, und erst recht seit den sechziger Jahren dieses Jahrhunderts, auch für Frauen spürbar. Zum Beispiel im Bildungsbereich: Obwohl bereits gegen Ende des 19. Jahrhunderts die Bildungswege für Mädchen langsam geöffnet wurden, setzte die große Wende in der Mädchenbildung erst über ein halbes Jahrhundert später ein, mit der Bildungsexpansion der sechziger Jahre des 20. Jahrhunderts. Der lange selbstverständlichen Benachteiligung der Mädchen im Bildungsbereich wurde nun gezielt entgegengewirkt, und der Erfolg dieser Bemühung übertraf alle Erwartungen. Innerhalb von nur zwei Jahrzehnten wurde aus dem ausgeprägten Chancengefälle zwischen den Geschlechtern eine beinahe gleiche Verteilung von Mädchen und Jungen an den allgemeinbildenden Schulen, und zwar auf allen Ausbildungsstufen, bis hinauf zu den Universitäten.[49]

Zum Beispiel die Erwerbstätigkeit: Obwohl mit dem Aufstieg der bürgerlichen Familie das Leitbild der Hausfrau und Mutter entstand, hatten in den Unterschichten die Frauen stets mitverdienen müssen, weil der Lohn des Mannes kaum zum Familienunterhalt reichte. Und auch im Bürgertum, wo die Arbeit in der Familie zunehmend ihre produktiven Funktionen verlor, konnte sie im ausgehenden 19. Jahrhundert den Frauen immer weniger Beschäftigung und Lebensunterhalt bieten. Es wuchs die Zahl vermögensloser Frauen, die auf eigenen Erwerb angewiesen waren. Doch blieb im Bürgertum die Berufstätigkeit befristet, fixiert bis zum Zeitpunkt der Heirat: Der Platz der verheirateten Frau war weiterhin im Haus. Zu weiterreichenden Veränderungen kommt es erst seit den fünfziger Jahren dieses Jahrhunderts. Zunächst einmal wird – in Deutschland wie in anderen Industrieländern – eine sehr starke Zunahme der Erwerbstätigkeit verheirateter Frauen verzeichnet[50]: Immer mehr Frauen bleiben nicht mehr nur bis zur Heirat, sondern bis zur Geburt des ersten Kindes berufstätig, und einige kehren ins Berufsleben zurück, wenn die Kinder groß geworden sind. In einer zweiten Stufe kommt es – wiederum in der Bundesrepublik wie in anderen Industrieländern – zu deutlichen Verschiebungen im Verhältnis zwischen Mutterschaft und Erwerbstätigkeit, die sich insbesondere in einem Anstieg der Müttererwerbstätigkeit niederschlagen.[51] So ist für immer mehr Frauen Berufstätigkeit heute weit mehr als nur eine Zwischenphase: »Nicht erwerbstätig zu sein wird für Frauen zur Ausnahmesituation, immer deutlicher begrenzt auf die Phase der Erziehung kleiner Kinder.«[52]

Hinzu kommen demographische Veränderungen: Seit Beginn der Moderne ist die Lebenserwartung gestiegen und hat gegen Ende des 20. Jahrhunderts ein historisch einmaliges Maß erreicht. Dagegen ist die Kinderzahl drastisch gesunken, in Europa meist beginnend mit einem ersten Geburtenrückgang gegen Ende des 19. Jahrhunderts, verstärkt sich fortsetzend seit den sechziger Jahren dieses Jahrhunderts. Durch das Zusammenwirken dieser beiden Tendenzen werden die Konturen der weiblichen Normalbiographie ganz entscheidend verändert. Denn eben diejenige Aufgabe, die mit der Auflösung des »Ganzen Hauses« und dem Aufstieg der bürgerlichen Familie immer mehr ins Zentrum des Frauenlebens rückte – nämlich die Erziehung der Kinder –, eben diese Aufgabe nimmt nun, rein zeitlich gesehen, im Leben der Frau immer geringeren Raum ein. Es ist ein historisch neuer Lebensabschnitt entstanden, die Phase des »leeren Nests«, wo die Frau nicht mehr durch Kinder beansprucht wird.[53]

So werden Frauen durch Veränderungen in Bildung, Beruf, Familienzyklus, Gesetzgebung usw. aus der Familienbindung zumindest teilweise herausgelöst, können immer weniger Versorgung durch den Mann erwarten, werden (in freilich oft widersprüchlicher Form) auf Selbständigkeit und Selbstversorgung verwiesen. Das subjektive Korrelat solcher Entwicklungen ist, daß Frauen heute zunehmend Erwartungen, Wünsche, Lebenspläne entwickeln – ja entwickeln müssen –, die nicht mehr allein auf die Familie bezogen sind, sondern ebenso auf die eigene Person. Sie müssen, zunächst im ökonomischen Sinn, ihre eigene Existenzsicherung planen, gegebenenfalls auch ohne den Mann. Sie können sich nicht mehr nur als »Anhängsel« der Familie begreifen, sondern müssen sich zunehmend auch als Einzelperson verstehen, mit entsprechend eigenen Interessen und Rechten, Zukunftsplänen und Wahlmöglichkeiten.

Siehe die klassischen Sätze aus Ibsens *Nora*:

HELMER: »So entziehst du dich deinen heiligsten Pflichten ... gegen deinen Mann und deine Kinder?

NORA: Ich habe andere Pflichten, die ebenso heilig sind.
HELMER: Die hast du nicht. Was für Pflichten könnten das wohl sein?
NORA: Die Pflichten gegen mich selbst.
HELMER: Vor allem bist du Gattin und Mutter.
NORA: Das glaub ich nicht mehr. Ich glaube, daß ich vor allen Dingen ein Mensch bin, so gut wie du... oder vielmehr, ich will versuchen, es zu werden.«[54]

Hier interessiert vor allem die Frage, wie sich solche Veränderungen auf das Verhältnis zwischen Männern und Frauen auswirken. Außer Zweifel steht, daß sich auf der einen Seite neue Chancen und Möglichkeiten ergeben: eine Verbindung zwischen Mann und Frau, die nicht mehr, wie in der vorindustriellen Gesellschaft, vorwiegend auf den materiellen Anforderungen der Existenzsicherung sich gründet; und auch nicht, wie im bürgerlichen Leitbild des 19. Jahrhunderts, auf der Komplementarität der als gegensätzlich definierten Geschlechtscharaktere, die im Kern immer auch Unterordnung der Frau meint; statt dessen jetzt eine Verbindung, die auf Geistesverwandtschaft sich gründet, vorsichtiger formuliert auf der ebenbürtigen Partnerschaft zweier Personen, die sich in Charakter und Lebenseinstellung innerlich nah sind. Es ist jene Verbindung, wie sie in den klassischen Texten der Frauenbewegung als Vision entworfen wird. Es ist jenes »Wunderbarste«, das am Ende von Ibsens *Nora* als Hoffnung aufleuchtet:

HELMER: »Nora – werd ich niemals dir wieder mehr als ein Fremder sein können?
NORA: Ach, Torvald, dann müßte das Wunderbarste geschehen... Dann müßte mit uns beiden, mit dir wie mit mir, eine solche Wandlung vorgehen – daß – ach, Torvald, ich glaub an keine Wunder mehr.
HELMER: Aber ich will daran glauben. Sprich zu Ende. Eine solche Wandlung, daß –?
NORA: – daß unser Zusammenleben eine Ehe werden könnte.«[55]

Hier interessieren freilich nicht die Idealformen und die möglichen Wunder, sondern die andere Seite, das vielfache Scheitern von Beziehungen heute. Aus diesem Blickwinkel ist nicht zu übersehen, daß mit dem Wandel der weiblichen Normalbiographie auch neue Risiken und Belastungen für das Verhältnis zwischen Männern und Frauen entstehen. Hier blieben die Überlegungen des vorangehenden Abschnitts, die die Chancen und Zwänge des eigenen Lebens thematisierten, an einem entscheidenden Punkt unscharf. Denn sie unterstellten bereits eine Situation, wo Mann *und* Frau als Entscheidungspartner agieren – doch diese Konstellation ist keineswegs von Anfang an gegeben. Ergänzen wir also: Das entscheidend Neue im Feld von Liebe und Ehe ist nicht die in soziologischen Theorien herausgearbeitete Individualisierung des Lebenslaufs, sprich: des männlichen Lebenslaufs, die im Übergang zur Moderne einsetzte. Das entscheidend Neue ist hier vielmehr die Individualisierung des *weiblichen* Lebenslaufs, die Herauslösung auch der Frau aus der Einbindung in die Familie, die erst Ende des 19. Jahrhunderts langsam begann und seit den sechziger Jahren dieses Jahrhunderts umso schneller sich fortsetzte. Oder noch pointierter gesagt: Solange es nur der Mann war, dessen Lebenslauf dem Grundmuster der Individualisierung unterstellt wurde, solange die Frau komplementär aufs Dasein für andere verpflichtet wurde, blieb der Familienzusammenhalt weitgehend gewahrt - freilich um den Preis der Ungleichheit der Frau. Jetzt aber, wo diese »Halbierung der Moderne«[56] sich nicht mehr länger durchhalten läßt, beginnt eine neue Epoche in der Geschichte der Frau – und ebenso in der Geschichte von Mann *und* Frau. Erst jetzt kommt zustande, daß im Augenblick der Liebe zwei Menschen aufeinander treffen, die *beide* den Möglichkeiten und Zwängen einer selbstentworfenen Biographie unterstehen.

Sichtbar wird dies bereits in den Erwartungen, die Männer und Frauen in bezug auf das Leben zu zweit haben. Wie Jessie Bernard gesagt hat, besteht jede Ehe stets aus zwei Ehen: der des Mannes und der der Frau.[57] Diese Formel lenkt den Blick auf einen Sachverhalt, der lange Zeit unerkannt blieb, aber im Zuge der Frauenbewegung und Frauenforschung immer deutlicher ins Bewußtsein geriet. Seitdem wird immer mehr sichtbar, daß die Erwartungen und Hoffnungen, die Männer und Frauen mit dem Stichwort Liebe verbinden, an wichtigen Punkten *nicht* übereinstimmen. Wie Lilian B. Rubin provozierend es nennt: Männer und Frauen sind im Intimbereich ihrer Begegnung »Intimate Strangers«[58], also vertraute Fremde. Dies gilt für die Wünsche, die Sexualität[59] und Erotik[60] betreffen, wie für die Arbeitsteilung[61] oder das Gesprächsverhalten im Alltag[62], die Themen und Standards der Kommunikation zwischen den Partnern. Zu solchen geschlechtstypischen Unterschieden gehört vor allem, daß Männer mehr die instrumentelle Seite von Liebe und Ehe betonen, die Versorgung im Alltag, »daß alles gut läuft«. Frauen dagegen legen weitaus mehr Nachdruck auf Gefühle und innere Nähe, eben »daß man einander versteht«.[63]

Dieser Unterschied der Erwartungen ist wahrscheinlich nicht neu. Neu aber ist die Art des Umgangs damit. Denn in dem Maß, wie auch Frauen sich als Person mit eigenen Wünschen begreifen, werden sie nicht mehr stillschweigend hinnehmen, wenn diese nicht eingelöst werden. Nein, sie werden ihre Wünsche eher äußern, nachdrücklich einklagen; und wenn dies alles nichts nützt, eher auch bis zur äußersten Konsequenz gehen, zur Scheidung. Wie in neueren Untersuchungen über Scheidungsursachen angeführt wird: Frauen stellen höhere Erwartungen an ein gutes, emotional ausfüllendes Zusammenleben und sind deshalb eher als Männer mit ihrer Ehe unzufrieden.[64] So ja auch Ibsens *Nora*, die ein Heim verläßt, welches ihrem Mann glücklich erscheint; und die nur dann zur Rückkehr bereit ist, wenn daraus »eine Ehe« wird, sprich: eine Ehe nach *ihrem* Verständnis. Den Trend, der sich hier andeutet, kann man vielleicht auf folgende Formel bringen: Im Enttäuschungsfall gaben früher die Frauen ihre Hoffnungen auf. Heute dagegen halten sie an den Hoffnungen fest – und geben die Ehe auf.

In einer aktuellen Studie wurden Frauen befragt, warum sie aus einer Ehe gegangen waren, die nach allen äußeren Kriterien »rundherum gut« erschien. Die Autorin faßt das Ergebnis folgendermaßen zusammen: »They left because they wanted more than what they were able to get from their marriages. What may have qualified as acceptable marriages for our mothers – and indeed for us when we sought to make them – was no longer acceptable. These women wanted more than a roof over their heads, a husband to support them, and children to look after. They wanted emotional intimacy, equality in partnership, and they wanted to exercise control over their own lives.«[65]

So wächst das Konfliktpotential, und es verringern sich gleichzeitig die Möglichkeiten der Konfliktreduzierung. Denn je mehr Frauen lernen, sich selbständig durchzusetzen – ja dies im Zuge eines epochalen Trends zur Individualisierung lernen *müssen* –, desto weniger werden sie jene Lösungsform akzeptieren, die Generationen vorher praktizierten: Anpassung an den Mann, unter Preisgabe der eigenen Rechte und Wünsche. Es verschwindet jetzt jenes Bindemittel, das früher den Zusammenhalt garantierte: eben die alte Frauenrolle, Selbstzurücknahme um der anderen willen, Bereitschaft zu den ebenso endlosen wie unsichtbaren Anstrengungen, die den Ausgleich im emotionalen Klima schaffen.

Wer soll jetzt noch die entsprechende Beziehungsarbeit leisten? Viele Frauen sind der endlosen Anstrengungen müde, viele Männer sind darin noch ungeübt, und beide Geschlechter sind überfordert, wenn nach dem Konkurrenzdruck im Beruf am Abend noch ein Berg von Gefühlsarbeit wartet.

Die Situation wird noch weiter dadurch verschärft, daß Veränderungen des Tempos und Ausmaßes, wie wir sie heute beobachten, kaum reibungslos ablaufen können, sondern fast zwangsläufig Friktionen erzeugen. Männer wie Frauen sind gefangen zwischen alten Leitbildern und neuen Lebensformen, konfrontiert mit wechselnden Zumutungen je nach Gruppen und Lebensbereichen, nicht zuletzt mit gegensätzlichen Erwartungen im eigenen Inneren: Das Stadium zwischen »Nicht mehr« und »Noch nicht« ist eine widersprüchliche Mischung. Die Folgen werden auf vielen Ebenen spürbar, für Frauen wie Männer:

Da ist zunächst das Problem, das man die Armut der alleinstehenden Frau nennen kann. Gemeint sind damit Frauen mit schlechter Ausbildung, die ohne die traditionellen Sicherungen des weiblichen Lebenszusammenhanges dastehen, aber auch nicht hinreichend vorbereitet sind auf die Zwänge der selbstentworfenen Biographie. Solche Frauen sind »nur einen Mann weit von der Sozialhilfe entfernt«[66] – und wenn dieser dann fehlt, wie es bei der wachsenden Gruppe der Alleinstehenden und Geschiedenen der Fall ist, dann heißt das Resultat, wie so oft schon beschrieben: »Feminisierung der Armut« (Diana Pearce). Am anderen Ende der sozialen Hierarchie steht ein Problem, bisher noch wenig bekannt, aber allmählich sichtbarer werdend. Es betrifft diejenigen Frauen, die selbständig Karriere machen, aber dafür im Privatleben nicht selten einen hohen Preis zahlen müssen: die »Einsamkeit der beruflich erfolgreichen Frau«.[67]

Entwicklungen dieser Art schildert z. B. die Psychologin Jean Baker Miller. Nach ihren Erfahrungen haben sich die Probleme, derentwegen Frauen in die Therapie kommen, innerhalb weniger Jahre auffallend verändert. So kamen noch in den frühen siebziger Jahren vor allem Frauen mittleren Alters, die jung geheiratet hatten, dann Kinder aufzogen und schließlich erkannten, was sie an eigenen Bedürfnissen dafür aufgeben mußten. Heute dagegen sind diejenigen, die therapeutische Hilfe suchen, oft die beruflich erfolgreichen Frauen der jüngeren Generation, hart arbeitend, alleinstehend oder geschieden, in deren Leben das Bedürfnis nach persönlichen Beziehungen unerfüllt bleibt. Denn für die Frau, die ihr Leben der Arbeit widmet, steht kaum ein Hausmann bereit, der die vernachlässigten emotionalen Bereiche pflegt und erhält. Die Folgen sind absehbar: »Entweder sind beide Partner voll damit beschäftigt, traditionellen Erfolgsdefinitionen zu folgen, so daß keiner mehr die Energie hat, für die Beziehung zu sorgen. Oder die Karrierefrau stellt fest, daß sie überhaupt keinen Partner hat.«[68]

In diesen Zusammenhang paßt auch Isidora, Heldin eines Romans von Erica Jong. Isidora, gefeierte Autorin und dreimal geschieden, denkt melancholisch: »... accomplished women... assume – wrongly – that what holds true for men will also hold true for them: that accomplishment will bring with it fame, fortune, and beautiful lovers... But alas, we often get just the reverse. All our accomplishment buys us in the love department is threated men, soft cocks, abandonment. And we reel backward wondering why we worked so hard for professional glory, when personal happiness is the forfeiture we have to pay.«[69]

Gleichzeitig werden in manchen Gruppen auch Ansätze zu einem neuen Frauentypus erkennbar, der, um loszukommen aus den alten Abhängigkeiten, sehr direkt das Motto vertritt: Selbst ist die Frau, ob mit oder ohne Mann. Die Suche nach der eigenen Identität führt in eine pauschale Abgrenzung gegen Männer hinein, und der Blick wird, den Gesetzen der Reaktionsbildung folgend, einseitig verengt auf die eigenen Rechte. Symptomatisch dafür ist nicht zuletzt der Markt der Frauenliteratur, wo das Verhältnis zwischen den Geschlechtern manchmal zur bloßen Konfrontation gerinnt. Die Titel, bewußt provokativ, haben mehr als nur symbolische Bedeutung. »Nun aber ich selbst«[70], so kann man zusammenfassend das Motto der neuen Tendenzen beschreiben. Statt des Wir nun ein »Er oder Ich«[71], und im Konfliktfall »Ich bin ich«.[72] Nach der Unterordnung ist die Zeit der »Abrechnung« da.[73] Wenn bei der schnellen Sexualität nur die Körper zusammenkommen, jedoch die dazugehörigen Personen einander fremd sind wie zuvor, dann heißt der andere ein »Frauenfeind«[74], und öffentlich wird ausgerufen: der »Tod des Märchenprinzen« ist da.[75] Das Ende heißt schließlich: »Lieber allein.«[76]

Die Entwicklungen, die sich aus dem Aufbrechen der alten Frauenrolle für Männer ergeben, sind weniger gut dokumentiert; zum Teil wohl, weil Männer noch immer mehr Macht und deshalb mehr Möglichkeiten des Ausweichens haben; zum Teil aber wohl auch, weil es ihnen erheblich schwerer fällt, ihre Gefühle und Leiden zu äußern. Die Diagnose schwankt je nach Blickwinkel und auch nach Geschlecht des Betrachters. Die einen sehen den »verunsicherten Mann«.[77] Die anderen konstatieren dagegen Verdrängungen, mangelnde Verständnisbereitschaft, das Festhalten an Privilegien. Ihr Urteil über die Männer in der Phase des Umbruchs heißt »Viel erlebt und nichts begriffen«[78] – die alten Patriarchen im neuen Gewand. Sicher ist wohl, für Männer sind die neuen Signale verwirrend und widersprüchlich, passen mit den Erwartungen ihrer eigenen Sozialisation nicht zusammen und enthalten, offen oder verdeckt, manchen Angriff aufs männliche Selbstbild. Männer unterschiedlichster Herkunft finden sich plötzlich in der Frage vereint: »Was wollen die Frauen?«[79] Viele sind durchaus bereit, die Forderungen im Prinzip als berechtigt anzuerkennen; aber werden beharrlich und widerstrebend, sobald es um unbequeme Konsequenzen in ihrem eigenen Leben geht, um ach! die leidigen Fragen von Abwasch und Kinderversorgung. Wie es in einer aktuellen empirischen Studie heißt: »Die Männer sind in ihren Reaktionen geteilt. Womit sie mit ihrem Kopf eintreten, setzen sie in die Tat nicht um. Hinter Parolen von Gemeinsamkeiten verstecken sie faktische Ungleichheit.«[80] Und ein neues Wunschbild entsteht: die Frau, die je nach Interessen des Mannes zugleich selbständig ist und hinreichend anpassungsbereit. Die zitierte Studie stellt fest: »Die selbständige Frau, die weiß, was sie will, ist gewünscht. Diese neue Selbständige ist eine Frau, die ihre Angelegenheiten (und die der anderen Familienmitglieder) eigenständig und verantwortlich regelt und damit zur Entlastung des Mannes beiträgt.« Jedoch: »Probleme mit der Emanzipation haben die Männer dann, wenn die ›Selbständigkeit‹ der Frau sich auch gegen sie zu wenden droht, Forderungen an sie gestellt und Interessen gegen sie durchgesetzt werden.«[81]

Wie es ein Mann in einer anderen Studie formuliert: »What you want to do is marry a woman graduate who is intellectual enough to hold a conversation with you, and someone who is confident to help you in your business or help you with your decision-making processes through life, but who is also inclined to family care and household care. If you can find a woman like that you know you 've won.«[82]

Angesichts solcher Erfahrungen, die für alle Beteiligten schmerzlich sind, kommt in der Frauenbewegung seit einigen Jahren ein neues Thema auf. Ins Blickfeld rückt jetzt der schwierige Balance-Akt zwischen Befreiung und Bindung. Dabei wird nicht etwa ein Zurück zur alten Form angestrebt mit all ihren Abhängigkeiten und Zwängen. Nein, die Hoffnungen, um gleichberechtigte Partnerschaft kreisend, bestehen noch weiter. Aber häufiger als früher steht jetzt eine Frage daneben, in der sich manche Enttäuschungen äußern: *Ist Liebe zwischen Gleichberechtigten möglich? Gibt es Liebe nach der Emanzipation? Oder sind Befreiung und Liebe unversöhnliche Gegensätze?*

Auf der einen Seite die Erfahrung, daß Liebe die Autonomie nimmt: »... denn du machtest mich zu deinem Sancho Pansa mit seinem mageren Gaul, und du beraubtest mich meiner Persönlichkeit und meines Lebens. Weh mir, wenn ich deine Liebe annahm und wenn ich dich wiederliebte.«[83]

Auf der anderen Seite die Erfahrung, daß man über der Autonomie die Liebe verliert. »We knew, when we lost our innocence, that we risked the loss of love. But our certainty that enlightenment is always worth the pain was cold comfort when we discovered, more often than not, that we could not apply what we had learned to our private lives without destroying love.«[84]

Ein Dilemma deutet sich an. Die alte Form der Geschlechterbeziehungen hatte ihre Schwierigkeiten in der Unterdrückung der Frau – aber wurde dadurch auch zusammengehalten. Die neue Form hat ihre Schwierigkeiten darin, daß nun beide Geschlechter eine eigenständige Biographie haben, oder zumindest: den Anspruch darauf. Vielleicht sind die daraus entstehenden Konflikte nur das Produkt einer unglücklichen Zwischenphase im Lauf der Menschheits- und Geschlechtergeschichte, etwa so, wie es bei Erica Jong einmal heißt: »Sie lieben sich immer noch, aber sie können zusammen nicht leben – wenigstens nicht zur Zeit.«[85] Vielleicht gibt es in diesem Stadium wenig Möglichkeiten gelungener Individualisierung, sondern eher Lebensformen im Versuch-und-Irrtum-Verfahren, wobei, wie das Fazit einer soziologischen Studie lautet, »derartige Hilfskonstruktionen für Frauen in der gegenwärtigen Zeit immer häufiger notwendig werden können. Und: Wohl nicht nur für Frauen.«[86]

Was aber, das bleibt als unbequeme Frage, wenn die gegenwärtigen Schwierigkeiten weit mehr sind als bloß eine Phase? Wenn sie das unausweichliche Produkt jenes epochalen Trends in Richtung Individualisierung darstellen, der zunächst nur die Männer erfaßt hat, in den letzten Jahren immer mehr auch die Frauen? Kann man zwei selbstentworfene Biographien überhaupt noch miteinander verbinden, oder wird damit so viel Sand ins Getriebe geschüttet, daß das Stottern und Stocken vorprogrammiert ist?

Die Krise der mittleren Jahre

Die Statistiken verzeichnen einen auffallenden Sachverhalt. Gerade auch bei den langjährigen, scheinbar stabilen Ehen, denen von 18 bis 20 Jahren Dauer und mehr, steigt die Scheidungsrate steil an.[87] Erklärungen dafür finden sich in der psychologischen Beratungsliteratur.[88] Hier ist viel die Rede von der Krise der mittleren (Ehe-)Jahre, dadurch gekennzeichnet, daß nach den Jahren des gemeinsamen Aufbaus eine Phase der Distanzsuche, ja der Abgrenzung einsetzt. Jetzt besinnen sich die Partner wieder stärker auf ihre je eigenen Wünsche, finden sich gleichzeitig auf vielen Ebenen zusammengebunden, machen eben dies einander zum Vorwurf. »Freiheit für mich!« heißt das Leitmotto dieser Phase. Sie ist häufig gekoppelt mit langwierigen Machtkämpfen, die verschiedene Formen annehmen – von Verweigerung, Flucht in die Krankheit, Ausbruchsversuchen mit Dritten bis zur offenen Gewalt –, aber dabei stets um die eine Frage kreisen: »Wer darf als selbständige Person überleben?«[89] Es sind gewissermaßen *Überlebensversuche im gemeinsamen Leben,* die jetzt die Eheszene bestimmen. Dazu zwei Beschreibungen aus kontrastierender Perspektive:

Zunächst die Innenansicht des Geschehens, einem Roman Erica Jongs entnommen: »And what about those... longings which marriage stifled? Those longings to hit the open road from time to time, to discover whether you could still live alone inside your own head, to discover whether you could manage to survive in a cabin in the woods without going mad; to discover, in short, whether you were still whole after so many years of being half of something... Five years of marriage had made me... itchy for solitude.«[90].

Dann die Außenansicht, die Beschreibung des Eheberaters: »Die meisten Ehen beginnen mit einer Art Leidenschaft für das Miteinander und Zusammen; das Individuelle ist fast ausgelöscht, alles wird dem gemeinsamen Leben unterworfen. Die Aufbaujahre erzwingen viel Zusammenhalt, viel füreinander und für die

Kinder, für das Haus, das gebaut wird, für die berufliche Position, die erreicht werden soll... Aber nach den langen Jahren des Zusammenlebens, ...wenn viel jugendlicher Schwung verflogen, viel Flitter abgefallen ist; wenn die möglichen Berufspositionen erreicht sind und neue Ziele sich nur schwer zeigen – dann stellt sich eine alte Frage neu und anders, dringlicher: ›Wer bin ich?‹ Eine andere Leidenschaft tritt in den Vordergrund, die zur Autonomie, zur Selbstbehauptung, zum eigenen Leben... Die Frage: ›Wer bin ich?‹ wird notwendig zur Frage an den Partner: ›Weißt du wirklich, wer ich bin?‹ ...Der Bruch, die Auflösung der Ehe scheint weniger bedrohlich, als sich selber, die eigenen Wünsche aufzugeben.«[91]

Zur Erklärung solcher Verläufe kann man auf psychologische Entwicklungsgesetze verweisen, wonach persönliche Reifung immer über Abgrenzung läuft. Was im Trotzalter und in der Adoleszenz-Krise die Ablösung von den Eltern ist, ist jetzt, in der Krise der mittleren Jahre, die Ablösung von der Ehesymbiose. »Dieser Konflikt ähnelt... in vielem der Auseinandersetzung des Adoleszenten mit dem Elternhaus, und er dient ja auch denselben Zielen: die eigene Identität wiederherzustellen, sich freizuschwimmen aus den Tiefen der symbiotischen All-Einheit, zurückzukommen zu dem Wissen, daß der andere meine Einsamkeit nie ganz wird teilen können.«[92]

Was in der psychologischen Perspektive wie eine Art Naturereignis sich ausnimmt, wie ein schicksalhafter Verlauf eben *der* Ehe, zeigt jedoch in der soziologischen Perspektive seine besondere gesellschaftlich-historische Prägung. Auf eine Formel zusammengefaßt: Die Krise der mittleren Jahre ist nicht Natur-, sondern *Gesellschafts*ereignis. Sie ist zunächst ein Produkt von Individualisierungsprozessen; sie ist spezieller noch das Produkt einer fortgeschrittenen Phase dieser Entwicklung, in der Momente von Individualisierung auch den weiblichen Lebenszusammenhang erfassen; und sie ist schließlich auch das Produkt einer demographischen Entwicklung, nämlich des enormen Anstiegs der Lebenserwartung, der es erst möglich macht, daß viele Paare die mittleren Ehejahre erreichen.

Im Verlauf eines Jahrhunderts ist es »fast zu einer Verdopplung der mittleren Ehedauer (ohne Scheidung) [gekommen]: Ein Paar, das 1870 die Ehe einging, lebte im Durchschnitt 23,4 Jahre zusammen; um 1900 waren es schon 28,2 Jahre, 1930 36,0 Jahre;

Partner,die sich um 1970 das Jawort gaben, können damit rechnen, daß ihre Ehe im Mittel erst nach 43 Jahren durch den Tod eines Partners zerbricht...«[93]

Erst wo diese drei Entwicklungen zusammentreffen – Individualisierung allgemein, Individualisierung für Frauen, gestiegene Lebenserwartung –, kommt es zum gehäuften Auftreten der Krise der mittleren Jahre. Sie ist also eine historisch neue Erfindung, die breiten Bevölkerungsgruppen erst in der zweiten Hälfte des 20. Jahrhunderts zuteil wird. Die einzelnen Stufen dieser Entwicklung lassen sich folgendermaßen beschreiben: In der vorindustriellen Gesellschaft war für Individualität wenig Raum, weder im Leben des einzelnen noch in der Ehebeziehung, die als Arbeitsgemeinschaft angelegt war. Entsprechend kann man vermuten, daß damals das Bedürfnis, die eigene Identität wiederzufinden, keine oder jedenfalls nur eine geringe Rolle spielte. Dies ändert sich in dem Maße, in dem die Einzelperson mehr in den Vordergrund rückt. Es ändert sich umso mehr, wie solche Veränderungen auch in den weiblichen Lebenszusammenhang einzugreifen beginnen. Und es ändert sich schließlich auch deshalb, weil dem einzelnen heute bewußt wird, daß nach der Phase von Karriere- und Nestbau noch viele Jahre vor ihm liegen. Da stellt sich, drängender als jemals zuvor, die Frage: War das schon alles? Es ist, mit anderen Worten, die Krise der Lebensmitte, die den einzelnen packt. Er sieht die Enttäuschungen und Versäumnisse seines bisherigen Lebens, und am inneren Horizont entsteht die Vision eines neuen, anderen Lebens, das die Mängel des bisherigen ausgleicht.

Das ist der Punkt, an dem oft die Frage sich aufdrängt, was man alles aufgegeben hat um des anderen willen. Man erinnert sich an die großen Pläne der Jugend, sieht die Kompromisse des gemeinsamen Lebens. So wird vieles – teils berechtigt, teils nicht – dem Partner jetzt angerechnet: die Ehe als Sündenbock für das nicht gelebte eigene Leben. Untergründig erkennt man, daß man manches nicht mehr kann, anderes letztlich nicht wagt (für die Karriere zum Starpianisten ist man zu alt, und für den Traum, nach Südamerika auszuwandern, nicht mutig genug). Aber wenn es schon unmöglich ist, ganz von vorn zu beginnen, dann muß man wenigstens da handeln, wo man kann, im unmittelbaren Feld der Zweierbeziehung. Wenigstens da will man Freiraum erobern. Und je mehr Widerstände der andere zeigt, der ja um seine eigene Identität ringt, desto mehr wächst der Wille. So wird der Partner zum

Gegner: die Ehe als Schauplatz (Ventil, Blitzableiter, Ersatz) der Kämpfe um Selbstbehauptung und Selbsterhaltung.

Betrachtet man den typischen Ablauf der jetzt einsetzenden Machtkämpfe, so zeigt sich nicht selten eine Paradoxie, die man die Blockierung des »Nicht mit dir und nicht ohne dich« nennen könnte. Das sind die in der psychologischen Literatur vielfach beschriebenen Fälle, wo die Partner den Machtkampf über Jahre betreiben, in immer neuen Beziehungsrunden, Variationen und Eskalationen. Aber gleichzeitig bringen sie es auch nicht fertig, sich voneinander zu lösen. Sie trennen sich und kommen wieder zusammen, leben einmal zusammen, aber getrennt, dann wieder getrennt, aber zusammen, fühlen sich in einer ausweglosen Situation gefangen. Freunde, die solche Verläufe oft über Jahre hinweg beobachten, reagieren am Ende nur noch mit Kopfschütteln: Jedem Unbeteiligten muß das Ganze unverständlich, ja irrational erscheinen. Dazu wieder zwei Beschreibungen aus kontrastierender Perspektive:

Die Innenansicht, Oriana Fallacis Roman *Ein Mann* entnommen: »Ich kehrte... zurück, um... Dir einen Brief zu hinterlassen, in dem stand, daß ich nicht gewillt sei, eine solche Beziehung länger mitzumachen... Nun war die Leine zerrissen, wehe, wenn man sie mit dem Kloß im Hals wieder zusammenzuknoten versuchte; wehe, wenn mein Gleichgewicht, mein gewonnener Abstand ins Schwanken geriet. Es gab nur eine Möglichkeit, daß dies geschehen könnte, es war das Risiko, deine Stimme zu hören... Ein Anruf hätte genügt. Doch diese Befürchtung hatte nur eine Woche angehalten, in der zweiten Woche glaubte ich nicht mehr daran. Das war ein schwerer Fehler. Am siebzehnten Tag meiner Flucht klingelte das Telefon: ›Hallo! Ich bin es! Ich!‹... Und wenige Stunden später saß ich im Flugzeug: ich komme, Don Quichotte, ich komme; Sancho Pansa ist immer noch dein Sancho Pansa, er wird es immer bleiben, du wirst immer auf mich zählen können, hier bin ich!... Mit anderen Worten: mein Problem war unlösbar, meine Überlebenschance gleich Null, und die Flucht nutzte gar nichts.«[94]

Die Außenansicht, ein Fallbeispiel aus der Therapie: »Es gab natürlich pausenlos Zank, getrennte Urlaube, wenig Gemeinsamkeiten. Trotz ihres ewigen Geredes über eine mögliche Trennung machte jedoch keiner der beiden auch nur die geringsten Anstalten dazu, obwohl jeder ohne weiteres – dem äußeren Anschein nach – hätte selbständig leben können. Wenn ich mit Karin alleine darüber sprach, äußerte sie geradezu absurde Fantasien darüber, daß sie nach einer Trennung ›ganz alleine‹ sein würde, keiner werde sich um sie ‹kümmern›. (Sie hatte dank ihres Berufes mehr Bekannte und Freunde als Dieter!) Dieter wiederum habe ich in einer ihrer häufigen Szenen in voller Hysterie schreien gehört, daß er sich ›heute noch am Dachboden erhängen‹ werde, wenn Karin ihre schon gepackten Koffer nicht sofort auspacke. Jeder nicht engagierte Zuschauer mußte den Eindruck gewinnen, er habe es mit zwei Verrückten zu tun. Natürlich aber waren sie im außerehelichen Leben sowohl angepaßte und erfolgreiche als auch sehr beliebte Personen. Es zeigte sich bei ihnen nur in ungewöhnlich heftiger Form, daß sie nicht ›voneinander lassen‹ konnten und jedenfalls keiner vom anderen verlassen werden wollte. In ruhigen Gesprächen konnte man von jedem erfahren, daß er ›an sich‹ schon lange bereit zur Trennung sei.«[95]

Solche Verläufe zeigen offensichtlich Momente dessen, was in der Psychologie eine symbiotische Verstrickung heißt; eine Konstellation, die ebenso ausweglose wie absurde Konsequenzen erzeugt. Psychologen sehen darin den ewigen Kampf zwischen Autonomie und Abhängigkeit, »Nähe und Distanz«[96], »Verschmelzung und Widerstand«.[97] *Warum* aber kommt es zu solchen Verstrickungen, warum sind sie nicht auflösbar? Nach der hier entwickelten soziologischen Perspektive sind sie nicht zufällig entstanden und auch nicht (oder nur auf allgemeinster Ebene) angelegt in der Natur des Menschen seit Adam und Eva. Vielmehr sind sie ein *Ausdruck und Spiegelbild jener Widersprüche, die im Zuge von Individualisierungsprozessen entstehen,* die ansonsten oft nebeneinander herlaufen, hier aber zusammentreffen in besonders verdichteter Form. Dahinter stehen die gegensätzlichen Anforderungen, Sehnsüchte, Zwänge, die den privaten Raum heute bestimmen, wie bisher beschrieben: Die Liebe wird zugleich wichtiger und schwieriger denn je. Diese beiden Entwicklungslinien kann man auf dem Papier getrennt voneinander abhandeln, aber in der Brust des einzelnen sind sie unlösbar zusammengeschweißt, führen hinein in immer neue Verstrickungen und Widersprüche, wie immer man sie nennen mag: personenbezogene Stabilität versus Selbstbehauptung; Intimität versus Individualität; Symbiose versus eigenes Leben.

Dieses Dilemma, hier in theoretisch-abstrakte Kategorien gefaßt, wird in vielen modernen Romanen zum Thema, besonders häufig auch in der neueren Frauenliteratur. Wieder zwei Beispiele:

Zunächst wieder Erica Jongs Heldin Isidora, die im inneren Dialog ihre unvereinbaren Wünsche äußert.

»ME: Why is being alone so terrible?

ME: Because if no man loves me I have no identity...

ME: [But] you know that you'd hate to have a man who possessed you totally and used up your breathing space...

ME: I know – but I yearn for it desperately.

ME: But if you had it, you'd feel trapped.

ME: I know.

ME: You want contradictory things.

ME: I know.

ME: You want freedom and you also want closeness.

ME: I know«.[98]

Dann wieder Fallaci: »Solange das geliebte Wesen einen mit seinen Forderungen und Stricken gefangenhalten möchte, fühlt man sich seiner selbst beraubt, und es scheint einem falsch, seinetwegen auf eine Arbeit, eine Reise oder ein Abenteuer verzichten zu müssen; offen oder insgeheim hegt man tausendfachen Groll, träumt von der Freiheit, sehnt sich nach dem Leben ohne Bindung, in dem man sich bewegen kann wie die Möwe bei ihrem Flug durch den Goldstaub; welch grausame Strafe sind die Ketten, an die einen das geliebte Wesen legt und einen daran hindert, die Flügel zu heben... Doch wenn er nicht mehr da ist und sich dieser Freiraum unendlich vor einem aufreißt, wenn man nach freiem Belieben im Goldstaub fliegen kann, die Möwe ohne Liebe und ohne Stricke, spürt man die erschreckende Leere. Und die Arbeit, die Reise und das Abenteuer, auf die man seinetwegen verzichtet hat, zeigen sich in all ihrer Sinnlosigkeit; man weiß nicht mehr, was man mit der gewonnenen Freiheit anfangen soll, ist wie ein herrenloser Hund, wie ein Schaf ohne Herde, man streunt herum, beweint das verlorene Sklavendasein, und man gäbe die eigene Seele her, um zurückkehren zu können und wieder den Forderungen des Kerkermeisters folgen zu können.«[99]

So ist das Grunddilemma schon angelegt in den Widersprüchen der individualisierten Gesellschaft. Es wirkt in alle Zweierbeziehungen hinein, aber es kann sich in Ehen von langjähriger Dauer noch massiv verstärken. Denn hier treten nun beide Seiten noch pointierter hervor, mit quasi geballter Kraft. All die Gewohnheiten und Festlegungen, Rituale und Kompromisse des Alltags, durch so viele Jahre ertragen: Wer sonst beschneidet die Bedürfnisse meiner Person so direkt, so hautnah, so unerbittlich wie mein Mann/meine Frau? All die gemeinsamen Erfahrungen und Erinnerungen, die geteilten Freuden und Schmerzen, verwoben mit den tiefsten Schichten meiner Person: Wer sonst ist so sehr Teil meines Lebens wie mein Mann/meine Frau? Das alte Bibelwort »Und sie wurden ein Fleisch« bekommt unter diesen Bedingungen eine neue Bedeutung. Es wird jetzt in doppelter Hinsicht erfahren, einmal Drohung und Fluch, einmal Trost und Verheißung, und immer wieder beides zugleich. Deshalb das oft langjährige Schwanken, das Nicht-Aussteigenkönnen, weil es stets auch die andere Seite gibt.

Der Außenstehende sieht Kämpfe ohne Sieger, und endlos gehen sie weiter: warum nur, warum? Des Rätsels Lösung wird sichtbar, wenn man erkennt, wie die Liebessehnsucht der Moderne zusammentrifft mit dem Autonomiestreben der mittleren Jahre, und wie beide ihre je eigene Logik entfalten mit endlosen Verschlingungen. Unter diesen Bedingungen wird die Auseinandersetzung zum einen erlitten – und zum andern mit allen Mitteln gesucht. Jeder verliert, was er im anderen als Ort der Geborgenheit sucht. Aber jeder kann auch etwas gewinnen, nämlich die Selbstbestätigung, die er aus den Kämpfen bezieht.

«Jetzt weiß ich, warum ich wollte, daß meine Frau zurückkam.
Weil sie mich zu dem gemacht hat, was ich bin [...]
Als ich dachte, sie hätte mich verlassen, löste ich mich auf,
Ich hörte auf zu existieren. Dahin hat sie mich gebracht!
Ich kann nicht mit ihr leben, das ist jetzt unerträglich;
Ich kann nicht ohne sie leben, weil sie mich unfähig gemacht hat,
Irgendeine eigene Existenz zu haben.
Das hat sie aus mir gemacht in fünf Ehejahren!
Sie machte die Welt zu einem Ort, an dem ich nicht leben kann,
Es sei denn, unter ihren Bedingungen. Ich muß allein sein,
Aber nicht in derselben Welt. Darum möchte ich, Sie schickten mich
In Ihr Sanatorium. Könnte ich dort allein sein?«
(T. S. Eliot, *Die Cocktail Party*, II. Akt).

Ersatzpartner Kind?

In den Widersprüchen der individualisierten Gesellschaft wird die Beziehung zum anderen Geschlecht häufig zum Anlaß von Schmerzen und Kränkungen. Die Annahme ist naheliegend, daß Männer und Frauen, um die Ökonomie des seelischen Haushalts zu schonen, risikomindernde Strategien zu entwickeln beginnen, also Verhaltensformen, in die Versuche des Selbstschutzes eingebaut sind. Einschlägige Anzeichen findet man, wenn man neuere Entwicklungen im Bereich von Ehe und Familie betrachtet. Das Repertoire der Möglichkeiten ist weit: von der »premarital therapy«, einer speziellen Therapie bereits vor Ehebeginn[100], über den Abschluß von Eheverträgen, um die Art des Zusammenlebens verbindlich zu regeln[101], bis zum Zusammenleben ohne Trauschein, um für den Fall des Konflikts die Trennung möglichst einfach zu halten.[102] Bei manchen Gruppen wächst offensichtlich auch die Bindungsscheu, ein Mißtrauen gegen jede Form einer Bindung, denn wer die Hoffnungen schon vorgängig zurückschraubt, kann keine Enttäuschung erleben. Um es wieder in aktuellen Buchtiteln zu sagen: Im Stadium »Jenseits der Träume«[103] wächst die »Angst vor Nähe«.[104] Auch hierzu wieder eine Roman-Passage bei Erica Jong:

> »›You're my fit, my mate‹, he said. ›Now that I've found you. I'm never going to let you go‹. ›My darling‹, Isidora said, fighting back the feeling that there might be any truth whatever in his words. After tonight, I'm never going to see him again, she thought. He's a mirage, a dream... Passion like this cannot be clung to, cannot last, cannot keep. A man as charming as this could romance his way right into your heart, then leave you flat. She was not ready for that after the recent heartbreak with Josh. She might never be ready for it again.«[105]

Aber damit muß ein neues Dilemma aufkommen. Wenn man die Hoffnung auf eine dauerhafte Zweierbeziehung zurückdrängt — wohin dann mit jener Sehnsucht, die das Zeitalter der personenbezogenen Stabilität charakterisiert, wohin mit dem Bedürfnis nach Nähe und Wärme? Man kann, das bietet sich als eine Möglichkeit an, diese Sehnsucht auf eine andere Person übertragen. Statt der Liebe zum Mann oder zur Frau jetzt die Liebe zum Kind. Schauen wir diese Möglichkeit einmal genauer an:

Das erste Stadium im Individualisierungsprozeß drängte viele der traditionellen Bindungen zurück, die dem Menschen einen

Platz in der Welt und innere Stabilität gaben. Das war der historische Zeitpunkt für die Entstehung eines neuen Musters der personenbezogenen Stabilität, das die Liebe zwischen Mann und Frau in den Mittelpunkt rückte. Inzwischen haben wir die nächste Stufe des Individualisierungsprozesses erreicht. Traditionelle Bindungen sind weiter zerrieben worden. Und die Liebe zwischen Mann und Frau ist ebenfalls anfällig geworden, mehr denn je vom Scheitern bedroht. Was bleibt, ist das Kind. Es verheißt eine Bindung, die so elementar, umfassend, unauflöslich ist wie sonst keine in dieser Gesellschaft. Je mehr andere Beziehungen austauschbar und aufkündbar werden, desto mehr kann es zum Bezugspunkt neuer Hoffnungen werden: das Kind als letzter Garant von Dauer, als Verankerung des eigenen Lebens.

Aus diesem Blickwinkel werden verschiedene Entwicklungen begreifbar, die zur Zeit noch zahlenmäßig begrenzt sind, doch in schnellem Tempo an Umfang gewinnen. Da ist zum einen die deutliche Zunahme unehelicher Geburten.[106] Hier spielen verschiedene Ursachen zusammen, doch kann man annehmen, daß auch ein neuer Typus der ledigen Mutter entsteht. Dies ist die Frau, die allein ein Kind will, ohne Mann und den Rahmen der traditionellen Zweierbeziehung.[107] Programmatisch auf eine Formel gebracht: »Das Paar, um das es neuerdings geht, heißt Frau und Kind... Ein Paar, das Lust sucht. Ein Paar, das Liebe macht.«[108] Oder wie Ursula Krechel ironisch es nennt: »Die neue politische Einheit heißt Mutterundkind.«[109] In einem Roman der neuen Frauenliteratur wird dies so formuliert:

»Ich will ein Kind, wenn ich achtunddreißig bin... und ich will es völlig allein. Durch die Spermabank oder einen zufälligen Geliebten, ohne auch nur das Licht anzumachen, ohne daß ich ihn ansehe, mich nur ficken lassen und später merken, daß ich schwanger bin.«[110]

Mit der modernen Fortpflanzungstechnologie können solche Wünsche weiteren Auftrieb erhalten. Schon wird – aus den USA wie Australien – von Frauen berichtet, die sich während der Ehe einer In-vitro-Behandlung unterzogen hatten und nun, trotz Scheiterns der Ehe, eine Einpflanzung der tiefgekühlten Embryos wollen; während die Männer vor Gericht dagegen klagen, weil sie eine mögliche Vaterschaft nach Auflösung der Ehe ablehnen. In einem ersten Fall hat das Gericht bereits zugunsten der Frau entschieden und ihr das vorläufige Sorgerecht für die Embryonen übertragen.[111] Als Szenarium der Zukunft deutet sich damit an: Wo die Liebe zum Mann sich verflüchtigt, will die Frau wenigstens noch die Embryos haben.

Nun sind solche Tendenzen sicher nicht repräsentativ für die Mehrheit der Frauen. Aber auffallend ist doch, daß sich bei jungen Mädchen ein geradezu dramatischer Einstellungswandel zeigt, was ledige Mutterschaft angeht. Während es zu Beginn der sechziger Jahre noch fast allen als wichtig erschien, daß eine Frau mit Kind verheiratet ist, hält dies zu Beginn der achtziger Jahre nicht einmal mehr die Hälfte der Mädchen für wichtig.[112] Symptomatisch ist auch, daß populäre Frauenbücher und -zeitschriften schon Ratschläge liefern zum Thema: Alleine ein Kind – wie kann ich das machen?[113] Schon wird selbstbewußt-trotzig als Formel verkündet: »Alleinerziehende Mütter: Ohne Partner glücklicher.«[114] Hier klingt bereits ein Motiv an, das sich in der neueren Frauenliteratur immer wieder findet. In dieser Perspektive ersetzt die Liebe zum Kind die Liebe zum Mann. So der Erfahrungsbericht einer Frau, die bewußt alleine ein Kind aufzieht:

»Ich weiß inzwischen, welche Lebens- und Liebesbedingungen ich mir schaffen muß, um mich mit Harpo [dem Sohn] wohlzufühlen. Wenn da jemand kommt und mir das miesmachen will oder mir große Schwierigkeiten macht, haue ich ab, schicke ihn weg... Auch darin habe ich mich durch Harpo verändert, Männer haben ihre frühere Bedeutung in meinem Leben verloren. Was ich für mich aufbaue – beruflich, privat, materiell, mein Leben mit Harpo –, ist unabhängig von einzelnen Männern, da soll mir kein Freund reinreden und reindiktieren.«[115]

Noch deutlicher die Sätze, die Oriana Fallaci in ihrem *Brief an ein nie geborenes Kind* schreibt:

»Und dein Vater, ja, weißt du: je länger ich nachdenke, umso fester glaube ich, daß ich ihn nie geliebt habe. Ich habe ihn bewundert und mich nach ihm gesehnt, aber ich habe ihn nie geliebt. Ebensowenig die andern, die vor ihm waren, enttäuschende Spukgestalten einer stets gescheiterten Suche... vielleicht ist es richtig, was meine Mutter immer behauptet hat, die Liebe ist das, was eine Frau für ihr Kind fühlt, wenn sie es in die Arme schließt und merkt, wie allein, wehrlos und schutzlos es ist. Solange es wehrlos und schutzlos ist, beschimpft es dich wenigstens nicht und enttäuscht dich nicht.«[116]

Und durchgängig bei Erica Jong:

»... our children... give us more undiluted joy than romantic love ever does.« »Ever since she and Josh had seperated, she had longed for another baby... But who would be the father of her fantasy baby? ... Well – why not just have a baby and the father be damned? She was likely to wind up raising it alone anyway.« »This is the New Family. Mom and kids and lover man (or new husband). At any rate, only the mom and kids are surely linked. The men come and go.«[117]

Doch hier irrt Erica Jong: Die »neue Familie« besteht nicht selbstverständlich aus Mutter und Kind. Es mehren sich die Fälle, wo Männer nach der Scheidung das Kind nicht der Mutter lassen, sondern es selbst behalten wollen. »Männer kämpfen um ihr Recht«[118], und der »Schmerz des geschiedenen Vaters«[119] ist groß. Wie ein Berater sagt:

»Ich habe schon Väter weinen sehen aus Angst, ihre Kinder zu verlieren, so wie früher nur Frauen um ihre Kinder geweint haben. Gerade die jüngeren Väter empfinden es als dramatischen Verlust, wenn sie das Sorgerecht nicht bekommen. Das sind unsere schwierigsten Fälle.«[120]

Es mehren sich, wie oben beschrieben, sogar die Fälle einer neuen Form der Kindesentführung. Immer mehr Männer, die das Sorgerecht nicht bekommen, holen sich das Kind mit Gewalt. Aber auch da, wo die Entwicklung nicht so dramatisch verläuft, läßt sich ein bestimmter Trend erkennen, ein Motiv, das bei Männern ganz ähnlich ist wie bei Frauen. Wo man in der Beziehung zum erwachsenen Partner Zurückweisung erfährt, wo Gleichgültigkeit und Kälte sich breitmachen, da rückt das Kind in den Mittelpunkt der Gefühle. Exemplarisch dafür Peter Handkes *Kindergeschichte*:

»Es war eine Zeit ohne Freunde; auch die eigene Frau eine ungute Fremde geworden. Umso wirklicher war dann das Kind... In all dieser Zeit blieb der Umgang zwischen ihm und der Frau bestenfalls sachlich, und in Gedanken waren sie oft nur noch ›der‹ und ›die‹ füreinander... Jetzt, mit dem Kleinkind, begegnete sie ihm fast ausschließlich in der Beengtheit des Haushalts, wo ihm ihr Anblick gleichgültig wurde und mit der Zeit sogar mißfiel – wie wohl auch er, der sich kaum mehr wie zuvor als ›ihr Held‹ bei seiner einzigartigen Arbeit zeigte, aufhörte, für sie jemand Besonderer zu sein... Es war auch nachlässig von dem Mann, wie er die freundlichsten, innigsten und geheimsten der stummen Gesten und kleinen Zurufe, wie sie im Lauf der Jahre zu stehenden Wendungen im Umgang mit der Frau geworden waren, anstands- und bedenkenlos auf sein Kind übertrug... Es war fast, als sei das Kind erst das Richtige für ihn, und als brauchte er nun überhaupt keine Frau mehr.«[121]

Bezeichnend ist in diesem Zusammenhang auch ein Sachverhalt, der in den Statistiken nie verzeichnet wird. Man kann ihn erst allmählich entdecken, wenn man sich durchliest durch die zahlreichen Erfahrungsberichte von »neuen« Frauen und Müttern. Auffallend daran ist ein besonderer Klang. Immer wieder berichten Frauen, daß sie überrascht, überwältigt, ja durcheinandergeschüttelt sind von der Intensität ihrer Gefühle zum Kind.[122] Sie erleben, so heißt es da, eine Bindung und Liebe, wie sie keine sonst kennen, so umfassend und tief, ja eben »die große romantische Liebe«.[123] »Ich fragte mich, ob man wohl einen Herzanfall bekommen kann von der emotionalen Intensität, die man als Mutter empfindet«, schreibt Jean Lazarre.[124]

»Meine Bindung an das Baby war... eine blinde, intensive, körperliche Sehnsucht, am ehesten vergleichbar mit Verliebtheit. Daneben verblaßten all meine anderen Beziehungen.«[125]

»Zum erstenmal in meinem Leben lerne ich richtig, was Liebe heißt... [Kind], du zwingst mich dazu, die Vorstellung des Vertrautseins neu zu umreißen. Fühle ich mich den Menschen nahe, mit denen ich Ideen diskutiere, viermal im Jahr? Fühle ich mich den Freunden nahe, in deren Gegenwart ich am meisten ich selbst sein kann, aber nur auf Verabredung? Fühle ich mich fremden Menschen nahe, deren Anständigkeit, Weisheit, Humor mich begeistert, aber mit denen ich nicht zusammenlebe? Niemandem fühle ich mich so nahe wie dir.«[126]

Meine Tochter ist »die große romantische Liebe meines Lebens. Da ich sehr viel gegen die romantische Liebe habe, macht mich das nicht froh, ich weiß aber, daß das, was ich für sie empfinde, den Schilderungen der Liebe in den Frauenillustrierten – bei den mittelalterlichen Dichtern, bei den religiösen Mystikern – weit mehr ähnelt als alle anderen Gefühle, die ich je gehabt habe... Meine Tochter hat mir in emotionaler, psychischer, politischer und sozialer Hinsicht unbequeme Veränderungen aufgezwungen. Ich fühle mich intellektuell, emotional und praktisch in genau der Weise bedrängt, wie ich mir geschworen hatte, es mir von einem Mann niemals gefallen zu lassen. Und diese Unterdrückung habe ich mir freiwillig aufgeladen und bereue es noch nicht einmal, ja, ich nehme sie liebevoll und freudig an.«[127]

Solche Äußerungen mögen den nicht erstaunen, der Mutterliebe als innersten Kern der Frau und ihrer Natur sieht. Aber die Berufung auf Natur ist fragwürdig geworden, seitdem die neuere Forschung gezeigt hat, daß das Band zwischen Mutter und Kind in früheren Jahrhunderten weitaus weniger gefühlsbestimmt war als heute. Deshalb liegt hier eine andere Erklärung nahe, die nicht auf Natur verweist, sondern auf die Lebensformen der individualisierten Gesellschaft. Aus dieser Perspektive gewinnt die Beziehung zum Kind gerade auch deshalb neue Anziehungskraft, weil sie ihrer Qualität nach grundsätzlich anders ist als die zum erwachsenen Partner. Liegt nicht gerade da auch ihr Reiz, weil sie angeboren ist, nicht durch die Zufälle der Lebensgeschichte erworben, damit der Logik der Tauschgesellschaft in bestimmtem Sinne enthoben, unkündbar, umfassend und dauerhaft? Weil sie in den ersten Jahren zumindest eine stabile, enttäuschungssichere Form der Hingabe erlaubt, wo man sich ausliefern kann, ohne die Angst, verletzt und verlassen zu werden?

3. Utopie der Hoffnung

Gezeigt wurde, wie im Übergang von der vormodernen zur modernen Gesellschaft sich drei Epochen im Verhältnis von Mann und Frau festmachen lassen. In der ersten, der Familie als Wirtschaftsgemeinschaft, gab es für keinen der Partner eine selbständige Biographie. In der zweiten, wo das »Ganze Haus« sich aufzulösen begann, wurde der Lebenslauf des Mannes für Individualisierungsprozesse geöffnet. Der Familienzusammenhalt blieb gewahrt – freilich unter rigoroser Unterdrückung der Rechte der Frau. Und etwa seit den sechziger Jahren dieses Jahrhunderts setzt deutlich eine Epoche ein, wo beide Geschlechter (wenn auch in unterschiedlichem Ausmaß) die Segnungen und Lasten des eigenen Lebens erfahren.

In diesem Stadium entstehen neue Chancen zu wirklicher Partnerschaft, aber offensichtlich auch viele Konflikte, mit entsprechender Konfrontation und Isolation der Geschlechter. Denn die Beziehung zwischen Männern und Frauen ist jetzt unter ein zentrales Dilemma gestellt: auf der einen Seite der Wunsch und der Zwang, ein eigenständiges Individuum zu sein; auf der anderen Seite das Bedürfnis nach dauerhafter Gemeinsamkeit mit anderen Menschen, die aber ihrerseits wieder den Vorgaben und Erwartungen des eigenen Lebens unterstehen. Dieses Dilemma schafft im Bewußtsein und Handeln der beteiligten Personen endlose Widersprüche, Kämpfe, Komplikationen. Die entscheidende Frage ist, ob diese bleiben und sich weiter verstärken, bis am Ende nur noch die Therapeuten die Begleiter unserer Einsamkeit sind. (Oder vielleicht auch die Seele ans Haustier sich hängt, wie es in einem Roman von Elisabeth Plessen heißt: »Sein Sohn war in Rußland gefallen... Die Frau war ihm weggelaufen... Für die Seele hatte er einen Kater.«)[128] Dagegen steht die Hoffnung, daß es auch anders sein könnte: daß es gelingt, Umgangsformen und Regelungen zu finden, um zwei selbstentworfene Biographien wieder zusammenbringen zu können.

Aber wie? Die Einsicht der Eheberater, »daß gestörte zwischenmenschliche Beziehungen nichts dringlicher brauchen als das Gespräch«[129], mag richtig sein, nur: sie reicht bei weitem nicht aus. Notwendig wird vielmehr gerade auch auf gesellschaftlicher Ebene das Umdenken einiger Prioritäten, die sich in der Moderne immer stärker herausgebildet haben, die einseitig die Einzelperson betonen und private Beziehungen nur als Manövriermasse gelten lassen (z. B. die Regeln von Mobilität und Flexibilität, Konkurrenz und Karriere). Das verlangt eine von Politik und Parteien, Organisationen und Institutionen getragene Einsicht, daß die Moderne im Verlauf ihrer historischen Entwicklung eine kritische Grenze erreicht hat, wo ein Weitertreiben der bisherigen Regeln nicht mehr möglich ist – oder nur um den Preis explosiv anwachsender Konflikte im Verhältnis der Geschlechter (mit entsprechenden Folgekosten für politisches und staatliches Handeln). Und es verlangt dann freilich auch auf privater Ebene, daß Männer und Frauen Verständnis, Geduld, Kompromißbereitschaft lernen – und den Mut zu immer neuen Aushandlungsprozessen. Eine Utopie? Nur der Versuch kann es zeigen. Um Beatrice Webb zu zitieren: »Wir sind am Ende einer Zivilisation; die Frage ist, sind wir am Anfang einer neuen?«[130]

ELISABETH BECK-GERNSHEIM

Kapitel III

Freie Liebe, freie Scheidung
Zum Doppelgesicht von Freisetzungsprozessen

»Auf ewig dein.« Ein zentrales Leitbild unserer Gesellschaft ist die romantische Liebe, eine enge gefühlsmäßige Bindung, die zum Traualtar führt und dann lebenslang hält, wie die klassische Formel heißt: »...bis daß der Tod euch scheidet«. Doch die Statistiken zeigen ein anderes Bild. Immer mehr Menschen leben allein; viele leben ohne Trauschein zusammen; viele lassen sich scheiden. Immer mehr Männer und Frauen werden hin- und hergerissen zwischen alten Idealen und neuen Versuchen, zwischen Partnerschaften und Trennungen. Das hat nicht nur private, sondern auch gesellschaftliche Folgen:

»Es ist bislang weder bedacht noch ausgerechnet worden, was volkswirtschaftlich an Kräften, Ressourcen und Geld durch Beziehungskrisen, Liebesleid und Trauerarbeit verschlissen worden ist und noch immer weiter verbraucht wird. Doch auch in Ermangelung konkreter Daten und Zahlen läßt sich schlußfolgern, daß Trennung nationalökonomisch zu einem Problem geworden ist, das einen nicht unbeträchtlichen Anteil am Bruttosozialprodukt schluckt.«[1]

Individualisierungsprozesse, dies wird hier anschaulich sichtbar, haben stets ein Doppelgesicht. Auf der einen Seite ist darin die Chance zu mehr Freiheit enthalten, verstanden als Erweiterung des Lebensradius, als Gewinn an Handlungsspielräumen und Wahlmöglichkeiten. Auf der anderen Seite kommen aber neue Risiken, Konflikte und Brüche im Lebenslauf auf. Dies Doppelgesicht von Freisetzungsprozessen, die Dialektik zwischen den Verheißungen und den Kehrseiten der Freiheit zeigt sich insbesondere auch im Feld der Geschlechterbeziehungen. Wo die Ehe entlassen wird aus den Einengungen, Kontrollen, Zwängen der vormodernen Gesellschaft, wo sie zur frei gewählten Gemeinschaft zweier Individuen wird, da entstehen zugleich neue Irritationen, Kämpfe, Konflikte im Binnenraum der Zweierbeziehung. Oder anders gesagt: *Wo die Liebe endlich siegt, da muß sie viele Niederlagen erfahren.*

Das genau ist die Paradoxie, um die die folgenden Überlegungen kreisen. Sie wollen zunächst kurz ihre Entstehungsgeschichte beschreiben und dann vor allem ihren systematischen Kern, ihre innere Logik entschlüsseln, jene Dynamik eben, die die Geschlechter in einen Kreislauf von Hoffnungen, Enttäuschungen, neuen Versuchen hineintreibt. All dies ist nicht zufällig, sondern angelegt in der typischen Handlungsstruktur der Moderne und im Doppelgesicht von Freisetzungsprozessen. Auf den Grundgedanken reduziert: Das Regelprinzip der »freien Wahl« schafft neue Handlungsspielräume, aber – als deren Kehrseite gewissermaßen – auch neue Lasten und Unsicherheiten.

1. Die alte Zeit: Zwänge und Sicherheiten

Wie sozialhistorische Studien durchgängig zeigen, war die Ehe in der vorindustriellen Gesellschaft nicht so sehr die Verbindung zweier Personen, sondern weit mehr die Verbindung zweier Familien oder gar Sippen.[2] Entsprechend gab es auch keine Partnerwahl im heutigen Sinn, den Gefühlen persönlicher Zuneigung folgend. Vielmehr war der Radius der Heiratsmöglichkeiten schon vorgängig eng durch die Kriterien der Herkunft begrenzt – von Stand und Besitz bis zu ethnischer Zugehörigkeit und Religion –, und konkret wurde die Heirat dann über das Netzwerk von Familie, Verwandtschaft, Dorfgemeinschaft arrangiert. Geheiratet wurde kaum aus Gründen der Liebe, sondern primär an Zwecken ausgerichtet, die der Familie als Wirtschafts- und Standesgemeinschaft dienten: um für den Familienbetrieb eine Arbeitskraft zu gewinnen und Erben zu haben, um den vorhandenen Besitz zu sichern, um Vermögen und Ansehen zu erweitern. Als Beispiel kann die Situation im englischen Adel des 16. und 17. Jahrhunderts dienen:

»Der stärkste elterliche Druck wurde zwangsläufig auf die Töchter ausgeübt, die am meisten abhängig und abgeschirmt waren, die als Mitglieder eines minderwertigen Geschlechts galten und die kaum eine Alternative zum Gehorsam hatten, da Ehelosigkeit noch weniger attraktiv war als ein ungewünschter Ehemann ... Im frühen 16. Jahrhundert waren Testamente und Heiratsverträge, in denen kleine Kinder im voraus wie Vieh verschachert wurden, in allen Klassen und allen Gebieten durchaus üblich ... Für die Söhne war die Freiheit der Wahl beinahe ebenso beschränkt wie für die

Töchter. Der Wunsch, die Heirat wegen der Vormundschaft und der finanziellen Bedeutung des Ehevertrages nicht aus der Kontrolle der Familie geraten zu lassen, veranlaßte den Vater, seinen Sohn und Erben noch zu seinen eigenen Lebzeiten mit einer Frau zu verheiraten, die er für ihn ausgewählt hatte. Der Sohn war gewöhnlich in der Gewalt seines Vaters, da er finanziell ... von ihm abhängig war ...«[3]

Es liegt auf der Hand, daß solche Regelungen viele Momente des Zwangs enthalten. Die offensichtlichsten »Verlierer« im traditionellen Heiratssystem sind zunächst einmal die Gruppen, die ökonomisch benachteiligt sind – qua Geschwisterposition, qua Geschlecht, qua Stand. Sie können die ökonomisch bestimmten Regeln dieses Systems nicht erfüllen und sind damit – durch Erbschaftsregelungen, Mitgiftforderungen, gesetzlich verankerte Heiratsverbote für Besitzlose usw. – von Heiratschancen vorgängig ausgeschlossen. Zu den »Betroffenen« im negativen Sinn gehören weiter auch Männer und Frauen, die zur Heirat mit einem Partner gezwungen werden, der qua Familienbeschluß vorteilhaft scheint. Hinzukommen schließlich die Paare, die heiraten wollen, aber nicht dürfen, weil sie nach den Kriterien der Herkunft nicht zusammenpassen: die in der Weltliteratur so oft beschriebene Tragödie von »Kabale und Liebe«.

> »Zwei Häuser in Verona, würdevoll, ...
> Erwecken neuen Streit aus altem Groll ...
> Aus beider Feinde unheilvollem Schoß
> Entspringt ein Liebespaar, unsternbedroht.
> Und es begräbt – ein jämmerliches Los –
> Der Väter langgehegten Streit ihr Tod.«
> (Shakespeare, Prolog zu *Romeo und Julia*)

Außer Frage steht also, daß die traditionellen Regeln wenig Freiraum ließen für persönliche Wünsche und im Konfliktfall deren rigorose Unterdrückung erzwangen. Aber ebenso außer Frage steht, daß dieselben Regeln *auch* darauf hinwirkten, der Ehe ein Mindestmaß an Verläßlichkeit, Stabilität, Halt zu geben. Wo die Ehe arrangiert wurde über Familienverband und lokale Öffentlichkeit, da hatten diese Personen auch Interesse an ihrem Erhalt und konnten in den verschiedensten Formen sozialer Kontrolle entsprechenden Einfluß ausüben. Wo die Auswahlprinzipien von Herkunft und Stand regierten, da war auch gewährleistet, daß Mann und Frau in wichtigen Punkten ähnliche Gewohnheiten und Normen, Erwartungen und Lebensregeln gelernt hatten. Wo

Mann und Frau gemeinsam für die Familienwirtschaft arbeiteten, für Hof oder Handwerksbetrieb, da wurden sie im wörtlichen Sinn »zusammengeschweißt« durch gemeinsam erlebte Anstrengungen, Gefahren, Schicksalsschläge – etwa im Kampf mit der Natur und ihrer Gewalt –, durch gemeinsam eingebrachte Ernten und gemeinsam erfahrbare Hungerzeiten. Imhof beschreibt dies für die bäuerliche Familie:

»Nicht der jeweilige Hofbesitzer und sein individuelles Wohlbefinden waren... das entscheidend Wichtige, sondern das Wohl und Ansehen des Hofes selbst, nicht die zu diesem oder jenem Zeitpunkt gerade darauf lebende Familie, sondern die Familienabfolge, das Geschlecht. Generation um Generation kreiste um diesen Mittelpunkt, Hofbesitzer nach Hofbesitzer, aber eben weniger als Individuum denn als Rollenträger. Eine Idee, ein Wert stand im Zentrum, nicht ein Ego.«[4]

Tania Blixen beschreibt ähnlich die adlige Familie:

»Das Verhältnis zwischen den Ehegatten war kein persönliches Verhältnis, und sie konnten, streng genommen, einander nicht persönlich oder direkt glücklich machen oder enttäuschen, sondern sie mußten wechselseitig füreinander die größte Bedeutung durch das Verhältnis, in dem sie standen, und die Bedeutung, die es für sie hatte, nämlich ihre gemeinsame Lebensaufgabe, erhalten. Es konnte für den Herzog von Rohan niemals die Rede von einem wirklichen Vergleich zwischen seiner Ehefrau und anderen Frauen sein: sie konnten so viel schöner, begabter und begehrenswerter sein, sie blieb doch die einzige Frau in der Welt, die einen Herzog von Rohan gebären konnte. Die Feste, die sie gab, waren die Feste der Rohans, die Armen, denen sie half, waren die Bauern und Armen der Rohans.«[5]

2. Die Moderne: Mehr Freiheit, mehr Unsicherheit

Sozialhistorische Studien zeigen dann auch, wie sich im Übergang zur Moderne schrittweise eine neue Form der Ehebeziehung durchsetzt. Die Macht des Familienverbandes wird allmählich zurückgedrängt. Das Mitspracherecht derer, um deren lebenslange Verbindung es geht, wird gestärkt. »Nicht mehr Familien verbinden und verbünden sich miteinander, sondern Personen wählen einander.«[6] Freilich erfolgen auch diese Wahlen nicht völlig beliebig, sondern – vor allem zu Beginn der Moderne – meist innerhalb der Schranken des sozialen Milieus, von Herkunft, Besitz, Religion.[7] Auch die romantische Liebe bleibt hinterrücks also den

Gesetzen der Gesellschaft verbunden. Doch aus der Sicht der Betroffenen verlagern sich im Lauf der Jahrhunderte die Gewichte von Fremdbestimmung und Zwang zu eigener Wahl.

»Innerhalb der letzten 1000 Jahre haben die Vorstellungen über die richtige Methode der Ehestiftung vier aufeinanderfolgende Phasen durchlaufen. In der ersten Phase wurde die Heirat von den Eltern mit relativ wenig Rücksicht auf die Wünsche der Kinder arrangiert; in der zweiten bereiteten die Eltern die Heirat immer noch vor, gestanden aber ihren Kindern ein Vetorecht zu; in der dritten trafen die Kinder die Wahl, aber die Eltern behielten ein Vetorecht; in der vierten Phase schließlich, die erst in diesem Jahrhundert erreicht wurde, treffen die Kinder die Auswahl ihrer Ehepartner ganz allein und kümmern sich nur sehr wenig um die Meinung der Eltern.«[8]

Im Aufbruch zur Moderne entsteht damit eine neue Verheißung: die Möglichkeit des persönlichen Glücks, wenn die Liebe aus äußeren Fesseln befreit wird. Nicht mehr die von anderen arrangierte Verbindung zwischen Mann und Frau, die nach äußeren Kriterien als passend erscheint – statt dessen jetzt die innere und innige Beziehung, die aus der gefühlsmäßigen Bindung zwischen zwei Menschen erwächst, die sich hinwegsetzt über die Schranken von Klasse und Stand und nur einen Maßstab als legitim anerkennt – die Stimme des Herzens. Und am Schluß soll es ausgehen, wie es im Märchen schon heißt: »And they lived happily ever after...«

> »O Gott, welch eine Sonne geht mir auf!
> Wenn's möglich wäre, wenn die Väter sich
> So gern, so leicht wie wir verstehen wollten!...
> Sind nur die Väter erst versöhnt, darf ich
> Dich öffentlich als meine Braut begrüßen...
> Ach Agnes! Agnes!
> Welch eine Zukunft öffnet ihre Pforte!
> Du wirst mein Weib, mein Weib! Weißt du denn auch,
> Wie groß das Maß von Glück?«
> (Kleist, *Die Familie Schroffenstein*)

Doch was ist aus den stolzen Hoffnungen geworden? Sie haben sich so kaum einlösen lassen. Die Wirklichkeit sieht anders aus, als das Märchen verspricht. Psychologen stellen fest: »Das große Problem der privaten Existenz ist für den Menschen unserer Epoche die Partnerschaft.«[9] Demographen lesen aus den Statistiken ab: »Das Scheidungsgeschehen ist lebhaft.«[10] Eheberater und Ehetherapeuten haben Hochkonjunktur. Bücher zum Beziehungsthema erreichen Massenauflagen. Angesichts solcher Entwicklungen machen neue Modeworte die Runde, von der »Beziehung« über die »Beziehungskiste« bis zur »Wegwerfbeziehung«. Wissenschaftler sprechen vornehmer von »Fortsetzungsehe« und »Monogamie auf Raten«.

Damit ist eine paradoxe Situation entstanden. Männer und Frauen heute müssen sich nicht mehr den Wünschen der Familie fügen, sondern können mehr denn je selbst entscheiden, wen sie heiraten wollen. Entsprechend größere Befriedigungschancen, so sollte man annehmen, kann das Zusammenleben mit dem Partner jetzt bieten. Aber Tatsache ist: immer mehr Männer und Frauen gehen aus ihrer Ehe heraus.

3. Auf der Suche nach der gemeinsamen Welt

Zu den Kennzeichen der Moderne gehört, daß die Lebenswelt des einzelnen offener, aber auch komplexer und widersprüchlicher wird. Verschiedene Bedingungen, die sich zur Gegenwart hin deutlich verstärken, tragen zu diesem Strukturwandel bei: rascher sozialer Wandel und die Differenzierung in verschiedene Teilbereiche, in denen unterschiedliche Normen und Erwartungen gelten; dazu die Erosion traditioneller Bindungen und Lebensmilieus, neue Formen der sozialen und geographischen Mobilität – wer in Rosenheim geboren ist, zieht für Ausbildung oder Beruf nach Hamburg, verbringt die Ferien am Gardasee und den Lebensabend vielleicht auf Mallorca.

Eine der Folgen ist, daß der einzelne mehr Eigenleistungen als früher erbringen muß, um sich im Koordinatensystem der ihn umgebenden Welt zurechtzufinden und eine einigermaßen stabile Identität aufzubauen. Wie soziologische und psychologische Studien zeigen, gewinnt die Ehebeziehung vor diesem Hintergrund neue Bedeutung. Sie wird, wie im vorangehenden Kapitel beschrieben, zu einer zentralen Instanz für die soziale Konstruktion der Wirklichkeit und zu einem wichtigen Ort der inneren Identität.

Aber diese neue Bedeutung der Ehe schafft zugleich auch neue Belastung. Das, was die große Chance der persönlich gewählten Gemeinsamkeit ist, die Schaffung einer eigenen Welt jenseits der

Vorgaben von Familie, Verwandtschaft und Sippe, fordert den beiden Beteiligten enorme Eigenleistungen ab. Im neuen Heiratssystem dürfen die Partner nicht nur, nein: sie *müssen* auch ihre Gemeinsamkeit selbst entwerfen. Berger/Kellner zeigen die Grundlinien dieser Konstellation auf:

»Früher waren Ehe und Familie fest in einem Netz von Beziehungen verankert, die sie mit der größeren Gemeinschaft verbanden... Es gab nur wenige Schranken zwischen der Welt der Einzelfamilie und der der größeren Gemeinschaft... Ein und dasselbe soziale Leben pulsierte durch Haus, Straße und Gemeinde. In unseren Begriffen ausgedrückt: Die Familie und die eheliche Beziehung in ihr waren in einen beträchtlich weiteren Gesprächsbereich eingebettet. In unserer Gegenwartsgesellschaft hingegen konstituiert jede Familie ihre eigene segregierte Teilwelt, mit ihren eigenen Kontrollen und ihrem eigenen, geschlossenen Gespräch.

Diese Tatsache erfordert einen viel größeren Einsatz der Ehepartner. Ungleich früheren Zeiten, in denen die Gründung einer neuen Ehe nur einen Zuwachs an Differenzierung und Komplexität zu einer bereits bestehenden sozialen Welt bedeutete, finden sich die Ehepartner heute vor der oftmals schwierigen Aufgabe, sich ihre eigene private Welt, in der sie leben werden, selbst zu schaffen... Durch den monogamen Charakter der Ehe wird die dramatische und unsichere Anlage dieses Unternehmens potenziert. Erfolg oder Versagen der Ehe hängen ab von den gegenwärtigen Idiosynkrasien und der kaum voraussagbaren zukünftigen Entwicklung dieser Idiosynkrasien von nur zwei Menschen... – nach Simmel, die am wenigsten stabile aller nur möglichen gesellschaftlichen Beziehungen... Bei einer Beziehung, die allein von zwei Menschen gebildet wird und von deren Bemühungen abhängt, muß der andauernde Prozeß der Welt-Schaffung seine Intensität wegen der numerischen Armut dieser Beziehungen verstärken. Dies wiederum akzentuiert das Drama und die Unsicherheit.«[11]

Hinzukommt: Dieselben Differenzierungsprozesse im gesellschaftlichen Gefüge, die die Ehe zu einer wichtigen Instanz im biographischen Weltentwurf und Selbstentwurf machen, erschweren es gleichzeitig, einen gemeinsamen Entwurf zu entwickeln und zu erhalten. Denn die beiden, die sich qua Trauschein (oder auch ohne) verbinden, sind heute in weit stärkerem Maße als früher Fremde, das heißt, kommen aus unterschiedlichen Lebensmilieus und je anderen Welten; und dies gilt durchaus auch dann, wenn sie, gemessen an konventionellen Kriterien (Schicht, Religion, Nationalität, Rasse), den Regeln der Endogamie folgen. In dem Maß aber, in dem sie in diesem Sinn »Fremde« sind, haben sie in ihrer vorgängigen Lebensgeschichte andere Prioritäten und Erwartungen gelernt, andere implizite Regeln etwa der Lebensgestaltung, der Kommunikation und Entscheidungsfindung. Immer mehr Anstrengungen sind dann nötig, damit die Verständigung auf ein gemeinsames Projekt auch gelingt. Dazu wieder Berger/Kellner:

»Die Ehe ist in unserer Gesellschaft ein dramatischer Vorgang, bei dem zwei Fremde aufeinandertreffen und sich neu definieren... [Dabei beinhaltet] der Begriff ›Fremde‹ natürlich nicht, daß die Ehekandidaten aus stark unterschiedlichen Gesellschaftsschichten stammen – tatsächlich zeigen die Daten auf, daß das Gegenteil der Fall ist. Die Fremdheit beruht vielmehr auf der Tatsache, daß sie, anders als die Heiratskandidaten früherer Gesellschaftsformationen, aus unterschiedlichen ›face-to-face‹-Bereichen kommen... Sie haben keine gemeinsame Vergangenheit, wenn auch ihre jeweilige Vergangenheit ähnlich strukturiert ist... In unserer mobilen Gesellschaft findet das signifikante ›Gespräch‹, das die beiden Partner jeweils vor ihrer Ehe führten, in gesellschaftlichen Bereichen statt, die sich nicht überschneiden.«[12]

Darüber hinaus gewinnt das Prinzip der freien Partnerwahl, das zu Beginn der Moderne vorwiegend gegen den Einfluß von Familie und Eltern gewandt war, unter Bedingungen wachsender sozialer und geographischer Mobilität aktualisierte Bedeutung. Auch wenn die Mehrheit der Paare noch immer den Regeln der Endogamie folgt, so nimmt nun doch die Zahl derjenigen zu, die die traditionellen Milieugrenzen und Heiratskreise ganz hinter sich lassen und einen Partner deutlich anderer Herkunft wählen – anderer Sozialschicht und Bildungsschicht, anderer Religion oder Nationalität.[13] (Heute ist jede zwölfte Ehe, die in der Bundesrepublik geschlossen wird, eine gemischt-nationale.[14]) Hier erst recht gilt, daß zwei »Fremde« zusammenkommen. Und die Frage heißt für sie in besonderem Maß: Wie kann jeder dem anderen helfen bei jenem Prozeß der Selbstfindung, der zur modernen Definition der Liebe gehört und der immer unweigerlich auch eine Konfrontation mit der eigenen Vergangenheit bringt, mit den eigenen Hintergründen und Wurzeln? Das Prinzip der freien Partnerwahl bedeutet unter diesen Umständen, daß man sich nicht nur verbinden darf mit einem Partner anderer Herkunft, sondern daß man sich auch *einlassen muß* auf die lebensgeschichtlich verankerten Ängste und Hoffnungen, Wahrnehmungsraster und Werthorizonte eines fremden Kulturkreises. Eine amerikanische Untersuchung über Ehen zwischen jüdischen und nicht-jüdischen Partnern kommt zu dem Ergebnis:

»Where man and woman share a common group background, a common cultural heritage, a general sense of social similarity, the confrontation with the past can easily remain a purely personal affair. What each reveals to the other are the personal and family secrets, so to speak. However, when man and woman do not share a common set of ground assumptions about their collective memories, the most minute aspects of self-expression become broad statements about one's cultural history – whether one likes it or not.«[15]

Gerade solche Ehen, die nicht innerhalb des Normalradius von Heiratskreisen bleiben, zeigen in besonders verdichteter Form das Charakteristische der modernen, der freien Partnerwahl. Das Zustandekommen solcher Ehen ist möglich geworden, weil die Partnerwahl nicht mehr fremden Einflüssen und Mächten untersteht, sondern allein abhängig ist von der Zustimmung der beiden Personen, um deren Verbindung es geht. So wird in einer deutschen Untersuchung über bikulturelle Ehen festgestellt, sie seien »von ihren Voraussetzungen her sehr moderne Ehen: Sie entsprechen dem Ideal der romantischen Liebe, sie sind individualistisch«. Und weiter: »Die ›romantische Basis‹ dieser Beziehung ist Problem und Chance zugleich.«[16] Die Chancen lassen sich folgendermaßen umschreiben:

»Wenn es gut geht, bleibt über die Jahre hinweg etwas erhalten von der anfänglichen Kühnheit, vom Optimistisch-Experimentellen, dann sind bikulturelle Ehen besonders lebendig und interessant. Wenn sich die Probleme der interkulturellen Kommunikation in der Familie integrieren lassen, kann das Solidarität fördern und einen weiten Familienhorizont schaffen.«[17]

Jedoch gibt es auch typische Kehrseiten. Zum »Risikopotential« solcher Ehen gehört, daß ihr Erhalt nicht mehr durch äußere Instanzen gestützt wird, die für beide Partner Verbindlichkeit haben. Statt dessen muß dieser Erhalt von nur zwei Personen immer wieder individuell hergestellt werden. Und dies wird umso schwieriger sein, je ferner die Welten sind, aus denen sie kommen. Denn während im ersten Akt des Verliebtseins die Unterschiede typischerweise in den Hintergrund treten und nur das Gemeinsame zählt, werden im Verlauf der Ehebeziehung wieder die lebensgeschichtlich verankerten Unterschiede der Partner spürbar. Das aber heißt, die Trennungslinien, die im Akt der Partnerwahl bereits überwunden schienen, zeigen in späteren Stadien der Ehe ihre weiterwirkende Macht und müssen nun ganz aus eigener Kraft aufgenommen, ausgehandelt und ausbalanciert werden. Die amerikanische Untersuchung über Ehen zwischen jüdischen und nicht-jüdischen Partnern entwirft ein theoretisches Bild dieser Problemkonstellation:

»While the nascent moments of falling in love evoke a feeling of an intense and lasting present, in which the past and the future are irrelevant, the maintenance of love seems to have the opposite requirement. It seems to call for the probing of the past and the charting of the future. It also brings into its discourse the selfhood of the lovers, which inevitably implicates their cultural heritages. There is simply no self that is not linked in some fashion to an ancestry, a family network, and a history... The intermarriage conversation is, inevitably, a conversation also about culture, history, and the personal feeling about tradition.«[18]

Die deutsche Untersuchung über bikulturelle Ehen zeigt die Verlaufsmuster anhand empirischer Daten:

»In... Interviews beschrieben bikulturelle Paare typische Phasen ihrer Beziehungen. In der Zeit der ersten Verliebtheit herrscht ein überschwenglicher Optimismus, ein Gefühl seliger Grenzenlosigkeit und... ein gewisser Stolz auf den eigenen Nonkonformismus. Nach der Erfahrung innerer und äußerer Belastungen folgt dann häufig eine Phase des Rückzugs und der neuerlichen Identifikation mit der eigenen Herkunft... Man erlebt, wie tief das eigene Wertsystem verankert ist, ja, man erlebt es in mancher Hinsicht zum ersten Mal. Ohne diese Konfrontation bleibt das eigene Wertsystem meist *unauffällig*, unbewußt – und erscheint gerade deshalb als ›normal‹.«[19]

4. Auf der Suche nach der gemeinsamen Sache

In der modernen Gesellschaft ist die Ehe aus den Zwängen und Anforderungen der alten Familienwirtschaft entlassen – und auch aus den darin enthaltenen Bindungen. Sie ist gewissermaßen »freischwebend« geworden, ein abgeschirmter Raum des »Privatlebens«, vorrangig als Gefühls- und Freizeitgemeinschaft bestimmt. Damit ist ein neuer Freiraum entstanden – doch das heißt, umgekehrt formuliert, daß ein sichernder und stützender äußerer Rahmen immer weniger existiert. Verschwunden ist die »gemeinsame Sache«, vorgegeben durch Familienverband und Generationenabfolge.[20] Statt dessen muß im individuellen Aushandeln der beteiligten Personen jetzt erst hergestellt werden, was die »gemeinsame Sache« sein soll: »Die noch ›leere Form Privatheit‹ muß erst mit

Inhalten gefüllt... werden.«[21] Damit kann zweifellos neue Nähe entstehen. Aber unübersehbar ist auch, daß die Bereiche möglicher Konfliktzonen wachsen.

Was heißt hier Liebe?

Worauf kann sich die neue Gemeinschaft gründen? Die Antwort scheint zunächst einfach. Nach der modernen Definition der Ehebeziehung ist diese vorrangig als emotionale Gemeinschaft bestimmt: Ihre Grundlage soll »Liebe« sein. Dies freilich ist eine sehr weite und vage Bestimmung. Denn die Inhalte dessen, was Liebe ist und sein soll, haben sich in der Geschichte – in den letzten Jahrhunderten und insbesondere auch in den letzten Jahrzehnten – vielfach gewandelt. In der Gegenwart existieren mehrere Versionen nebeneinander – traditionelle, moderne, postmoderne –, die zusammen eine schillernde Mischung ergeben. Diese »Ungleichzeitigkeit des Gleichzeitigen« hat zur Folge, daß sich mit dem einen Wort »Liebe« sehr unterschiedliche Vorstellungen, Erwartungen, Hoffnungen verbinden, und nicht zuletzt auch unterschiedliche Regeln und Verhaltensvorschriften (siehe z.B. die vielgeübten Diskussionen um »Monogamie versus Mehrfachbeziehung«). Die Herstellung jenes normativen Anspruchs, der »Liebe« genannt wird, erfordert damit komplizierte Abstimmungs- und Vermittlungsprozesse. Und wir ahnen es schon: Hier ist die Basis für potentielle Konflikte gelegt. Dazu wiederum die Untersuchung über bikulturelle Ehen:

»Die Gemeinsamkeit einer modernen westlichen Ehe, die ›von beiden geteilte Identität‹, entsteht normalerweise immer wieder neu im Gespräch. Die Erwartung an Verbalisierung ist jedoch kulturell unterschiedlich. Der westlich-bürgerliche Umgang mit Konflikten – Sprechen, Aufklären – ist ein keineswegs universelles Bedürfnis. Wenn der deutsche Teil darauf insistiert, kann er bei seinem ausländischen Partner gegen Wände anlaufen. In manch anderen Kulturen gilt Beziehungsnähe nämlich nicht als Kriterium einer ›guten Ehe‹, vielmehr zählen dort Aufeinander-Angewiesensein, Verantwortung und Vorsorge für die Familie, Arbeitsteilung zwischen den Geschlechtern und praktischer, dauerhafter Bestand.«[22]

Hinzukommt, was die Situation noch weiter kompliziert: Auch in der individuellen Geschichte jedes Paares ändert sich unter der Hand das, was »Liebe« bedeutet. Und dies gilt vor allem da, wo das Leitbild der »romantischen Liebe« regiert. Denn da ist die

Anfangsphase bestimmt von jenem Überschwang der Gefühle, der sich zum guten Teil aus der Faszination des »Anderen«, des Unbekannten speist. Doch im Laufe der Jahre lernt man einander unweigerlich kennen. Der Alltag kehrt ein. Daraus kann eine neue Form der Verbundenheit wachsen – Verwurzeltheit, Vertrautheit, Verläßlichkeit –, die aus gemeinsamer Geschichte entsteht. Doch nicht wenige Paare scheitern an dieser Dynamik. Und dies ist nicht Zufall, nicht Fatum, sondern im Leitbild schon vorprogrammiert. Es ist die »Falle der romantischen Liebe«: Die Verliebtheit des Anfangs wird als Erwartung auf ewig verlängert, kann aber so nicht eingelöst werden. Was dann bleibt, ist Enttäuschung.

Der amerikanische Autor Jeffrey Ullmann hat in seinem Buch *Singles Almanach* die Liebesschwärmereien prominenter Zeitgenossen zusammengestellt – und was später davon übrig blieb.[23]

– Richard Burton über Elizabeth Taylor: »Ihr Körper ist ein Wunder der Baukunst.« Nachher: »Sie ist zu fett und hat zu kurze Beine.«
– Elizabeth Taylor über Ehemann Nr. 1, Conrad Hilton jr.: »Er versteht mich als Frau und als Schauspielerin.« Nachher: »Als ich ihn geheiratet hatte, fiel ich von meiner rosaroten Wolke – ich verlor an Gewicht und konnte nur noch Babynahrung essen.«
– Brigitte Bardot über Ehemann Nr. 2, Jacques Charrier: »Ich liebe ihn so sehr. Sein Leid ist auch mein Leid.« Nachher: »Er war so ein Problem für mich.«
– Rita Hayworth über ihren dritten Ehemann, Prinz Ali Khan: »Mein Prinz der Prinzen.« Nachher: »Ali kann machen, was er will – ich bin fertig mit ihm.«
Und über ihren vierten Ehemann, Dick Haymes: »Ich folge ihm überall auf der Welt hin.« Nachher: »Ich weiß nicht, wo er steckt – und es ist mir auch egal.«

Und was die Gemeinsamkeitssuche vielleicht am meisten erschwert: Männer und Frauen haben je unterschiedliche Erwartungen an das Leben zu zweit. Zu solchen geschlechtstypischen Unterschieden gehört vor allem – wie im vorangehenden Kapitel beschrieben –, daß Männer mehr die instrumentelle Seite von Liebe und Ehe betonen, die Versorgung im Alltag, »daß alles gut läuft«. Frauen dagegen legen weitaus mehr Nachdruck auf Gefühle und innere Nähe, eben »daß man einander versteht«. Exemplarisch dafür folgende Gesprächssituation in einem Interview mit Ehemann und Ehefrau[24]:

Frau O.: Ich hätt oft den Wunsch, mehr Zeit mit meinem Mann.

Herr O.: Ja, wie heißt denn das praktisch ausgedrückt, was willst du mehr Zeit haben mit deinem Mann?

Frau O.: Ja irgendwas gemeinsam machen.

Herr O.: Willst du mehr im Bett oder was?

Frau O.: Überhaupt im Gesamten auch mehr, vielleicht mehr Unterhaltung oder – du hast ja Probleme – sich miteinander hinsetzen oder ja, mehr reden oder plaudern.

Herr O.: Über was denn, über was denn, … über Bildzeitung, die Arbeit, über was denn willst dich unterhalten mit mir, is doch alles Scheiße, über was sollst denn dich unterhalten…

Frau O.: Mei, wir müssen mehr miteinander reden, über Pläne, und dann kommst du, na gut, wennst mehr ausredst, mehr sprichst, nacha –

Herr O.: Ja, über was denn, Pläne – ah is alles Scheiß, euer blödes Gequatsche…

Frau O.: Sehr oft, da denk ich mir, könnt ja mal, Du könntest auch mal anrufen usw. und so fort.

Herr O.: Die Zeiten sind vorbei, weil wir ham ja nur ein Telefon, des wo außer Betrieb steht… und außerdem, ja was isn das, des is für die Katz, was kommt da raus, vielleicht kommt da bla bla, hin und her und wie das Wetter is…

Frau O.: Na ja, mei, na ja, aber es is halt doch amal so zwischenei, is irgendwie ne Verbindung oder so.

Dieser Unterschied der Erwartungen ist wahrscheinlich nicht neu. Aber das Konfliktpotential, das in ihm angelegt ist, bricht explosiv erst in der Gegenwart auf. Denn in dem Maß, wie Frauen sich als eigenständige Person mit eigenen Wünschen begreifen, werden sie immer weniger jene Lösungsform akzeptieren, die Generationen vorher praktizierten: Anpassung an den Mann, unter Preisgabe der eigenen Erwartungen und Wünsche. Jetzt wollen immer mehr Frauen auch selbst bekommen, was sie in der alten Frauenrolle vor allem geben sollten: Gefühle, Zärtlichkeit, Wärme. Jetzt sind immer mehr Frauen es leid, in der Familie die Agentur für Harmonie und Frieden zu sein. In den Bestsellern der Frauenliteratur spiegelt sich deutlich der Trend. Da wird programmatisch eine Absage an die Liebe verkündet, oder genauer wohl an jene Form, die die eigenen Kräfte der Frau fortwährend verschlingt. Die Diagnose heißt: »Wenn Frauen zu sehr lieben«.[25] Gefordert wird deshalb ein »neuer Gefühlsvertrag« der Geschlechter.[26] Und wenn derselbe nicht eingelöst wird? Dann wird die Bilanz nüchtern gezogen: »Keinen Mann um jeden Preis.«[27]

Komplexität oder: Die Qual der Wahl

In der vorindustriellen Gesellschaft wurde die Ehebeziehung zusammengebunden durch das eiserne Band der »gemeinsamen Sache«, die Familienwirtschaft und ihre Anforderungen. Von daher gab es eine fest umrissene Aufgabe, und von vornherein klar waren die Erwartungen, die an die Ehepartner gestellt wurden. Mit der Auflösung der Familie als Wirtschaftsgemeinschaft verloren diese Anforderungen ihre Grundlage. Statt dessen begann im nächsten Stadium dann der Aufstieg der bürgerlichen Familie, durch eine Polarisierung der Geschlechtsrollen gekennzeichnet – der Mann der Ernährer, die Frau das »Herz« der Familie. Im ausgehenden 20. Jahrhundert sind auch diese Rollenvorgaben und -vorschriften zunehmend brüchig geworden. Was sich damit an Entscheidungsspielräumen auftut, zeigt schon der Blick ins Bürgerliche Gesetzbuch.

	Urfassung des BGB von 1896, in Kraft seit 1. 1. 1900	Eherechtsformgesetz von 1976, in Kraft seit 1. 7. 1977
§ 1354	Dem Manne steht die Entscheidung in allen das gemeinschaftliche eheliche Leben betreffenden Angelegenheiten zu; er bestimmt insbesondere Wohnort und Wohnung.	aufgehoben
§ 1355	Die Frau erhält den Familiennamen des Mannes.	Zum Ehenamen können die Ehegatten... den Geburtsnamen des Mannes oder den Geburtsnamen der Frau bestimmen.
§ 1356	Die Frau ist... berechtigt und verpflichtet, das gemeinschaftliche Hauswesen zu leiten.	Die Ehegatten regeln die Haushaltsführung in gegenseitigem Einvernehmen.

Zweifellos wirkt die Wahlfreiheit, die damit eröffnet wird, alten

Zwängen entgegen, die an entscheidenden Punkten bedingungslos die Unterordnung der Frau verfügten. Jetzt haben beide Partner ein Mitspracherecht und damit die Chance, eigene Rechte und Interessen einzubringen. Doch diese Chancen sind eben nicht ohne Kehrseiten zu haben. Was, auf Paragraphen gebracht, so einfach sich liest, setzt im Alltag des Zusammenlebens manche Turbulenzen in Gang. Denn jetzt müssen in immer mehr Situationen zwei Menschen mit ihren je eigenen Erwartungen, Wünschen, Neigungen einen gemeinsamen Weg finden. Dabei gibt es kein Gesetz der »prästabilisierten ehelichen Harmonie«, das garantiert, daß beide stets zu gleichen oder wenigstens ähnlichen Entscheidungen gelangen. Pointiert zusammengefaßt: Die Erweiterung der Handlungsspielräume bedeutet Befreiung aus alten Beschränkungen und Zwängen. Aber im Rahmen der Zweierbeziehung bedeutet sie auch, zumindest der Möglichkeit nach, mehr Anlaß zu Uneinigkeit, Meinungsdifferenzen und Streit. In der Folge wird jenes »Einvernehmen«, das der Gesetzgeber für Mann und Frau vorsieht, leider nicht immer erreicht:

Bei nicht wenigen Paaren wird, noch bevor man zum Standesamt geht, die Wahl des Familiennamens zum »heißen« Thema. (Zwar sind es am Ende, wie die Statistiken zeigen, doch meist die Männer, die ihren Namen behalten. Aber dies sagt bekanntlich noch nichts darüber aus, bei wievielen Paaren im Stadium »davor« Debatten stattfinden – oder wieviele aus genau diesem Grund gar nicht erst heiraten.) Unter dem Druck beruflicher und geographischer Mobilität ist auch die Bestimmung des Familienwohnorts keine einfach zu lösende Frage. Erst recht bietet die Regelung des gemeinsamen Alltags – so es einen solchen noch gibt – ein Serienprogramm für Konfliktstoff und Zündstoff. Und nicht immer nur geht es um »äußere« Fragen. Oft wird auch eine tiefere Ebene erreicht, auf der die eigene Rolle und die des Partners, die Form der Gemeinschaft und der wechselseitigen Identität zur Verhandlung anstehen.

»Die bürgerliche Ehe- und Familienordnung [hatte] einen elementar selbstverständlichen Sinn- und Verweisungszusammenhang kulturell etabliert, der Liebe, Ehe, Zusammenleben/gemeinsames Haushalten, Sexualität und Familienbildung plausibel ›unter einem Dach‹ vereinigt ... Die heutige Deinstitutionalisierung der Ehe/Familie ... besteht wesentlich darin, daß dieser so eindeutig zugeschnittene Sinn- und Verweisungszusammenhang für das Handeln unverbindlicher wird und sich lockert: aus

A folgt nicht mehr unbedingt B, aus Liebe folgt heute durchaus nicht mehr (bindend und motivational zwingend) Heirat/Ehe, aus Verheiratetsein nicht mehr selbstverständlich Zusammenwohnen (getrennt wohnende kinderlose Ehepaare, ›Wochenendehen‹), aus Verheiratetsein aber auch nicht mehr notwendig ein Sexualprivileg oder der Wunsch nach Kindern. Liebe kommt gut ohne Ehe aus und Ehe auch ohne Kinder; überhaupt treten Ehe und Elternschaft deutlicher auseinander; die ›pure‹ Ehe (ohne Kinder) wird ebenso zur Option wie die ›pure‹ Mutterschaft ohne Ehemann. Unverheiratetes Zusammenleben ist (wie überwiegend der Fall) ohne Kinder, aber auch mit Kindern zu haben. Entsprechend kann man aus dem Zusammenleben nicht mehr problemlos auf Ehe schließen, von der Mutter nicht mehr typisch auf einen ›koexistierenden‹ Vater, schon gar nicht mehr von Sexualität auf Verheiratetsein usw. Man sieht: ›das Paket‹ der alten Institution ist aufgeschnürt, die einzelnen Elemente sind gegebenenfalls ›isolierbar‹ und für sich zugänglich, aber auch in verschiedenen Varianten kombinierbar. Auch sind sie sukzessive nacheinander wählbar – je nach Umständen und im Prinzip auch ohne irgendwie naheliegende oder zwingende Abfolge.«[28]

Männer und Frauen heute sind »einem ganzen Kaleidoskop von Interpretationsangeboten ausgesetzt, was ›Mann‹ oder ›Frau‹, ›Liebe‹ oder ›Partnerschaft‹, ›Mutterschaft‹ oder ›Vaterschaft‹ (noch oder neu) bedeuten können bzw. sollen«.[29] Das Verhältnis der Geschlechter ist zum Verwirrspiel zwischen alten Leitbildern und neuen Lebensformen geworden, die »Neue Unübersichtlichkeit« reicht bis ins Intimste hinein. »Wir wollen uns lieben, aber wir wissen nicht wie«: Dieser Satz, der als Graffiti auf einer Häuserwand stand, kennzeichnet die Lage prägnant.

Beziehungsarbeit im Dauerdiskurs

Was also tun? Wo die äußeren Vorgaben entfallen, müssen sie intern festgelegt werden. »Die neue Gesellschaft ist... dazu verurteilt..., die neuen Spielregeln, auf deren Grundlage Zusammenleben und Überleben möglich scheinen, aus sich selbst hervorzubringen *und* verbindlich zu machen.«[30] Dies erinnert an eine neue Version des alten Münchhausen, der am eigenen Schopf sich aus dem Sumpf ziehen wollte, nur daß man jetzt auch noch zu zweit sich abmühen muß. In jedem Fall werden Abstimmungsprozesse nötig, ein »Beziehungsmanagement durch Aushandeln«[31] beginnt. Dessen Akteure bewegen sich (manchmal vorwärts, manchmal im Kreis) in einem »Milieu wortreichen Hinterfragens«[32]:

Beziehungen werden aufgenommen, unterhalten, gestört und wieder abgebrochen – vor allem aber werden sie diskutiert. Das Ergebnis füllt Bände, vor allem die der Gegenwartsliteratur: Literatur »ist nicht länger das Gespräch über die Liebe, sondern bestenfalls das Gespräch über das Gespräch über Liebe«.[33] Zur Illustration der Monolog eines »einschlägig betroffenen« Mannes:

»Vermutlich hat jeder die Sorte Liebe, die er verdient. Ich habe Anna, und beide zusammen stecken wir in einer Beziehungskiste, seit fünf Jahren. Andere hätten sich in der Zeit längst eine gemeinsame Wohnung oder wenigstens ein Kind zugelegt. Wir nicht. Jeder von uns lebt seinen eigenen Stiefel – jedem das Seine: sein Bett, seine Telefonrechnung, sein Auto, seine Waschmaschine – die Modalitäten unserer Beziehung sind eben noch immer nicht geklärt.

Wer kümmert sich um was, wer spielt welche Rolle? Verträgt sich Zusammenleben überhaupt mit Selbständigkeit? Wir müssen noch eine Menge aufarbeiten. Obwohl uns viele dafür halten, sind wir eigentlich noch kein richtiges Paar. Aber wir zerbrechen uns ununterbrochen den Kopf darüber, ob wir nicht doch eines werden sollten.

Das einzige, wozu wir es in den vergangenen Jahren wirklich gebracht haben, sind viele gute Argumente – wir leben mit ihnen. Wenn ich Annas Lust kritisiere, jede Nacht in Kneipen herumzusitzen, wirft sie mir Besitzdenken vor. Wenn sie solo in die Ferien will und meinen Wunsch nach einem gemeinsamen Sommer in der Toskana für eine pseudoromantische Anwandlung hält, habe ich wieder das Problem mit meiner Verlustangst... Es kommt mir oft vor, als bestünde unsere Liebe nur aus Abmachungen: Gefühlsklauseln in einem Bumsvertrag mit besonders viel Kleingedrucktem... Ich sag mir immer, reg dich ja nicht auf, wenn sie schon wieder nicht bei dir übernachten will. Sie sagt dann immer: ›Ich brauch ganz einfach Zeit für mich. Du hättest sowieso nichts von mir, wenn ich so nachdenklich bin‹. Aber dabei geht es mir doch nur um ihre Nähe. Das versteht sie nicht. ›Mich beengt das‹, sagt sie...

Warum heiratet ihr nicht einfach, hat mich kürzlich ein Freund gefragt. Es ist doch Quatsch, sich jahrelang mit zwei Haushalten zu belasten. Das mag schon stimmen. Aber ich habe irgendwo gelesen, daß das durchschnittliche Paar nach zwanzig Jahren täglich gerade noch acht Minuten miteinander spricht.

So etwas könnte uns nie passieren.«[34]

Die endlosen Beziehungsdiskussionen, die heute sich abspielen, mögen für den Außenstehenden oft lächerlich scheinen. Doch sie sind nicht nur Ausdruck persönlicher Verwirrung oder eines grassierenden Egoismus, der wie ein Bazillus immer mehr Männer und

Frauen befällt. Eine Deutung dieser Art mag auf den ersten Blick plausibel erscheinen, jedoch: sie nimmt nur die Oberfläche wahr und greift deshalb zu kurz. Denn das, was im Privaten sich abspielt und da als persönliche Verwirrung erscheint, ist nicht zuletzt auch eine Konsequenz der Moderne und der Freiheitsdynamik, die diese entfesselt:

Solange es viele Gebote und Verbote gab, die Alltagsablauf und Eheleben regulierten, solange war für die meisten Fragen auch klar, welches Verhalten »richtig« war, gottgewollt und natürlich. Wozu also große Worte, lange Fragen, lange Erklärungen? All dies war überflüssig. Jeder Partner kannte die Regeln, und er wußte auch, daß der andere sie kannte. (Auch der, der die Gebote nicht einhalten wollte, wußte genau, was er damit tat: daß er verstieß gegen Sitte und Brauch, einen Akt der Rebellion unternahm.) Hier eben hat sich ein tiefgreifender Wandel vollzogen in den letzten Jahrzehnten und insbesondere Jahren. Je weniger festgeschriebene Erwartungen es gibt, desto mehr können Mann und Frau ihre Beziehung selbst definieren, ja, sie müssen dies tun. Deshalb die Worte: Was ist richtig, was falsch? Was willst du, was will ich? Was sollen wir tun?

»Ein modernes Paar: es wird nicht geliebt, es wird geredet.«[35] Jetzt bedarf es eines ständigen Dialogs, um die gemeinsame Sache herzustellen und zu erhalten, sprich: den Freiraum der Privatheit mit übereinstimmenden Definitionen von Liebe, Ehe, Partnerschaft zu füllen. Das kostet endlose Anstrengungen, viel Zeit, Nerven, Geduld, kurzum das, was in der neueren Diskussion unter dem Stichwort »Beziehungsarbeit« bekannt ist. Und das ist harte Arbeit, oft einer Sisyphos-Arbeit gleichend: nie ist ein Ende erreicht, nach jeder neuen Verständigung werden wieder neue Vermittlungen nötig. »Was Freiheit bedeuten sollte, die prinzipielle Offenheit von Privatheit, verkehrt sich so in eine Last.«[36]

»Will der einzelne nicht scheitern, muß er für sein Glück etwas tun. Der Leistungsbedarf, den Familie beansprucht, nimmt zu. Ein ›guter Partner‹ zu sein, bedeutet Anstrengung, Aufmerksamkeit, Mitdenken. Konflikte müssen früh erkannt werden, solange es sich sozusagen noch um ›Haarrisse‹ handelt. Sie zu entschärfen, bedarf sensiblen Gespürs für die Bedürfnisse des Partners...«[37]

Wo die äußeren Vorgaben entfallen, da wird es wichtiger denn je, daß die Verständigung zwischen den Partnern gelingt. Unter diesen Bedingungen ist es sicher nicht zufällig, daß Psychoanalyse,

Psychologie, Therapie seit den sechziger Jahren enormen Zulauf verzeichnen, sich dabei immer mehr auch der Dynamik von Paarbeziehungen zuwenden. Die Gebote, die sie vielfach verkünden, heißen »Offenheit« und »Aufrichtigkeit«. Die Partner sollen Gefühle zugeben, die eigene Person zeigen, sich nicht hinter Ängsten, Tabus, Konventionen verstecken. Aus einem Beratungsbuch, zuerst 1970 erschienen:

»Wir sind der festen Überzeugung, daß... die entscheidenden Probleme einer innigen Liebe nur in Beziehungen gelöst werden können, die offen, frei, kritisch und echt sind, d. h., beiden Partnern die Möglichkeit geben, von sich selbst auszugehen, sich dem Partner anzubieten, ohne sich verstellen und dem Partner anpassen zu müssen.«[38]

Diese Betonung von Offenheit, die aus den Lebensbedingungen der enttraditionalisierten Moderne entsteht, wird innerhalb weniger Jahre zum Signal, zum Kennzeichen einer neuen Kultur bzw. Subkultur. Im Zuge ihrer populärwissenschaftlichen Vermittlung wird sie freilich oft trivialisiert, für die Massenmedien aufbereitet, entsprechend verdünnt. In den Cafés der Alternativszene (und anderswo) breitet der Bazillus der »Beziehungsgespräche« sich aus: Männer und Frauen, die zu ständigen Offenbarungen schreiten, um sich nahe zu kommen und nahe zu bleiben – oder um solche Ansprüche zurückzuweisen. Da wird jedes Gefühl, jede Regung ans Licht gezerrt, hin und her gewendet, definiert und katalogisiert: meine Verlustangst, dein Klammern, sein Vaterproblem. »Die Partner gehen davon aus, daß sie sich selbst ›einzubringen‹ haben, nicht heucheln dürfen, in hemmungsloser Offenheit gegeneinander miteinander auskommen müssen.«[39]

Mit der Beziehungsarbeit im Dauerdialog droht derart die Tyrannei der Authentizität. Man vergißt, daß die menschliche Seele viele Nischen, Windungen, Wirrungen hat, die man vielleicht nicht alle funktional bearbeiten kann. Man vergißt die Frage nach der »Balance«: Wieviel Wahrheit, wieviel Offenheit, wieviel Seelenentblößung kann man sich und dem anderen zumuten? Die Folgen tragen nicht immer zum Gedeihen der Partnerschaft bei. Nicht nur die Lüge, auch die ständig aufgetragene Authentizität kann sich als Sprengsatz erweisen. Und die Selbstthematisierung ist nicht bloß Erlösung von den Sünden der Väter (und Mütter), sondern auch gefährliche Waffe. »›Zwischen uns sei Wahrheit‹, sagt Thoas zu Iphigenie in Goethes Drama: Allerdings erst, nachdem sie sich auf immer trennen. Der relative Erfolg der klassischen Selbstthematisierungsinstitution wie der Beichte oder der Psychoanalyse beruhte demgegenüber weithin darauf, daß die Adressaten von Enthüllungen normalerweise nicht gleichzeitig deren Objekte waren.«[40]

Veränderungsmoral, Optimierungsgebot

Wie bisher beschrieben, gehört die Emanzipation von überlieferten Lebensordnungen zu den wesentlichen Kennzeichen der Moderne. Entscheidend ist nun, daß dieser Vorgang prinzipiell keine Grenzen mehr kennt, deshalb einen »Drang zur Expansion«, ja eine permanente »Veränderungsmoral«[41] auslöst. Denn die Schranken, die dem menschlichen Handeln früher gesetzt waren – die Gebote von Gott und Natur, Herkunft und Stand –, werden immer weiter zerrieben. Die Folge ist, daß bei der Definition von Zielen keine Unterbrecher, keine Stoppregeln mehr eingebaut sind. Was statt dessen zur Handlungsnorm wird, ist das Gebot der Steigerung: Noch schneller! noch größer! noch schöner!

Diese Verbesserungsmentalität wird nun wirksam nicht nur da, wo es um Automarke oder Arbeitsplatz geht. Vielmehr bleibt auch der Bereich der Paarbeziehung nicht ausgenommen: Wie viele Untersuchungen zeigen, sind die Ansprüche an die Ehebeziehung heute weit höher als früher. Daß man einigermaßen miteinander auskommt, ist jetzt nicht mehr gut genug. Man will mehr, Glück und Erfüllung, also den amerikanischen Traum, »The Pursuit of Happiness«, im eigenen Heim. Das muß auf der Kehrseite freilich ein Potential für Enttäuschungen schaffen. Denn je höhere Erwartungen man an die Ehe heranträgt, desto eher wird man – an diesem großen Maßstab gemessen – die eigene Ehe als ungenügend empfinden. Darüber hinaus produziert dieser Traum auch seine eigene Falle, weil er, als absoluter gesetzt, unerfüllbare Hoffnungen weckt. In jedem engen und dauerhaften Zusammenleben von Menschen gibt es neben der Erfahrung des Glücks auch Momente von Enttäuschung, Zurückweisung, Wut, von Schuld und Verletzung – in einem Schüleraufsatz prägnant zusammengefaßt: »Familie bedeutet Krieg und Frieden«.[42] Die Glückserwartung, ganz pur und wörtlich verstanden, kollidiert derart mit der Realität von Beziehungen, mit den Konflikten, Kompromissen und Krisen, die in jedem Zusammenleben auftauchen werden. Die Erfahrung eines Therapeuten aufgrund langjähriger Praxis:

Die vielen Ehebücher, die die Gebote von Wachsen und Reifen als Verheißung verkünden, gehen dabei »nicht oder zu wenig auf jene andere Seite
ein, die ebenfalls zum persönlichen Wachstum gehört, nämlich jene Tiefen
von Not und zerstörerischer Gewalt und deren Überwindung. [Ich sehe]
die Familie nicht als einen Zufluchtsort, einen Ort, wo lauter Lust und
Freude herrscht – was sie zwar auch sein kann –, … sondern als einen Ort,
wo der Mensch, diese barbarischste aller Kreaturen, lernen kann, Zeit und
Raum auf gewaltlose und nicht zerstörerische Art mit anderen zu teilen…
Sich dem Menschen, mit dem man zusammenlebt, ganz zu offenbaren und
gleichzeitig Aspekte seiner (ihrer) Erfahrungen, Haltungen, Hoffnungen,
Ängste kennen zu lernen, die das Bild, das man sich von ihr gemacht hat, in
tausend Stücke schlagen, ist … eine lange währende, äußerst schmerzliche
Erfahrung … [In diesem Sinne] ist die Ehe und das ganze Familienleben ein
wunderbarer Ort, um die … die ganze Fäkaliengrube des Lebens kennen
zu lernen …

Aus dieser Sicht bin ich nach 26½ Ehejahren zum Schluß gekommen,
daß nicht Glück das Ziel der Ehe ist. Die Ehe hat viele herrliche Seiten; sie
ist ein Ort, wo man das Zusammenleben mit Menschen erlernen kann, die
sich von der eigenen Person sowohl im Alter, wie dem Geschlecht, den
Werten und Perspektiven unterscheiden. Sie ist ein Ort, wo man sowohl
hassen wie den Haß meistern, ein Ort, wo man das Lachen und die Liebe
und das Gespräch erlernen kann.«[43]

Was aber tun, wenn die Wirklichkeit nicht dem Ideal entspricht?
Nach dem alten Ehemodell war man unlösbar miteinander verbunden, wie unverträglich die Temperamente und Anlagen der
Partner auch waren. Die neue Verbesserungsmentalität weist nun
genau in die andere Richtung: lieber die Ehe beenden, als sich mit
Mängeln abfinden und von der Glückserwartung Abstriche machen. Oder anders gesagt, je weniger äußere Schranken das Liebesideal kennt, desto größer komplementär auch der Druck, sich
mit einer Ehe »minderer Qualität« nicht zufriedenzugeben. Die
Zunahme der Scheidungen hat demnach auch hier ihre Wurzel:
»Die Leute lassen sich in solcher Zahl scheiden, … weil ihre Erwartungen an die Ehe so hoch sind, daß sie sich nicht mit unbefrie-
digenden Annäherungen zufriedengeben wollen.«[44]

»… da der dritte Ehemann nach der sechsten Woche viel weniger springt,
schlapp und häuslich wird, vom Physiologischen genug hat und wieder an
das Gesellschaftliche denkt, an seine Arbeit und daß er die van Vries einla-
den müßte, von seiner Beförderung und seinem Rheuma spricht, begreift
sie plötzlich, voller sittlicher Erhabenheit und Würde, daß sie sich getäuscht hat. Es bleibt nie aus, dieses Gefühl des Sichgetäuschthabens. Also
beschließt sie, ganz edelmütig mit ihm zu reden, und um sich feierlich zu

geben, setzt sie sich einen hohen Turban auf. ›Lieber dritter Spinnenmann‹, sagt die Spinne und faltet die kleinen behaarten Pfoten, ›seien wir einander würdig und trennen wir uns ohne billige Beschuldigungen. Besudeln wir nicht die edle Erinnerung an vergangenes Glück mit unnützen Beschimpfungen. Ich bin dir die Wahrheit schuldig, und die Wahrheit, mein Lieber, ist, daß ich dich nicht mehr liebe… ich habe mich getäuscht. Mit ganzer Seele hatte ich geglaubt, du seist der ewige Spinnenmann. Es tut mir leid. Wisse, daß ein vierter Spinnenmann in mein Leben getreten ist und mir alles bedeutet.« (Albert Cohen, *Die Schöne des Herrn*)[45]

Dabei zeigt auch diese Entwicklung einen Drang zur Expansion, verstärkt und beschleunigt sich quasi von innen: Die Erweiterung der Freiheitsspielräume ist ein sich selbst vorantreibender Prozeß.[46] Das heißt konkret, die neuen Optionen von Trennung und Scheidung wirken untergründig auch da, wo sie rein statistisch erst in geringem Umfang genutzt werden. Allein schon ihr Sichtbarwerden (für das die Massenmedien aufs kräftigste sorgen) läßt die traditionellen Lebens- und Eheformen nicht unberührt. Wer jetzt die Ehe aufrechterhält, der tut dies stets in dem Wissen, daß es Auswege gibt: Man könnte auch anders. Die Aufrechterhaltung der Ehe wird nunmehr – da Alternativen bestehen – als Ausdruck bewußter Wahlentscheidung wahrgenommen und gerät damit unter Begründungszwang. Eine Karikatur von Chlodwig Ploth bringt diesen Zusammenhang plastisch zum Ausdruck[47]:

»Es treffen sich zwei alte Freunde in der Kneipe.

A: Mann, ist das dufte, mal wieder im Lande zu sein. Wie geht's euch Ganoven denn allen? Was machen denn zum Beispiel die Krögers?

B: Die haben sich lange getrennt. Er lebt mit einer anderen Frau in Sachsenhausen und wo sie hin ist, weiß ich gar nicht.

A: Ah ja, und die Zierfelds?

B: Da hat's neulich geknallt. Er ist ausgezogen und lebt jetzt in 'ner Wohngemeinschaft. Sie wohnt noch in Bornheim mit Volker – 's is 'n Lehrer. Weiß nicht, ob du den noch kennst. Was macht ihr denn?

A: Na ja, es ging halt nicht mehr. Susi wohnt jetzt wo anders mit 'nem sehr sympathischen Typ und ich lebe in der alten Wohnung mit Karin. 's is 'ne Diplompsychologin. Und bei euch? Was is da?

B: Wir, tja, wir sind noch zusammen, aber verstehst du, wir haben uns das auch schon oft überlegt, wirklich. Aber dann der Junge, und überhaupt, verstehst du, und komischerweise immer wieder, ich weiß nicht, ob du das verstehst, läuft's prima zwischen uns. Komisch, aber 's ist so, verstehst du?

A: Brauchst dich doch nicht zu entschuldigen, Junge, ich versteh dich doch, mach dir nichts draus.«

Die bloße Erhöhung des Rechtfertigungsbedarfs auch für traditionelle Lebensformen treibt also die Veränderungsspirale weiter voran. Für die Aufrechterhaltung eingelebter Traditionen reicht die Abwesenheit extremer Mißstände hin; die Rechtfertigung von Wahlverhalten hingegen bedarf positiver Begründungen. Anders formuliert: Eine vorgegebene Ehesituation wird hingenommen, solange sie nicht unerträglich ist. Eine frei gewählte hingegen muß sich im Horizont alternativer Möglichkeiten als »bestmögliche« ausweisen. Damit treibt also schon der bloße Rechtfertigungszwang die Maßstäbe, an denen Glück bemessen wird, weiter nach oben.

Arbeit, die Trennlinien schafft

Bisher war davon die Rede, daß die Gemeinsamkeit, die die Ehepartner der Gegenwart miteinander verbindet, auf der Liebeserwartung sich gründet – was, wie wir sahen, manche Schwierigkeiten erzeugt. Doch zu diesen internen, im Liebesideal selbst angelegten Problemen kommt nun noch ein weiterer Punkt: Die Herstellung dieser neuen Gemeinsamkeit erfolgt nicht in einem gesellschaftsfreien Raum, sondern ist vielen von außen kommenden Einflüssen unterworfen, neuen Kontrollen und Zwängen, die die Gemeinsamkeit unterlaufen. Von ganz zentraler Bedeutung ist hier die heute vorherrschende Form der Arbeit, die nicht mehr wie in der vorindustriellen Gesellschaft qua Familienwirtschaft ein einigendes Band schafft, sondern im Gegenteil jetzt: Trennlinien zwischen Mann und Frau stellt.

Da sind die sogenannt traditionellen Ehen, nach dem Muster »der Mann der Ernährer, die Frau zuständig für Heim und Familie«. Das bekannte Problem ist, daß Mann und Frau dabei in unterschiedlichen Welten leben, hier die Regeln und Anforderungen des Berufs, dort die Gleichförmigkeit und Isolation des Hausfrauendaseins. Die Verständigung zwischen diesen Welten ist schwierig; wo sie nicht mehr gelingt, stehen am Ende Gesprächslosigkeit und Entfremdung.

»Sie merkt nicht, daß du atemlos wirst; sie ahnt nicht, daß dein Arm erlahmt; selbstverständlich, daß er sich müht; selbstverständlich, daß er das Hauswesen erhält, alle Wünsche befriedigt, allen Aufwand bestreitet; selbstverständlich seine Konflikte, seine Verstimmung; auch sie hat ja ihre Konflikte, ihre Verstimmungen; auch sie verschließt ihre Sorge vor ihm.

Aber eines Tages steht man da und fragt sich: Wie soll das weitergehen? Kein Schwung mehr; kein Aufrütteln; kein Nachfolgen oder Begleiten; kein gemeinsames Wegesuchen; nur noch Selbstverständlichkeit und friedliche Arbeitsteilung. Du draußen in der Welt, ich drinnen im Haus... So entsteht das friedliche Glück einer sechzehnjährigen Ehe, und das Leben wird wie ein Topf mit geronnener Milch, sauer und dick, drin du ersäufst wie eine Fliege, ganz nüchtern.« (Jakob Wassermann, *Laudin und die Seinen*)[48]

Da sind auf der anderen Seite dann die in der jüngeren Generation vorherrschenden Ehen, wo beide berufstätig sind – und damit neue Belastungen und Konflikte erfahren. Denn Berufsarbeit heute ist ihrer inneren Struktur nach meist ein »Anderthalb-Personen-Beruf«, und das heißt: »nach Quantität wie Qualität ihrer Anforderungen so organisiert, daß sie auf die Anforderungen der privaten Alltagsarbeit kaum Rücksicht nimmt; sie setzt damit stillschweigend voraus, daß der Berufstätige die Zuarbeiten und Hilfsdienste anderer Personen in Anspruch nehmen kann. Das eben ist in den meisten Fällen die Ehefrau... Die Alltagsarbeit, die die Frau leistet, schafft die tägliche Basis für Nahrung, Kleidung, Wohlbefinden des Mannes und fürs Aufwachsen der nächsten Generation; sie setzt den Mann frei von den Alltagssorgen und -belastungen, so daß er möglichst ungehindert den Anforderungen der Berufsarbeit nachkommen kann.«[49]

Was bedeutet es angesichts solcher Voraussetzungen, wenn immer mehr Frauen selbst berufstätig sind? Die Folgen kann man mit simpler Arithmetik erkennen: Jetzt fehlt beiden Partnern die dritte Person, die die Hintergrundarbeit abnimmt und die Streicheleinheiten gibt. Deshalb nach des Tages Mühen noch der Arbeitskampf im Privaten, wo die gleichen Vorwürfe sich im Kreis wiederholen, die ewigen Fragen um Abwasch, Einkauf und Kinderversorgung. Das ist aus der Alltagserfahrung bekannt und durch viele Untersuchungen hinlänglich bestätigt. Aber es ist gleichzeitig nur ein Teil des Problems, denn im Alltag wie in der Theorie wird vielfach vergessen: Jenseits der Hausarbeit im engeren Sinn bedarf es auch noch der Gefühlsarbeit. Der Mensch, und erst recht der berufstätige Mensch, lebt nicht vom Brot allein, er braucht auch psychische Stärkung. Denn die Regeln des Marktes, im Berufsalltag vielfältig spürbar – Tempo und Disziplin! Konkurrenz und Karriere! –, übersetzen sich in innere Spannung und Reizung. (Nicht von ungefähr entstand im 19. Jahrhundert jene

Konstruktion polarer Geschlechtscharaktere, die die Frau darauf verwies, dem berufstätigen Mann eine »Oase des Friedens« zu sein.) Deshalb die vielen Irritationen im inneren Klima, deshalb die Klagen über zu wenig Verständnis vom anderen, weil jeder in seiner Zwickmühle sitzt und auf Verständnis vom anderen hofft. Und das ist nicht Egoismus oder individuelles Versagen. Nein, es ist ein kollektives Geschehen, dasselbe Drama in unzähligen Küchen und Wohnzimmern: die direkte Folge des Anderthalb-Personen-Berufs, in dem jeder sich aufreibt.

Ein weiteres Merkmal dieses Anderthalb-Personen-Berufs ist, daß viele seiner »stillen Anforderungen« zugeschnitten sind auf den Mann mit stets anpassungsfähiger Ehefrau. Um nur das sichtbarste Beispiel zu nennen: Unter den Bedingungen hoher Arbeitslosigkeit ist geographische Mobilität oft wichtige Voraussetzung, um überhaupt einen Arbeitsplatz zu finden; und in vielen Berufsfeldern ist Mobilität auch wesentliche Voraussetzung des Aufstiegs. Aber was, wenn nun beide berufstätig sind? Nur in seltenen Glücksfällen weisen die Mobilitätsanforderungen zweier Personen in ein und dieselbe Richtung. Häufiger ist, das berufliche Angebot in einer anderen Stadt, für den einen Partner wichtiges Sprungbrett für Berufseinstieg oder Aufstieg, bringt für den, der dann »nachzieht«, erhebliche Einbußen auf der beruflichen Skala, bis hin zur Arbeitslosigkeit. Unter diesen Bedingungen bieten zwei Alternativen sich an. Entweder Wochenendehe und Pendeln; das kostet viel Abstimmungsaufwand und Zeit, und die Organisationspläne zäunen das Privatleben ein. Oder Zusammenbleiben im wörtlichen Sinn, mit erheblichen Nachteilen für einen, Verzicht auf eigene Chancen mit eventuell langfristigen (und kaum überschaubaren) Folgen; das bedeutet Aushandeln und Abwägen, viel Konfliktstoff und Zündstoff. Ja, sicher, alles läßt sich auffangen durch viel wechselseitiges Verständnis. Nur wieder: wieviel davon wird täglich zerrieben in den Mühlen des Anderthalb-Personen-Berufs?

Meine Sache, deine Sache: Vertragsmentalität

So wächst die Hilflosigkeit und der Bedarf nach Beratung. Bücher mit Rezeptwissen für Liebe, Ehe, Partnerschaft haben Hochkonjunktur. Angeboten wird eine kaum mehr überschaubare Auswahl, ebenso breit wie buntgefächert, eine Art Supermarkt der

Philosophien für Leben und Liebe. Aus unserem Blickwinkel ist interessant, sie einmal zu betrachten im Hinblick auf folgende Frage: Welche Regeln entwerfen sie, um die personenbezogene Gemeinschaft zu erhalten?

Doch schnell erweist sich, die Frage ist falsch gestellt, zumindest zum Teil. Zweifellos gibt es viele Bücher, deren Absicht es ist, die Mauern aus Enttäuschung, Stummheit und Resignation abzubauen, um eine Verständigung über die Gemeinsamkeit wieder möglich zu machen. Aber ebenso zweifellos ist, daß es zunehmend Beratungsbücher gibt, in denen das Thema der Gemeinsamkeit sehr an den Rand gedrängt wird – soweit es überhaupt noch ein Thema ist. Hier steht im Mittelpunkt eher ein anderes Gebot, in allerlei Variationen, manchmal mild, manchmal sehr kraß formuliert, aber tendenziell mehr die Gegenseite betonend: statt der Bewahrung des »Wir« die des »Ich«. So wird immer häufiger empfohlen, »möglichst viele Aspekte des täglichen Zusammenlebens in einem Ehevertrag zu regeln«.[50] Da geht es nicht zuallererst darum, die Herstellung der Gemeinsamkeit, der inneren Nähe immer wieder im Dialog zu gestalten. Das Ziel ist vielmehr, die je »eigene Sache« durch rechtliche Regeln zu sichern. Und immer mehr Paare befolgen den Rat. In der Bundesrepublik[51] wie in den USA[52] wächst die Zahl der Paare, die vor der Heirat einen Ehevertrag schließen.

»Die Verlobte des Mannes war schlank. Sie gefiel ihm so. Er wollte, daß sie auch so bleiben sollte. Und er war entschlossen, alles in seiner Macht Stehende zu tun, um ihre zukünftige Schlankheit sicherzustellen... Vor der Heirat brachte der Bräutigam die Braut dazu, einer Vereinbarung zuzustimmen, wonach sie im Falle einer Gewichtszunahme eine Strafe zahlen mußte, die bei Gewichtsabnahme wieder zurückerstattet würde. Das war kein bloßes Versprechen. Das Paar sicherte die Abmachung ab, indem es bei einem New Yorker Rechtsanwalt einen Ehevertrag abschloß.

Willkommen zur Ehe im Vertragsstil, circa 1986, wo in zunehmendem Maß rechtliche Abmachungen alles festlegen, von der Aufteilung des Kleiderschrankes nach der Heirat bis zur Frage, wer die mietpreis-kontrollierte Wohnung nach der Scheidung behält. Nicht ungewöhnlich sind Eheverträge, die bestimmen, daß die Ehepartner sich abwechseln bei der Wahl des Urlaubsortes, daß sie sich gleichermaßen an der Disziplinierung der Kinder beteiligen oder daß sie einander die Art ihrer früheren sexuellen Erfahrungen offen dargelegt haben... Rechtsanwälte sagen, daß sie eine wachsende Nachfrage für alle Arten von Eheverträgen erleben, von solchen, die sich rein aufs Finanzielle beschränken, bis zu solchen, die besondere Bestimmungen in bezug auf den Lebensstil enthalten.«[53]

Und was, wenn im Lauf der Zeit sich dennoch Differenzen erge-
ben? Auch dann kann man Abkommen schließen. Wo es keine
gemeinsame Sache mehr gibt, da werden von der neuen Ratgeber-
Philosophie Formen des zivilisierten Umgangs entworfen, die das
alte Prinzip des »Do ut des« wiederentdecken, schlicht übersetzt:
Was mir nicht gefällt an dir, was dir nicht gefällt an mir, wird im
Tauschverfahren beseitigt. Schon gibt es Beratungsbücher, die
»Verträge zur wechselseitigen Verhaltensänderung« empfehlen.
Daraus einige Anweisungen:

»Jeder Partner bekommt etwas, was er/sie vom anderen will. Zum Beispiel
machen Sie ab, ›am Morgen ein hübsches Kleid anzuziehen statt diesem
abgetragenen‹. Er vereinbart, ›rechtzeitig zum Essen nach Hause zu kommen, statt mit den Jungs einen trinken zu gehen‹. Sie fangen mit einfachen
Verhaltensmustern an und gehen dann allmählich zu komplizierteren über
(›Sie soll beim Sex mehr Initiative zeigen‹... ›Er soll mich häufiger küs-
sen‹).«[54]

Die freie Partnerwahl, aus den vorgegebenen sozialen Zwängen
entlassen, erzeugt so ein paradoxes Ergebnis, neue Formen der
privaten wechselseitigen Kontrolle. Aber dies Ergebnis hat durchaus seine eigene Logik. Wo alles offen ist, muß alles ausgehandelt
werden. Wo es keine gemeinsame Sache mehr gibt, da muß im
Binnenfeld der Beziehung das je eigene Interesse geschützt werden. Die Beratungsbücher der bezeichneten Art spiegeln diesen
Trend wider und verstärken ihn noch. Die Frage, was dann aus der
Gemeinsamkeit wird, ist wiederum falsch gestellt, denn darum
geht es hier nicht oder nicht mehr vorrangig. So lautet eine Empfehlung für Eheverträge auch folgerichtig, bei der Heirat gleich die
»Regeln für den Fall der Scheidung« zu formulieren[55], auf den
Leitsatz zusammengefaßt: »Beide Partner erkennen ausdrücklich
die Tatsache an, daß Ehen nicht auf Dauer halten müssen.«[56]
   Aus all dem zusammengenommen ergibt sich folgendes Bild: In
der modernen Ehe wird die Gemeinsamkeit über Liebe und Gefühle hergestellt. Entsprechend entsteht eine neue Entscheidungs-
regel, die heißt: Wo die Gefühle enden, da soll die Ehe enden. In
der starken Gefühlsbasis der Ehe, im kulturellen Leitbild der »romantischen Liebe« ist damit schon eine Wurzel für ihren Bedeutungswandel angelegt – »von einer Bindung, die selbstverständlich ein Leben lang gilt, zu einer Bindung, die nur unter
bestimmten Bedingungen aufrechterhalten wird«.[57]

5. Die Mühen der Beständigkeit

> »Die Mühen der Berge liegen hinter
> uns/Vor uns liegen die Mühen der
> Ebenen.« (Bertolt Brecht)

Was heute zusammenbringt, ist nicht eine gemeinsame Sache, sondern die persönliche Glückserwartung: der »richtige« Partner, eine Mischung aus Traummann/Traumfrau und Kumpel zum Pferdestehlen. Aber die Träume verändern sich, und wieviele Pferde gibt es denn noch in der hochindustrialisierten Gesellschaft? Und so hat das Glück eine flüchtige Gestalt. Oder anders formuliert: *In dem Freiraum, der im Übergang zur Moderne entsteht, ist immer schon ein Moment der »Anfälligkeit« der Ehebeziehung heute angelegt.*

»Familie als Freiraum bedeutet..., daß Familie prinzipiell offen ist für *jede* Bestimmung, soweit sie eine ›private‹ bleibt, d. h. hier nicht unmittelbar dem Lebensunterhalt dient. Damit ist Familie aber auch offen für *keine* Bestimmung (zumindest keine dauerhafte).«[58]

Die Hoffnung der alten Zeit war auf die Befreiung aus äußeren Schranken gerichtet. Die Verheißung war klar: War erst das Hindernis überwunden, was immer es war – vom Widerstand der Familie über Standesrücksichten bis zum Mangel an Geld –, dann war der Sieg der wahren Liebe errungen. Und ohne alle Zweifel stand fest, daß diese Liebe dann ewiglich währte.

»Ich bin nun seit zehn Jahren verheiratet. Ich weiß, wie es ist, ganz mit dem und für den zu leben, den ich am meisten auf Erden liebe... Nie ist mir die Nähe meines Edward zu viel; nie ist ihm meine Nähe zu viel... Wir reden, glaube ich, den ganzen Tag. Miteinander zu reden ist nichts anderes als eine mehr lebendige und hörbare Form des Denkens... Wir passen im Charakter ganz zueinander – das Ergebnis ist vollkommene Harmonie.« (Charlotte Brontë, *Jane Eyre*)[59]

Die Erfahrung der Gegenwart lautet: Wo die Ehe sich wandelt, wo aus der Arbeitsgemeinschaft die Gefühlsgemeinschaft entsteht, da werden die Gefühle zur Arbeit. Die Liebe, so wie sie unter den modernen Bedingungen sich zeigt, ist kein einmalig durchgesetztes Ereignis, sondern eines, das täglich aufs neue erkämpft werden muß. Und dies nicht nur in guten wie in schlechten Tagen, sondern auch durch die Freiräume, die daraus folgenden Unsicherheiten und Abstimmungszwänge der modernen Gesellschaft hindurch.

Das verlangt eine Mischung aus Engelsgeduld und Frustrationsto-
leranz. Es bedeutet zähe Verhandlungsarbeit, nicht selten von
Turbulenzen begleitet, eine Art Gipfelkonferenz en miniature und
auf Dauer, wobei noch erschwerend hinzukommt, daß die Beteiligten die Schwächen, Empfindsamkeiten, kritischen Punkte der
jeweils anderen Partei aus jahrelanger Übung genauestens kennen.
Wo die Liebe aus den alten Zwängen befreit wird, wird sie nun auf
eine neue Probe gestellt: Sie muß sich mit den Mühen der Beständigkeit plagen.

>»Ob sie nun gehen, sitzen oder liegen,
sie sind zu zweit.
Man sprach sich aus. Man hat sich ausgeschwiegen.
Es ist soweit...

Man spricht durch Schweigen. Und man schweigt mit Worten.
Der Mund läuft leer.
Die Schweigsamkeit besteht aus neunzehn Sorten
(wenn nicht aus mehr).

Vom Anblick ihrer Seelen und Krawatten
wurden sie bös.
Sie sind wie Grammophone mit drei Platten.
Das macht nervös«.
(Erich Kästner, *Gewisse Ehepaare*)[60]

Die Liebe eine Kuschelidylle? Schön wär's. Die Freiräume, die die
Moderne eröffnet, sind »riskante Chancen«[61] auch hier. Mit der
Intensität des Gefühls wachsen die Irrungen, Wirrungen, Komplikationen – kurz, die möglichen Leiden. (Wo man Gipfel erklim-
men kann, kann man auch in Abgründe fallen. Herz reimt sich auf
Schmerz, nicht nur in Poesiealbum-Versen.) Die Konflikte, die im
Verhältnis zwischen Männern und Frauen heute entstehen, sind
keine bloß persönlichen, in Variationen von Egoismus angelegt,
sondern sind *auch* in der modernen Definition von Liebe und Ehe
verwurzelt. Hier sollen Gefühle die Grundlage sein, aber die sind
bekanntlich recht schwankend, wie es in einem Film von Woody
Allen heißt: »Das Herz ist ein äußerst dehnbarer Muskel.«[62] Wo
das Thema der klassischen Liebesliteratur war: »Sie können zusammen nicht kommen«, wird in der modernen Literatur nun ein
anderes Thema daraus: »Sie können zusammen nicht leben«.
Oder wie Dieter Wellershoff schreibt: »Damals liefen die Lieben-

den gegen die Wände der Institutionen, heute waten sie im Sumpf einer Glücksideologie.«[63]

So betrachtet mag die Schlußfolgerung lauten, daß das, was als Gewinn an Freiheitsspielräumen erscheint, unter der Hand wieder zerrinnt. »Es hat den Anschein, daß die Zwänge der Vergangenheit nun ersetzt worden sind durch die Zwänge der Gegenwart.«[64] Jedoch: Die Lebens- und Liebesformen der modernen Gesellschaft mögen zwar viele Enttäuschungen und Konflikte enthalten. Aber frühere Epochen mit ihrer rigorosen Einschränkung persönlicher Freiheit waren sicher nicht besser, jedenfalls nicht nach heutigen Maßstäben. Das Ziel kann deshalb nicht ein Zurück zu den alten Formen mit ihren vielen Kontrollen und Zwängen sein. Das Ziel müßte viel eher lauten, neue Formen des Zusammenlebens zu finden, die Freiraum erlauben *und* dauerhaft sind.

Ein wichtiger Schritt dazu könnte sein, das »Doppelgesicht« von Freisetzungsprozessen zu erkennen, die ständige Dialektik zwischen Verheißungen und Kehrseiten. Vielleicht würde es dann eher möglich, die Glücksverheißung *auch* auf der anderen Seite zu suchen: in den Mühen der Beständigkeit. Wie es in einer modernen Version von Romeo und Julia heißt: »Die große Liebe? Ich glaube, das ist, wenn zwei Menschen es fertigbringen, sich ein ganzes Leben lang zu ertragen.«[65] In den Frösten der Freiheit wird Liebe definiert als das, was früher oft Last war und heute entbehrt wird, als Dauer. Im Wechsel der Epochen und ihrer Probleme bleibt Liebe als Utopie, als Entwurf einer besseren Welt.

»Diese Ehen, die mit der Liebe anfangen, das ist ein schlechtes Zeichen. Ich frage mich, ob diese großen Liebenden in den Geschichten, die man liest, auch weiter ihre Angebetete lieben würden, wenn sie krank wäre, immer im Bett, und wenn er, der Mann, sie versorgen müßte, wie man ein Baby versorgt, du verstehst schon, was ich da alles Unangenehme meine. Nun ich glaube, er würde sie nicht mehr lieben. Die wahre Liebe, laß dir gesagt sein, ist die Gewohnheit, ist zusammen alt werden.«[66]

Elisabeth Beck-Gernsheim

Kapitel IV

Alles aus Liebe zum Kind

»Love, marriage, baby carriage«: Die Liebe führt zum Traualtar, und dann ist bald ein Kindchen da ... So einfach schien die Welt in den fünfziger Jahren. Seit damals hat sich vieles verändert. Daß zwei, die sich lieben, deshalb auch heiraten, ist längst nicht mehr selbstverständlich. Und für die, die sich zur Heirat entschließen, ist der Kinderwunsch keine Selbstverständlichkeit mehr.

Leben wir in einer »kinderfeindlichen Gesellschaft«? Fest steht jedenfalls: Die hochindustrialisierten Länder verzeichnen einen deutlichen Geburtenrückgang seit den sechziger Jahren. Beim internationalen Vergleich war lange Zeit die Bundesrepublik vom Geburtenrückgang am stärksten betroffen. Auch das hat sich inzwischen geändert: In Italien, dem klassischen Land der »bambini«, werden noch weniger Kinder geboren als hier.

Die Liebe zum Kind – im 19. Jahrhundert wurde sie besungen und in Reime gefaßt, gern auch verknüpft mit dem »Wesen« der Frau, aufs Podest gestellt und mit einem romantischen Mythos umgeben. Im späten 20. Jahrhundert ist daraus ein Thema vor allem für Elternzeitschriften und Erziehungsratgeber geworden, eine Rubrik für pädagogische Anweisungen und Verhaltensvorschriften, ein Schlüsselwort, das die Eltern verpflichtet zu vielfältigen Programmen, alle um die optimale Förderung des Nachwuchses kreisend. Die Zuneigung wird von Experten geleitet, damit sie ja wohldosiert sich gestalte, und auch da gibt es Fallen: Schon wird gewarnt vor »Zuwendungsterror«.[1]

Die Liebe zum Kind – ein ewiges, ein natürliches Band, vorgegeben qua Menschheitsgeschichte, vielleicht gar in den Genen verankert? Es scheint wohl etwas komplizierter zu sein. Wir müssen die Beziehung zwischen Eltern und Kind genauer betrachten. Was sind die Hoffnungen und Wünsche, die dieser Beziehung anhaften? Was sind die Zwänge und Pflichten, die auch darin stecken? Wie war es früher, wie sieht die Gegenwart aus, und welches Bild von der Zukunft deutet sich an?

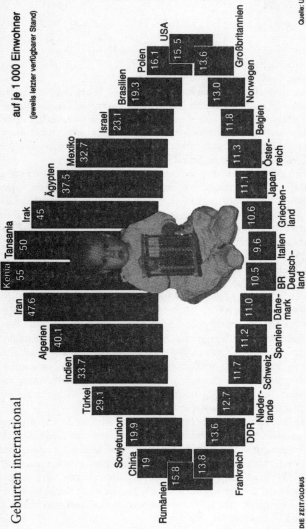

Aus: Die ZEIT, 23. 12. 1988

1. Der Kinderwunsch heute

In früheren Jahrhunderten waren Ehe und Elternschaft unmittelbar miteinander verknüpft. Doch dies heißt nicht unbedingt, daß die Männer und Frauen früher kinderlieber waren als heute. In der vorindustriellen Gesellschaft brauchte man Kinder zunächst einmal aus ökonomischen Gründen: als Arbeitskräfte in Haus und Hof, zur Alterssicherung der Eltern, zur Vererbung von Besitz und Namen.[2] Für die besitzenden Schichten hatten Kinder eine handfest finanzielle Bedeutung, vorgegeben durch Erbfolge- und Mitgiftbestimmungen. Kein Wunder, daß sie im allgemeinen einigermaßen willkommen waren, manchmal – vor allem wenn es um Erstgeborene und Söhne ging – auch sehnlichst erhofft wurden. Aber daneben gab es zahlreiche Situationen, wo Kinder ökonomisch gesehen unnütz, ja belastend waren – zum Beispiel, wenn die Kinder zu viel und die Familie zu groß wurde. Viel Gefühle fürs Kind konnte man sich nicht leisten. Ein anschauliches Beispiel gibt ein bayerischer Text aus der Zeit um 1800:

»Der Bauer freuet sich, wenn sein Weib ihm das erste Pfand der Liebe bringt, er freut sich auch noch beim zweiten und dritten, aber nicht auch so beim vierten. Da treten schon Sorgen an die Stelle der Freude... Er sieht alle nachgeborenen Kinder für feindliche Geschöpfe an, die ihm und seiner vorhandenen Familie das Brod vor dem Munde wegnehmen. Sogar das zärtlichste Mutterherz wird schon für das fünfte Kind gleichgültig, und jedem sechsten wünscht sie schon laut den Tod.«[3]

Und ähnlich schreibt der Volkskundler Karl von Leoprechting 1855:

»Übrigens bleiben von diesen vielen Kindern nur wenige, man darf ihrer höchstens vier auf das Dutzend nehmen, die andern himmeln meist schon sehr früh. Bei kleinen Kindern, die sterben, hat man selten großes Leid, ist ein schöner Engel im Himmel, wir haben noch genug an den übrigen. Stirbt aber ein größeres Kind, das bald bei der Arbeit an die Hand gehen könnte, so ist das Bedauern allgemein...«[4]

Im ausgehenden 20. Jahrhundert sind Ehe und Elternschaft nicht mehr so selbstverständlich wie früher miteinander verknüpft. Dies hat zum Teil mit wirtschaftlichen Veränderungen zu tun: Als mit der Industrialisierung die Familie als Wirtschaftsgemeinschaft sich auflöste, traten allmählich die ökonomischen Vorteile des Kinderhabens zurück, und es stiegen statt dessen die Kosten. Ein drastischer Wandel hat sich seitdem vollzogen, auf eine Formel gebracht: »vom Kindersegen zur Kinderlast«.[5] Dabei wurde diese

Entwicklung in den letzten Jahrzehnten, ja gerade auch Jahren noch einmal drastisch vorangetrieben. Denn der finanzielle Aufwand fürs Kind ist steil nach oben gestiegen, deutlich schneller als Einkommen, Inflationsrate und Lebenshaltungskosten.

Das Kind als Sinn- und Selbsterfahrung

Die Frauen und Männer, die sich heute für Kinder entscheiden, tun dies also sicher nicht, weil sie sich davon materielle Vorteile erwarten. Im Vordergrund stehen vielmehr andere Motive, die auf die emotionalen Bedürfnisse der Eltern verweisen: Im ausgehenden 20. Jahrhundert haben Kinder vorwiegend eine »psychologische Nutzenfunktion«.[6] Das Ergebnis sozialwissenschaftlicher Untersuchungen weist durchgängig in ähnliche Richtung:

»Wirtschaftliche Vorteile bringen Kinder nicht – das krasse Gegenteil ist der Fall. Praktische Unterstützung und Hilfe in schwierigen Lebenslagen können Eltern heute auch nicht unbedingt von ihren Kindern erwarten – dazu steuert unsere Gesellschaft zu stark auf ein Individualisierung von Lebensstilen hin. Bleibt als die eigentliche Belohnung der emotionale Wert, den Kinder haben: das wichtige Gefühl, verantwortlich zu sein, zuständig zu sein, emotional notwendig zu sein und vor allem auch, sich selbst in der nächsten Generation verwirklicht und menschlich noch einmal ›repräsentiert‹ zu sehen.«[7]

Dieser »psychologische Nutzen«, worin äußert er sich? Da gibt es die Skala der bekannten Motive, etwa das Kind möge die Ehe der Eltern kitten oder die Aufstiegshoffnungen erfüllen, die den Eltern versagt blieben. Darüber hinaus entstehen dort, wo die Individualisierungstendenzen sich durchsetzen, typischerweise auch neue Erwartungen. Eine demographische Studie stellt fest: Mit Kinderhaben verbindet sich zunehmend der Wunsch nach Sinn und Verankerung, gleichzeitig ein »Glücksanspruch«, der auf »Beziehungslust« zielt.[8]

»... der Wunsch nach Kindern [ist] ein ichbezogener, ein gegenwartsbezogener: Eltern wollen heute ... vom Gebären, vom Stillen, vom Aufziehen und Versorgen der Kinder etwas haben... Der Anspruch auf Selbstverwirklichung durch eigene Kinder... ist weiter verbreitet... [Kennzeichnend] ist, daß Elternschaft von einem wachsenden Teil der Eltern nicht in erster Linie als Dienst, als Form der Hingabe, als soziale Verpflichtung verstanden wird. Sondern eingestandenermaßen als Lebensform, in der Eigeninteressen verfolgt werden.«[9]

Was sich hier andeutet, ist eine Parallele im Grundmuster der historischen Entwicklung. Der Wandel, den die Ehebeziehung im Übergang zur Moderne durchmacht, zeigt sich ganz ähnlich auch in der Beziehung zwischen Eltern und Kind. Hier wie dort ist die »gemeinsame Sache« verschwunden, die sich herstellte aus den Anforderungen der Familie als Arbeits- und Wirtschaftsgemeinschaft. Hier wie dort wird das Verhältnis der beteiligten Personen aus ökonomischen Interessen herausgelöst – und für »private« Interessen, Hoffnungen, Wünsche geöffnet. Hier wie dort wird das Verhältnis zunehmend bestimmt von den wachsenden, ja vielfach auch wuchernden emotionalen Bedürfnissen, die im Zuge von Individualisierungsprozessen entstehen (mit all den Belohnungen, freilich auch Abgründen, die in der Intensität des Gefühls angelegt sind). Wie der Sozialisationsforscher Jürgen Zinnecker schreibt: Je mehr die Sachbasis sich auflöst, desto mehr tritt im Generationenverhältnis eine »wachsende Bedeutung des Imaginären« hervor. Die Erwachsenen nehmen Kindheit und Jugend zur »Projektionsleinwand für ungelebte und utopische Wünsche«.[10] Und diese Tendenz zeigt sich nicht erst im tatsächlichen Umgang zwischen Eltern und Kindern, sondern schon in den Erwartungen, die um den Kinderwunsch kreisen:[11]

In der hochindustrialisierten Gesellschaft werden die Menschen dauernd eingeübt auf zweckrationales Verhalten, auf die Gebote von Konkurrenz und Karriere, Tempo und Disziplin. Das Kind aber repräsentiert die andere, die »natürliche« Seite. Und das genau macht auch eine Hoffnung, eine Verheißung aus. Dies wird anschaulich sichtbar in vielen Interviews und Erfahrungsberichten von Frauen, teilweise auch Männern, die der jüngeren Generation angehören. Im Umgang mit dem Kind wollen Frauen Fähigkeiten wiederentdecken und Bedürfnisse äußern, die in der technisch-wissenschaftlichen Zivilisation schmerzhaft vermißt werden: Geduld und Gelassenheit, Fürsorglichkeit und Einfühlungsvermögen, Zärtlichkeit, Offenheit, Nähe. Über Mutterschaft suchen sie auch einen Gegenbereich zur Berufswelt, wo einseitig die instrumentelle Vernunft dominiert und Gefühle meist störend sind. Die Bindung ans Kind widerspricht allem, was täglich gefordert wird, jeder »Rationalität« im direkten Sinn. Und nicht zuletzt deshalb wird sie gesucht, als lebendiges Gegengewicht. Wie es in einem Erfahrungsbericht heißt: »Wo sieht man so viel Lebensenergie und Lust wie bei einem Kind?«[12]

Schon taucht in Befragungen als ein Motiv auf: die »Natürlichkeit von (Klein-)Kindern in einer sonst eher ›unnatürlich‹ gewordenen Umwelt«.[13] Und diese Natürlichkeit gewinnt offensichtlich besondere Anziehungskraft in der Gruppe der neuen Frauen (und Männer), die beeinflußt sind von Ideen aus Psychologie und Psychoanalyse, Pädagogik und Sozialwissenschaft. Denn charakteristisch für sie ist eine neue »Sensibilisierung«, die deutlich ein Ergebnis der Bildungsreform und der damit geweckten Hoffnungen ist. Ins Bewußtsein rückt hier die im Zivilisationsprozeß abverlangte innere Verhärtung und Verkrustung, die als Endprodukt die »allseits reduzierte Persönlichkeit« (Helke Sander) schafft. Mit dem Kind verbindet sich dann die Vorstellung von »echten Menschen – authentischen Beziehungen«.[14] Ja, es wird eine Gegenvision entworfen, ein Modell vom Menschen und seiner Entwicklung, dessen Kennzeichen nicht zuletzt darin besteht, daß sein Blick sehnsuchtsvoll nach rückwärts gewandt ist: »Kinder kommen mit lebendiger Seele zur Welt – unsere Seelen sind Steinbrüche geworden«.[15] Und zum Credo wird, was der Titel eines Erfahrungsberichts signalisiert: »Das Kind ist der Mensch«.[16] Ein Beobachter der neuen Eltern schreibt:

»Mütter und Väter geben nicht selbstlos; sie wollen von den Kindern viel zurückbekommen. Die Erziehung ist ein Tauschgeschäft ... Sie wollen von ihren Kindern erzogen werden. Söhne und Töchter sollen dazu verhelfen, daß die Eltern ihr eigenes Ich-Ideal von Spontaneität, Sinnlichkeit, Unbefangenheit, Kreativität erreichen können. Nicht die Eltern erziehen hier die Kinder, sondern die Kinder ihre Eltern. Die Söhne und Töchter verkörpern im wahrsten Sinn des Wortes das Ich-Ideal ihrer Eltern.«[17]

Hinzukommt, daß die Freiheitsspielräume, die im Zuge von Individualisierungsprozessen entstehen, bekanntlich auch ihre Kehrseite haben: »Der Mensch der (europäischen) Moderne ist zur Freiheit verdammt. Er ist unbehaust.«[18] Genau hier kann nun Elternschaft auch eine neue und persönlich wichtige Bedeutung gewinnen, und zwar gerade dann, wenn Modernisierung und Freisetzung ein historisch fortgeschrittenes Stadium erreichen, wenn traditionale, regionale, religiöse Bindungen zunehmend brüchig werden und die technisch-wissenschaftliche Zivilisation vorwiegend nüchtern-unpersönliche Funktionsgesetze, Sachzwänge, Kommunikationsstrukturen erzeugt. Hier kann das Kind, seine Erziehung und Versorgung, neue Wert- und Sinnbezüge schaffen, ja zum Sinn-Mittelpunkt der privaten Existenz werden. Wo die Ziele beliebig und austauschbar werden, der Glaube an ein Jenseits schwindet, die Hoffnungen des Diesseits sich oft als vergänglich erweisen – da eben verheißt ein Kind auch die Möglichkeit, dem eigenen Leben Sinn, Inhalt und Anker zu schaffen.

Diese Motivation kommt sehr direkt zum Ausdruck bei Männern und Frauen der Unterschicht. So stellt eine Schweizer Studie über Familienplanung und Kinderwunsch fest, die Vorstellung von Kindern als Lebenssinn und Lebensaufgabe sei vor allem bei denen verbreitet, die nur eine geringe Ausbildung haben.[19] In ähnliche Richtung weist eine deutsche Untersuchung, die sich mit Familien der Unterschicht befaßt. Auf die Interview-Frage: »Was bedeutet es für Sie, eine Familie, Kinder zu haben?«, kommen Antworten wie:

»Damit das Leben überhaupt einen Sinn hat«;
»Man weiß, wofür man da ist, man weiß, für wen man arbeitet«;
»Ich möchte wissen, wo ich hingehöre«;
»Das Leben ist viel schöner, wenn man weiß, daß jemand einen braucht. Wenn man alleine lebt, und in den Tag hinein lebt, dann hat man nichts davon, dann sieht man nichts nach zehn Jahren. Bei der Familie weiß man, was man vollbracht hat. Man weiß, wofür man gelebt hat.«[20]

Doch nicht nur bei den sozial benachteiligten Gruppen wird das Kind heute zum Lebensinhalt und -sinn. Schaut man in die einschlägige Protokoll-Literatur, so stellt man schnell fest: Auch bei den »neuen Frauen« (und Männern) finden sich viele ähnliche Äußerungen. Wie etwa eine Schriftstellerin schreibt: »Ich wollte ein Kind, eine eigene Familie, jemanden, der mich brauchte und haben wollte.«[21] Autoren, die das Milieu der neuen sozialen Bewegungen beschreiben, beobachten dort – manchmal ironisch, manchmal auch bissig – eine penetrant um sich greifende Sinnsuche im Kinderwunsch. Sie registrieren den Wunsch nach Verankerung: die neuen Eltern, die Kinder kriegen, »weil sie Verwandte brauchen«, um das Gefühl zu haben, »irgendwohin zu gehören, wo sich die Weltkarte doch dauernd ändert«.[22] Sie sprechen von denen, die im Kind den »Sinn der Welt« suchen und die »Rettung aus [eigener] Not«.[23] Sie zeigen im Cartoon den »unheimlichen Kinderwunsch«, der das Kind zum Vehikel der eigenen Sinnbedürfnisse macht.[24] Eine Frau schildert rückblickend ihre eigene Lebenssituation in der Zeit, als sie sich für das Kinderhaben entschied:

»Ich habe mein Kind ... in einer Zeit bekommen, in der ich extrem verunsichert war. Das Studium lag fast hinter mir, die Arbeitslosigkeit vor mir. Das Klima in meiner politischen Heimat, der undogmatischen Linken, war Ende der siebziger Jahre düster bis hoffnungslos. Meine Wohngemeinschaft zerbröckelte, mein Freund interessierte sich lebhaft für eine Blondine, und in den Straßen und Kneipen Frankfurt-Bockenheims machte sich zunehmend die später in den achtziger Jahren zur Blüte gelangende ›nofuture‹-Stimmung breit. Der wachsende Verlust von Bindungen und Fixpunkten machte mich froh/leicht und schwindelig/angstvoll. Ich sah, daß die Freiheit nicht nur schön und erstrebenswert ist. Eher hat sie einen verwirrenden Doppelcharakter ... Ich habe mein Kind ... auch bekommen aus Angst vor der Leere, die sich ... vor mir auftat, Angst vor meiner ungewissen Zukunft ... Mit der Gründung meiner Familie wollte ich eine Gegenwelt aufbauen. Es war soweit. Ich war der gefürchteten Freiheit entkommen.«[25]

Kinderlos aus Liebe zum Kind?

Freilich stehen dem Kinderwunsch heute auch starke Barrieren entgegen. Da ist zum einen der Wunsch nach dem »eigenen Leben«, der in der individualisierten Gesellschaft entsteht und nach der Lebensplanung der Männer nun auch die der Frauen erfaßt. Damit wird unweigerlich spürbar, daß eine »Hintergrund«-Person fehlt, die selbstverständlich bereitsteht zur Versorgung des Nachwuchses. Eine entscheidende Ursache liegt aber auch – und dies wird in Wissenschaft wie Öffentlichkeit noch viel zu wenig gesehen – im Anstieg der Anforderungen, die sich mit Kinderhaben verbinden. Denn Elternschaft ist in der modernen Gesellschaft immer mehr zur verantwortungsvollen Aufgabe geworden (siehe unten, S. 168 ff.). Und gerade diese wachsende Verantwortung wirkt sich nun aus als Belastung und Barriere im Entscheidungsprozeß:[26]

Je mehr das Gebot der »optimalen Förderung« sich ausbreitet, desto höher werden – bereits im Stadium der Planung – die materiellen Voraussetzungen gesteckt. Diese Tendenz zeigt sich heute quer durch die Schichten, nicht mehr wie früher nur im aufstiegsorientierten Bürgertum: »Der Aufwand für die Kinder und ihre Erziehung bekommt gerade auch in unteren Schichten eine Perspektive auf Bildungsweg und Lebenserfolg.«[27] Die Liste der Notwendigkeiten ist lang, von Taschengeld und eigenem Kinderzimmer bis zu Urlaub, Spielzeug und Sport, und nicht zuletzt die für die Eltern anfallenden Folgekosten einer sich immer weiter verlängernden Ausbildungszeit. Solche Anforderungen dringen, über die Massenmedien vermittelt, ins Bewußtsein breiter Schichten der Öffentlichkeit. Der Satz »Wir können uns kein Kind leisten« sagt deshalb keineswegs nur etwas über die Ansprüche der jungen Paare, was ihren eigenen Lebensstandard betrifft. Er sagt mindestens ebensoviel über den Lebensstandard, den sie ihrem Kind bieten wollen – ja fast schon bieten *müssen,* wenn sie den Expertenanweisungen folgen. Die Regel heißt jetzt: »... moderne Menschen kriegen nur so viele Kinder, wie sie sich finanziell leisten können. Sie sind sich ihrer Verantwortung bewußt.«[28]

Dabei kann man vermuten, daß die materiellen Voraussetzungen nur der eine, ja der wohl geringere Teil sind. Denn die Anweisungen der Experten umfassen viel mehr – und sie gewinnen rasche Verbreitung, zunächst unter den Frauen der bildungsbewußten Mittelschicht, dann durch Fernsehen und Zeitschriften auch weiter. Ein Kind braucht demnach eine »kindergerechte« Umgebung, von entsprechender Wohnung und Lage bis hin zu einem stabilen Milieu, das Nestwärme bietet. Und vor allem ist die Erziehung selbst, wie in der Ratgeber-Literatur nachdrücklich betont wird, »eine große und verantwortungsvolle Aufgabe«.[29] Die Folgen sind naheliegend, bei so viel Verantwortung. Wie Beobachter protokollieren, erstreben die potentiellen Mütter und Väter oft »ein Höchstmaß an Sicherheit..., und zwar im Interesse der Kinder«.[30] Sie tragen im Kopf eine Liste von Voraussetzungen, und diese wächst auf ein historisch einmaliges Maß – von sicheren Arbeitsplätzen und guten Wohnungen bis zu fortschrittlichen Schulen und Kindergärten. Auch das Umwelt-Thema gewinnt hier Brisanz. Für nicht wenige Paare stellt sich die Frage: Darf man in dieser Welt überhaupt noch Kinder bekommen, zwischen Ozonloch und sterbenden Wäldern?

In der Gruppe der jungen Frauen, die (populär)wissenschaftlich aufgeklärt und sich ihrer Verantwortung bewußt sind, wird nicht selten auch die Partnerbeziehung einer eingehenden Prüfung unterzogen: Ist sie gefestigt genug, um einem Kind Stabilität zu gewähren? Und erst recht gerät die eigene Person ins Kreuzverhör. Denn wenn die »Persönlichkeit Kind« besondere Qualitäten der Zuwendung braucht, um sich entfalten zu können, dann ist die innere, die emotionale Entwicklung der Mutter auch daraufhin zu untersuchen, ob sie als Vorbereitung fürs Kind weit genug ist. Die neue Gewissensfrage, unter den psychologisch und pädagogisch bewußten Frauen (zum Teil auch Männern) verbreitet, lautet folglich: Bin ich reif genug, den persönlichen Anforderungen der Erziehung zu genügen? Habe ich die inneren Qualitäten, die das Kind zu seiner Entwicklung braucht? Und wenn die Antwort negativ ausfällt, dann muß – Kinderwunsch hin oder her – die verantwortungsbewußte Entscheidung lauten: kein Kind, oder zumindest jetzt noch kein Kind. Dazu die Ergebnisse einer empirischen Untersuchung über nichteheliche Lebensgemeinschaften:

»Viele haben das Gefühl, ein Kind sollte ›erst später‹ kommen: ... erst dann, wenn man Partnerschaftsprobleme überwunden hat; oder erst dann, wenn man sich selbst gefestigter fühlt... Man möchte sich als Person hinlänglich entwickelt und reif fühlen, denn ›wenn ich mit mir selbst nicht zurechtkomme, wie soll ich dann mit einem Kind zurechtkommen?‹... Bei Frauen kommt nicht selten die Angst vor der Mutterrolle hinzu, die als eine äußerst verantwortungsvolle und spezifische Anforderung an die eigene Person empfunden wird.«[31]

Mit dem Anstieg der Anforderungen, die sich mit Kinderhaben und Kindererziehung verknüpfen, erleben wir also den Aufstieg eines neuen Entscheidungsmusters. Es heißt »Kinderlos aus Verantwortung« (Ayck/Stolten), sprich: aus Liebe zum Kind. Damit entsteht eine eigentümliche Spiralbewegung: Je weniger Kinder geboren werden, desto wertvoller wird jedes einzelne, desto mehr Rechte werden ihm zugebilligt. Je wichtiger und teurer jedes Kind wird, desto mehr Menschen schrecken aber auch zurück vor den enormen Aufgaben und Pflichten – und entscheiden sich gegen den Nachwuchs. So heißt es in der Einleitung zu dem Buch *Kinderlos aus Verantwortung:*

»Wir meinen, daß dieses Buch geschrieben werden mußte, weil die Entscheidung für Kinder immer mehr Verantwortung erfordert... Dieses Buch richtet sich nicht gegen ein Leben mit Kindern, sondern gegen das, was heute Kindern angetan wird. Sie brauchen mehr als Pflege, Essen und Trinken. Ihre psychologischen Bedürfnisse kommen häufig zu kurz... Bewußte Kinderlosigkeit ist eine Herausforderung. Eine neue Ethik, eine neue Art von gesellschaftlicher Verantwortung kann sich durch Kinderlosigkeit ausdrücken.«[32]

Planungskinder

Bei der Entscheidung für oder gegen Kinder gibt es heute zahlreiche Blickwinkel, die auf ganz unterschiedlichen Ebenen liegen, von den Chancen und Zwängen des »eigenen Lebens« bis zu den Forderungen und Verheißungen, die Elternschaft bietet. Und jeweils gibt es Überlegungen, die dafür – und andere, die dagegen sprechen. Die Folge ist, daß konkurrierende Hoffnungen und Ängste aufkommen: *Kinderwunsch – Reden und Gegenreden,* wie der Titel eines einschlägigen Buches heißt (Roos/Hassauer). Und Untersuchungen stellen fest: »In den Pro- und Contra-Überlegungen zeigen sich charakteristische Unsicherheiten, Ambivalenzen und Widersprüche.«[33]

So wird aus dem, was Entscheidungssituation genannt wird, in Wirklichkeit oft ein langer Entscheidungsprozeß; und dies insbesondere im Milieu der »neuen Frauen« (manchmal auch Männer), die – mit vielen Ideen aus Psychologie, Pädagogik, Selbsterfahrung im Kopf – nun alles sehr bewußt machen wollen. Denn auch das gehört ja zu den Kennzeichen einer Gesellschaft, in der die traditionellen Vorgaben von Klasse, Stand, Geschlechtszugehörigkeit nicht mehr in starr vorgezeichnete Bahnen einweisen: In wachsendem Maß wird nun ein Herstellen und Selbstarrangieren des Lebenslaufs nötig, ein Planen der kurzfristigen und langfristigen Lebensstationen in vielen Bereichen, von Schultyp bis Ausbildungsplatz, von Wohnort bis Partnerwahl. Wie die einschlägige Frauenliteratur zeigt, greift dieser neue Planungsdruck immer spürbarer auch in das Verhältnis von Frauenleben und Mutterschaft ein. Die Devise für potentielle Mütter heißt heute, in einem Frauenhandbuch programmatisch vorformuliert: erst »alles sorgfältig durchdenken« und dann einen »wirklich sicheren Entschluß fassen«.[34] Und schaut man die Untersuchungen und Erfahrungsberichte an, so zeigt sich: Die Devise wird auch befolgt. Eine empirische Untersuchung stellt fest: »Viele der befragten Frauen klagen über einen Verlust an Spontaneität. Sie haben den Eindruck, daß Kinder früher selbstverständlicher zur Welt gebracht wurden, während sie heute eine bewußte Entscheidung treffen müssen.«[35] In endlosen Versuchen der Seelenforschung, in Tagebuchblättern, in Gesprächen mit Freundinnen und erst recht mit dem Partner versuchen viele der neuen Frauen, ihrem Kinderwunsch auf die Spur zu kommen, die Möglichkeiten und die

Barrieren zu prüfen. Sie fragen die, die schon Mütter sind, um sich »aufklären« und »unterrichten« zu lassen, um »vorzubeugen«, sich zu »rüsten« und gegebenenfalls auch zu »wehren«, kurz, weil sie es »genau wissen« wollen.[36] Und nicht zuletzt deshalb schreiben sie auch Erfahrungsberichte, um aus den eigenen Ambivalenzen herauszufinden, oder Beratungsbücher, um anderen durch den langen Weg der Entscheidung zu helfen.

»Es war eine Notwendigkeit für uns, dieses Buch zu machen. Es ist aus Überdruß entstanden. Drei, vier Jahre lang haben wir übers Kinderkriegen geredet. Wir zwei haben diskutiert, mit Freunden, Kollegen, Altersgenossen geredet... Jetzt ist das Buch fertig. Mit ihm ist eine Etappe unserer Biografie beendet. Die Kinderfrage hat sich objektiviert.« (Wissenschaftliche Assistentin)[37]

»[Mein Freund] hat immer gesagt, ich soll mir ja aufschreiben, was für Gründe ich habe, ein Kind zu wollen. Ich habe es auch drei Jahre lang versucht, aber mir ist nie ein wichtiger Hauptgrund dazu eingefallen. Es kamen viele Kleinigkeiten zusammen.« (Graphikerin)[38]

Was einst die natürlichste Sache der Welt war, ist nun in manchen Gruppen zu einer sehr komplizierten geworden. Nichts geht mehr spontan, alles läuft über den Kopf: Die neue Frau »hinterfragt« und »problematisiert«. Es sollen (wenn überhaupt) Wunschkinder sein. Aber da der Wunsch heute nicht mehr spontan ist, sondern durch viele Fragen gebremst, werden es immer mehr Planungskinder oder, um es mit Günter Grass zu sagen: »Kopfgeburten«. Symptomatisch dafür sind allein schon die Stichworte, die in Interviews und Erfahrungsberichten auftauchen. In Zusammenhang mit dem Kinderwunsch ist da die Rede von »Argumenten«[39], von »Selbstbeobachtung und Selbstdiagnose«[40], vom »Durchschauen der eigenen Verwirrstrategie«[41], vom »Alles-Durchdenken bis zur Perfektion«.[42] Und werdenden Zwillingseltern fällt »natürlich sofort« ein, »daß es bei Zwillingen eine erhöhte Schizophrenierate geben soll«.[43] Das letztere mag ein Extrembeispiel sein, aber sehen wir weiter: Auch im Ehedialog zwischen einem Facharbeiter und einer Verkäuferin werden jetzt schon die »Argumente« eingesetzt, die gegen die Einzelkindsituation sprechen.[44] Und eine andere Verkäuferin berichtet, in den ersten Monaten der Schwangerschaft »hat sie fast alles gelesen«, was sie über das Thema Schwangerschaft auftreiben konnte, sich dabei »insbesondere... mit den verschiedenen Gebärmethoden beschäftigt«.[45] Über den Kinderwunsch und seine Folgen wird immer mehr ein

Netz von Thesen und Theorien geworfen. Günter Grass beschreibt die moderne Konstellation:

»Ein Paar zum Vorzeigen. Ein Paar zum Verwechseln schön. Ein Paar aus dem gegenwärtigen Bilderbuch. Sie halten sich eine Katze und haben noch immer kein Kind. Nicht, weil es nicht geht oder klappt, sondern weil er, wenn sie ›nun endlich doch‹ ein Kind will, ›noch nicht‹ sagt, sie hingegen, wenn er sich ein Kind wünscht – ›Ich kann mir das vorstellen, theoretisch‹ – wie aufs Stichwort dagegenhält: ›Ich nicht. Oder nicht mehr. Man muß das versachlichen, wenn man verantwortlich handeln will. In was für eine Zukunft willst du das Kind laufen lassen. Da ist doch keine Perspektive drin. Außerdem gibt es genug davon, zu viele Kinder. In Indien, Mexiko, Ägypten, in China. Guck dir mal die Statistiken an.«[46]

2. Die Vorbereitung aufs Kind

Und wie geht es für diejenigen weiter, die – nach oft langwierigen Planungen – schließlich zum Kind sich entscheiden? Sind jetzt all die ernsthaften Abwägungen vergessen, und man freut sich von Herzen aufs Kind? So einfach ist es wohl kaum. Denn die freudige Erwartung ist heute vielfach vermischt mit anderen Gefühlen: Die »Planungsarbeit« geht weiter. Schon beim ersten Gedanken ans künftige Kind werden die Paare, die Frauen vor allem, konfrontiert mit den Anforderungen der populärwissenschaftlichen Erziehungsratgeber, die in den letzten Jahren eine enorme Verbreitung erlangt haben. Betrachten wir im folgenden eine kleine Auswahl aus dem Katalog der Pflichten und Planungen, die im ausgehenden 20. Jahrhundert den zukünftigen Eltern abverlangt werden.

Was frau (manchmal auch mann) vor der Schwangerschaft tun soll

Der Medizin des 19. Jahrhunderts verdanken wir die Einsicht, daß angemessene Ernährung wichtig ist für das Gedeihen des Kindes. Im 20. Jahrhundert wird dieser Gedanke weiter vorangetrieben und zu neuer Perfektion entwickelt. Jetzt heißt es, daß die richtige Ernährung schon weit früher beginnt, bei den angehenden Eltern, vor allem den angehenden Müttern – und zwar Jahre vor der Zeugung des Kindes. In einem Ratgeber, 1969 erschienen, heißt es zum Beispiel:

»Bisher ist nur auf die Ernährung der Mutter während der Schwangerschaft großer Wert gelegt worden. Heute geht man weiter und rät den Frauen, nur dann an eine Empfängnis zu denken, wenn sie in einem erstklassigen Gesundheitszustand... sind.«[47]

Im ÖKO-TEST. *Ratgeber Kleinkinder* (Erstauflage Mai 1988, gedruckte Auflage bis April 1989: 49.–63. Tausend) heißt es:

»Die Lebensweise der Mutter... ist entscheidend für die Qualität der Muttermilch... Frauen, die sich über Jahre hinweg vegetarisch und außerdem von biologisch angebauten Produkten ernährten, hatten... geringere Belastungen. Eine kurzfristige Ernährungsumstellung während der Schwangerschaft reicht... nicht aus, weil die Schadstoffe über mehrere Jahre hinaus im Körper gespeichert werden.«[48]

Doch gesunde Ernährung allein reicht heute nicht aus, will man wirklich die besten Grundlagen schaffen für die Gesundheit des Kindes. Je mehr die Medizin rapide Fortschritte macht, desto mehr muß man jetzt auch bedenken. Wie ein Ratgeber sagt: »Es ist... besser, wenn Sie eine umfassende medizinische Untersuchung einplanen, noch bevor Sie schwanger werden, damit Sie gleich von den allerersten Anfängen an sich im bestmöglichen Gesundheitszustand befinden.«[49] Und die Entwicklung geht weiter, wie ein anderer Ratgeber sagt: »... noch besser wäre es, wenn die genetische Beratung bereits vor der Planung der Schwangerschaft stattfinden würde.«[50] Empfohlen wird der Gang zu den diversen Experten, um die Vorbereitung optimal zu gestalten. Dazu wieder Beispiele aus der Beratungsliteratur:

In einer vielgelesenen Frauenzeitschrift wird eine genaue Programmliste aufgestellt, betitelt »Countdown to Conception«, also Terminplan zur Vorbereitung auf die Empfängnis. Das Motto heißt: »Schützen Sie Ihr ungeborenes Kind«, und die ersten Schritte dazu sollen Monate vor der Zeugung des Kindes getan werden, mit Untersuchungen beim Zahnarzt und Gynäkologen, inklusive Spezialtests für Katzenbesitzerinnen (wegen Toxoplasmose-Gefahr) und ebenso für Negerinnen und Asiatinnen, für Frauen jüdischer Herkunft oder aus Mittelmeerländern (wegen besonderer genetischer Anfälligkeiten).[51] Ein ähnliches Programm, betitelt »Bessere Babys nach Plan«, preist »Vor-Schwangerschafts-Fürsorge« an, die im Idealfall sechs Monate vor der Zeugung beginnt. Dazu gehört eine Untersuchung über den Allgemeinzustand der Gesundheit bei beiden Partnern; dann verschiedene Bluttests und Blutdruckmessungen; Aufklärung über ausgewogene Ernährung; Verzicht auf Rauchen, Alkohol, Drogen; Vermeidung von Stress. Und das Ziel solcher Bemühungen wird folgendermaßen beschrieben:

»Warum ein Durchschnittsbaby, wenn Sie ein besseres haben können? Bessere Babies sind wohlproportioniert vom Kopf bis zum Zeh. Sie haben die optimale Haltung – nicht X-Beine, Plattfüße oder Hohlkreuz. Sie sind wach, reaktionsschnell, ausgeglichen – in jeder Hinsicht perfekt. Ihr Kiefer ist wohlgeformt, so daß die Zähne gerade wachsen können. Ihr Schädel ist ebenmäßig, mit genug Raum, damit das Gehirn sich richtig entwickeln kann.«[52]

Das ungeborene Kind: Ein zartes und verletzliches Wesen

Was für die Vorbereitung auf die Schwangerschaft gilt, gilt umso mehr dann, wenn das »frohe Ereignis« tatsächlich ins Haus steht: Umfassende Vorsorge und Vorsicht sind nötig. Eine zentrale Rolle spielt wieder die rapide Ausweitung des medizinischen Wissens, insbesondere auf dem Gebiet der pränatalen Forschung. Während man im 19. Jahrhundert nur sehr ungenaue Vorstellungen von den Anfängen des menschlichen Lebens besaß, sind im letzten Jahrzehnt die neun Monate zwischen Zeugung und Geburt immer detaillierter erforscht worden. Was einst ein dunkler Urzustand war, ist heute per Farbfoto verfügbar: das Bild vom noch ungeborenen Kind, ja von der ersten Zellteilung an. Man kann dokumentieren, wie der Embryo wächst, wie Nahrung und Stoffwechsel verlaufen, welche äußeren Faktoren Einfluß auf die Entwicklung im Mutterleib haben. Und hier genau ist der entscheidende Punkt: Um solche Einflüsse zu steuern, werden jetzt strikte Anweisungen formuliert an die, die den Embryo austrägt, die werdende Mutter. »Vorsicht, Gefahr für Schwangere!«[53] lautet das durchgängige Motto. Schaut man freilich genauer hin, so geht es gar nicht eigentlich um Gefahren für die Frau, sondern um Gefahren für das im Mutterleib heranwachsende Kind. Zahlreiche Nahrungsmittel werden für den Embryo als schädlich definiert und geraten deshalb für die Mutter auf die verbotene Liste:

»Es sollte eigentlich selbstverständlich sein, daß Mütter während der Schwangerschaft auf Alkohol, Kaffee, schwarzen Tee und Nikotin verzichten.«[54]
»Häufiger Fleisch- und Wurstverzehr wirken sich negativ aus.«[55]
»Schwangere sollten Weichkäse, halbfeste Schnittkäse und Rohmilch-

käse meiden, die Rinde von allen Käsesorten entfernen und auf Hart-, Schnitt- und Schmelzkäse ausweichen. Rohes Hackfleisch und Mettwurst sollten ebenfalls vermieden werden... und auch halbgares Fleisch [ist zu] meiden.«[56]

Ist das Kind erst geboren, gehen die Empfehlungen weiter, damit die Muttermilch alle wichtigen Nährstoffe hat. So wird die Mutter zum Beispiel zum Verzehr von Fisch aufgefordert: »Die in der Muttermilch enthaltenen Abkömmlinge der Fischöle (vor allem Eikosapentaensäure und Dekosahexaensäure) werden für die rasche Gehirnentwicklung des Babys in den ersten Lebensmonaten benötigt. Professor Weber: ›Ein Mangel an Omega-3-Fettsäuren führt zu zentralnervösen und visuellen Störungen‹!«[57]

Die Schwangere, die solchen Empfehlungen nicht sogleich bereitwillig folgt, wird unter Druck gesetzt mit der Liebe zum Kind: »Das Baby ist völlig wehrlos.«[58] Welches werdende Mutterherz kann da empfindungslos bleiben? Detailliert werden die Risiken fürs ungeborene Kind ihr vor Augen geführt:

»Schwangere tragen besonders empfindliches Leben in sich. Krankheitserreger, die für die Mutter an sich ungefährlich sind, können beim Ungeborenen möglicherweise schwere Störungen hervorrufen... Wenn eine werdende Mutter mit Listerien angesteckt wird, hat sie meist nur grippeähnliche Symptome... Für das ungeborene Baby allerdings können die sonst so harmlosen Krankheitserreger katastrophale Folgen haben: Es können Knötchen in Leber, Milz, Nebennieren, Lunge oder Magen entstehen sowie Kreislauf- und Atemstörungen auftreten. Listerien können aber auch das Gehirn befallen und zu Krämpfen, Hirnhautentzündungen, Früh- und Fehlgeburten führen. Etwa 40 Prozent der betroffenen Babys sterben nach der Geburt, viele tragen eine bleibende geistige Behinderung davon... [Die Toxoplasmose] verläuft für die Mutter ebenfalls meist völlig unbemerkt, ... kann jedoch dem Baby schaden: Die Risiken reichen von Krampfanfällen und Entwicklungsverzögerungen in leichteren Fällen bis zu starken geistigen Behinderungen, Sehstörungen, sogar Erblindung.«[59]

Die ideale Mutter in spe richtet sich ganz nach dem heranwachsenden Kind, eine umfassende Umstellung der Lebensweise wird ihr empfohlen. Selbst die beliebten Serien im Fernsehen mögen für das Kind sich als ungünstig erweisen in späteren Jahren, also folgt logisch: Die werdende Mutter soll sie besser meiden.

»Schon im Mutterleib bekommen Babies ›Denver‹ und ›Dallas‹ mit. Im späteren Leben können sie dann nicht mehr auf solche Serien verzichten. Denn schon vor der Geburt sind sie manipuliert und auf bestimmte Filme programmiert worden – süchtig nach ihnen.« Deshalb: »Lieber keine Fernsehserien, wenn Sie schwanger sind.«[60]

Volkshochschulen und Bildungswerke, Kirchen und Öko-Gruppen, regionale und überregionale Institutionen, anerkannte und selbsternannte Experten – alle bieten spezielle Vorträge und Kurse, mit »Tips für die werdende Mutter« (und manchmal auch für den werdenden Vater). Dabei haben die Themen, um die es geht, in den letzten Jahren eine enorme Ausweitung erfahren. Wie es in einer verbreiteten Elternzeitschrift heißt: »Die meisten Schwangerenkurse sind heute mehr als nur Gymnastik, Atemtechnik und medizinische Aufklärung über den Ablauf von Schwangerschaft und Geburt: Das Ungeborene wird einbezogen, das Gefühl für seine Bedürfnisse und seine Verletzlichkeit bei den werdenden Müttern und Vätern geschärft.«[61] Im folgenden Bericht werden dann »drei ganz neue Methoden« vorgestellt, »wie werdende Eltern Kontakt zum Ungeborenen aufnehmen können«.[62] Beschrieben werden z.B. die »pränatale Fußmassage«, die »Methode des psycho-taktilen Kontakts«, schließlich die »Vorgeburtliche Universität«. Zur Illustration hier ein Textauszug:

»Gerade das ungeborene Kind kann schon sehr früh in seiner Entwicklung Reize, Stimmungen, Berührungen aufnehmen... Ein bewußter Kontakt der Eltern und liebevolle Zuwendung wirken wie ein Motor für seine Entwicklung. Dieser bewußte, gefühlsmäßige Kontakt [findet der Erfinder der neuen Methode] ist nicht bei jeder Schwangerschaft selbstverständlich gegeben. In seiner haptonomischen Beratung zeigt er den Eltern, wie sie mit ihrem Kind schon vor der Geburt diesen Kontakt aufnehmen können. Er rät, möglichst schon in der Frühschwangerschaft, spätestens wenn das Baby sich spürbar bewegt, mit ihm durch die Bauchdecke hindurch zu ›spielen‹, dabei liebevoll mit ihm zu sprechen oder zu singen.«

Vor allem wird das »Wie« und »Wo« der Geburt heute zum Thema. Noch im 19. Jahrhundert wurden die meisten Kinder selbstverständlich zu Hause geboren. Im Lauf des 20. Jahrhunderts begann dann die Klinik-Geburt sich durchzusetzen, wurde Normalform. Im ausgehenden 20. Jahrhundert ist gar nichts mehr selbstverständlich, vielmehr gibt es »heiße« Diskussionen, von Experten und Gegen-Experten in den Medien geführt, über den richtigen Rahmen und Ort der Geburt und über die beste Methode. Staatliche Krankenhäuser, private Frauenkliniken, niedergelassene Hebammen, die eine Hausgeburt durchführen oder mit ins Krankenhaus kommen – das Angebot ist ebenso breit wie verwirrend, und die verantwortungsbewußten werdenden Eltern sollen natürlich die beste Wahl treffen. Wie gut, daß es auch hier genügend einschlägige Literatur gibt. Eine »weltweit bekannte«[63] Autorin auf dem Feld der Geburtsvorbereitung hilft bei der »Aufstellung eines eigenen Geburtsplans«[64], der alle Details und möglichen Komplikationen beinhaltet, von der Zustimmung zur elektronischen Herztonüberwachung (ob und wie) und der Syntozinonspritze (wann und unter welchen Bedingungen) bis zur Wahlmöglichkeit zwischen Epiduralanästhesie und Vollnarkose. (Vielleicht sollte man, bevor man an Kinder zu denken wagt, heute besser ein Studium der Medizin absolvieren?) Selbst eine Tageszeitung bietet schon eine »umfassende Checkliste« an, damit es möglich wird, »sich optimal ... vorzubereiten«.[65] Da wird dann empfohlen, sich unbedingt »ein eigenes Bild von der Atmosphäre und den Leistungen einer Klinik zu machen«. Dazu kann man z.B. »eine individuelle Klinikbesichtigung vereinbaren, bei der man Wochenstation und Kreißsaal sehen und ein Gespräch mit Arzt oder Hebamme führen kann«. Dann werden die wichtigsten Fragen genannt, die man bei diesem Gespräch abklären soll, z.B.: »Welche technischen Geräte zur Geburtsüberwachung gibt es (Ultraschall, Herzton-Wehen-Schreiber, Kopfschwartenelektrode), und werden sie routinemäßig eingesetzt?«

Die Schwangerschaft mag ein natürliches Geschehen sein. Doch im ausgehenden 20. Jahrhundert gibt es Natur nicht mehr pur, sie wird immer mehr von Experten verwaltet. Das Erfahrungswissen wird entwertet, nicht auf erfahrene Freundinnen oder Nachbarinnen soll die Frau hören, statt dessen »sollte die werdende Mutter spornstreichs ihren Arzt um Rat fragen und einzig und allein das tun, was er rät«.[66] Die Botschaft ist unmißverständlich: »Der Arzt ist für die künftige Mutter wichtiger als der Vater und Ehemann!«[67]

Exkurs: Im Zirkel von Liebe, Verantwortungsanspruch, Verunsicherung

Nun ist das, was bisher dargestellt wurde, nichts anderes als eine Auswahl aus dem Repertoire der Ratschläge und Regeln, die die Vorbereitung aufs Kind heute begleiten. Das heißt offensichtlich noch nicht, daß diese Ratschläge auch umgesetzt und befolgt werden. Hier fehlen umfassende Studien, die das tatsächliche Verhalten differenziert untersuchen. Doch auf der Basis der bisher vorliegenden empirischen Daten kann man soviel sicherlich sagen, daß die Eltern – die Mütter vor allem – sich viel stärker an pädagogischen Empfehlungen orientieren, als dies in früheren Generationen der Fall war.[68] Auch in Interviews und Erfahrungsberichten finden sich zahlreiche Hinweise darauf, daß die Wirkung der gesammelten Ratgeber-Literatur – mit den entsprechenden Vorträgen und Kursen – heute beachtlich ist.[69] Und nimmt man gar die Berichte, die die Szene der »neuen Mütter« und »neuen Väter« ironisch-bissig beschreiben, dann drängt manchmal spürbar der Eindruck sich auf: die Eltern des ausgehenden 20. Jahrhunderts seien befallen von einem Bazillus, der »Erziehungswahn« heißt.[70]

Die bisherigen Daten weisen darauf hin, daß Interesse und Aufnahmebereitschaft nicht in allen Gruppen gleichermaßen verteilt sind. Das Profil der vorrangigen Adressatengruppe läßt sich idealtypisch etwa folgendermaßen entwerfen: Besonders empfänglich für die pädagogische Botschaft sind die Frauen der Mittelschicht, die selbst eine gute Ausbildung haben, die in der Stadt leben, ihr erstes Kind erwarten und zu den »späten Müttern«, also zur höheren Altersgruppe, gehören. Doch das heißt nicht, daß Frauen in anderen Milieus von der pädagogischen Botschaft gar nicht berührt werden. Viel eher ist es so, daß die Experten, bei denen frau Rat sucht, unterschiedlich sind je nach Schicht und Bildungsniveau – von Pädagogik und Psychologie bis zur Frauenbewegung, vom Volkshochschulkurs bis zur Regenbogenpresse, bis zur Broschüre der Kirche. So ist das Publikum keineswegs auf kleine Minderheiten beschränkt. Und es ist – wenn man dem eben gezeichneten Porträt der typischen Merkmale folgt – der Tendenz nach eher am Anwachsen. Die einschlägigen Statistiken zeigen deutliche Trends: Die Bildungsexpansion hat inzwischen breite Gruppen erreicht (mehr als ein Viertel der Jugendlichen eines Jahrgangs machen heute das Abitur); und sie hat, was hier besonders wichtig ist, auch die weibliche Hälfte der Bevölkerung erreicht. Dann leben immer mehr Menschen – vor allem die Jüngeren – in der Stadt oder in den diversen Ballungsgebieten im Umfeld der Großstädte, immer weniger leben in kleinen, abgelegenen Orten. Dann gibt es auch immer weniger Familien mit zahlreichen Kindern, statt dessen den Trend zur Ein-Kind-Familie. Und schließlich schieben viele Frauen heute den Zeitpunkt des Mutterwerdens hinaus, gehören eher also zur Gruppe der späten Mütter.

Die These vom um sich greifenden »Erziehungswahn« mag

manchen plausibel erscheinen, jedoch: sie betrachtet nur das äußere Verhalten. Sie fragt nicht nach den Hintergründen, Ursachen, Motiven, kurz nach dem inneren Regelprinzip, das das Verhalten der Eltern anleitet. Demgegenüber lautet die Vermutung, die im folgenden hier dargestellt wird: Der Wandel im Elternverhalten, den wir heute beobachten, hat durchaus eine innere Logik. Denn die Liebe zum Kind, unter die Bedingungen der Moderne gestellt, gerät unausweichlich in ein Dilemma, das hineinführt in das Dikkicht der pädagogischen Ratschläge. Dies »Gehäuse der Hörigkeit«, in dem die Eltern des ausgehenden 20. Jahrhunderts sich verfangen, läßt sich anhand verschiedener Bausteine beschreiben:

– Verunsicherung: Die ursprünglichen Sicherheiten, die die Beziehung zwischen Eltern und Kind einst regulierten, die die Erwartungen und entsprechenden Aufgaben bestimmten – diese Sicherheiten sind auf dem Weg zur Gegenwart hin zunehmend verlorengegangen. Aus dem »Urzustand«, gemischt aus Natur, Tradition, geringen Handlungsspielräumen, werden die Menschen der Moderne immer wieder aufs Neue vertrieben. Dabei sind es insbesondere die Schubkraft der Technik, das Tempo der durch sie ausgelösten Innovationen, die Ausbreitung der pädagogisch-psychologischen Theorien, die einen inflationären Verfall traditionellen Elternwissens bewirken. Wo es um pränatale Diagnose oder den Giftgehalt in der Muttermilch geht, hilft Urgroßmutters Wissen (selbst wenn es noch präsent wäre) kaum weiter, und auch nicht der Rückgriff auf das eigene Gefühl, die Stimme der Natur oder die der Vernunft.

– Prinzip Verantwortung: Der emanzipatorische Auftrag, pädagogisch gewendet, heißt Elterninitiative, mehr noch: die Zweitschöpfung des Kindes aus der Verantwortung, die den Eltern auferlegt wird. Im Horizont dieses Ideals wird Elternhandeln heute zunehmend als kompensatorische Weltverbesserung verstanden. Anders gesagt, je schlechter die Welt, desto mehr Aktivitäten müssen die Eltern zum Schutz des Kindes entfalten (je mehr Tschernobyl, desto mehr Suche nach unbelastetem Milchpulver... undsoweiter). Gerade die ökologischen Gefahren, weltweit erzeugt, werden im Binnenraum der Familie in immer neue Aktivitätswellen und -pflichten der Eltern übersetzt.

– Konkurrierende Ratschläge: Die Gleichzeitigkeit von Unsicherheit und pädagogischen Idealen, Verantwortung und schlechter

Wirklichkeit treibt zum Griff nach äußeren Verhaltensvorgaben, die dem Zweifel enthoben scheinen und eine neue Legitimationsbasis anbieten können gegenüber den verblassenden Verbindlichkeiten traditioneller Lebenswelten. Das ist der Punkt, an dem Wissenschaft und Ratgeber-Literatur sich als Verheißung anbieten. Doch die Wirkung, die sie entfalten, vertreibt oft die Unsicherheit nicht, sondern verstärkt sie noch weiter. In der Konkurrenz der Experten, selbsternannten Experten, Gegen-Experten gibt es immer neue Konjunkturen mit wechselnden Ratschlägen (z. B. Stillen nach Bedarf oder nach Zeitplan, Muttermilch ja oder nein), was wiederum kein Betriebsunfall ist, sondern systematisch bedingt. Denn Wissenschaft bedeutet prinzipiell Revidierbarkeit von Erkenntnis, und das heißt: Bisherige Erkenntnisse werden als Irrtümer entdeckt und vom Sockel gestoßen.

– Ausbruchsversuche: Der Ausbruch zurück zum eigenverantwortlichen Handeln, zur Stimme der Natur, zu Spontaneität und Unmittelbarkeit (auch eine beliebte Empfehlung der Ratgeber-Literatur) – dieser Weg führt leicht mit einer neuen Schleife in denselben Zirkel hinein. In der Verunsicherungsspirale, die die Moderne kennzeichnet, ist der Versuch, ein Jenseits von Verwissenschaftlichung zu behaupten, ebenso naheliegend wie hilflos.

– Liebe als Verstärker-Effekt: Das Erziehungshandeln mit all seinen Fragen betrifft ein Thema, das »emotional hochbesetzt« ist. Es geht um das Kind, um die Liebe zum Kind. Das heranwachsende Kind ist ein zartes und verletzliches Wesen, also: Wer sein Kind liebt, muß es schützen! Das ist die durchgängige Botschaft. Sie trifft die Eltern an ihrer empfindsamsten Stelle, bei den Hoffnungen und Wünschen, die auf den ersehnten Nachwuchs sich richten. Das macht es sicherlich schwer, sich ganz zu verschließen vor dem, was die Ratgeber fordern. Diese malen ja auch eindringlich aus, welche Gefahren dem Kind überall drohen. Was also wäre, wenn am Ende, wenn gar – wenn das Kind Schaden leidet? Allein dieser Gedanke weckt tausend Schrecken und Ängste – und stärkt die Bereitschaft, den Ratgebern und ihren Regeln zu folgen.

Nimmt man diese Bausteine zusammen, so wird zumindest in Umrissen erkennbar, wie da, wo die Beziehung zwischen Eltern und Kind von der Liebe und ihren Sehnsüchten bestimmt wird, sie ihre eigenen Paradoxien erzeugt. Denn die Eltern der Moderne werden mit dem »Prinzip Verantwortung« immer mehr zu einer Schöpfung verdammt, die für Fehler, Irrtümer, Revisionen keinen

Raum läßt. In der Liebe zum erwachsenen Partner kann man immer wieder neue Wege versuchen (schlimmstenfalls auch die Scheidung einreichen), und die Verantwortung ist zwischen beiden Partnern geteilt. Dagegen weist die Liebe zum Kind eine asymmetrische Struktur auf, wo die Verantwortung einseitig den Eltern zugeteilt ist und jeder Fehler (so postuliert es der pädagogische Anspruch) tiefgreifende, ja irreversible Folgen hat für die Lebenschancen des Kindes. Was als »Erziehungswahn« der Eltern erscheint, resultiert derart aus der *zirkulären Logik von Liebe, Verantwortungsanspruch, Verunsicherung* – eine Dynamik, die ihre eigenen Höhenflüge und Abgründe hat.

Pränatale Diagnose als Fürsorgepflicht

Im Zeitalter der technisch-wissenschaftlichen Zivilisation gilt die Schwangerschaft nicht mehr als natürliches Geschehen, sondern grundsätzlich als »problematischer Zustand«, der spezieller Vorsorgeuntersuchungen und ärztlicher Kontrollen bedarf. Ist dann die Schwangerschaft noch von sogenannten »Risikofaktoren« begleitet – und solche Faktoren gibt es in beträchtlicher Zahl, wie die Ratgeber-Literatur informiert –, dann wird zur besseren Vorsicht die pränatale Diagnose empfohlen. So z. B. in der Titelgeschichte einer verbreiteten Elternzeitschrift, die die medizinische Entwicklung für den »Hausgebrauch« übersetzt, den werdenden Eltern gewissermaßen ins Wohnzimmer bringt:

»Frühtests in der Schwangerschaft: Kommt das Baby gesund zur Welt? Welche Untersuchung? Wann nötig? Welches Risiko?«[71]

Sollte bei der pränatalen Diagnose eine Behinderung des Kindes festgestellt werden, dann sind die werdenden Eltern vor eine schwere Entscheidung gestellt. »In unserer leistungsbetonten Zeit gewinnen auch leichte Störungen und Handicaps dramatische Bedeutung für Entwicklung, Integration, Fortkommen und Behauptung«[72] – dieser Satz wurde vor kurzem auf einer Tagung von Humangenetikern und Präventivmedizinern formuliert. Die Frage heißt nun: Können verantwortungsbewußte Eltern es heute noch wagen, ihrem Kind die Möglichkeit eines Handicaps zuzumuten? Dürfen sie ihm einen Lebensweg zuweisen, der von vornherein mit so ungünstigen Startchancen beginnt? Die Antwort mag lauten: Abtreibung – aus Verantwortung, ja, aus Liebe zum Kind. Wolfgang van den Daele, der Mitglied der Kommission »Gentechnologie« des Deutschen Bundestags war, beschreibt die gegenwärtige Entwicklung:

>»Die Reaktionen der betroffenen Frauen (oder Eltern) auf die Befunde der vorgeburtlichen Diagnose entsprechen oft einer ›Alles-oder-Nichts-Haltung‹. In der Regel wird Abtreibung schon dann gewählt, wenn nur ein gewisses Risiko einer Krankheit besteht, also die Wahrscheinlichkeit, daß ein gesunder Fötus getötet wird, relativ hoch ist, oder wenn unentscheidbar ist, ob éine zu erwartende Schädigung schwerwiegend oder leicht sein wird... Selbst die Diagnose von Chromosomenanomalien (etwa XYY), die fast sicher klinisch bedeutungslos sind, wird zum Anlaß genommen, den betroffenen Fötus ›vorsichtshalber‹ abtreiben zu lassen.«[73]

Die pränatale Diagnostik führt gradlinig in ein neues Sicherheitsdenken hinein. Dies Sicherheitsdenken verweist zweifellos auch auf die Eigeninteressen der Eltern, die sich schützen wollen vor den Belastungen, die mit einem behinderten Kind auf sie zukommen würden. Aber ebenso zweifellos handelt es sich oft auch um ein Sicherheitsdenken »im Interesse des Kindes«, und zwar als Folgeprodukt des technischen Fortschritts. Solange die genetischen Anlagen des ungeborenen Kindes sich dem menschlichen Wissen entzogen (und dies war, erinnern wir uns, bis vor wenigen Jahren der Fall), solange waren sie auch dem menschlichen Zugriff entzogen, kurz: vorgegebenes Schicksal. Je mehr diese Anlagen aber qua Gentechnik erfaßt werden können, desto mehr werden sie auch entscheidbar und »vermeidbar«, und zwar: von den werdenden Eltern. Je mehr Diagnosemöglichkeiten es gibt, desto mehr erweitert sich auch die Fürsorgepflicht der Eltern. Es ist die Technik, die neu definiert (und unterschwellig diktiert), was ihre Verantwortung ist. Hier der Erfahrungsbericht einer Frau, die nach der Fruchtwasser-Untersuchung erfährt, daß sie ein Kind mit Down-Syndrom erwartet:

>»Auch wenn wir unser Leben von Grund auf verändern würden, um ein Kind mit Down-Syndrom aufzuziehen, würde eine unbeugsame Realität uns erwarten...Wem würden wir [unser Kind] überlassen, wenn wir selbst alt werden würden? Wie könnten wir die Verantwortung übernehmen für unser Kind, das abhängig sein wird, wenn der Staat, wenn die Gesellschaft praktisch keine humane Versorgung für geistig Behinderte anbietet? Wir konnten uns nicht guten Gewissens dafür entscheiden, ein Kind aufzuziehen, das einmal ein Mündel des Staates wird.«[74]

»Als Eingriff in bisher dem ›Walten‹ der Natur vorbehaltene Entwicklungsprozesse eröffnet die pränatale Diagnostik eine menschliche Steuerung, die das Konzept von Elternschaft verändert: Entsprechend den technologischen Möglichkeiten dehnt sich elterliche Verantwortung für das entstehende Leben aus.«[75] Schon geht es nicht mehr um gesundheitliche Beeinträchtigung allein. Auch das »falsche« (meist weibliche) Geschlecht kann eine Behinderung sein, die der Fürsorgepflicht widerspricht.

Auf der Jahrestagung 1989 der Deutschen Gesellschaft für Humangenetik wurde folgender Fall berichtet: Zur genetischen Beratung in Hamburg kam ein Ehepaar, das die Fruchtwasser-Untersuchung wünschte, und zwar zu Zwecken der Geschlechtsbestimmung. Nur wenn es ein Junge war, sollte die Schwangerschaft fortgesetzt werden; im anderen Fall, bei einem weiblichen Foetus also, wollte das Paar eine Abtreibung durchführen lassen. Das Ehepaar war türkischer Nationalität, die Frau war 43 Jahre alt, der Mann 55, und sie hatten bereits 7 Töchter. Sie wollten in einigen Jahren in die Türkei zurückkehren, und nach den dort herrschenden Sitten würden sie für jede Tochter eine Aussteuer bereitstellen müssen. Auf diesen Punkt nun bezog sich ihre Besorgnis: Sie befürchteten, daß der Mann, der jetzt schon in fortgeschrittenen Jahren war, im Alter nicht mehr das Geld für die Aussteuer einer weiteren Tochter aufbringen könnte, diese also dann »unversorgt« bleiben müsse.

Der beratende Arzt schilderte, wie er, obwohl er Fruchtwasser-Untersuchung zur Geschlechtsbestimmung strikt ablehne, in diesem Fall dennoch einwilligte. Denn die Befürchtungen des Paares seien einsichtig und rational, gemessen an den Lebensumständen und Sitten, die sie nach ihrer Heimkehr erwarten würden. Zugleich machte er auch unmißverständlich klar, daß dieser Zweck der Fruchtwasseruntersuchung eine Ausnahme darstellen müsse. Aber, so fügte er hinzu, »so viele türkische Ehepaare mit 7 Töchtern gibt es auch nicht«. Worauf eine Frau aus dem Publikum fragte: »Und wo wollen Sie die Grenzen dann ziehen?« Sie schilderte einen Fall aus ihrer Beratungsstelle: wieder ein türkisches Ehepaar, wieder schon Töchter, doch diesmal nur zwei – und wieder der Wunsch nach Fruchtwasser-Untersuchung, um das »Risiko« einer weiteren Tochter ausschließen zu können.

»Schwangerschaft heute bedeutet etwas ganz anderes als noch vor zehn Jahren. Wenn wir uns damals entschieden, schwanger zu werden oder eine zufällige Schwangerschaft zu akzeptieren, dann waren wir mit keinen weiteren Entscheidungen konfrontiert, ob wir nun diesen speziellen Embryo bis zum Ende austragen oder nicht.«[76] Mit der pränatalen Diagnose kommt die Veränderung: die »Schwangerschaft auf Probe« (Rothman) entsteht. Damit entsteht auch eine innere Distanz zum heranwachsenden Kind. Weil ja zunächst noch unsicher ist, wie die Labortests ausfallen werden – die Ergebnisse der Fruchtwasser-Untersuchung liegen oft erst in der 20. Schwangerschaftswoche vor –, halten viele Frauen, die eine Fruchtwasser-Untersuchung erwägen, ihre Erwartungen und Hoffnungen zunächst noch zurück. Sie kontrollieren ihre Gefühle, »weil man ja nicht weiß, wie es wird«, sprich: ob die Schwangerschaft auch fortgesetzt wird. Die Liebe zum Kind darf unter diesen Bedingungen erst dann sich entfalten, wenn der Labor-Test »Kein Grund zur Besorgnis« signalisiert. Aus einer empirischen Untersuchung über die Folgen der pränatalen Diagnose:

»Die Bindung einer Frau an die Schwangerschaft kann unter Bedingungen der Fruchtwasser-Untersuchung nur eine Bindung auf Probe sein. Die Frau kann die Schwangerschaft nicht ignorieren, aber sie kann sich auch nicht mit ganzem Herzen darauf einlassen ... Den meisten Frauen gelingt es, ihre Angst unter Kontrolle zu halten. Aber dies hat seine Kosten. Die Kosten zeigen sich in der sich entwickelnden Beziehung zum Kind. Distanz muß erhalten bleiben ...

Wie kann eine Frau anfangen, sich auf das Baby in ihr zu beziehen; wie kann sie Pläne machen für das Kind; wie kann sie anfangen, zu ihm Muttergefühle zu entwickeln – wenn es vielleicht gar kein Baby ist, sondern ein genetischer Fehler, am Ende ein abgetriebener Foetus?«[77]

Und je weiter die genetische Forschung voranschreitet, desto mehr Eingriffsmöglichkeiten bietet sie an. Heute sind die Eingriffsmöglichkeiten vor der Geburt zu erwägen – morgen vielleicht schon die vor der Zeugung. Wenn man die Logik der bisherigen Entwicklung in die Zukunft weiterverlängert, zeichnet folgendes Szenarium sich ab[78]: Vielleicht kann man bald die genetischen Merkmale des Nachwuchses auswählen, abwählen, gezielt kombinieren – eine Art Baukastenspiel im Reagenzglas, das qualitativ hochwertige Resultate verheißt. Vielleicht wird man bald nicht mehr auf das alte Naturverfahren der Zeugung zurückgreifen und statt dessen nur Eizellen und Samenzellen verwenden, die den Gesichtspunkten »genetischer Optimierung« genügen. Der Horizont der Möglichkeiten ist weit, und die Liebe wird vieles versuchen. Wie heißt es doch schon bei John Locke: »Die Negation der Natur ist der Weg zum Glück.«[79] Was dies bedeuten mag für Elternschaft im Zeitalter der Fortpflanzungstechnologie, hat Yvonne Schütze folgendermaßen beschrieben: »Dann wird sich möglicherweise die Liebe zum Kind daran beweisen, wieviel Eltern für die genetische Ausstattung ihres Kindes zu tun bereit sind.«[80]

3. Kinderwunsch ohne Kind: Die Patientenkarriere beginnt

Was aber dann, wenn der Kinderwunsch da ist, das Kind dennoch nicht kommt? Nach aktuellen Untersuchungen nimmt die Zahl derer zu, die sich sehnlichst, aber erfolglos ein Kind wünschen. Etwa 10 bis 15% aller Paare, so schätzt man, haben heute Probleme mit der Fruchtbarkeit: Es klappt nicht.[81] Für sie bietet die moderne Medizin vielerlei Behandlungsmöglichkeiten an. Das Spektrum reicht von der Hormonbehandlung, die inzwischen zur Routine gynäkologischer Praxis gehört, bis hin zur Befruchtung im Reagenzglas oder der künstlichen Befruchtung mittels Tiefkühltechnik und Samenbank. Ob nun konventionelle oder spektakuläre Methoden, sie alle haben ein gemeinsames Ziel: Sie sollen das sehnlichst erwartete Kind bringen.

Aber kommt es auch wirklich zum Kind? Mit welchen Bedingungen und vielleicht auch Belastungen ist die medizinische Zeugungshilfe verbunden? Betrachten wir die Erfolgsaussichten und möglichen Nebenfolgen genauer.

Da sind zunächst diejenigen Verfahren, die heute zum Standardrepertoire der Unfruchtbarkeitsbehandlung gehören, also Temperaturmessung und Hormonbehandlung. Bereits hier wird Sexualität sehr weitgehend – im »Idealfall« wohl ganz – der ärztlichen Kontrolle unterstellt. Sie wird gleichermaßen Pflichtübung und Leistungssport, streng nach technischen Anweisungen zu absolvieren (wann, wann nicht, wie oft, in welcher Stellung). So wird Sexualität reguliert und diszipliniert, reduziert auf einen bloß noch biologischen Akt. Was auf diesem Weg verlorengeht, sind die anderen, »überschüssigen« Momente, diejenigen von Sinnlichkeit, Spontaneität und Gefühl. Aus Lust wird Frust: Unter dem Zwang des Funktionierens leidet die eigene Person wie die Beziehung zum Partner.[82] Dazu zwei Erfahrungsberichte:

»Das Schlimmste an der Unfruchtbarkeit ist die Liebe nach Plan. Das nimmt alle Spontaneität weg. Ich hatte eine Phase, da wollte ich mit ihm nur an den fruchtbaren Tagen zusammensein. An den anderen Tagen schien es nutzlos.«

»Irgendwann kam ein Stadium, wo's mit unserer Sexualität völlig bergab ging. Sie zählte wirklich nicht mehr viel. Sie war ein bißchen klebrig und nicht sehr aufregend; ein bißchen angespannt. Ich hatte sie voll organisiert.«[83]

Geht man weiter zu den verschiedenen Verfahren der höheren Medizintechnologie, so kommen, neben der Regulierung der Sexualität, noch eine Reihe weiterer Momente hinzu. Die angewandten Verfahren sind vielfach langwierig und zeitintensiv, kostspielig, mit erheblichen Einschränkungen der Lebensweise, Gesundheitsrisiken und emotionalen Belastungen verbunden. Dazu ein Bericht, der die einzelnen Etappen der In-vitro-Fertilisation anschaulich darstellt[84]:

»Bis zum siebten Zyklustag immer die gleiche Routine, die noch einen normalen Alltag zuläßt: Morgens Tabletten schlucken, Venenblutentnahme zur Bestimmung des Östrogenspiegels und Hormonspritzen in den Po. Nachmittags ab 15 Uhr Anruf in der Klinik, ich erfahre die Abendration an Hormonen. Mein Mann gibt mir die Spritze, er ist Hautarzt. Das IVF-Ärzteteam der Klinik diskutiert jeden Nachmittag die aus dem Labor gemeldeten Hormonwerte der Patientinnen und entscheidet über deren Schicksal: Abbruch oder weitere Stimulation...

Je weiter die Behandlung fortschreitet, desto quälender wird das Blutabnehmen, jeden Stich der Kanüle empfinde ich als Körperverletzung. Aber mit den Hormonen geht auch die Hoffnung unter die Haut... Hoffnung geht unter die Haut, alles geht unter die Haut. Mein Mann und ich werden dünnhäutiger und nervöser. Vom 10. Tag an dürfen wir ›keinen Verkehr mehr haben‹...

Zwischen dem 8. und 13. Zyklustag entscheidet sich viel. Wir reden zu Hause über Follikeldurchmesser und Hormonwerte und berechnen den wahrscheinlichen Tag der Punktion, den Tag der Übertragung der Embryonen und den Geburtstermin des Wunschkindes... Hoffnung erfaßt uns, die im Dunkel des Ultraschallraumes von Tag zu Tag größer wird. Wir sind ihr wehrlos ausgeliefert.

Eine Zeit stärkster Isolation und Anspannung beginnt, die IVF-Behandlung übernimmt das Kommando in unserem Leben. Die Angst, daß alles doch vergeblich sein könnte, bleibt unser ständiger Begleiter. Bevor ich mich morgens zur Ultraschall-Untersuchung hinlege, fürchte ich immer, daß die Follikel verschwunden oder kleiner geworden sind. Jedesmal bin ich erleichtert, wenn die Eibläschen als schwarze Flecken auf dem Bildschirm auftauchen... Endlich kommt der erlösende Satz: ›Heute Abend um 23 Uhr geben wir Ihnen die Spritze, die den Eisprung auslöst‹... Ich werde ruhiger, mein Mann dagegen wird immer nervöser. In 36 Stunden ist die Eientnahme, der Tag, an dem es auf ihn ankommt. Dann muß er funktionieren. Im Klinikjargon heißt das: ›Der Partner gewinnt eine frische Samenprobe‹.

In den nächsten zwei Tagen folgen Eientnahme, Samengewinnung, Embryo-Transfer, alles in der Klinik natürlich und unter ständiger medizinischer Kontrolle. Dann wird die Patientin wieder nach Hause entlassen, nicht ohne Auflagen freilich: Sie soll ganz normal leben, nur Sport, Sauna, schweres Heben sei untersagt und ›bitte die nächsten 14 Tage weiterhin keinen Verkehr‹.«

Psychische Anbindung

Dieser Bericht gibt typische Erfahrungen wieder. Die Behandlung mag am Ende erfolgreich sein oder nicht – zunächst wird in jedem Fall ein Zustand ständiger Anspannung, ständiger Erwartung produziert. Ob der Eisprung stattfindet; ob bei der Punktion befruchtungsfähige Eizellen gewonnen werden; ob die befruchteten Eizellen mit der Zellteilung beginnen; ob die Übertragung der Embryonen erfolgreich verläuft; ob der Hormonspiegel erhöht bleibt; ob die Einnistung gelingt... Ob, Ob, Ob. Das, was im Normalfall ungesehen und unbemerkt abläuft, im Körper der Frau verborgen, wird durch die Technologie in einzelne Etappen aufgeteilt, ans Licht geholt, sichtbar gemacht. Dies hat – wie qualitative Studien zeigen, die die Erfahrung der behandelten Frauen/ Paare in den Mittelpunkt rücken[85] – einen starken emotionalen Effekt: Eine »psychische Anbindung« ist die Folge. Je mehr dieser einzelnen Etappen erfolgreich absolviert werden, desto näher sieht sich das Paar dem ersehnten Ziel, sprich: dem Kind. Hier eine Interview-Aussage:

»Seitdem sie John und mir erlaubt haben, unsere Embryos in der Glasschale anzuschauen, glaube ich fest daran. Ja, wir *können* eigene Kinder haben, hier sind sie... natürlich sehe ich sie nicht wirklich als Baby, aber diese Zellen haben die Möglichkeit in sich, ein Baby zu werden... unser eigenes Baby... zum erstenmal wird diese abstrakte Hoffnung ›Kind‹ real.«[86]

Zum erstenmal wird die Hoffnung anschaulich faßbar. Und diese Hoffnung ist kein Zufallsprodukt, auch keine »irrationale« Reaktion der betroffenen Frauen, nein: sie wird durch den speziellen

Charakter des technischen Verfahrens systematisch erzeugt. Da kann man so leicht nicht mehr loslassen, auch wenn die Behandlung nicht ganz ans Ziel kommt. Dann denkt man »Wir waren schon nah«, die ersten Etappen gingen schon gut, vielleicht kommen wir beim nächstenmal weiter. Also: Jetzt nur nicht aufgeben! Und die nächste Behandlungsrunde geht los. Die Technik entwickelt geheime Verführungskraft. Wie es in einer einschlägigen Studie heißt: »Die Intensität der Emotionen, die zum inneren Charakter der In-vitro-Fertilisation und ihrer Erfahrung gehören, ... stärkt unmittelbar die Bereitschaft der Frauen zu weiteren Behandlungsversuchen.«[87] Eine betroffene Frau vergleicht dieses Fortsetzungsverhalten mit dem bei der Spielsucht: »Jedesmal wird man verzweifelter, jedesmal sagt man: ›Nur dieses eine Mal noch‹.«[88]

Hier die Fortsetzung der obigen Interview-Aussage: Nach dem Blick in die Glasschale, der schon so stürmische Hoffnungen erzeugt hat, »kommt nichts, nur dieser Anruf: ›Tut mir leid, Frau M., bis zum nächsten Mal ...‹ Und es schmerzt und es schmerzt, aber dann schreibt man sich doch wieder ein. Denn es scheint doch, daß wir *so* nah waren, so nah wie niemals zuvor... und so *muß* man's einfach noch einmal versuchen.«[89]

Achterbahn der Gefühle

Zwischen Hoffen und Bangen – viele Frauen werden durch eine wahre Achterbahn der Gefühle geschleudert. Auch dies ist kein Zufall, sondern eng mit dem Charakter der Technik verbunden. Durch die Aufspaltung des Prozesses in einzelne Etappen werden all diese Schritte bewußt jetzt erlebt und ins Blickfeld gerückt: hier die Erfolgschancen, dort die Risiken, einmal die einen, einmal die andern. Dauernd werden sie im Innern abgewogen und beschwörend gegeneinander gehalten. Um die abstrakten, nüchternen Daten der Technik wird die Magie der Gefühle gewoben. Hier der Erfahrungsbericht einer Frau, die sich einer ZIFT-Behandlung unterzog (ZIFT ist eine der In-vitro-Fertilisation verwandte Methode, bei der Zygoten, d. h. Prä-Embryonen im Einzeller-Stadium, in die Eileiter eingebracht werden):

»Ich war schwanger mit Optimismus während der zweiwöchigen Hormonbehandlung, die der eigentlichen Prozedur vorausgeht. Und ebenso in den zwei Wochen danach, während man den Atem anhält aus lauter Angst, einen Embryo zu verlieren, der sich über Nacht eingenistet haben könnte... Es gibt Augenblicke, wo die Stimmung enorme Höhen erreicht. Das Verfahren ähnelt einer dämonischen Liebesaffäre, bei der die Begierden und Peinigungen des Fleisches unwiderstehlich sind. Am ersten Tag der ZIFT-Prozedur erfuhr ich, daß sie 11 Eizellen aus meinen Eierstöcken geholt hatten. Ich war euphorisch. Was konnte noch schiefgehen? Aber als die Nacht kam, war ich in Verzweiflung gefallen. Was, wenn keine der Eizellen befruchtet sein würde; was, wenn auf der fundamentalsten Ebene mein Mann und ich hoffnungslos unvereinbar sein würden, wenn unsere Samen- und Eizellen nicht bereit waren zur extra-korporalen Romanze; was, wenn am Morgen keine Zygoten da wären?

Die Krankenschwester rief frühmorgens an, um zu sagen, daß wir tatsächlich Zygoten hatten. Vier Eizellen waren befruchtet worden. ›Kommen Sie und holen Sie sie ab‹, sagte sie, und mein Herz vollführte einen Luftsprung bei dieser Einladung. Ich zog mich besonders sorgfältig an und wusch mir die Haare, als ob ich im Begriff stand, mich mit einem ganz besonderen Menschen zu treffen.

Würde ich es schaffen, einen von ihnen in mir zu halten? Würden sie sich weiter teilen und in mir wachsen? Da ich die Statistiken über ZIFT kannte, war ich voller Hoffnung. Nein, das ist zu wenig: Ich war geradezu verrückt vor Hoffnung, als sie mich unter Narkose setzten, einen kleinen Einschnitt in meinen Nabel machten und durch einen Katheder drei der Embryos in meinen einen funktionierenden Eileiter einbrachten. (Der vierte Embryo wurde für einen zukünftigen Versuch eingefroren.) Diese Embryos mußten nichts anderes tun, als hinabzuwandern in meinen bereitwilligen Schoß. Was konnte sie jetzt noch aufhalten?

Irgendwas konnte es, irgendein Irgendwas. Meine Embryos nisteten sich nicht ein. Sie verschwanden. Als dies deutlich wurde, zwei Wochen nach der Übertragung, verschwand ich selbst eine Weile lang, foetal zusammengekrümmt, in meinem Schmerz. Dies war kaum ein Tod, nicht einmal eine Fehlgeburt, nur eine Nicht-Schwangerschaft.

Aber ich trauerte um meine Embryos, als ob ich sie gekannt hätte.«[90]

Dies ist kein Einzelfall oder Extrem. Das Schwanken zwischen Euphorie und Depression ist vielmehr eine verbreitete Reaktion auf die »Allmacht« der Technik, der gegenüber die Frau sich als ohnmächtig erlebt, als ausgeliefert in ihren existentiellen Wünschen. Selbst die Pioniere der Fortpflanzungstechnologie beginnen manchmal zu ahnen, daß hier gewisse Gefahren angelegt sind: Auf der Kehrseite der Technik steht »die Hoffnung und Enttäuschung, der körperliche und seelische Schmerz von Tausenden Frauen und Männern, die sich mit der Aufnahme in das Reproduktionsprogramm schon fast am Ziel ihrer Wünsche glaubten«.[91]

Und ewig lockt das Kind

Bleibt die Frage, was der Erfolg solch vielfältiger Mühen ist. Die Statistiken sind ernüchternd. Vielen der Paare, die sich mit den neuen Technologien behandeln lassen, verhilft die Therapie nicht zum Kind. Dies gilt insbesondere auch für die In-vitro-Befruchtung, auf die sich so viele verzweifelte Hoffnungen richten. Hier ist die Erfolgsquote noch sehr niedrig: Nach offiziellen Schätzungen beträgt sie 10 bis 15% – und die Kritiker verweisen darauf, daß diese Zahl erheblich geschönt sein dürfte.[92] Selbst die Pioniere der Fortpflanzungstechnologie schreiben: Bei den gegenwärtigen (Miß)Erfolgsaussichten kann sich die schnelle Zunahme der Laboratorien, die In-vitro-Befruchtung anbieten, »als fatal für die von Kinderlosigkeit betroffenen Ehepaare erweisen«.[93]

Denn auch da, wo die Behandlungen erfolglos bleiben, bleiben sie dennoch nicht folgenlos. Den weiterhin unfruchtbaren Frauen und Männern – und sie sind die Mehrheit – wird durch den ärztlichen Eingriff der Leidensdruck nicht genommen, sondern im Gegenteil: er vergrößert sich weit eher. Hinzukommt für sie nämlich das, was man »*iatrogenes Leid*« nennen könnte, die Belastung, die verursacht wird durch die Serie medizinischer Prozeduren, durch die ständige Definition zum Patienten und Kranken. Da werden oft Selbstbild und Selbstbewußtsein beeinträchtigt, da gerät das Zusammenleben mit dem Partner unter Druck, da werden auch die Kontakte zu Freunden und Bekannten seltener, alles kein Wunder: die aufwendigen medizinischen Behandlungen lassen immer weniger Raum für andere Interessen und Lebensbereiche.[94] Umso mehr rückt ins Zentrum des Denkens, Fühlens und Handelns das Kind – das nicht kommt.

Dagegen kann man einwenden, daß es jedem ja freisteht, aus dem Kreislauf der Behandlungen auszusteigen. Aber genau dies ist – wenn man nicht nur die biologischen, sondern auch die sozialen Abläufe sieht – weit schwerer, als es auf den ersten Blick scheint, und zwar gerade infolge der medizinischen Entwicklung. Denn als »Nebeneffekt« dieser Forschung wird Unfruchtbarkeit umdefiniert und auf der Zeitachse verlängert. Wenn es so viele Behandlungsmethoden gibt, warum dann nicht noch die jeweils nächste erproben? Dazu die Soziologin Barbara Katz Rothman:

»All diese neuen Behandlungsmethoden haben den Betroffenen auch eine neue Last auferlegt – die Last, sich immer noch mehr bemühen zu müssen.

Wie viele gefährliche experimentelle Medikamente, wie viele Monate –
oder sind es Jahre – mit zwanghaftem Temperaturmessen und verquältem
Sex muß man denn hinter sich bringen, bis man in Ehren aufgeben darf?
Wann hat ein Paar ›alles versucht‹ und darf endlich aufhören?«[95]

Wo Unfruchtbarkeit früher vorgegebenes Schicksal war, wird sie
heute in gewissem Sinn zur »selbstgewählten Entscheidung«.
Denn diejenigen, die aufgeben, bevor sie nicht noch die neueste
und allerneueste Methode versucht haben (ein Kreislauf ohne
Ende), sind nun »selber schuld«. Sie hätten es ja noch weiter versuchen können. Noch einmal Barbara Katz Rothman:

»An welchem Punkt ist es schlicht und einfach nicht ihre Schuld, sondern
jenseits ihrer Kontrolle, ein unausweichliches Geschick? An welchem
Punkt können sie ihr Leben einfach weiterleben? Wenn es immer noch
einen Arzt gibt, mit dem man es versuchen könnte, und noch eine Behand-
lungsmethode, dann wird die soziale Rolle, die Unfruchtbarkeit mit sich
bringt, immer als in gewisser Weise frei gewählt angesehen werden.«[96]

Was sich hier abzeichnet, ist ein Muster, das aus der Geschichte der
Technik vielfach vertraut ist. Zum einen bietet die Technik mit
jedem Schritt ihrer Weiterentwicklung neue Handlungschancen
und Problemlösungen an. Aber sie schafft im selben Schritt auch
neue Handlungspflichten und -lasten. Es entsteht nämlich ein sozialer und psychischer, manchmal auch direkt gesellschaftlicher
Druck, diese Angebote auch tatsächlich zu nutzen. Vor diesem
Hintergrund ist ein Effekt zu verstehen, der sich in Interview-
Aussagen andeutet. Die Paare, bei denen die Behandlung am Ende
ohne Erfolg bleibt, äußern manchmal von sich aus, daß sie die
Versuche mit all ihren Mühen nicht bereuen. Das mag paradox
scheinen, wenn man bedenkt, wieviel Belastungen sie durchge-
macht haben. Aber genau diese Belastungen haben offensichtlich
auch einen Rechtfertigungs-, ja einen inneren Entlastungseffekt.
Die Paare haben die Angebote der Technik genutzt, das hat für sie
auch die Bedeutung: Sie haben alles getan. Sie müssen sich keine
Vorwürfe machen. Sie haben die Liebe zum Kind nicht verraten.

»... also ich wollte eigentlich alle Möglichkeiten, die es gibt, ausprobieren.
Damit ich mir dann nie vorwerfen kann: Du hast nicht alles probiert.«[97]

»Wenn ich nicht durch all dies hindurchgegangen wäre, hätte ich das
Gefühl gehabt, es sei mein Fehler, weil ich keinen Versuch wagen wollte.
Niemand, nicht einmal ich selbst, kann heute auf mich schauen und sagen:
›Wenn du wirklich ein biologisch eigenes Kind gewollt hättest, hättest du es
haben können‹.«[98]

4. Eltern und Kinder im Kosmos der neuen Erwartungen

Komplikationen der eben beschriebenen Art sind freilich die Ausnahme. Bei den meisten Paaren stellt der Nachwuchs – so gewünscht – sich tatsächlich auch ein. Wie also sieht das nächste Stadium aus? Was passiert, wenn Schwangerschaft und Geburt problemlos verlaufen – wenn aus dem Kinderwunsch ein Kind wird?

Zunächst einmal wird das Kind für viele Frauen und Männer zu einer elementaren Quelle des Glücks. Das Kind eröffnet neue Seiten des Lebens, bringt Intensität der Gefühle, Selbst- und Sinnerfahrung, emotionale Verankerung – all dies sind Momente, die nicht nur im Kinderwunsch auftauchen, sondern im Zusammenleben mit dem Kind tatsächlich auch spürbar werden, wie viele Studien belegen.[99] In diesem Sinne wächst, verglichen mit den früheren Zeiten der Familie als Wirtschaftsgemeinschaft, eindeutig der emotionale Gewinn, den Elternschaft zu bieten vermag.

Doch dies ist nur die eine Seite der Wahrheit. Denn enorm gewachsen sind auch die Anforderungen, Aufgaben, Pflichten, die zum Elternsein heute gehören. In früheren Jahrhunderten war die Arbeit für Kinder wesentlich einfacher: Im Alltag der vorindustriellen Gesellschaft wurde Kindern keine besondere Aufmerksamkeit und Zuwendung zuteil. Kinder galten als unfertige, noch nicht ganz vollständige Menschen, die kaum eigene Bedürfnisse haben. Kindheit war dementsprechend eine unwichtige Übergangsphase, nicht Gegenstand bewußter Beeinflussung und gezielter Erziehung.

So im Mittelalter:

»Von allen Eigenheiten, in denen sich das Mittelalter von der heutigen Zeit unterscheidet, ist keine so auffallend wie das fehlende Interesse an Kindern... Im großen und ganzen scheinen die Kinder in den ersten fünf oder sechs Jahren ohne große Fürsorge sich selbst überlassen worden zu sein; entweder sie starben oder sie überlebten.«[100]

So in breiten Bevölkerungsgruppen auch noch im 18. und 19. Jahrhundert:

»Das Aufziehen der Kinder erfolgte ›nebenbei‹... Von einer auf bewußten Grundsätzen beruhenden Erziehung konnte in der Regel keine Rede sein ... Härte zeigten die Eltern vor allem, wenn es darum ging, die Kinder zur Arbeit anzuhalten ... Hatten die Kinder ihre Arbeit getan, so fehlte den

Eltern gewöhnlich sowohl Zeit als Neigung, sie zu beaufsichtigen und anzuleiten; die Kinder waren weitgehend sich selbst überlassen.«[101]

In der vorindustriellen Gesellschaft waren die Anforderungen an die Eltern weitaus geringer als heute, weil ihre Handlungsmöglichkeiten viel stärker eingeschränkt waren: Nach dem damaligen Weltbild lag die Entwicklung des Kindes vor allem in Gottes Hand. Dies begann anders zu werden, als im 18. und 19. Jahrhundert die Experten das Kind als Thema entdeckten. Doch noch im ausgehenden 19. Jahrhundert besaßen auch Religion und Tradition eine stark prägende Kraft, und dadurch verlief die Erziehung in breiten Bevölkerungsgruppen noch einigermaßen »selbstverständlich«, nämlich nach den von Generation zu Generation überlieferten Gewohnheiten und Regeln. Dann aber wurde im Lauf des 20. Jahrhunderts der Einfluß von Religion und Tradition immer weiter zurückgedrängt, Klasse und Stand verloren ihre Bedeutung als Ort gemeinsam erfahrbarer Lebenslage. Der moderne Mensch soll sein Schicksal selbst in die Hand nehmen – und auch das seines Nachwuchses. Das Gebot der modernen Erziehungsratgeber lautet durchgängig: bestmögliche Förderung der Fähigkeiten des Kindes.

Optimale Förderung als Gebot der Moderne

Verschiedene Entwicklungen, die vor allem in den fünfziger und sechziger Jahren dieses Jahrhunderts einsetzen, tragen dazu bei, den schon im 19. Jahrhundert angelegten Förderungsanspruch immer weiter voranzutreiben. Da sind zunächst neue Fortschritte in Medizin, Psychologie, Pädagogik, die das Kind in wachsendem Maße gestaltbar werden lassen. So werden z. B. körperliche Behinderungen, die um die Jahrhundertwende noch schicksalhaft hingenommen werden mußten, zunehmend behandelbar und korrigierbar. In der Psychologie setzt sich in den sechziger Jahren eine neue Forschungsrichtung durch, die noch weit stärker als früher die Bedeutung der ersten Lebensjahre betont, ja, das Unterlassen von Förderung mit verlorenen Entwicklungschancen gleichsetzt. Zur gleichen Zeit wird ein deutlicher Anstieg des Einkommens verzeichnet, wodurch Förderungsmöglichkeiten, die früher einer kleinen Schicht vorbehalten waren, nun für breite Gruppen erreichbar werden. Schließlich wird auf politischer Ebene eine Bildungswerbung in Gang gesetzt, die sich gezielt auch an die bis dahin benachteiligten Gruppen wendet. Als Resultat dieser und ähnlicher Bedingungen verstärkt sich der kulturell vorgegebene Druck: Das Kind darf immer weniger hingenommen werden, so wie es ist, mit seinen körperlichen und geistigen Eigenheiten, vielleicht auch Mängeln. Es wird vielmehr zum Zielpunkt vielfältiger Bemühungen. Möglichst alle Mängel sollen korrigiert werden (nur kein Schielen, Stottern, Bettnässen mehr), möglichst alle Anlagen sollen entwickelt werden (Konjunktur für Klavierstunden, Sprachferien, Tennis im Sommer und Skikurs im Winter). Ein neuer Markt entsteht, mit immer neuen Programmen für das allseitig zu fördernde Kind. Und schnell nehmen die neuen Möglichkeiten den Charakter neuer Pflichten an. Denn die Eltern können nicht nur, nein: sie sollen nun auch das Kind mit Zahnspange und orthopädischen Einlagen, mit Skikurs und Sprachferien versorgen.

Nun kann man sagen, das sind zunächst einmal pädagogische Leitlinien, es ist nicht die Erziehungswirklichkeit selbst. Die Frage ist also, ob die Veränderung der Standards sich auch in der tatsächlichen Erziehungsarbeit niederschlägt. Die vorliegenden Untersuchungen liefern dazu sicher kein vollständiges Bild. Doch die Hinweise, die darin enthalten sind, lassen immerhin wohl erkennen, daß die Leitbilder sich auf vielen Ebenen in tatsächliches Erziehungshandeln umsetzen. Um einige Details zu nennen: Grundsätzlich ist ein erstaunlicher Informationsstand der Eltern festzustellen, was die wissenschaftlichen und populärwissenschaftlichen Anweisungen betrifft – und dies nicht nur in der gebildeten Mittelschicht. So heißt es z. B. in einer Untersuchung über Familien der Unterschicht: »Das Wissen der Eltern um die Sauberkeitserziehung, Ernährungsfragen oder Entwicklungsphasen der Kinder war größtenteils auf dem Stand der wissenschaftlichen Diskussion.«[102] Gerade in Familien der Unterschicht ist es den Eltern sehr wichtig, daß es »ihre Kinder einmal besser haben als sie, und sie bemühen sich auch, das zu verwirklichen«, unter erheblichen materiellen und persönlichen Opfern.[103] Und eine Befragung von Frauen der Arbeiterschicht zieht das Fazit: »All dies – Einstellungen zur frühkindlichen Entwicklung, Strafverhalten, Einfühlung in kindliche Ängste und Wünsche – zeigt an, daß sich im Erziehungsklima von Arbeiterfamilien einiges verändert hat: die Haltungen und Praktiken sind kindzentrierter geworden.«[104]

Das alles mag dem Kind nützen (oder auch nicht: wann wird aus Wohltat Plage?). Sicher ist jedenfalls: alles verlangt fortwährenden Einsatz der Eltern, vor allem der Mütter. Diese müssen zunächst einmal viel »*Informationsarbeit*« leisten. Denn es gibt heute eine enorme, ja sich ständig vergrößernde Kluft zwischen selbstverständlich verfügbarem und kulturell gefordertem Wissen über Kinder. Auf der einen Seite sind die jungen Erwachsenen von heute Laien, was den Umgang mit Kindern betrifft, weit mehr als die Frauen und Männer früherer Generationen. Dies liegt vor allem an dem demographischen Sachverhalt, daß es in unserer Gesellschaft weit weniger Kinder gibt als in früheren Jahrhunderten; so wächst der einzelne kaum in einem größeren Geschwisterkreis auf, sieht auch wenig Kinder in der täglichen Umwelt, bis er dann selbst welche hat. Auf der anderen Seite aber sollen die Eltern von heute möglichst Mini-Experten sein, was Kinder betrifft. Denn als Resultat der einschlägigen Fortschritte in Pädagogik, Psychologie, Medizin steht immer mehr Wissen zur Verfügung und wird populärwissenschaftlich verbreitet, und als »gute« Eltern gelten nun die, die dies Wissen sich aneignen zum Wohle des Kindes. Dieser Trend, in der pädagogischen Diskussion unter dem Stichwort »Verwissenschaftlichung der Erziehung« bekannt, bedeutet für die direkt Betroffenen nichts anderes als eine Verwissenschaftlichung der Arbeit, die sie zu leisten haben – steigender Anspruch und steigender Aufwand. Weil Erziehung immer ein zweiseitiges Verhältnis ist, ist die »Eroberung des Kindes durch die Wissenschaft«[105] immer auch eine Eroberung der Eltern, vor allem der Mütter. Über Kinder wird ein Netz von Theorien geworfen: Und mit demselben Netz werden auch die Mütter gefangen.

»Ob Erziehungs- oder Schulprobleme, was das Kind anziehen soll, wohin es wann und mit wem im Urlaub fahren soll, was es essen soll, ob es zu klein ist, zu groß, zu laut, zu leise, zu gebückt, zu aufrecht, zu was auch immer – überall der gleiche Ratschlag: man wende sich am besten an den Arzt. Keine Illustrierte ohne Arztseite, Hefte wie ›Eltern‹ oder ›Unser Kind‹ haben Millionen Leser. Erfahrungen werden unbedeutend, Hinweise von eigenen Eltern oder Großmüttern entsprechen nicht dem Wissensstand moderner Theoretiker, Kindererziehung wurde zur Wissenschaft erklärt und ist daher studierbar, erlernbar und vor allem auch lehrbar.«[106]

Aber warum betreiben die Mütter nicht einfach »Arbeitsverweigerung«, warum lassen sie nicht ab von der Suche nach pädagogischen Informationen? Die Antwort heißt, daß zahlreiche Barrieren und Hindernisse existieren, die ein Ausbrechen aus dem Dickicht der Ratschläge weitgehend erschweren. Zunächst einmal sind die Mütter von allen Seiten vom Gebot bestmöglicher Förderung umstellt, von Fernsehen über Zeitschriften bis Schule. Und die Botschaft, die ihnen vermittelt wird, hat einen immer wiederkehrenden Refrain: daß Nicht-Beachtung der kindlichen Bedürfnisse zu irreversiblen Schädigungen führt und Mangel an Förderung zu Entwicklungsverzögerung, ja Leistungsversagen. Dabei ist »Leistungsversagen« ein Wort, dessen Bedeutung die meisten Eltern sehr wohl verstehen, denn in der sozial mobilen Gesellschaft ist »Leistung« eine Schlüsselkategorie.

Unzureichende Förderung hat Leistungsversagen zur Folge – diese Formel, die sich wie ein roter Faden durch die populärwissenschaftlichen Erziehungsratgeber zieht, kann die Eltern also nicht unberührt lassen. Denn das heißt, im Fall von Arbeitsverweigerung ist mit harten Sanktionen zu rechnen, oder frei übersetzt: Das Verlassen von Pädagogik-Land ist bei Strafe verboten! Und was die Sanktionen noch härter macht, sie treffen die Eltern an ihrer empfindlichsten Stelle, treffen das, was dem Herzen am nächsten ist: das Kind. Denn die Arbeit fürs Kind ist eben nicht eine Arbeit wie jede andere, sondern eine besonderer Art: wo »Arbeit« nicht zu trennen ist von »Liebe«, und Liebe deshalb immer zur Arbeit antreibt. »Jede Andeutung, ihr Kind könne nicht das volle Potential seiner Möglichkeiten erreichen – emotional, körperlich, geistig –, bringt das Herz der Frau zum Zerbrechen. Und deshalb hat sie immer offene Antennen dafür, wie sie ihr eigenes Verhalten verbessern kann.«[107]

Unter diesen Bedingungen kann Arbeitsverweigerung nur den »herzlosen« Müttern gelingen, denen, die »Rabenmütter« sind, gemessen an den neu definierten Erwartungen. Die meisten aber können sich den kulturell vorgeschriebenen Standards nicht entziehen. Sie tun lieber mehr als zu wenig und leiden unter den bekannten Schuldgefühlen, ob sie wirklich genug tun. Die pädagogischen Theorien erzeugen die Angst, zu wenig Arbeit zu leisten, und diese Angst verpflichtet von neuem auf die Orientierung an pädagogischen Ratschlägen: So schließt sich der Kreis.

Aber natürlich reicht die Information allein nicht aus, wichtig ist vor allem die Anwendung der Informationen. Und das bedeutet dann vielfältige »Förderungsarbeit« am Kind und seiner Entwicklung, eben deshalb, weil das Kind heute in bestimmtem Sinne

»machbar« geworden ist. Schauen wir genauer hin: Wer macht denn was? Viel häufiger als früher werden Spezialisten herangezogen, die vorbeugen oder den Lauf der Natur korrigieren sollen. Diese Experten tun das, was ihre berufliche Aufgabe ist, von der Schutzimpfung bis zur Anweisung therapeutischer Übungen. »Heranziehen« im eigentlichen Sinn lassen sie sich nicht, der Patient muß schon selber kommen. Doch kommt ein Kleinkind allein? Wer also leistet die *Vor- und Nacharbeit,* die sich ergibt: Wer bringt das Kind zum Kieferorthopäden und zur Heilgymnastik, wer sitzt mit ihm im Wartezimmer, besorgt die Medikamente, fährt das Kind von Training zu Training, sichert den häuslichen Lernerfolg durch Mahnworte, Übungsschritte, Kontrollen? Das macht in den meisten Fällen die Mutter.

Und sie macht noch weit mehr. Denn auch in jenen breiten Bereichen des Erziehungsalltags, wo kein direkter Zugriff von Spezialisten erforderlich wird, regiert – stiller, aber nicht weniger folgenreich – der Zugriff der Pädagogik. In diesem Zeichen entstehen neue Tätigkeiten, auf ein Stichwort zusammengefaßt: die Mutter als *Entwicklungshelferin* fürs Kind. Wie es in einer amerikanischen Frauenzeitschrift heißt: »Unstimulated time is a waste of baby time.«[108] Um der vielseitigen Anregung willen begleiten Mütter (und hin und wieder die Väter) das Kind zu Zirkus und Zoo, gehen mit zum Schwimmkurs fürs Baby, organisieren Eltern-Initiativen und Stadtteil-Feste für Kinder. Die »naturwüchsige Kindheit« ist in vielerlei Hinsicht vorbei, die »Inszenierung der Kindheit« beginnt. Und auch hier wieder ist Arbeitsverweigerung schwierig, denn diese Inszenierungs-Aktivitäten entspringen ja nicht einer bloßen Laune der Eltern. Sie haben vielmehr ihren objektiven Grund darin, daß unter den Bedingungen der mobilen Gesellschaft Erziehung und Förderung ein Teil der »*Arbeit zum Statuserhalt*« ist.[109] Wo der Zwang regiert, durch individuelle Anstrengungen den eigenen Platz in der Gesellschaft zu sichern, da wird er notwendig schon ins Kinderzimmer hineingetragen: Die Kindererziehung wird eingespannt zwischen Aufstiegswunsch und Abstiegsbedrohung. Der Schriftsteller John Steinbeck hat diesen Trend literarisch prägnant beschrieben:

»Es war plötzlich ganz unannehmbar, daß das Kind wie seine Eltern sein und leben sollte; es muß besser sein, besser leben, mehr wissen, sich besser kleiden und womöglich des Vaters Handwerk gegen einen akademischen Beruf vertauschen. Dieser rührende Traum verbreitete sich über das ganze

Land. Da man vom Kinde verlangte, daß es besser als die Eltern sei, mußte es gezügelt, geleitet, gestoßen, bewundert, bestraft, umschmeichelt und gezwungen werden.«[110]

Zusammenfassend kann man sagen, in der hochindustriellen Gesellschaft ist zwar die physische Versorgung des Kindes in mancher Hinsicht einfacher geworden, dank Technisierung des Haushalts und vorgefertigten Produkten wie Wegwerf-Windel und Babykost. Aber dafür wurden mit der Entdeckung der Kindheit zunehmend neue Themen entdeckt. Mit Ariès gesprochen: »Unsere Welt ist von den physischen, moralischen und sexuellen Problemen der Kindheit geradezu besessen.«[111] So sind auf anderer Ebene zahlreiche neue Aufgaben hinzugekommen, wie es in einer neueren Studie zur Familienentwicklung heißt: »Die Familie steht heute unter einem *Erziehungsdruck,* der historisch seinesgleichen sucht.«[112] Das Kind, einst ein Geschenk Gottes, manchmal auch eine unerwünschte Last, ist heute den Eltern/den Müttern vor allem: »ein schwieriges Behandlungsobjekt«.[113]

Liebe nach Lehrplan

Das Gebot der »optimalen Förderung«, das moderne Eltern von allen Seiten umgibt, verändert tiefgreifend den alltäglichen Umgang mit Kindern. Ob Baden und Füttern, ob Spielen und Streicheln und Schmusen – alles soll, über den unmittelbaren Anlaß hinaus, noch einen höheren Zweck verfolgen. Alles wird zur Lernveranstaltung definiert und soll der Förderung dienen, sprich: Kreativität stimulieren, Entwicklungsimpulse verschaffen, Lernanreize liefern. Der Umgang mit dem Kind wird so zunehmend von einer »Um... zu«-Mentalität[114] regiert, die selbst kleinsten Handlungen noch eine Zwecklast aufbürdet. So schon die Anweisungen in einem 1783 erschienenen Erziehungsratgeber:

»Man spielt gern mit Säuglingen. Aber man könnte diesen Scherz nützlicher machen, als er ist... Warum wird des Kindes Aufmerksamkeit auf alles, was den Müttern zu zeigen einfällt, gerichtet und nicht nach und nach auf dieses und jenes mit Ordnung? Warum lehrt man das Kind durch Führung der Hand nicht ordentlich nacheinander etwas zu betasten, von sich schieben, zu sich schieben, greifen, halten, loslassen usw.? Nämlich mit den kurzen Worten: Fühle, schiebe von dir, zu dir, greife, halte, laß los! Ist dies nicht die natürliche Art, sie früh zu einiger Geschicklichkeit des Körpers zu bringen? ... Kurz, jedes Spiel, jeder Scherz mit Säuglingen oder mit Kindern, die nicht viel älter sind, muß mit Absicht auf Kenntnis der Gegenstände und ihrer Namen und auf Vorübungen der Sprachglieder und anderer Teile des Leibes gerichtet sein.« (Basedow)[115]

In den letzten Jahrzehnten sind solche Anweisungen immer weiter perfektioniert worden und vor allem auch weiter verbreitet. Denn im Zeitalter der Massenmedien und der Massenkultur gibt es zahlreiche Instanzen, die pädagogische Ideen unters Volk bringen: Illustrierte, Fernsehen, Ratgeberspalten erreichen auch Kleinbürgertum, Familien der Unterschicht, die Bevölkerung auf dem Land. Aus solchen durchaus unterschiedlichen Quellen entsteht heute eine »dauerhafte Tendenz zur familieninternen Verschulung der Kindheit«, die in immer weitere Kreise hineinreicht. »Kinderkultur, selbstverständliches Lebensmilieu (bildungs-)bürgerlicher Elternhäuser, wird Kleinbürger- und Arbeitermüttern in lehrbarer Unterrichts-Form zur Nachahmung empfohlen.«[116] Aus einer vielgelesenen Eltern-Zeitschrift:

»Durch die vielfältigen Sinneseindrücke und Bewegungserlebnisse entsteht Intelligenz und Handlungsfähigkeit... Organisieren Sie Lerngelegenheiten für Ihr Kind. Wenn Sie Ihrem Kind vielfältige Sinneseindrücke und Bewegungsmöglichkeiten bieten, helfen Sie ihm damit, zu einer selbständigen und handlungsfähigen Persönlichkeit zu werden.«[117]

Und nicht nur die diversen Tätigkeiten des Alltags werden jetzt der »Um...zu«-Mentalität unterworfen. Nein, auch die spontanen Äußerungen des Herzens werden erfaßt: Zärtlichkeit, Zuwendung, Liebe als Instrument im Entwicklungsprogramm. Aus einer verbreiteten Eltern-Zeitschrift:

»Gerade das ungeborene Kind kann schon sehr früh... Reize, Stimmungen, Berührungen aufnehmen... Ein bewußter Kontakt der Eltern und *liebevolle Zuwendung* wirken wie ein *Motor auf seine Entwicklung*.« Deshalb wird die Schwangere angewiesen: »Legen Sie beide Hände locker auf Ihren Bauch und umarmen Sie in Gedanken Ihr Baby mit großer *Zärtlichkeit*.«[118]

Aus einem populärwissenschaftlichen Erziehungsratgeber:

Ein »Weg, die geistige Entwicklung Ihres Kindes zu fördern, besteht darin, Bestärkung, *Liebe* und Lob zur *wichtigsten Form der Disziplinierung* zu machen. Denn diese *Techniken funktionieren sehr effektiv* nicht nur da, wo es um die Förderung des sozialen und emotionalen Wachstums geht, sondern auch bei der intellektuellen Entwicklung.«[119]

Selbst die Mutterliebe wird jetzt zum Expertenereignis. In der wissenschaftlichen wie in der populärwissenschaftlichen Literatur, überall wird dies Gefühl zur pädagogischen Notwendigkeit erhoben. Mit anderen Worten, die Liebe wird zur vorgeschriebenen Pflicht. Aus einem Leitfaden für junge Eltern:

Es soll »gezeigt werden, wie sehr das Kind auf liebevolle Zuwendung und Anregung als wichtigste Grundlage für seine geistige und seelische Entwicklung angewiesen ist... Für ein positives Gedeihen braucht der Säugling... die verläßliche Zuwendung und Liebe einer Bezugsperson, am besten der Mutter.«[120]

Die Mutterliebe ist also notwendige Arbeit, aber darf andererseits als Arbeit nicht aufgefaßt werden. Wer angestrengt den Anweisungen folgt, macht es auch wieder falsch. Der Kinderarzt und -analytiker D. W. Winnicott an die Adresse der Mutter:

»Freue dich, genieße es, wichtig zu sein. Genieße es, daß andere Leute nach dem Lauf der Welt gucken, während du eines ihrer neuen Mitglieder produzierst. Genieße es, verliebt zu sein, beinahe in dich selbst, so sehr ist das Baby ein Teil von dir... Genieße dies alles um deinetwillen, aber die Freude, die du aus dem verwirrenden Geschäft der Kinderpflege ziehen kannst, ist aus der Sicht des Babys hochwichtig... *Das Vergnügen der Mutter muß da sein,* sonst ist die ganze Prozedur tot, sinnlos und mechanisch.«[121]

Aus einer Ratgeber-Broschüre:

»Bitte *bemühen* Sie sich, Ihr Kind möglichst *entspannt* zu betreuen.«[122]

Weil die Mutterliebe wichtig ist, aber offensichtlich auch schwierig, wird sie von vielen Regeln umgeben. Gewarnt wird vor »schädlichen Liebeseinstellungen der Mutter«, wozu viele Varianten gehören (die »besitzergreifende, sichaufopfernde, feindselige, herrschsüchtige, unterwürfige, zärtlichkeitshungrige, zärtlichkeitsarme Liebe«).[123] Schon wird ein »Zärtlichkeitsindex« entworfen, um die mütterliche Zuwendung meßbar zu machen und dies explosive Potential unter Kontrolle zu halten.[124] So wird selbst das Unbewußte zum Gegenstand planvollen Handelns, und aus den Regungen des Herzens wird die zweckgerichtete Liebe. Sie ist ein schwieriges Unterfangen, das intensiver Vorbereitung bedarf: Die Liebe nach Plan will gelernt sein, damit sie in ein effektives Förderungsinstrument sich verwandelt. Die Spontaneität des Gefühls wird zum archaischen Relikt, ersetzt durch eine komplizierte Verrichtung, die man korrekt handhaben und wohldosiert anwenden muß. Das Motto, prägnant zusammengefaßt, liefert ein einschlägiger Buchtitel: »Kinder brauchen Liebe – Eltern brauchen Rat«.[125]

Barbara Sichtermann analysiert diese Entwicklung: »Liebevolle Zuwendung und Anregung, kurz: Liebe, bringen Eltern in den meisten Fällen ihren Kindern ohne besondere Aufforderung entgegen. Aber unter Liebe kann der einzelne vielerlei verstehen, und eine solcherart unkontrollierte Liebe genügt modernen Erziehungsratgebern nicht. Liebe muß sinnvoll eingebettet sein in ein System von Anregungen und Zuwendungen… Im einzelnen ist dieses System (wie in Leitfäden nachzulesen) gar nicht unkompliziert. Der Laie… soll nicht meinen, er könne einfach draufloslieben. Will er die geistige Entwicklung seines Kindes fördern…, hat er einen Kanon von Regeln zu beachten, die von Fachleuten aufgrund gewissenhafter Forschung erarbeitet wurden… und die der einzelne Liebende – z. B. durch das Studium einschlägiger Literatur – zur Regulative seines Handelns machen soll.«[126]

Konkurrierende Lieben

Wo die »optimale Förderung« zum Gebot wird, sind die Eltern vor hohe Anforderungen gestellt. Doch ihre Ressourcen – an Geld, Nerven, Zeit und Geduld – sind bekanntlich nicht unbegrenzt. Sollen die hochgesteckten Erwartungen dennoch erfüllt werden, so müssen die Eltern eigene Bedürfnisse, Rechte, Interessen zurückstellen und erhebliche Verzichtleistungen erbringen. Dieser Verzicht trifft zunächst einmal diejenige Person, die für das Kind hauptsächlich zuständig ist – in den meisten Fällen die Mutter. Wie es in einer aktuellen Studie zur Familienentwicklung heißt:

»Unsere gestiegene Sensibilität für die Anforderungen, die Kinder – vor allem in den ersten Lebensjahren – an ihre unmittelbare Umwelt stellen…, führt mehr und mehr zu einer ausschließlichen Beanspruchung wenigstens eines Elternteils für die Belange der Kinder, wodurch Belange der Eltern – vor allem der Mutter – in andere Lebensphasen verschoben, wenn nicht gar auf Dauer unterdrückt werden.«[127]

Die Konsequenz der gestiegenen Anforderungen trifft darüber hinaus auch das Verhältnis der Eltern. »Kinder schweißen die Ehe zusammen«, »Kinder sind ein Pfand und ein Zeichen der Liebe« – das sind Vorstellungen, die sich mit dem Kinderwunsch häufig verbinden. Doch wie sieht die Wirklichkeit aus? Auf der einen Seite ist Elternsein schwieriger und komplizierter geworden. Und gleichzeitig ist auch die Ehebeziehung zum Balance-Akt und Kraft-Akt geworden: »Ohne ständige Diskussion, Auseinandersetzung, Kompromiß- und Veränderungsbereitschaft läuft nichts mehr.«[128] Das Dilemma liegt auf der Hand. Je stärker die Konzentration auf das Kind, desto weniger bleibt für die Zweierbeziehung. In einer empirischen Untersuchung werden die Folgen des neuen Typs der »kindzentrierten Familie« folgendermaßen benannt: Es »führt die intensive innerliche und zeitliche Beschäftigung mit dem Kind zu einer Einschränkung der Partnerbeziehung«.[129]

»Idealtypisch sieht das folgendermaßen aus: Sind beide Eltern berufstätig, widmet man sich in der verfügbaren freien Zeit dem Kind ... Das bedeutet für die erwerbstätigen Ehepaare, daß für die Kommunikation des Ehepaares wenig Spielraum bleibt. Wird ein Ehepartner abgestellt, sich mit dem Kind zu beschäftigen, kann der andere während dieser Zeit Außenkontakte u. ä. pflegen. Auf diese Weise wird zwar das Bedürfnis nach nicht-kindbezogenen Aktivitäten vielleicht befriedigt, aber das, was vor der Geburt des Kindes doch auch ein Motiv für die Partnerschaft war, nämlich der Wunsch nach Gemeinsamkeit, gerät ins Hintertreffen. Ist nur ein Elternteil berufstätig – in der Regel der Mann –, sieht die Situation nicht wesentlich anders aus: Da die Frau den ganzen Tag mit den Kindern verbringt, möchte sie am Abend einerseits etwas anderes tun, als sich mit den Kindern zu beschäftigen, andererseits aber laufen die abendlichen Gespräche mit dem Mann mehr oder weniger doch darauf hinaus, daß sie berichtet, was mit den Kindern war.«[130]

In der täglich wachsenden Zahl der populärwissenschaftlichen Erziehungsratgeber kann man inzwischen auch einige finden, die bewußt thematisieren, wie die hochgesteckten pädagogischen Ideale in die Partnerbeziehung eingreifen. Die Bilanz lautet dann so: »Nach der Geburt des Kindes sind die Eltern oft so durch dessen Betreuung gefordert, daß für das gegenseitige Stützen und Unterstütztwerden keine Kraft bleibt.«[131]

»Zugunsten des Kindes müssen alle Erwartungen reduziert werden. Nicht selten bleibt keine Kraft und Zeit mehr zur Auseinandersetzung unter den Partnern. Alles muß den Bedürfnissen des Kindes untergeordnet werden. Den Eltern bleibt nur, was das Kind ›übrigläßt‹. Über weite Strecken kann die Bewältigung des Alltags so sehr im Vordergrund stehen, daß die Eltern nur noch ›funktionieren‹ und abends vor Müdigkeit und Erschöpfung in die Betten fallen ...

Nicht nur Mann und Frau, sondern auch deren Beziehung ertrinkt im Alltag. Sie wird in gewisser Weise selbst zum Alltag. Es gibt keine Höhepunkte mehr. Es passiert nichts oder wenig Spannendes und Schönes zwischen den Partnern. Die Intensität der ersten Zeit nach der Geburt ist einem Gleichmaß der Empfindungen gewichen. Manche Paare können nicht einmal mehr sagen, ob sie sich noch lieben oder nicht. Sie sind zwar zusammen, aber außer der gemeinsamen Sorge um das Kind gibt es nur wenig, was sie verbindet.«[132]

Auch in vielen Interviews und Erfahrungsberichten wird sichtbar, wie da, wo die hochgesteckten Ideale der Erziehungsratgeber dominieren, leicht die Partnerbeziehung an den Rand gedrängt wird. Der Refrain lautet oft ähnlich: Betont wird, daß das Kind eine große Bereicherung ist, auch ein neues Gefühl der Zusammengehörigkeit gibt. Doch dann kommt das »Aber...«

»Nachdem Thomas geboren war, fühlten mein Mann und ich uns einander sehr nahe, aber ich glaube, dieses Gefühl ist selten von Dauer. Wenn wir jetzt zu Hause sind, ist das Baby immer da, und wir wechseln uns damit ab, auf ihn aufzupassen. Es ist jetzt immer etwas ganz Besonderes, wenn wir einmal zu zweit ausgehen ... Es passiert so leicht, daß man zwar viel zusammen ist, im Sinn von zu Hause sein und für das Kind etwas tun, aber sich doch eigentlich weit von seinem Partner entfernt fühlt.«[133]

»In den ersten Monaten waren wir voller Euphorie, alles war aufregend und spannend. Wir waren zwar immer so müde, daß wir gar nicht dazu kamen, über uns zu reden. Wir dachten aber, daß sich das wieder ändert. Aber es hat sich nicht oder kaum geändert. Wir fühlen uns so gefordert von unserem Sohn, sind immer müde und abgeschlafft, daß unsere Beziehung ganz hinten ansteht.«[134]

Bei denjenigen Paaren, die sich völlig an den pädagogischen Experten ausrichten und der Devise »Alles fürs Kind« gewissenhaft folgen, wird das Leben von Grund auf verändert, bis in die Details des Alltags hinein:

»... ein Kind zu haben bedeutet, alles bisher Erlebte, Erfahrene, alle Gewohnheiten und Sitten, die wir uns bis dahin angeeignet hatten, zu hinterfragen, zu ändern oder ganz zu vergessen... Nichts bleibt, wie es war, wenn wir das Kind richtig ernst nehmen. Unsere Zeiteinteilung, die Ernährung, unsere Beziehungen, der Schlaf, die Wohnung, die Ziele unserer Spaziergänge, alles das muß auf das Kind abgestimmt werden.«[135]

Es ist wohl kein Wunder, daß unter solchen Bedingungen die Belastungen wachsen, manche Gereiztheiten entstehen, die dann, wenn die Zeit zum offenen Gespräch fehlt, viele untergründige Spannungen erzeugen.

»Während sich unser Kind prächtig entwickelte, mein Mann und ich auch zunehmend in der Rolle als Eltern Sicherheit gewannen, blieb einstweilen unsere Partnerschaft auf der Strecke. Erst als unser Kind elf Monate alt war, dachten wir laut und gemeinsam darüber nach, daß wir für unsere Partnerschaft deutlichere Akzente setzen müssen, daß wir nicht nur Verantwortung für das Kind, sondern auch für uns haben.«[136]

»Mit dem... Bedeutungswandel von Ehe und Familie zur erklärten Sozialisationsinstanz für Kinder sind... mögliche Beziehungskonflikte vorprogrammiert.«[137] Zeit, Kraft, Nerven, Geduld und Gefühle – sie gehen heute nicht selten vorrangig ans Kind. Die alte Regel, daß »Kinder verbinden«, gilt unter den neuen Bedingungen nicht mehr, oder nur noch zum Teil.[138]

Wenn Liebe zuschlägt

Bleibt die Frage: Was haben die Kinder von den neuen Bedingungen, von den neuen Erwartungen, Ansprüchen, Wünschen, die auf sie jetzt gelenkt werden?

Die Antwort darauf ist umstritten. Oder vornehmer gesagt, dies Thema wird innerhalb der Wissenschaft kontrovers diskutiert. Dabei sehen die meisten Autoren durchaus, daß der Wandel von der vormodernen zur modernen Gesellschaft auf vielen Ebenen neue Chancen für Kinder gebracht hat – so die Möglichkeit der individuellen Förderung und Entfaltung, ein Lernen jenseits der alten Grenzen von Stand, Klasse, Geschlecht; so auch die Befreiung aus alten Alpträumen und Ängsten, aus Unterdrückung, Vernachlässigung und dumpfer Gewalt. (Wer berühmt gewordene autobiographische Schilderungen liest, die Kindheit in unserem Jahrhundert in den zurückgebliebenen Regionen Europas beschreiben[139] – die Monotonie der äußeren Lebensbedingungen, der Mangel an Lernmöglichkeiten, der Zwang zur Arbeit, die anhaltende Erschöpfung –, wird die alte Zeit kaum als verlorene Idylle begreifen.) Aber dennoch wächst in den letzten Jahren eine Ahnung davon, daß auch das Zeitalter der Pädagogisierung, der umfassenden Sorge und Fürsorge seine Kehrseiten hat. Der Refrain der kritischen Äußerungen weist in folgende Richtung:

Der pädagogische Feldzug macht Kindheit immer mehr zum Programm, das sorgfältiger Überwachung bedarf, ständiger Kontrolle von Entwicklungsschritten und Defiziten. Das Kind wird zum abhängigen Wesen, das stets erwachsene Personen benötigt, die seine physischen und psychischen, gegenwärtigen und zukünftigen Bedürfnisse definieren, betreuen, verwalten. Unter dem Deckmantel der Liebe können auch die Machtphantasien der Erwachsenen gedeihen: »Eltern, ausgerüstet mit einschlägigen Zeitschriften und Büchern, drangsalieren ihre Kinder mit einem Gefühlsschwall, der aus der Kinderstube ein Sozialisationszentrum macht.«[140] Pointiert zusammengefaßt: Die Zuwendung kann eskalieren zum »Zuwendungsterror«.[141]

Ellen Key hat diese Tendenz schon zu Beginn unseres Jahrhunderts beschrieben:

»Das Kind soll immer irgend etwas bleiben lassen oder etwas anderes tun, etwas anderes finden, etwas anderes wollen, als was es tut oder findet oder will; immer wird es nach einer anderen Richtung geschleift, als nach der sein Sinn weist. Und all dies oft aus purer Zärtlichkeit, aus Wachsamkeit, aus dem Eifer zu richten, zu raten, zu helfen, das kleine Menschenmaterial zu einem vollkommnen Exemplar in der Modellserie ›Musterkinder‹ zuzuhauen und zu polieren!«[142]

So finden wir eine paradoxe Situation. Während die populärwissenschaftliche Literatur zum Thema Erziehung sich ständig um neue Ratschläge erweitert, wird innerhalb der Wissenschaft diese Entwicklung oft mit wachsender Skepsis betrachtet: Bei vielen Autoren kündigt eine »Abkehr von der Pädagogisierung«[143] sich an. Der allumfassende Zugriff der Pädagogik, einst als Formel für Fortschritt und Befreiung gesehen, wird in Frage gestellt, ja offen verdächtigt. Da »scheint die selbstlose Liebe des Erziehers heute erbarmungslos, die Parteilichkeit für das Kind als rastlose Vervollkommnung von Überwachung, Disziplinierung: als Dressur«.[144] Unterstützt wird diese kritische Perspektive durch die Ergebnisse empirischer Forschung wie durch Erfahrungen in der Familientherapie.[145] Danach ist es keineswegs immer zum Wohle des Kindes, wenn die Erwachsenen – und vor allem die Mütter – dauernd Verzichtleistungen erbringen. Denn unterdrückte Bedürfnisse, das hat die Psychologie hinlänglich sichtbar gemacht, sind ja nicht aus der Welt geschafft. Sie bahnen sich ihren Weg, nur in versteckten Formen, wenden sich als heimlicher Groll gegen Partner wie Kind. Da werden leicht Übererwartungen aufs Kind projiziert, und die Förderung geht in Überforderung über. Da werden Kinder nicht selten »in eine Rolle gedrückt, in der sie zur Lösung der Selbstwertgefühle der Mütter beitragen sollen«.[146] In der isolierten Kleinfamilie kann so ein Treibhausklima entstehen, in dem nicht nur Liebe, sondern auch Aggressionen gedeihen.

Auch ist die umfassende Zuwendung, die das Kind heute bekommt, oft so uneigennützig nicht, sie zeigt mehr als nur Spuren

einer »besitzergreifenden Liebe«.[147] In einer Langzeituntersuchung zum Thema »Frühkindliche Sozialisation« wird diese Tendenz deutlich sichtbar: »Die Kindzentriertheit der Eltern konstituiert... auch eine permanente Forderung an die Kinder...
Schuldete man früher seinen Eltern in erster Linie Respekt und
Gehorsam, so wird heute vielfach Liebe eingeklagt und das Kind
hat vielfach die Funktion, den Eltern emotionalen Support zu geben.«[148] Das Kind mit seiner offenen Zukunft konfrontiert die
Eltern mit ihrer eigenen Lebensgeschichte, den darin enthaltenen
Ambitionen, Ängsten und Sehnsüchten – bis hin zu den alten Träumen von Erfolg, Leistung, Aufstieg. Wer sagt, »das Kind soll es
einmal besser haben als ich«, denkt nicht immer nur ans Kind,
sondern oft auch an sich.

Und was, wenn die hochgesteckten Erwartungen sich so nicht
einlösen lassen? Viele Eltern werden sich abfinden und ihr Kind
dennoch lieben. Aber nicht immer gelingt dies. Zum Thema »Familie heute« gehört auch ein Kapitel, das vielfach übersehen,
vergessen, verdrängt wird: Die Gewalt gegen Kinder nimmt zu. In
wachsendem Maß werden Kinder und Jugendliche von ihren Eltern seelisch und körperlich gequält, sexuell mißbraucht und
emotional abgelehnt. (Auf der Basis umfassender Untersuchungen
wird geschätzt, daß in der Bundesrepublik mindestens 300 000 bis
400 000 Kinder und Jugendliche betroffen sind – das sind über
3% von den insgesamt 11 Millionen Kindern und Jugendlichen
unter 18 Jahren.[149]) Für diese Entwicklung gibt es sicher vielfältige
Ursachen. Doch ist hier besonders auffallend, daß es nicht selten
gerade auch die guten Absichten der Eltern sind, die ins Gegenteil
umschlagen: Enttäuschte Hoffnungen werden zu Schlägen. So das
Fazit empirischer Untersuchungen:

»Allzuoft projizieren Eltern in ihre Kinder Vorstellungen und Lebensplanungen hinein, die – im vermeintlich wohlverstandenen Interesse der
Kinder – ihre eigenen Vorstellungen und Bedürfnisse als Erwachsene sind.
Eltern wollen ›das Beste für mein Kind‹ und merken oft nicht, daß sie
gerade deshalb an wirklichen Wünschen und Bedürfnissen des Kindes vorbeigehen. Der Trend zur Ein-Kind-Familie... verstärkt diese Entwicklung... Ein großer Teil der Eltern bemüht sich heute, mit offenem oder
(was meist der Fall ist) mit unterschwelligem Druck auf gute Schulerfolge
ihrer Kinder und glatte Laufbahnen im Beruf hinzuarbeiten. In Familien, in
denen die Jugendlichen diesen Druck der Eltern nicht erfüllen können,
kommt es zu einem langanhaltenden Konflikt über die Berufs- und Lebens-

planung, steigt das Spannungs- und Belastungspotential eindeutig an ...
Die Nervosität und Gereiztheit der Eltern, die befürchten, ihr Kind könne
wegen schlechter Leistungen oder unangepaßtem Verhalten in einem
höchst angespannten Arbeitsmarkt den Anschluß an attraktive Berufs-
und Lebensperspektiven verlieren, kann schnell zu aggressiv aufgeladenen
psychischen und sozialen Beziehungen zwischen den Generationen führen.«[150]

Im Zusammenhang dieser Studien wird auch auf die besonderen
Bedingungen und Inhalte des Kinderwunsches heute verwiesen.
Erinnern wir uns: Da Kinder kaum noch gebraucht werden als
Arbeitskräfte und Erben, bleibt als die eigentliche Belohnung
meist der emotionale Wert, den Kinder haben. Dies ist, wie einschlägige Experten es sehen, eine »zwar intensive, aber auch sehr
unsichere und krisenanfällige Form der Belohnung«:

»Im Vergleich zur vor- und frühindustriellen Gesellschaft sind die emotionalen Beziehungen zwischen Eltern und Kindern heute sehr gefühlvoll und
intensiv. Es wird aber für beide Seiten, für Eltern und Kinder, zugleich
immer schwieriger, richtig mit diesem kostbaren Gut umzugehen.«[151]

Die Deutung liegt nahe, daß es in dieser Konstellation leicht zu
einer »Überemotionalisierung« der Kleinfamilie kommen kann,
zu einer Aufheizung der Gefühle im Binnenklima zwischen Eltern
und Kind. Ein ähnlicher Treibhaus-Effekt wird heute auch in vielen Partnerbeziehungen spürbar, im Verhältnis zwischen Männern
und Frauen. Doch da gibt es, falls die wechselseitigen Erwartungen und Übererwartungen sich in einen Dampfkessel verwandeln,
bekanntlich eine Notbremse, ein Ventil: Man kann die Scheidung
einreichen. Mit dem Kind jedoch – das ist der entscheidende Unterschied – bleibt man zusammengebunden. Einen legitimen Ausweg gibt es da nicht, nur die Norm, die kategorisch befiehlt: »Die
Eltern lieben ihr Kind!« Wo die Eltern die Liebe nach Norm nicht
aufbringen können, was sie wiederum verbergen müssen vor sich
und den anderen, da kann diese komplizierte Dynamik sich umsetzen in Schläge.[152]
Wenn man solche Gedanken weiterverfolgt, wird das Nebeneinander von Liebe und Gewalt, das zunächst so seltsam, so ungehö-
rig, so irritierend erscheint, faßbar. Der Zusammenhang der
beiden ist dann nicht mehr zufällig, sondern im Gegenteil systematisch bedingt: Die emotional aufgeheizte Erwartung explodiert
zur Gewalt. Die enttäuschte Liebe wird zur grausamen Liebe. Wir
beginnen zu ahnen, was wir gerne verdrängen, was auch die Fami-

lienforschung allzuoft ausblendet, was in den Polizeiakten unbarmherzig ans Licht kommt. Die Liebe, diese Errungenschaft der Moderne, die das neue Verhältnis zwischen Männern und Frauen, Eltern und Kindern ausmacht – diese Liebe ist nicht zu haben ohne die Kehrseiten, die (manchmal in Augenblicken, manchmal auf Dauer) hervordrängen: Enttäuschung, Erbitterung, Ablehnung, Haß. Der Weg vom Himmel zur Hölle ist nicht so weit, wie man denkt.

ULRICH BECK

Kapitel V

Der späte Apfel Evas oder
Die Zukunft der Liebe

Steigen wir noch einmal hinab zu den modernen Kultstätten des privaten Fundamentalismus – verniedlicht, verheimlicht und verheiligt als Liebe, Ehe, Familie. Wie leicht wäre es, wenn wir dafür zu fremden Kulturen und Kontinenten aufbrechen könnten! Doch diese Flucht in die Ferne ist uns versperrt. Liebesforschung ist eine Art Götterforschung in den Regionen des eigenen Ich. Die Expedition gilt den Sakralnebeln der Innerlichkeit, den Wunschhöhlen der Gefühle, den möblierten Räumen der Zärtlichkeit, den Opferstühlen von Haß und Verzweiflung. Wir brechen noch einmal dorthin auf, wo jeder und jede ganz individuell standardisiert seinen/ihren Mittelpunkt und Weltfluchtpunkt vermutet: zu den sozialstaatlich ausgelegten, beruflich zugeschnittenen Prunk- und Elendsquartieren der Liebe.

Dieses Mal interessiert die Zukunft. Als Vorgriff, um die Gegenwart besser zu begreifen. Aber auch als neugieriger Blick um die Ecke des Jahrhunderts: Was wird aus den Menschen und ihrer gegeneinander gerichteten, in den Spiegelkammern des Ichs gesuchten Liebe?

Eine Diagnose lautet: Man kann ebensogut eine Leiter an den Himmel legen und im Wolkenkuckucksheim einziehen, wie sein Glück in Ehe und Familie suchen. Denn die Wunschrealitäten, aus denen praktikable Familienverhältnisse heute und in Zukunft zusammengeflickschustert werden müssen, bauen auf dem Gegenprinzip auf, das die durchmarktete, vollmobile Technikgesellschaft für ihr Intimleben reserviert hat. Männer und Frauen müßten *Revolutionäre der Selbstlosigkeit* in einer durch und durch auf Vorteil, Vertrag, Geld, Strategie aufgebauten Gesellschaft sein oder werden. Sie müßten ganz kollektiv in ihrem, besonderen, auf *diese* – Namen bitte einsetzen! – Person bezogenen Fall an Märchen glauben. Der Klapperstorch und der Weihnachtsmann sind die eigentlichen Garanten für das allseits erstrebte Familienglück, der alltägliche Bau von Luftschlössern ist die »stabilste« Grundlage privater Harmonie.

Wenn es richtig ist, daß Liebe und Familie der gesellschaftliche Ort des Nicht ist: Nichtmarkt, Nichtkalkulation, Nichtzweckrationalität usw. Wenn es weiter richtig ist, daß dieses Nicht nichts Altes, keine überflüssige Verzierung, kein Rand-Nicht ist, sondern ein Zentral-Nicht, ein modernes Nicht, ein Nicht, das als Orientierungsmittelpunkt gerade in der enttraditionalisierten Privatsphäre mit dem Verblassen von Klassenerfahrung und politischen Utopien entsteht. Wenn dieses alles im Kern richtig ist, dann ist die moderne Kleinfamilie, historisch betrachtet, ein äußerst zerbrechliches Gebilde. Bedroht durch das, was sie hervorgebracht hat und zu stabilisieren scheint: Industrialisierung, Markt, Geld, Technik, Recht usw. *Die Durchmodernisierung hebt die Grundlagen der »modernen« Kleinfamilie auf.*[1]

Sicher läßt sich *beschwören*, Familie sei »unverzichtbar«, möglicherweise sogar »funktional unverzichtbar«. Aber auch dieses höchste soziologische Ordensprädikat, diese theoretische Verewigung einer Männerwunschwirklichkeit, ist nun einmal nicht die Bedingung ihrer Erfüllung.[2] Es bedarf kaum hellseherischer Fähigkeiten, um abzusehen, was mit dieser »zerbrechlichen Unverzichtbarkeit«, in der die Wünsche in der unsicheren, gefährdeten Welt Zuflucht suchen, geschehen wird. Man muß nur das Lineal nehmen und die Moderne weiterverlängern: Was geschieht – das ist die leitende Frage –, wenn nichts geschieht und damit das Undenkbare: das Chaos der Liebe wird gelichtet und geordnet gemäß den ganz normalen technischen, organisatorischen, rechtlichen Prinzipien der Modernisierung: Gleichheit, Geld, Vertrag, Pädagogik, Psychotherapie usw.?

Stellen wir uns also auf den prognostisch aussichtsreichsten Standpunkt und gehen – mit der verfügbaren Kraft des Gedankens wenigstens einmal der Wirklichkeit vorwegeilend – davon aus, daß zwischen Liebe und sagen wir: Apfelzucht, Liebe und Kontenführung kein wesentlicher Unterschied besteht.

Die theoretische Leitidee, aus der die folgenden Zukunftsszenarien entwickelt werden, lautet dementsprechend: Die irdische Religion der Liebe ereilt das Schicksal anderer Religionen, sie wird entzaubert, Kausalitäten, Konditionen und Bilanzen unterworfen. Das Wahrscheinlichste geschieht: (Gen)Techniker und Paragraphen siegen. Ein gesellschaftlicher Zwitter zwischen Markt und Unmittelbarkeit entsteht, das Ideal der berechenbaren, sicheren, medizinisch-technisch optimierten »Liebe« (Ehe, Elternschaft) setzt sich durch, das schon heute hinter den pausbäckig renovierten Traditionsfassaden überall hervorblitzt.

1. Die Mobilisierung der Illusion: Zurück zur Kleinfamilie

Bei der Frage nach der Zukunft »der« Familie wird häufig von falschen Voraussetzungen ausgegangen. Es wird die bekannte Form der Kernfamilie mit irgendeinem verschwommenen Zustand der Familienlosigkeit konfrontiert oder unterstellt, daß ein anderer Familientyp die Kernfamilie ersetzt. Sehr viel wahrscheinlicher ist – wenn die Analyse in diesem Buch stimmt –, daß nicht ein Typus von Familie einen anderen verdrängt, sondern daß eine *große Variationsbreite* von familialen und außerfamilialen Formen des Zusammenlebens nebeneinander entstehen und bestehen wird. Charakteristischerweise werden viele davon – Single-Dasein, voreheliches und eheliches Zusammenleben, Wohngemeinschaften, variierende Elternschaften über ein oder zwei Scheidungen hinweg usw. – als verschiedene Phasen in *einen* Gesamtlebenslauf integriert werden.

Doch ein Trend ist nicht schwer vorherzusehen: die heile Welt-Bewegung, die das Gestern zum Vorbild des Morgen nimmt: *zurück zur Kleinfamilie*. Vielen erscheint der Ausbruch aus Ehe und Familie als ein ausufernder Individualismus, dem politisch und institutionell durch gezielte Gegenmaßnahmen zur Stützung der Familie entgegengewirkt werden muß. Da es insbesondere die Frauen sind, die sich ein »eigenes Leben« jenseits der ihnen zugewiesenen Rolle in Hausarbeit und Eheversorgung erobern wollen, treffen ihre privaten und politischen Bemühungen auf besondere Ängste, Skepsis und Gegenwehr. Die Maßnahmen zur Rettung »der« Familie orientieren sich dabei an der Einheitsnorm des Zusammenlebens – der Ehemann, der die Brötchen verdient, die Ehefrau, die sie streicht, und zwei bis drei Kinder –, die überhaupt erst mit der Industriegesellschaft im 19. Jahrhundert entstanden ist. Trotz aller aufgezeigten Individualisierungs- und Freisetzungstendenzen gibt es auch Bedingungen und Entwicklungen, die der Forderung »Zurück an den Herd!« gesellschaftlich Nachdruck verleihen.

Von einer ökonomisch selbständigen, beruflich gesicherten Biographie kann bei mehr als der Hälfte der Frauen nicht die Rede sein. Zwar ist die Erwerbstätigkeit von Frauen, auch von Ehefrauen, kontinuierlich gestiegen; fast jede zweite Ehefrau ist 1988 berufstätig (bei nichtverheirateten Frauen sind es inzwischen 57,6%), während von allen Männern demgegenüber mehr als vier Fünftel erwerbstätig sind.[3] Anders gewendet bedeutet dies: Mindestens die Hälfte der Frauen bleibt auf die Versorgung über Ehe und Ehemann angewiesen. Die anhaltende Arbeitslosigkeit und die begrenzten, eher noch schrumpfenden Kapazitäten des Arbeitsmarktes ganz allgemein konservieren und restabilisieren die traditionalen Rollen und Zuständigkeiten von Männern und Frauen. Unterstützt wird diese Tendenz der Freisetzung *aus* der Erwerbsarbeit *in* die Eheversorgung durch den Kinderwunsch vieler Frauen. Beide Stabilisatoren der Frauenrolle – Erwerbslosigkeit und Kinderwunsch – könnten dort besonders wirken, wo Ausbildungsdefizite junger Frauen nach wie vor bestehen oder neu entstehen: in der beruflichen Ausbildung, und so zu einer *Polarisierung von Lebenslaufmustern* innerhalb der nachwachsenden Frauengeneration entlang der Bildungshierarchie führen.

Unterstützt wird diese politische Verwechslung von Vergangenheit und Zukunft durch die öffentliche und wissenschaftliche Dramatisierung der Mutterrolle, die die soziale Ächtung und die Gewissensbisse der berufstätigen »Rabenmutter« schürt. Ähnliches bewirken etwa fehlende Kindergärten oder die Festlegung von Kindergartenzeiten, die die Berufstätigkeit der Mutter ausschließen. So gibt es im Feld der Frauenpolitik, öffentlich und privat, vorgeschobene Themen und versetzte Kampfschauplätze und Strategien. Wer mit männlichem Spürsinn rechtzeitig das Hohelied der Mutterschaft singt, muß später nicht das Gegeneinander der Karrieren ertragen oder um die eigene berufliche Mobilität bangen und betteln.

Kindergartenzeiten, die Berufstätigkeit erschweren oder ausschließen, sind ein durchaus nicht unwirksames Hebelchen, um die alte Ordnung auch gegen den Willen der Mutter wieder einzurenken – infolgedessen eine Maßnahme zur »Senkung der Arbeitslosigkeit« durch präventives Abblocken der Frauen.

Doch wer die Rettung der Familie in den verriegelten Türen des Arbeitsmarktes sieht, macht die Rechnung ohne die Frauen und Männer, die unter diesen Verhältnissen zusammenleben sollen und wollen. Zunächst bleibt völlig unklar, wie die jungen Frauen die Enttäuschung ihres entschieden geäußerten Berufswunsches und die damit verbundene Abhängigkeit vom Ehemann verkraften werden. Ebenso offen ist, ob wirklich eine entsprechend große Zahl von jungen Männern bereit (und von der eigenen beruflichen Situation her überhaupt in der Lage) ist, das Joch der lebenslangen Ernährerrolle noch einmal auf sich zu nehmen. In jedem Fall werden die aufbrechenden Diskrepanzen zwischen systematisch erzeugten Gleichheitserwartungen der Frauen in Bildung und Recht und der Ungleichheitswirklichkeit in Beruf und Familie auf den Privatbereich innerhalb und außerhalb von Ehe und Familie abgewälzt. Es ist nicht schwer vorherzusagen, daß dies auf eine von außen induzierte *Verstärkung der Beziehungskonflikte* hinausläuft. Am Ende dürften die Barrieren des Arbeitsmarktes nur scheinbar die Kleinfamilie stabilisieren, tatsächlich aber genau im Gegenteil die Gänge vor den Scheidungsrichtern füllen oder die Wartezimmer der Eheberater und Psychotherapeuten.

Gleichzeitig wird auf diese Weise die neue Armut der Frauen vorprogrammiert. Wer unter den Bedingungen wachsender Scheidungszahlen die Frauen aus dem Arbeitsmarkt heraus und an den Herd zurückdrängt, muß wenigstens wissen, daß er für einen großen Teil der Gesellschaft *die Löcher im sozialen Netz reserviert.*

Dies verweist auf prinzipielle Mängel im Denken und Handeln aller Versuche, die alten Verhältnisse zwischen Männern und Frauen in Familie und Beruf wiederherzustellen. Erstens stehen sie im offenen Widerspruch zu den inzwischen rechtlich fixierten Grundsätzen moderner, demokratisch verfaßter Gesellschaften, nach denen ungleiche Positionen nicht qua Geburt zugewiesen, sondern über Leistung und Erwerbsbeteiligung, die allen offensteht, erworben werden. Zweitens werden die Veränderungen innerhalb der Familie und zwischen den Geschlechtern auf ein privates Phänomen und Problem hin verkürzt und der Zusammenhang mit sozialen und kulturellen Modernisierungen verkannt.

Dies spiegelt sich nicht zuletzt in den oft propagierten Vorschlägen, durch die die zerfallende Familienharmonie wieder gekittet werden soll. Manche meinen, gezielte Familienerziehungskurse könnten Abhilfe schaffen. Andere sehen in einer Professionalisierung der Wahl des Ehepartners die zentrale Familientherapie. Wenn wir nur erst genügend Eheberatungsstellen und therapeutische Einrichtungen haben, meinen wiederum andere, werden die

Probleme schon kapitulieren. Von der Pornographie über legalisierte Schwangerschaftsunterbrechungen bis zum Feminismus wird alles für die »Krise der Familie« verantwortlich gemacht, und es werden entsprechende Gegenmaßnahmen gefordert. Dabei ist die Rat- und Hilflosigkeit Pate der Erklärung. Die historische Entwicklung und gesellschaftlichen Zusammenhänge, aus denen die Konflikte entstehen, bleiben vollständig außerhalb des Blickfeldes.

Modernisierung ist aber – um in einem Vergleich Max Webers zu sprechen – kein Fiaker, aus dem man, wenn es einem nicht mehr paßt, an der nächsten Ecke wieder aussteigen kann. Wer wirklich die Kleinfamilie in den Formen der fünfziger Jahre wiederherstellen will, muß die Uhren der Modernisierung zurückdrehen, das heißt: nicht nur versteckt – z. B. durch Mutterschaftsgeld oder durch Imagepflege der Hausarbeit – die Frauen aus dem Arbeitsmarkt verdrängen, sondern offen, und zwar nicht allein aus dem Arbeitsmarkt, sondern gleich auch aus der Bildung; das Lohngefälle wäre zu verstärken; letztlich müßte auch die gesetzliche Gleichstellung rückgängig gemacht werden: Es wäre zu prüfen, ob das Unheil nicht schon beim allgemeinen Wahlrecht angefangen hat; Mobilität, Markt, neue Medien und Informationstechnologien wären einzuschränken oder zu verbieten. Kurz, die unhalbierbaren Prinzipien der Moderne müßten halbiert werden, und zwar dem einen Geschlecht – natürlich – zugewiesen, dem anderen – natürlich – vorenthalten werden und dies ein für allemal.

2. Gleichstellung als Vereinzelung:
Der Widerspruch zwischen Arbeitsmarkt und Familie

Als Gegenforderung wird die Forderung nach Gleichstellung der Frauen in allen gesellschaftlichen Bereichen erhoben. Die Allgeltung der Prinzipien der Moderne soll gegen ihre patriarchale Halbierung eingeklagt und durchgesetzt werden – in der Hausarbeit, in den Parlamenten und Regierungen, in den Fabriken, im Management usw. In den Diskussionen der Frauenbewegung wird diese Gleichheitsforderung meist mit dem Anspruch auf Veränderung der »Männerwelt Beruf« verbunden. Gekämpft wird für ökonomische Sicherheit, Einfluß, Mitbestimmung der Frau, aber auch, um dadurch andere »weibliche« Orientierungen, Werte und

Umgangsformen in das gesellschaftliche Leben hineinzutragen. Was »Gleichheit« im einzelnen heißt, bleibt interpretationsbedürftig. Hier soll eine – meist ungesehene – Konsequenz einer bestimmten Interpretation zur Diskussion gestellt werden. Wenn »Gleichheit« im Sinne der Durchsetzung der Arbeitsmarktgesellschaft für alle gedeutet und betrieben wird, dann wird – implizit – mit der Gleichstellung letztlich die vollmobile Single-Gesellschaft geschaffen.

Die Grundfigur der durchgesetzten Moderne ist – zu Ende gedacht – der oder die Alleinstehende (Lerke Gravenhorst).[4] In den Erfordernissen des Arbeitsmarktes wird von den Erfordernissen der Familie, Ehe, Elternschaft, Partnerschaft usw. abgesehen. Wer in diesem Sinne die Mobilität am Arbeitsmarkt ohne Rücksicht auf private Belange einklagt, betreibt – gerade als Apostel des Marktes – die Auflösung der Familie. Dieser Widerspruch zwischen Arbeitsmarkt und Familie (oder Partnerschaft ganz allgemein) konnte so lange verdeckt bleiben, wie Ehe für Frauen gleichbedeutend war mit Familienzuständigkeit, Berufs- und Mobilitätsverzicht. Er bricht heute in dem Maße auf, in dem die Teilung von Berufs- und Familienarbeit in die Entscheidung der (Ehe-)Partner gelegt wird. Mit dieser marktkonformen Interpretation der Gleichheitsforderung, erfaßt die Individualisierungsspirale immer stärker die Beziehungen zwischen Männern und Frauen. Daß dies nicht nur ein Gedankenexperiment ist, zeigen die sprunghaft ansteigenden Zahlen für Einpersonenhaushalte und alleinerziehende Mütter und Väter im internationalen Vergleich. Es wird aber auch an der Art der Lebensführung deutlich, die den Menschen unter diesen Bedingungen abverlangt wird.

In dem Leben, das – bei aller sozialen Orientierung und Vielfalt – im Kern allein geführt werden soll bzw. muß, sind Vorkehrungen erforderlich, die diese Art der Lebensführung gegen die in sie eingebauten Gefährdungen absichern. Kontaktkreise müssen aufgebaut und gepflegt werden für die verschiedensten Gelegenheiten. Dies erfordert viel Bereitschaft auf der eigenen Seite, die Lasten der anderen mitzutragen. Eine Intensivierung des Freundschaftsnetzes bleibt unverzichtbar und ist auch der Genuß, den das Single-Dasein bietet. Gerade die ausgesuchten Flüchtigkeiten haben ihre Reize. Alles dies setzt eine möglichst sichere Berufsposition voraus – als Einnahmequelle und als Selbstbestätigung und Sozialerfahrung –, die entsprechend gepflegt und behauptet werden muß. Der so entstehende »Kosmos des eigenen Lebens« wird auf das Zentrum des Ich, seine Verletzlichkeiten, Möglichkeiten, Stärken und Schwächen hin zugeschnitten und ausbalanciert.

Doch in dem Maße, in dem diese individualisierte Existenzführung gelingt, wächst die Gefahr, daß sie zu einem unüberschreitbaren Hindernis für die ja meist doch angestrebte Partnerschaft (Ehe, Familie) wird. In dem Single-Dasein wächst die Sehnsucht nach dem (der) anderen ebenso wie die Unmöglichkeit, diesen Menschen in den Bauplan des nun wirklich »eigenen Lebens« überhaupt noch aufnehmen zu können. Das Leben wurde ausgefüllt mit der Nichtgegenwart des anderen. Jetzt ist kein Raum mehr für ihn (sie). Alles atmet die Abwehr von Einsamkeit: die Vielfalt der Beziehungen, die Rechte, die man ihnen einräumt, die Gewohnheiten des Wohnens, die Verfügung über den Zeitplan, die Arten des Rückzugs, um die hinter den Fassaden bohrenden Schmerzen zu bewältigen. Dies alles wird durch die erhoffte Zweisamkeit in seiner mühselig austarierten Feinbalance gefährdet. Die Konstruktionen der Selbständigkeit werden zu Gitterstäben der Einsamkeit. Der Kreis der Individualisierung schließt sich. Das »eigene Leben« muß besser gesichert, die Mauern, die die Verletzungen, vor denen sie schützen sollen, mitbedingen, müssen höher gezogen werden.

Diese Existenzform des Alleinstehenden ist kein abweichender Fall auf dem Weg der Moderne. Sie ist das Urbild der durchgesetzten Arbeitsmarktgesellschaft. Die Negation sozialer Bindungen, die in der Marktlogik zur Geltung kommt, beginnt in ihrem fortgeschrittensten Stadium auch die Voraussetzungen dauerhafter Zweisamkeit aufzulösen. Damit ist sie ein Fall paradoxer Vergesellschaftung, in der die hochgradige Gesellschaftlichkeit, die in ihr zum Durchbruch kommt, nicht mehr in Erscheinung tritt.

In der hier vorgetragenen Art hat diese Überlegung zunächst eher »idealtypischen« Charakter. Wie die Daten (s. o.) zeigen, kommt ihr aber auch durchaus ein wachsendes Stück Realität zu. Mehr noch: Sie ist die wahrscheinlich ungesehene und ungewollte Konsequenz, in die die Forderung der Gleichheit der Geschlechter unter den gegebenen institutionellen Bedingungen hineinführt. Wer – wie Teile der Frauenbewegung – mit dem besten Recht Traditionen, unter denen die Moderne angetreten ist, weiterverlängert und die marktkonforme Gleichstellung von Mann und Frau einklagt und betreibt, muß auch sehen, daß am Ende dieses Weges aller Wahrscheinlichkeit nach nicht die gleichberechtigte Eintracht steht, sondern die Vereinzelung in gegen- und auseinanderlaufenden Wegen und Lagen, für die es heute unter der Oberfläche des Zusammenlebens bereits viele Anzeichen gibt.

3. Die »nacheheliche Ehe« – Scheidungsbedingte Groß- und Fortsetzungsfamilien

Wer, sagen wir, vom 22. Jahrhundert zurückschaut auf das industrielle Mittelalter der Gegenwart, die Wende ins 21. Jahrhundert, wird vielleicht lächeln und rätseln: Da gab es politische Instanzen noch und noch. Man schlug vor, stritt, stimmte ab, koalierte und kollaborierte. Dabei ging es um alles. Alles wurde noch einmal in den großen Medien ausgeleuchtet und durchgekaut. Nur *die* Veränderungen *nicht,* aus denen die Gesichtszüge des neuen Zeitalters hervorgingen. Diese vollzogen sich »normal«, politisch fast unbemerkt, allerdings im selben Maße radikal und tiefgreifend. Wie war es nur möglich, daß damals alle Welt in Erwartung der großen Veränderungen auf die Arenen der Politik – Parlament und Regierung – starrte, während die Veränderungen, sozusagen inkognito, durch die weit offenen Hintertüren der Normalität sich auf den leisen Sohlen des Vertrauten einschlichen und die Strukturen des Zusammenlebens um- und umkrempelten?

Die Antwort ist nicht leicht. Man müßte für sie aus dem Gehäuse der Selbstverständlichkeit krabbeln, in das die klassische Industriegesellschaft das Denken und Handeln eingemauert hat. In einem Vergleich gesprochen: Wer über das Umstellen der Stühle im fahrenden Zug streitet, darf sich nicht wundern, wenn das kein taugliches Mittel ist, um das Reiseziel zu wählen.

Die industriell-kapitalistische Entwicklung hat die Veränderung konstant gesetzt und zur Normalität erhoben. Daher ist es kein Wunder, daß in der Konzentration auf das »politisch Machbare« – das Stühlerücken – die Fahrtrichtung des Zuges und seine Geschwindigkeit aus dem Blick geraten. Doch seltsam bleibt es schon, wie versucht wird, mit dem Gezerre an den Stühlen die Landschaft zu wählen, durch die der Zug rollt, die er niederwalzt oder in der er zum Halten kommen soll.

Welches aber sind die Hintertüren der Normalrevolution? Eine haben wir in dem vorangegangenen Abschnitt kennengelernt: die

Durchsetzung des Gleichheitsprinzips im Sinne der Arbeitsmarktbeteiligung für alle über die Schnittgrenzen der Geschlechtsrollen
hinweg, an denen die klassische Industriegesellschaft das Verhältnis von Familie und Beruf befestigt hatte. Andere Hintenrum-
Veränderungsmöglichkeiten werden wir in diesem und den folgenden Abschnitten kennenlernen. Hier geht es um die Scheidung als
Drehtür in ein anderes Zeitalter privater Lebensverhältnisse.

Einerseits vollzieht sich in der Scheidung nichts prinzipiell
Neues. Im Gegenteil: etwas Vorgegeben-Dauerhaftes wird, wie
alles, das in den Horizont der Moderne gerät, auflösbar und entscheidbar gedacht und gestaltet. Man kann sogar sagen: Der
Widerspruch zwischen Entscheidungsgenese und Entscheidungs-
verschlossenheit, der für die religiös fundierte, lebenslange und
darüber hinaus gültige Ehe typisch war, bricht auf, und die Ehe-
bindung wird den Prinzipien der Abstimmung unterworfen, aus
denen sie sich herleitet. So what?

Andererseits öffnet – wie gezeigt werden soll – die Normalisierung der Scheidung die Tore für schmerzhafte, langfristige Dauer-
veränderungen, die die familialen Sozialstrukturen, die Muster
des Zusammenlebens innerhalb und zwischen den Geschlechtern
und Generationen im gleitenden Wechsel verschieben und neu ar-
rangieren. Dies bleibt in einer ersten Phase verdeckt – aus guten
Gründen. Erstens ist die Einschätzung der Unerheblichkeit die
Bedingung der Durchsetzung des neuen Prinzips. Die Herstellung
von Normalität, die die Moderne vorschiebt, nicht aber das mögliche Spektakuläre, das aus ihr folgt, ist der Pate der politischen
Genese. Zweitens vollzieht sich die Veränderung *als Einzelschick-
sal*, sozusagen in den mikroskopischen Formen der *jeweiligen* Ehe
und Familie. Also gleichsam unter der Lupe und in der Zeitlupe
des Einzelfalls – während die makroskopischen, gesellschaftlichen Strukturveränderungen keinen direkten Ort ihrer Sichtbar-
keit und Erlebbarkeit haben, sozusagen nur durch die statistische
Brille in Erscheinung treten und vor allem erst ein paar Jahrzehnte
danach aus den Eierschalen der Normalität schlüpfen, die ihrer
Durchsetzung dienen.

Es gehört zur sozialwissenschaftlichen und sozialen Legende,
daß die Ehebeziehung mit der Scheidung (nach einer angemesse-
nen Verarbeitung der damit verbundenen Schmerzen) aufhört.
Dieser Sicht liegt eine *fehlerhafte Gleichsetzung von rechtlicher
(sexueller und räumlicher) Trennung der Ehepartner und der so-*

zialen und psychischen Wirklichkeit der Ehe zugrunde. Erst allmählich erwacht die sozialwissenschaftliche Familienforschung[5] aus dem Dornröschenschlaf ihrer »familialen Kernfixierung« und bemerkt mit Erstaunen das widerspruchsvolle, mehrschichtige Phänomen einer »*nachehelichen Ehe*«, wobei der Gegenfall der »*innerehelichen Scheidung*« noch weitgehend unbeachtet bleibt.[6] Ähnlich wie jemand, der einen Arm verloren hat, mit ihm weitergreift, führen Geschiedene aus vielen Gründen lange Jahre eine Ehe ohne Ehe, eine Ehe, in der der Partner mit der Größe des Mangels und des Schmerzes präsent ist, den sein oder ihr Verlust hinterläßt.

Nur wer Ehe mit Sexualität, Liebe, Zusammenleben gleichsetzt, kann dem Irrtum verfallen, die Scheidung bedeute das Ende der Ehe. Wenn man die materiellen Versorgungsprobleme, die Kinder oder die gemeinsam erlebte Biographie ins Zentrum stellt, wird sofort klar, daß noch nicht einmal rechtlich die Ehe mit der Scheidung aufhört, vielmehr in eine neue Phase der nachehelichen »Trennungsehe« umschlägt. In dieser Phase treffen die Geschiedenen auf Dimensionen und Schichten ihrer Beziehung, die der Trennung nicht zugänglich sind. Zu diesem scheidungsverschlossenen Dingcharakter der Ehe, an dem sich die auseinandergegangenen Eheleute ihre Seele wund und blutig reiben, gehört insbesondere die unaufhebbare Gemeinsamkeit der Kinder und die erinnerte, gewordene Identität des vergangenen Zusammenlebens. Diese Themen und Formen negativen Zusammenlebens können den Horizont der Getrenntlebenden nicht weniger ausfüllen als die Ehe selbst.

»Als ich Dich das letzte Mal sah, hast du noch ein Wort fallen lassen, das gerade so gut wie ein Kanaldeckel auf meine offene Wunde paßte... ›ich hoffe, daß sich unser Verhältnis irgendwann wieder normalisieren wird‹... Himmel, wie sprichst du zu mir?! Ich will die Antworten jetzt, denn ich konnte es nicht, als ich Dir gegenübersaß, ich war wie gelähmt. Hör zu: ich teile Deine Hoffnung nicht: Ich werde Dich nicht wiedersehen in einer kalten, erloschenen Gegenwart. Dir mag es wünschenswert erscheinen und bequem, daß wir zu abgeklärten Menschen werden, die sich eines Tages wiedertreffen wie zwei Veteranen einer großen Liebesschlacht, solche, die sich gegenseitig die Ehrennadel der Tapferkeit und des Verzeihens an die Brust stecken. Zwei glückliche Davongekommene, die sich einst durch Himmel und Hölle jagten, und jetzt sitzen sie friedlich in einem Garten, die Libelle des Rasensprengers kreist schräg auf der Stelle, und ich spiele mit Deinen Kindern, während Du ein wenig von Deinen Berufssorgen plauderst und ich mich schäme, etwas über die Nöte meiner Einsamkeit und meiner Armut beizusteuern. Deine Frau bringt uns den Tee und verschwindet diskret... Du mußt wissen: mir ist diese Vision ein Greuel! Ich verabscheue den Gedanken, daß auch über uns die Zeit siegt, wie sie über alles und jedes hinweggeht. Warum lehnt sich auch niemand gegen sie auf? Sie ist nicht so allmächtig, wie man immer glaubt und dann nichts tut und ihr das Feld kampflos überläßt. Wo ich bin, war und sein werde, soll niemals Gras darüber wachsen. Und wenn ich immer so fortschreiben müßte, um Dich zu behalten, ich würde keinen Augenblick zögern, denn so bin ich Dir nahe, so erhalte ich uns und spreche mit Dir und vergnüge mich mit meinem gut gewesenen Leben.« (Botho Strauß)[7]

Wer also den juristischen Akt zum Kriterium und Schnittpunkt zwischen alter und neuer Ehe und Familie macht, verkennt naiv, daß Ehen sich über die Grenzen von Familien hinweg überlappen und überschneiden. Daß Geschiedene über Versorgungsfragen, über gemeinsame Kinder und über erinnerte Biographie eben doch vielfältig und vielschichtig verbunden bleiben, »bis daß der Tod sie scheidet«:

Versorgungsfragen: Spätestens im Übergang und Gegensatz zwischen verschiedenen Ehen zerbricht die Konstruktion des Brötchenverdieners. Was für eine Ehe gereicht haben mag, langt für zwei oder mehrere niemals, so daß mit Scheidungen – bei gleicher Leistung und gleichem Verdienst – der Mangel und seine Verteilung ihr Regiment entfalten.[8]

Elternschaft ist *spaltbar,* aber nicht *kündbar.* Nach der Scheidung leben Vater und Mutter getrennt, bleiben aber Eltern und müssen ihre fortbestehende Elternrolle nun über die Trennung und Konflikte hinweg neu aushandeln und ausfüllen. Die Familie gliedert sich also in die Ehe, die geschieden werden kann, und eine *nacheheliche Elternschaft, die in Mutterschaft und Vaterschaft zerfällt.* Nacheheliche Elternschaft bedarf (meist) der gerichtlichen Regelung, weil die Gegensätze ansonsten unüberbrückbar sind. Ob sie tatsächlich mit dieser zusammenfällt, ist offen und von außen schwer durchschaubar. Jedenfalls wird über den formalisierten Wechsel des oder der Kinder zwischen den getrennten Eltern ein Bodensatz möglicherweise konfliktvoll fortbestehender »Gemeinsamkeiten« – wenn man so will, eine hintergründige Restfamilienwirklichkeit – erfahrbar: die scheidungsverschlossene Elternschaft. Das mag im Einzelfall sehr Unterschiedliches heißen, und doch wird diese Wirklichkeit getrennter Elternschaft dort plötzlich bewußt, wo Mobilitätsentscheidungen der Mutter oder des Vaters – nun meist ohne Einflußnahme des Geschiedenen – die Regelungen der nachehelichen Elternschaft außer Kraft setzen.

Trifft schon die Gleichsetzung von rechtlicher mit sozialer Trennung nicht zu, wenn das Verhältnis der Eheleute selbst im Zentrum steht, so wird dies noch deutlicher, wenn das Beziehungsgeflecht der *Kinder* zum Angelpunkt der Betrachtung gemacht wird. Könnte man noch sagen, daß geschiedene Eltern wenigstens räumlich und rechtlich ein neues Leben beginnen, so stellt für die Kinder die Scheidung der Eltern den Beginn eines Doppellebens dar, in dem Zusammenleben nicht mehr mit Elternschaft zusammenfällt und die Kinder mehr oder weniger eine Art *emotionales und soziales Spagatleben* über zwei nun negativ aufeinander bezogene »Kernfamilien« führen müssen – mit all den Doppelbödigkeiten, Zwangsheimlichkeiten und Versteckspielen, aber auch den Chancen, die Eifersucht zwischen den »Getrennten« für eine Maximierung der eigenen Wunscherfüllung zu nutzen.

Wie immer man diese Mehrfamilienbindung der Kinder von geschiedenen Eltern in ihrer Vieldimensionalität ausleuchten und bestimmen mag, und wie groß auch die Unterschiede und die Wirkungen sein mögen, die diese gespaltene Lebenssituation kurz- und langfristig auf die Kinder hat – in jedem Fall symbolisieren die Kinder die Kontinuität, in gewisser Weise sogar *die Untrennbarkeit der Ehe,* die jetzt nur keinen Ort mehr hat. Sie, die Kinder, können sich jedenfalls von ihren Eltern nicht scheiden lassen. Nur wählen, mit wem sie primär und – in der notwendigen Folge – sekundär zusammenleben wollen und wie das Gegen- und Ineinander der Alt- und Neufamilien in ihrem Horizont einigermaßen lebbar verbunden werden kann.

Scheidung ist also immer nur selektiv und begrenzt möglich. Sie betrifft die Eheleute, nicht die Kinder und damit nicht die Familie als ganze, sondern nur ihre, wenn man so will, exekutiven Instanzen. Von unten, von den Kindern betrachtet, bleibt in der unlösbaren, zugewiesenen Elternschaft sozusagen die Familienelternschaft eine Realität ohne sozialen Ort. Sie müssen (vergleichbar übrigens der doppelberufstätigen, vollmobilen Ehe) sie nun über die Grenzen der neuen Rumpf- und Kleinfamilien für sich *herstellen* – gegen die Bedingungen der Trennung (auf die eine oder andere Weise).

Hier wird deutlich, daß die Gleichsetzung von Scheidung mit Familienscheidung eine parteiliche, auf die Dominanz der Eltern bezogene Sicht ist. Wenn dieser Bias überwunden wird, tritt überdies hervor, daß Scheidung zu einem *Auseinanderfallen zwischen Ehe und Elternschaft, Ehe und Familie* führt. Mit der Scheidung zerbricht die Einheit von Ehe und Familie, nicht aber die Familie in einem bestimmten Sinne. Die Wirklichkeit der Familie bleibt mindestens als Zwang für die Kinder erhalten, das Verhältnis zu ihren leiblichen Eltern nun über die Grenzen und Gegensätze der neuen »Kleinfamilie« hinweg für sich in irgendeiner Weise aufrechtzuerhalten und herzustellen.

Während also Ehen aufgekündigt und neu geschlossen werden können, gilt dies für Familien in einem bestimmten Restsinne gerade nicht. Sie leben mindestens in den Personen der Kinder hinter den Fassaden und über Grenzlinien neuer Ehen und Familien hinweg fort. Dementsprechend ist das Bild der Familie für Kinder nach der Trennung, die mit einem wiederverheirateten Elternteil in einer neuen Kernfamilie weiterleben, prinzipiell mehrdeutig, jedenfalls nicht deckungsgleich mit der Familie, in der sie leben. Sie gehören gleichzeitig verschiedenen Familienkreisen an und können aus ihrer überlappenden Familienexistenz, neben schwer lösbaren Konflikten, u. U. auch materielle und soziale Vorteile ziehen, etwa was Erbschaften betrifft oder die Nutzung sozialer Beziehung, z. B. in der Konkurrenz am Arbeitsmarkt.

Dieses Auseinanderklaffen von Ehe- und Familienwirklichkeiten wird zusätzlich klar, wenn der Schwerpunkt der Betrachtung auf die *Großeltern* gelegt wird. Den Eltern der Eltern werden je nach Scheidungsregelung, wenn es schlimm kommt, ohne Zutun und Verschulden die Enkelkinder »geraubt«. Jedenfalls was den selbstverständlichen sozialen Kontakt betrifft. Zugleich personifizieren sie, zusammen mit den Kindern, die Bruchstücke der unauflöslichen Restfamilien, die durch Scheidung auseinanderdividiert wurden. Im Zuge von Mehrfachscheidungen und Wiederverheiratungen »sammeln« sich sozusagen in ihrer Person die getrennten Familien, so daß, wenn, gedankenexperimentell gesprochen, die Scheidungen maximiert werden, bei gleichbleibenden Kinderzahlen, die Zahl der »Enkelkinder« für ein und dieselben Großeltern exponential wächst.

Der Formenwandel, den ehemals kleinfamiliale Privatverhältnisse im Zuge der Normalisierung von Scheidungen durchlaufen, kann schließlich auch daran verdeutlicht werden, daß *leibliche* und *soziale* Elternschaft sowie *soziale* und *rechtliche* Elternschaft immer weniger zusammenfallen und immer seltener aus dem faktischen Zusammenleben einer Kleinfamilie erschlossen werden können. Mit der Zunahme von Scheidungen wachsen Kinder nur noch in Grenzfällen in ihrer Geburtsfamilie auf.[9] Immer häufiger dagegen in Familienkonstellationen, in denen Kinder aus verschiedenen Ehen eine neue, vorübergehende Nicht-Mehr-Kernfamilie bilden, mit »Brüdern« und »Schwestern«, die jeweils anderen sozialen und biologischen Vererbungslinien zugehören. Scheidung lockert also systematisch und langfristig die im Urbild der lebenslangen Kernfamilie zusammengeschweißte Einheit von Biologie und Gesellschaft.

Wenn man so will, kann man sagen: Ebenso wie die Fortpflanzungsmedizin mit den ausgefalteten und ausgefeilten Möglichkeiten der medizinisch verselbständigten, unehelichen und überehelichen künstlichen Befruchtung soziale, biologische und rechtliche Elternschaft auseinanderdividiert, erfolgt diese Verselbständigung auch im Zuge steigender und normalisierter Scheidungshäufigkeit.

Man kann über die wissenschaftlich eben erst entdeckten, Generationen- und Geschlechterbeziehungen übergreifenden Lebensverhältnisse, die durch Mehrfachscheidungen aufgespalten und gemischt werden, vieles sagen: Zum Beispiel, daß auf diese Weise mehrschichtige und von außen schwer durchschaubare und aufschließbare Netzwerke ineinander verschachtelter, unvollständiger »Großfamilien« entstehen, die mit dem Standpunkt der Beteiligten variieren. Daß also Scheidung in gewisser Weise auch Individualisierung im Sinne von Vereinzelung *entgegenwirkt*. Gewiß nicht aber läßt sich die bislang weitgehend vorherrschende Auffassung halten, daß Scheidung nur der Ausgang aus einer und der Übergang in eine andere Kleinfamilie ist, so daß hohe Scheidungsraten den Sozialcharakter, die familiale Sozialform der Privatsphäre unberührt lassen. Dies ist jedenfalls nur solange möglich, wie das Auseinanderfallen, die Umschichtungen und Überlappungen divergierender Teildimensionen und -wirklichkeiten innerhalb und zwischen »Familien« durch hierarchiekonforme, operationale Fixierungen auf den sogenannten »Kern« der sogenannten »Kleinfamilie« verdeckt und vertuscht werden.

Es gehört schon ein gehöriges Maß empirisch verhärteten

Wunschdenkens dazu, den sozial- und familienstrukturellen Formenwandel zu verkennen, der durch millionenfache Scheidung in vielen kleinen Schritten langfristig eingeleitet und durchgesetzt wird. Die empirische Familienforschung, die nach wie vor punktuell in Kategorien von Kleinfamilien denkt und forscht und deren – im »Kern« – unversehrte Realität mit der Überzeugungskraft von Massendaten zu belegen versucht, wird wohl eines Tages als ein Lehrstück *blinder Empirie* in die nicht rare Kuriositätensammlung wissenschaftlicher Pauschalirrtümer eingehen.

4. Der späte Apfel Evas:
Die »erlittene« Emanzipation der Männer

Während die Frauenemanzipation in aller Munde ist, nicht nur das: in ihrer singularisierten Form die schönste Familienharmonie über Nacht erdbebenartig erschüttern kann, ist vom Ausbrechen der Männer aus der ihnen zugewiesenen Rolle nur vereinzelt die Rede. Gewiß, es gibt die vorgeschriebene »midlife crisis«, die Langhaarigen, die Softies, die Gruppen alleinerziehender Väter und die homosexuellen Clubs. In den Bankreklamen spielt der windelnde Vater inzwischen eine hervorragende Rolle. Klar geworden ist auch: Es gibt keinen Zusammenhang zwischen Penis, Karriere und Rakete, der auf irgendeine Natur zu gründen wäre. Das *noch einmal* auszuargumentieren, hieße, die Literatur zum Thema zu verdoppeln.[10] Doch ob und wie dieses durch und durch brüchige »stählerne Gehäuse der Männlichkeit« abzustreifen ist und wie der seiner selbst bewußte Mann *jenseits* erzwungener Männlichkeit oder des vorgeschriebenen sanften Gegenteils, jener verfehlten Kopie eines unterstellten Frauenwunsches, aussehen könnte, bleibt nicht nur unklar, wird auch kaum in Disputen konfliktfreudig öffentlich zu klären versucht. Vielleicht ist das kein Zufall. Vielleicht ist die Kopie der Frauenemanzipation oder das meist grenzenlos borniert Nein, das hier und dort gegen ihre Auswüchse und Verschrobenheiten gewagt wird, auch ein Zeichen dafür, daß sich die Männer im Glanze ihrer (Schein-)Sicherheit über ihre Lage noch gar nicht recht klar geworden sind.

Die Männerbilder bei Frauen und in der Frauenbewegung oszillieren zwischen patriarchalischem Unterdrücker, Sexmaschine, wissenschaftlich aufgemotzem Weltzerstörer einerseits und Pantoffelheld, Gefühlskrüppel, Samenspender und spätkindlichem Familienanhängsel andererseits. Um diese Wunschbild-Negationen, diese Gleichzeitigkeit von Gegensätzlichstem etwas aufzuhellen, mag es sinnvoll sein, eines klarzustellen: Die Metapher von Herr und Knecht, die Hegel entwickelt, Marx weiterentwickelt und die feministische Theorie auf das Verhältnis von Männern und Frauen angewendet hat, stimmt nicht, hat einfach umgesetzt nie gestimmt, aus prinzipiellen Gründen nicht.

Denn der Mann ist (dem traditionellen Geschlechtsrollengefüge nach) nur der *haus*arbeitslose Herr, muß aber knechten, um die Brötchen zu verdienen. Anders gesagt: seine Phantomstellung in der Familie setzt das Aushalten der Erwerbsarbeit voraus. Die Unterdrückung von Zweifel und Widerspruch, die vorwegeilende Anpassung an die vermutete »höhere Gewalt« des immer vorhandenen »Vorgesetzten« war und ist in vielen Fällen bis heute die schweigend und schimpfend ertragene, ätzende Voraussetzung der sagenumwobenen »Männerherrschaft«.

Die Hierarchiehörigkeit des Mannes im Betrieb, sein Berufsegoismus, seine Konkurrenz- und Karrierefixiertheit sind auch die andere Seite der Sorge um die Familie. Sein »Familiensinn« konkretisiert sich nicht (traditionell gesprochen) im Haushaltsengagement, sondern – paradox genug – in der im Haushaltsgeld materialisierten Selbstunterdrückung im Beruf. Sein »Schicksal« ist eine Art *»Unterwerfung aus Altruismus«*. Er schluckt und schluckt, nicht weil es um ihn geht, sondern weil er die »hungrigen Mäuler« zu Hause stopfen muß.

Die Fassaden männlicher Gewalt und männlicher Begierden sind aus der Feuertaufe der Konkurrenz und der Unterordnung in der Arbeitswelt entstanden. Der direkte Weg zur dauerhaften Sexualität war dem Mann im traditionalen Gefüge versperrt. Nur im Ehebett konnte legitimerweise genossen werden, worauf das wenig geheime Zentrum seiner Wünsche, medizinisch »Penis« genannt, ihn zielen ließ. Der Weg ins Ehebett aber führte durch das Werktor und die körperlichen und symbolischen Lasten, die Mann tragen und ertragen mußte. In der männlichen Rolle sind idealtypisch die Entfernung und Entfremdung von der Sexualität, die Aneignung von Fähigkeiten zur Erstürmung der Welt, die Einbindung in eine Organisationsmaschinerie, die auf Austauschbarkeit zugeschnitten ist, der *direkte* Weg durchs Unendliche, um die eigene fremde Person, Zärtlichkeit, Liebe, Sexualität zu erkunden und zu entfalten. Die Männerkultur ist eine unterdrückende und unterdrückte Kultur, weil sie Abstraktion, den Erfolg im Gegenteil zur Voraussetzung männlicher und weiblicher Lebens- und Liebesneugierde macht. Am Ende gibt es kein Jenseits mehr. Mann ist Mann. Arbeit ist Arbeit. Basta.

Wie ungenau die Herr-Knecht-Dialektik das Männer-Frauen-Verhältnis trifft, wird auch daran klar, daß der Herr auf den Knecht angewiesen ist, der Mann im Stadium der Frauenemanzipation aber nicht mehr auf die Frau, genauer: die Ehefrau. Im Machtkampf, der zwischen den Geschlechtern ausgebrochen ist, sind die Karten der Männer nicht schlecht gemischt. Sexualität und Liebe sind nicht mehr an Ehe und materielle Versorgung der Ehefrau gebunden. Wenn Mann so will, kann Mann sagen: Liebe und Sex ja, Ehe nein – und kommt damit auch noch der Emanzipation der Frau entgegen. Wer nicht ein Leben lang eine »weibliche Arbeitslose« durchfüttern will, muß auf die Berufstätigkeit der Ehefrau setzen und kann damit beides vorantreiben: die finanzielle und soziale Unabhängigkeit der Frau *und* seine eigene Befreiung aus dem jahrhundertealten Joch des Um-zu: Berufsunterwerfung um der Familienerhaltung willen.

Hier wird deutlich: In gewisser Weise vollzieht sich die Emanzipation des Mannes *passiv*. Daher auch eher lautlos. Sie liegt im Genießen des aufgezwungenen Verzichts. Er muß nicht aktiv ausbrechen – wie die Frau aus der Hausarbeits- und Mutterrolle – und eine andere Welt, die der Arbeit, der Wissenschaft, der Politik erobern. Dies hat er hinter sich, ist für ihn Konformität. Doch der Ausbruch der Frau – ihre sexuelle Revolution, ihr beruflicher Eroberungswille – hat den Mann unter den Auspizien des Kampfes gegen ihn von dem Joch seiner Zwänge befreit. *Die wohl ungewollte Nebenwirkung der Frauenemanzipation ist die des Mannes:* Er wurde aus der Alleinverdienerrolle vertrieben? Gut, das heißt: die Frau verliert ihr Anrecht auf eheliche Versorgung. Die Frau entdeckt ihre Sexualität? Gut, das heißt: die Hüterin des Ehemonopols verläßt und zerbricht dasselbe. Das erhöht das Angebot. Partnerschaft, Sexualität, Liebe, Zärtlichkeit werden – schon im wohlverstandenen Eigeninteresse der Frau – aus den Ketten des Eheringes gelöst.

So betrachtet könnte es durchaus sein, daß die Männer – oft allerdings ohne Einsicht in ihre objektive Listigkeit – eine der Freiheit und nicht der Willkür dienende Emanzipation der Frau stellvertretend für ihre eigene Selbstbefreiung begünstigen, fördern. Sie betreiben sozusagen zuschauend-versetzt ihre »Selbstbefreiung«, indem sie fassungslos-wohlwollend dem Ausbruch der Frauen aus ihrer Rolle huldigen. Ihre Emanzipation – ihre Befreiung aus dem Joch des Alleinverdieners – fällt ihnen dann wie ein reifer Apfel in den Schoß. Der späte Apfel Evas. Es sei nicht verschwiegen, daß in diesem Bedientwerden in Sachen Selbstbefreiung die alte Pascharolle neu belebt wird. Auch nicht verschwiegen sei, daß das borniere Entsetzen vieler Männer wenig Einsicht in das versetzte Glück der eigenen Lage enthält.

Die geschenkte Emanzipation der Männer, die das Glück ihres Unglücks immer noch nicht fassen können, hat allerdings den bedenklichen Nachteil, daß sie sich nicht nur sozusagen ohne den Mann vollzieht, sondern auch noch gegen ihn. Es ist eine hohle, aufgepflanzte, eine Emanzipation ohne Emanzipation. Die Männer sitzen in der Mitte ihrer Welt, die es gar nicht mehr gibt. Um sie quillt und schleicht der feministische Pulverdampf. Knistert es im Gebälk. Rieselt es aus den betonenen Denkmälern ihrer Männlichkeit. Nichts-Bemerken, Beschwören der alten Harmonie ist die erste Männerpflicht. Notfalls mit Gewalt. Versteckter Gewalt. In Liebe und Geld versteckter Gewalt. Nun noch die Gegenunterdrückung der Frauen vorwegnehmend unterlaufen, heimzahlen.

Daß ihr Joch – die männliche Brotverdiener-Gesellschaft – im Aufbruch der Frauen verschwunden ist, macht nichts. Sie nehmen das Joch auf sich. Daß ihre »Dings-Da-Orientierung«, ihr quantifizierendes »Hopplahopp« allen Spaß an der Freude verdirbt, einschließlich der eigenen, macht nichts. So ist halt die »männliche Natur«.

Sicher, wo einmal alles zusammenlief: Karriere, Einstecken, Weiter, Höher, Weg da!, wäre erst einmal ein großes dickes Nichts. Das Naheliegendste, Ungewohnteste, Vertrauteste, der hergestellte Trottel im Gewande der selbstgesponnenen Geckhaftigkeit müßte entdeckt, entkleidet, erobert werden. Beispielsweise Augen. Sehen, wahrnehmen – das wäre ein transkontinentaler Abenteuerurlaub im eigenen Leben, im eigenen Leib.

Dann aber könnte Mann ausufern, auswuchern – zu Haus und in dem verfluchten Mensch-Mechanismus der Arbeit. Umstülpen, Routinen von der anderen Seite betrachten, nachfragen, nachbohren, nicht klein beigeben, aufmüpfig werden und Eigenes, Verqueres präsentieren. Oder einfach verfaulen, verludern, die Schmeiß-

202

fliege werden, die man auch ist. Familienarbeit muß ja nicht heißen: das zwanghafte, weibliche Putzlumpenmanagement kopieren. Sich nun auch noch dort unterwerfen, in die letzte Hinterbettnische kriechen. Vielleicht ist Staub schön? Vielleicht kleidet das Loch im Strumpf? Vielleicht nimmt die vergessen plazierte Unterhose, wenn sie erst einmal wirklich versteinert ist und angereichert mit Käsepapier und verschmierter Wurstgabel, einen Beuys vorweg, den es noch nie gegeben hat, zu dem Beuys schlicht der Mut oder die Idee fehlte. Vielleicht hat Beuys' »Fett-Ecke« überhaupt erst ein schwaches Abbild von männlichen Schönheitsidealen und ihnen entsprechender Haushaltsführung gegeben? Anfangen, ausprobieren, Bettenberge wachsen lassen, kämpfen, umfallen, lachen, verzweifeln, sich verrennen im nur dünnhäutig hinter den Ordnungen überall lauernden Chaos. Aber leben, einmal einfach anfangen zu leben – und dann nie wieder aufhören. Doch das ist alles Wunschkonzert angesichts einer dominierenden Männerwirklichkeit, die noch nicht einmal bemerkt hat, daß es sie nicht mehr gibt.

Richtig ist: die Bereitschaft sogenannter »männlicher, jugendlicher Erwachsener«, eine Ehe einzugehen, bei der die Ehepartnerin keine Berufsausbildung hat, läßt nach. Richtig ist auch, daß in der Mehrzahl die Stimmung und Strategie im Verhältnis zur Emanzipation der Frauen umgeschlagen ist. Mann gibt sich offen und aufgeschlossen. Das »Heimchen am Herd« ist passé. Aber die neue Auffangstellung für die alte Ordnung ist bereits ausgeguckt und ausgebaut: *das Kind*, die »Notwendigkeiten« der Mutterschaft. Indem die Frauenfrage in eine Kinder- und Mutterfrage verwandelt wurde – unter aktiver Beteiligung der Frauen –, meinen viele Männer mit der eingeübt fehlenden Selbstbedenklichkeit ihrer Lage, es sich wieder in den alten Polstern bequem machen zu können.

Die Rache folgt – spätestens – vor, während, nach der Scheidung, wenn Elternschaft sich aufspaltet und Mutterschaft sich gegen Vaterschaft wendet. Dann schlägt auf den Mann, der nun sein Vaterherz entdeckt, seine rechtlich zementierte Abwesenheit von der Familie zurück, auf der er so lange selbstverständlich sein Leben aufgebaut hatte: Der Vater wird zum Opfer der umgekehrten Ungleichheit, auf der er es sich bisher bequem gemacht hatte. In allem, biologisch und rechtlich, herrscht die Mutter, lebt der Vater von der Gnade, die sie ihm nun meist nur noch gerichtlichminimiert gewährt.

Vater werden ist nicht schwer, *geschiedener* Vater sein dagegen sehr. Wenn es zu spät ist, wird in dem Kind die Familie zum Ort der Hoffnung, der konkreten Mühe, für die ansonsten »beim besten Willen« Aufmerksamkeit und Zeit einfach nicht vorhanden waren. Der geschiedene, seine Gefühlswelt entdeckende Vater-Mann ist der Trauerfall der erzwungenen Emanzipation, die entdeckt, ergriffen wird, wo ihr das Ziel entglitten ist.

Nun kehrt sich alles gegen ihn. Zug um Zug bekommt er Quittungen für seine familiale Exterritorialität: erzwungene Einsamkeit, angelernte Hilflosigkeit, Besuchszeiten, Versorgungsregelungen – das sind die Gitterstäbe, hinter der die entdeckte Vaterschaft sich nun zu Unrecht eingesperrt sieht. Die Empörung, der Schmerz, die Verbitterung sind – manchmal – die Schockschwellen einer beginnenden Männeremanzipation.

Streng genommen ist in allem der alte Adam überflüssig geworden. Fast schon ein Relikt, das im Museum seiner selbst Ausstellungswert besäße – wenn es nicht so dominant wäre: Vom Brotverdienen muß die Frau verdrängt werden, damit es der Mann noch zur tragenden Säule seiner Existenz erklären kann. Beim Kindermachen hat den Ehemann die Konkurrenzkoalition von Samenspender, Arzt und Reagenzglas aus dem Rennen geworfen. Seiner schwanzfixierten Bumssexualität ist der Schmetterling der erwachten weiblichen Lust davongeflogen. In all diesen Fiktionen kann Mann weiterhausen. Doch ihr Zusammenbruch, ihr erzwungener, erlittener Verlust ist der Verlust von Ketten. Daß das nicht bemerkt und ergriffen wird, hat Evas späten Apfel auch nicht gerade knackiger werden lassen.

5. Scheidung als Trauzeuge: Ehekoalitionen

Nichts stimmt mehr zusammen: die Rollenbilder von Mann und Frau, die Gemeinsamkeitsdefinitionen der Familie, die Art der Eigenerwartung, der Fremderwartung, die Vorstellungen von Zuständigkeit und Arbeitsteilung, die Vorstellung von persönlicher Entwicklung und wie dieses alles im Zeitablauf immer wieder revidiert und zusammengebunden werden kann. Wo die Wünsche und Erwartungen im Vorgegebenen nicht mehr aufeinander beziehbar und miteinander harmonisierbar sind, müssen sie ausgehandelt und vereinbart werden.

Die Probleme, die die Kleinfamilie überrollen, sind nicht nur individueller, sondern allgemeiner Art. Viel ist die Rede von der Anspruchsinflation in der Bevölkerung. Das Umgekehrte gilt aber gewiß nicht weniger: Die schon von innen her Zerreißproben ausgesetzten Kleinfamilien sehen sich *einer Inflation staatlicher Zumutungen* ausgesetzt. Sie haben nicht nur als bürokratischer Lückenbüßer – genannt »mündiger Bürger« – sozusagen eine Planstelle für Unlösbares in allen Ressorts inne. Sie werden auch noch – zugespitzt, aber durchaus realistisch gesagt – als »Müllkippe der Nation« mißbraucht. Da wären zu nennen: die elterlichen Nachhilfe-Stunden, die im Lehrplan und Stellenplan für Lehrer schon eine konstante Rechengröße sind. Die Belastungen durch Schadstoffe in Luft und Wasser, Gifte in den Lebensmitteln, die für die Familie, meist die Mutter, eine ungeheuere Arbeitsintensivierung bedeuten. Zugleich soll sie durch die Zusammenstellung des Speisezettels vom Tisch räumen, was Behörden, Experten und Industrien in legalisierter Komplizenschaft so alles in die Privatsphäre rieseln lassen, schütten und pumpen. Zeitpunkt und Häufigkeit der Geburt des Nachwuchses müssen zum Zwecke der koordinierten Karriere- und Rentensicherung geplant werden. Selbstverständlich ist die Familie die Arbeitslosenhilfe, die – spätestens – nach der Arbeitslosenhilfe kommt. Und wenn die arbeitswilligen Familienmitglieder nicht alle so mobil sind, wie der Arbeitsmarkt es fordert, dann werden sie amtlich der Drückebergerei verdächtigt und müssen damit rechnen, ihrer erarbeiteten Ansprüche verlustig zu gehen.

Gegen diese »Problemchen«, gegen diesen »Schnupfen« der Familie hat die Hausapotheke der Moderne im wesentlichen die übliche Medizin parat: »(Tausch)Rationalität«, dreimal täglich, möglichst präventiv, in Form von Absprachen, Verträgen, Paragraphen, Beratung, Therapie. Das Verzwickte ist nun dies: Wo Unsicherheit dieses Ausmaßes, und zwar im Zentrum des erhofften Glücks, auftritt, *muß* verhandelt, festgelegt, geplant werden. Doch diese Medizin ist ein Teil der Krankheit, die sie heilen soll. Die gesuchte Spontaneität, das Nicht von Markt und Kalkulation, der Zusammenklang der Gefühle, der gerade mit der Freisetzung aus den traditionalen Geschlechtsrollen und Lebensformen ersehnt wird, wird ins Gegenteil gekehrt. Die vertragliche Sicherheit entwertet das, was sie ermöglichen soll: Liebe.

Der Ehevertrag ist keine Erfindung der Moderne. Im Adel wurden zur Verteilung von Besitzgütern und Rechten komplizierte Verträge zwischen den im Ehebund zusammengeschlossenen Familien ausgehandelt und besiegelt. Bezeichnenderweise nicht – wie heute – zwischen den Brautleuten, sondern zwischen ihren Väterfamilien. Wobei der Brautvater für die Aussteuer aufzukommen hatte, während der Bräutigam und seine Familie die Besitztümer für die Versorgung bereitstellten. Doch Sinn und Ziel jener Eheverträge sind nur noch entfernt verwandt mit dem Zweck, den diese heute verfolgen. Es ging nicht um die vorweggenommene Regelung der Scheidungsfolgen und um die Festlegung von Normen, die das Zusammenbinden und Zusammenfinden der Interessen im Alltag bestimmen.

Die Hochkonjunktur der Eheverträge heute ist das Spiegelbild, der Paragraphen-Gradmesser für das Ausmaß an Unsicherheit, das im familialen Alltag herrscht. Je mehr Paragraphen, desto größer der empfundene Abgrund, über den vertraglich ein Netz gespannt werden soll. Scheidung ist keine Ausnahmeerfahrung, sondern die Regel. Mindestens in der allernächsten Umgebung ist jeder mit ihr konfrontiert. Dieses Ereignis ist sozusagen die Explosion der Gegensätze und Spannungen, die ansonsten in der Familie latent gehalten werden können. Wer sie durchlebt hat, wird sich, wie die/der Überlebende eines gesunkenen Passagierdampfers, das nächste Mal, wenn er eine Seereise antritt, eine Rettungsweste anlegen. Diese Schwimmweste ist der Ehevertrag. Bezeichnenderweise stopft die Schwimmweste die Löcher des lecken Dampfers Familie nicht, erleichtert aber die persönlichen Folgen seines Untergangs.

Wen wundert es, daß Scheidungserfahrene – sei es, daß sie selbst durch dieses Feuer gegangen sind, sei es, daß sie Kinder geschiedener Eltern sind –, die ihr Glück miteinander versuchen wollen, Eheverhandlungen aufnehmen wie politische Parteien Koalitionsverhandlungen. Das Ende ist der Pate des Anfangs. Die erwartbaren Probleme die Trauzeugen. Alle Quellen von Konflikten in, neben und nach der Ehe sollen vor der Schwelle zu ihr eine allgemeine Regelung finden. Im Vordergrund stehen Vermögens- und Unterhaltsrechte, aber auch der Streit ums Kind soll vorweg aufgefangen werden. Zum einen, indem die Rechte im Fall der Scheidung festgelegt werden, zum anderen, indem die Magna Charta der Erziehungsleitbilder niedergelegt und damit Erziehung als Konfliktquelle entschärft wird. Eigentumstitel werden auch im

Hinblick auf Freizeit, Urlaub und, besonders pikant: persönliche Entwicklung ausgetauscht. Nicht selten versichern sich die Liebesgeschäftspartner der wechselseitigen Unterstützung zur Selbstentfaltung und codieren ihre Tauschrechte daran nach dem Modell: wenn ich deine Karriere unterstütze, mußt du meine Ausbildung fördern.

Auch Kleinkram läßt sich festschreiben: Einzelheiten der Hausarbeitsteilung vom Schuhputzen bis zum Frühstückmachen. Details der Sexualität, die tolerabel als persönliche Dienstleistungen einklagbar sind, und solche, die nicht in Frage kommen. Mobilitätsrhythmen, Geburtszeiten, wer wann zu Hause sein und wann den Zwängen der Erwerbsarbeit, Karriere folgen darf. Sind Seitensprünge meldungspflichtig? Alles dies und alles andere auch kann in Paragraphenform vor und von dem Notar beglaubigt werden. Und vor dem geistigen Auge des Beobachters entstehen die Bilder, wie im Ehestreit Dokumentenauslegung betrieben wird und das Papier, das stumm bleibt, zum Richter berufen wird über das alltägliche Hickhack.

Besonders pikant ist, wenn am Schluß die von Nüchternheit diktierte Liebe ihr eigenes Ende regelt. Zustimmung wird vereinbart. Einsicht und das Versprechen, die Scheidung weder vor sich selbst noch vor anderen, insbesondere nicht vor den Kindern, zu dramatisieren, sondern als »eine natürliche Spielart des Lebens«[11] zu begreifen und einvernehmlich zu betreiben. Manche geben sich darüber hinaus das Ja-Wort, die Scheidung als Fest zu feiern – größer als ihre Hochzeit. Da fragt sich nur, ob der Glücksfall der »Scheidung in Eintracht« nicht doch die Wirklichkeit der Scheidung aus Zwietracht verkennt. Was bekanntlich auch heißt, daß nur einer der Exgeliebten die Scheidung will, während der oder die andere den Traum noch träumt, der dem anderen zum Alptraum geworden ist. Aber auch dafür oder dagegen lassen sich Paragraphen finden.

Gewiß, die Vertragsehe – der »Gefühlsvertrag« – ist die Antwort auf die Probleme, vor denen sie schützen soll. Aber sie enthält auch Momente, die ihre Auflösung beschleunigen. Interessen werden nun einklagbar und aufrechenbar, wo bislang der Ausgleich gerade nicht den Maximen des Tausches gehorchte. Damit sind Hebel der Durchsetzung eingebaut, die benutzt werden können und benutzt werden, wenn der Konfliktstrudel hinwegreißt. Mir sind keine Untersuchungen über Dauer und Verlauf von Ehen im

Gefüge selbstgeschlossener Verträge bekannt. Zu vermuten aber ist, daß das Ende erleichtert wird und daß genau darin die Beschleunigung der Eheaufhebung liegt, vor der der Vertrag schützen soll. Ehe wird zum *Mietrecht wechselseitiger Bedürfnisbefriedigung auf Zeit.* Ehevertrag und Scheidung begünstigen einander, verbinden sich zu einer Art Durchlauferhitzer für die scheidungsbedingte Transformation des familialen Verwandtschaftsgefüges.

Das Sortiment zur »Heilung« der Familie umfaßt auch noch das übrige Angebot, mit dem die moderne Gesellschaft ihre selbsterzeugten Mängel bekämpft: Gegen das »Anerkennungs-Defizit« der Hausarbeit wird der soziale Glanz des Geldes, also Hausarbeitslohn, empfohlen und gefordert. Ehe ist einer der ganz wenigen Posten, die ohne Ausbildungsnachweis erklommen und ausgeübt werden können. Vielleicht rühren daher die Probleme? Also: Ehe als Ausbildungsgang mit dem Diplom als Abschluß (das würde nicht nur arbeitslose Lehrer ins Brot bringen, auch neue Arten des gelehrten Ehekonflikts erzeugen, bei denen die Quasitherapeuten der Ehekontrahenten in eigener Angelegenheit ihre Grundsätze einander aufs sanfteste um die Ohren schlagen). Wer aber dennoch in die Löcher fällt, aus denen die Grundlagen der Familie zusammengebaut sind, darf damit rechnen, von Beratern und Ehetherapeuten über sein Schicksal aufgeklärt zu werden.

Das Muster ist immer dasselbe: Familie, das Nicht der Marktgesellschaft, wird zu einem integralen Etwas, das berechnet, kalkuliert, beherrscht werden kann. Diese Anpassung der Ausnahme an die Regel erfolgt nicht im Sinne einer politischen Familienreform. Aber in Millionen kleiner Schritte, die das »Sicherheitsrisiko« Ehe im Scheidungszeitalter den Maximen der tausch- und vertraglich gesicherten Kalkulation unterwerfen. Darin liegt Logik. Weder das politische Engagement noch das Hoffen auf die Utopie schafft das schmutzige Geschirr vom Tisch und hilft die eigenen Interessen an beruflicher Entfaltung gegen die ehebedingten Widerstände durchzusetzen. So wirken zusammmen: Scheidungserfahrung, Vertrag *und* Scheidung. Am Ende verselbständigt sich die Liebe gegen die Formen, die ihr Unterschlupf und Dauer gewähren sollten, wird abstrakt, unstet, nur sich selbst verpflichtet.

6. Elternschaft als Baukastensystem
Die genetische Selbstkorrektur und Selbstgestaltung der Menschennatur

Familie war bisher immer wesentlich auch Natur, Blutsverwandt-
schaft, die soziale und materielle Vererbung ebenso festlegt wie
Zugehörigkeitsregeln ersten, zweiten usw. Grades. Dies gerät
heute ins Blickfeld, zu einem Zeitpunkt, wo die menschliche Na-
turbasis in den Horizont der technischen Verfügung gerät – durch
Fortpflanzungsmedizin, aber auch Organverpflanzungen und die
wissenschaftliche Eroberung des humangenetischen Codes. Was
verlorengeht, wird bewußt. Wobei allerdings paradoxerweise bislang das Absterben der Außennatur fast alle Aufmerksamkeit auf
sich zieht, so daß der unglaubliche Siegeszug der biologischen
Wissenschaft, der uns eine menschliche Kunstnatur beschert, sich
dahinter ebenso unauffällig wie konsequent vollziehen kann. Dabei geschieht aber nicht weniger, als daß die Natur-Kultur-Einheit
der Familie zerbricht. Mit Konsequenzen, die heute nur in Frage-
form angedeutet, nicht aber ermessen werden können. Global
betrachtet, liegen zwei Deutungen nahe:

Die eine betont, daß mit der technischen Verfügung und Verselbständigung von Mutterschaft und Vaterschaft *im Prinzip*
nichts Neues geschieht. Zum einen ist Naturbeherrschung das alte
Ziel der technisch gewendeten Aufklärung, das dadurch auch
nicht wesentlich verändert wird, daß seine Durchsetzung nun auf
die Erzeugung der Menschen und ihr genetisches Zentrum übergreift. Was die Technik erschließt, bedarf immer der Abschirmung
gegen Mißbrauch, eröffnet aber auch der menschlichen Entfaltung und Entscheidung neue Chancen. In diesem Fall – so die
Befürworter – liegen diese im wesentlichen in der präembryonalen
Bekämpfung von Erbkrankheiten und in der Befreiung vom Leid
der Unfruchtbarkeit, von dem gerade in unserer Zeit immer mehr
Paare heimgesucht werden. Überdies ist die Ablösung der natürlichen von der sozialen und rechtlichen Elternschaft schon lange
im Gange, wodurch die Wahrscheinlichkeit, daß ein Kind in seiner
Geburtsfamilie aufwächst, beträchtlich gesunken ist.

Die andere Seite, die auch ich vertrete, betont, daß diese Flucht
ins Allgemeine, ins Immer-schon-Dagewesene nur ein Schutzman-
tel ist, um das Neue unbemerkt über die Schwellen der Fragen zu
schmuggeln. Es mag sein, daß sich im Labor, wo die Substanzen

sich zum Verwechseln ähnlich sehen, ganz egal, ob sie vom Menschen oder vom Tier stammen, wo Menschennatur beeinflußt werden kann ohne Narkose, ohne Rechtfertigungszwang den präembryonalen Stoffen gegenüber, das Neue nicht zeigt. Sehr wohl aber im sozialen Raum und für den soziologischen Blick. Doppelhelix, Genomanalyse, Gentherapie, heterologe und homologe Befruchtung *heben in einer Explosion der Möglichkeiten die bisher für alle Epochen und Kulturen geltende anthropologische Konstante von Mutterschaft und Vaterschaft auf.*

Das Epochale zeigt sich vielleicht weniger in der Biologie und Chemie des Zellkerns. Sehr wohl aber in den Konsequenzen, die diese neuen Techniken für das Familien- und Verwandtschaftssystem haben oder haben werden: Die uralte Einheit von biologischer und sozialer Elternschaft zerfällt, und von den Naturvorgängen her wird Elternschaft in ein Lego-System umgewandelt, in dem verschiedene Bausätze gegeneinander verselbständigt und unabhängig voneinander kombiniert werden können. Der wesentliche Unterschied etwa auch zur Adoption oder zur Scheidung, die jede für sich auf andere Weise den Zusammenhang zwischen biologischer und sozialer und rechtlicher Elternschaft aufheben, liegt in der *technischen Handhabung,* Multiplizierung und Kontrolle der menschlichen Entstehung, die bisher fest in den Sozialformen von ehelicher oder außerehelicher Elternschaft verschlossen war.

Die Richtung dieser Entwicklung ist aus familiensoziologischer Sicht eine doppelte: Soziale Elternschaft wird aus ihren biologischen Verankerungen gerissen oder, wenn man so will, befreit. Sie wird in bezug auf die Natur »freischwebend«. Elternschaft und Fortpflanzung werden zu zwei unabhängig voneinander organisierbaren Phänomen. Die Biologie folgt den Maximen, die sich aus der Kombinatorik, Selektion und medizinischen Optimierung von Samen und Ei ergeben, während die Elternschaft nun für sich besteht und aus sich heraus neu gegründet und gefestigt werden müßte. Im Prinzip, also technisch gesprochen, wäre es möglich, die biologische Reproduktion von der Familie abzukoppeln, sie entweder klinisch zu organisieren oder aber das Austragen an eine Gruppe von Frauen, nach welchen Kriterien auch immer, zu delegieren. Heute ist dies science fiction. Aber es reißt wenigstens im Denken den Horizont auf, auf den die Entwicklung zielt.

Zum anderen eröffnen sich für die Bedeutung von »Elternschaft« jenseits der eigenen Natur Kombinationsmöglichkeiten, die die menschliche Phantasie zum matten Anhängsel einer davongaloppierenden Wirklichkeit machen. Schon bald wird es selbstverständlich werden, daß man das Geschlecht eines Neugeborenen vorherbestimmen kann, ja vielleicht sogar seine wahrscheinlichen Krankheiten, sein Aussehen, seine Charaktermerkmale. Embryo-Implementationen, Babys, die in der Retorte entstanden sind, das Schlucken einer Pille, nach der man Zwillinge oder Drillinge auf die Welt bringt, oder der Einkauf tiefgefrorener Embryos selbstverständlich in einem hochprofessionalisierten, mit besten Fachkräften und strengen staatlichen Auflagen arbeitenden »Embryoladen« – dies erscheint uns heute noch fiktiv, wird aber in Ansätzen bereits ermöglicht.

Wenn erst einmal Babys in Reagenzgläsern gezüchtet werden können, wie wird dann der Begriff der Mutterschaft gefaßt werden? Welche Folgen hat dies für das Selbstverständnis der Frau, die, solange wir denken können, Mutterschaft als Bestandteil ihrer Existenz zu begreifen hatte? Wer oder was ist unter diesen nun wirklich »anderen Umständen« als Elternteil zu bezeichnen? Als Vater, Onkel, Bruder usw.?

Schon heute ist es technisch möglich, eigene Embryonen tiefzufrieren und zu einem späteren Zeitpunkt, etwa nach der Karriere der Frau, einzupflanzen und auszutragen oder – wie es in den USA bereits geschehen ist – »es« der eigenen Mutter zu implementieren und von ihr gebären zu lassen. Diese wäre dann Großmutter und Mutter in einer Person, das Kind Schwester seiner eigenen »Mutter« – und, bitte, warum auch nicht? Wer will dies mit welchen Argumenten (auf die Dauer) verbieten, wenn auf diese Weise zwei hohe Güter – die berufliche Emanzipation der Frau *und* das Bevölkerungswachstum mit all seinen Folgen für Binnennachfrage, internationale Geltung und Rentensicherung – sozusagen fortpflanzungstechnisch wiedervereinigt werden könnten?

Das ist einer der springenden, davongaloppierenden Punkte: Die Fortpflanzungsmediziner und ihre genetischen Beratungsgehilfen sagen: freie Entscheidung, Autonomie! Wir wollen nur das Leid lindern. Wer nicht will, braucht nicht. Zwang gibt es nicht. Auch diese Technik ist, für sich betrachtet, neutral. Es kommt auf ihre sorgfältige Umsetzung an. Vor Mißbrauch muß geschützt werden. Unser Rechtssystem und eine verantwortungsbewußte Wissenschaft werden das Schlimmste verhüten.

Doch nehmen wir einmal den ganz, ganz unwahrscheinlichen Fall an, dieses wäre möglich. Es gäbe die rechtlichen Instrumente zur Eindämmung der technischen Sturmfluten, die es eingestandenermaßen nicht gibt: Alles geht mit Einverständnis und bestem Willen auf allen Seiten nach dem ausnahmsweise nun doch einmal im Zentrum dieser und aller anderen Gesellschaften über Nacht zur Geltung gelangenden »herrschaftsfreien Diskurs« vonstatten. Selbst dieser nun wirklich jedem Realitätssinn spottende, ausgeschlossene Fall heißt doch nichts anderes, als daß durch das Nadelöhr der »individuellen Patienten-Autonomie« unter Anleitung einer ins Unglaubliche, Nichtzurückholbare expandierenden Medizin und mit dem Segen einer neuen genetischen Gerichtsbürokratie die Konturen eines nachfamilialen Zeitalters eingefädelt würden. Eines Zeitalters, in dem Elternschaft aus ihren Naturkonstanten gelöst ist und bei auseinanderfliegender »Biologie« nur noch durch Entscheidung und soziale Gemeinsamkeit zusammengehalten werden kann.

Dieser Umbruch aber erfolgt ohne Regierungserklärung, ohne Gesetzesentwurf, ohne Debatte und Abstimmung im Parlament, einfach auf den leisen Sohlen des medizinisch-genetischen Fortschritts und im kollektiven Durchgang durch die je individuellen »Beratungsgespräche«, am Ende krankenkassenfinanziert. Soviel ist klar: Die Techniker, die Wissenschaftler sind für die Folgen nicht verantwortlich. Es liegt allein an der Gesellschaft, ob sie von ihrem breit gefächerten Angebot Gebrauch machen will.

»Sie wird wollen. Zuerst die tatsächlich Erbkranken, dann die rezessiv Erbkranken, dann die erblich Fehldisponierten, dann die möglicherweise Anfälligen, dann die vermeintlich Zu-kurz-Gekommenen. Zuletzt potentiell jeder. Darin entspricht das Optimierungsangebot allen anderen Dienstleistungen und Produkten: Wenn es erst einmal auf den Markt kommt, in den Erwägungshorizont der vielen einzelnen einzieht, soziale wie individuelle Bedürfnisse weckt, dann wird es auch nachgefragt und konsumiert werden. Vor dem Konsum hat die Ethik keinen Bestand. Erst kommt die Angst vor der eigenen Krankheit, den eigenen Unzulänglichkeiten, dann vielleicht die vor der genetischen Eugenik. Erst kommt das Fressen, dann die Moral.«[12]

»Der große Wurf, die Modernisierung aus einem Guß, bietet sich erst – da aber zwingend! – beim Nachwuchs an. Die intergenerative Verantwortung kann sich nicht mehr darin erschöpfen, optimale Sozialisationsbedingungen zu gewährleisten. Vielmehr setzt die elterliche Fürsorgepflicht mit der Einnistung der befruchteten Eizelle im Uterus ein. Weil z. B. jeder Bluter für die Solidargemeinschaft der Versicherten eine Zumutung darstellt, ist bereits das werdende Kind im 32–Zellen-Stadium einem genetic screening zu unterziehen. Im Falle einer diagnostizierten Fehldisposition steht dann die Wahl offen zwischen Abtreibung oder Nachbesserung, sprich: Keimbahntherapie. Aber warum sich mit handfesten Erbkrankheiten zufrieden geben? Denn keimbahntherapeutisch können auch die elterlichen Wunschbilder beizeiten auf den Embryo übertragen werden. Wird das Kind einmal blond oder brünett, neigt es zur Korpulenz oder zur Kleinwüchsigkeit? Das läßt sich alles im Vorfeld richten. Jedenfalls braucht ein Alleinstehender auch dann nicht auf technische Service-Leistungen zu verzichten, wenn er sich kurzfristig mit einem anderen zusammentut, um die traditionelle Reproduktionsvariante mit ihm durchzuspielen.«[13]

Im genetischen Paradies sind nicht nur die »krummen Hölzer«, wie der alte Kant die Menschen nannte, begradigt worden, nach Wunschvorstellungen, die aus den Hirnen, Ideologien und Ängsten der Menschen stammen. Verlockender vielleicht noch mag es sein, daß die vorgegebenen Verflechtungen von Liebe und Fortpflanzung, Elternschaft und Zuneigung aufgelöst wurden, in jedem Fall in die Entscheidung gelegt, möglicherweise auch sozial auseinanderdividiert und eigenen Bereichen und Institutionen zugeordnet werden. Verlockend gerade auch für Gesellschaften, die das »Problem« einer schwindenden Bevölkerung kaum noch nach der alten Lotteriemethode von Ehe und Elternschaft zu lösen imstande sind.

7. Fluchtpunkte und Suchidentitäten: Jenseits von Frauen- und Männerrolle

Angenommen, Sie und ich, wir hätten einen Wunsch frei. Wir könnten, was wir wollen. Wie läßt sich diese Verlegenheit überwinden?

Das »wunschlose Unglück«, der Verlust an Utopie wird nicht zuletzt daran deutlich, daß wir das Wünschbare vergessen haben. Wir haben nicht nur Traditionen verloren und ihre Hoffnungen, sondern auch die Erinnerung daran, die Erinnerung an das Andere, das Darüber-Hinausweisende, um dessentwillen irgend jemand irgendwann die Karawane in Gang gesetzt hat. Nach Utopien, auch noch positiven, zu fragen, ist peinlich geworden. Sie sind erstens verblaßt, zweitens ins Gegenteil umgeschlagen, und drittens tut der aufgeklärte und über Aufklärung aufgeklärte, intellektuelle Durchschnitts-Mitteleuropäer so etwas nicht. Was haben wir zu verlieren, wo der Verlust, der droht, alles in den Schatten stellt?

Warum setzt das Zuspät und das Aussichtslos, von dem heute alle Denkbemühungen im Innersten künden, gelähmt sind, nicht *auch* die Gegenkraft der Phantasie frei? Nur für das noch klammheimlich am Nutzen orientierte Denken bedeutet Aussichtslosigkeit Aussichtslosigkeit. Für das andere, das suchende Denken kann es zum Gegenteil befreien. Ebenso wie in Ausnahmezuständen mit Plünderungen zu rechnen ist, wäre in der Lage eingestandener Aussichtslosigkeit auch mit dem Ausbruch der Phantasie, mit Entwürfen anderer Welten ohne jede Hemmung, ohne Wirklichkeitskrämerei zu rechnen. Aber es bleibt beim Kleinklein, wo allgemein sein Ende dämmert.

Einmal ganz frei, ohne Rücksicht auf Verwirklichung geantwortet: Was müßte geschehen, verändert werden, um das Zusammenleben neu zu ermöglichen, zu begründen?

Auch Utopien verlangen nach einer geordneten Darstellung. Zwei Gesichtspunkte sollen unterschieden und nacheinander behandelt werden: zum einen (in diesem Abschnitt) die Frage nach den *soziologischen Externa*, die die Kreise der Liebe stören – Ungleichheit, Mobilität und Selbstentfaltungszwänge; zum anderen die Turbulenzen, die in der *Eigenlogik* der enttraditionalisierten Liebe selbst begründet liegen (damit befaßt sich das Abschlußkapitel »Die irdische Religion der Liebe«).

Fangen wir mit einem einfachen Gesichtspunkt an: der »Mechanik« des Gegeneinanders der individualisierten Biographien. Andersherum gesagt: Die moderne Nomadengesellschaft der Dauermobilen (Tages-, Ferien-, Einkaufs-, Karrieremobilitäten usw.) müßte ins Seßhafte abgebremst werden. Den Grenzen des wirtschaftlichen Wachstums wären Grenzen des Mobilitätswachstums hinzuzufügen. Die »Entdeckung der Langsamkeit« und Überschaubarkeit dürfte ein wesentlicher Schritt dahin sein, soziales Leben und Erleben überhaupt von seinen äußeren Rahmenbedingungen her neu zu ermöglichen. Das aber setzt (neben der Drosselung des Autoverkehrs usw.) an oberster Stelle etwas ganz Sozialdemokratisches, wenig Revolutionäres voraus: *die Entkopplung von Arbeit und Einkommen,* Arbeit und Existenzsicherung. Die reichgewordene Gesellschaft könnte sich wenigstens als *Utopie* die Hoffnung leisten: das Diktat aller bisherigen Gesellschaften und Epochen, die Fesseln des Arbeitszwanges und der ökonomischen Existenzsicherung zu lockern, abzustreifen. Erste Fingerzeige in diese Richtung enthalten die Debatten über Bürgerrente, materielle Grundsicherung, Lockerung von Erwerbsarbeit und sozialer Sicherheit, Möglichkeiten, Arbeit und Leben mindestens phasenweise in eigener Regie biographisch zu entkoppeln. Im Ergebnis würde das individualisierende Mobilitätskarussell verlangsamt, gestoppt oder nur zeitweise in Betrieb gesetzt. Zusammenleben hätte überhaupt erst einmal einen Raum, um seine Fragen und Bedingungen zu klären, zu erproben.

In der in sich selbst verirrten Privatheit bleibt unerkannt, daß die Ungleichheit zwischen Männern und Frauen kein Oberflächenphänomen ist, das in den Strukturen und Formen von Familie und Berufssphäre korrigiert werden kann. Diese epochalen Ungleichheiten sind vielmehr in die Grundschematik der Industriegesellschaft, ihr Verhältnis von Familien- und Erwerbsarbeit eingebaut. Mit ihnen brechen die Widersprüche zwischen Moderne und Gegenmoderne *in* der Industriegesellschaft auf. Entsprechend können sie auch nicht durch eine Begünstigung von Wahlfreiheit zwischen Familie und Beruf aus der Welt geschafft werden. Die Gleichstellung von Männern und Frauen kann nicht in den institutionellen Strukturen gelingen, die ihrem Zuschnitt nach auf die Ungleichstellung bezogen sind. Erst in dem Maße, in dem das gesamte institutionelle Gefüge der entwickelten Industriegesellschaft auf die Lebensvoraussetzungen von Familie und Partnerschaft hin durchdacht und verändert wird, kann eine neue Art der Gleichstellung jenseits von Frauen- und Männerrolle Schritt für Schritt erreicht werden. Der Scheinalternative »Zurück zur Kleinfamilie« oder »Arbeitsmarktbeteiligung für alle« wäre der dritte Weg zur Eindämmung und Abpufferung von Marktbeziehungen gegenüberzustellen, verbunden mit der gezielten Ermöglichung sozialer Lebensformen.

Das Prinzip läßt sich genau spiegelbildlich zu der oben skizzierten theoretischen Deutung[14] begreifen: Mit der Individualisierung der Familie wird die Trennung zwischen Produktion und privater Versorgung sozusagen in einem zweiten historischen Schritt *in* der Familie vollzogen. Die damit aufbrechenden Widersprüche können entsprechend nur dann bewältigt werden, wenn institutionelle Wiedervereinigungsmöglichkeiten von Arbeit und Leben auf dem

Stand der erreichten Trennung, und zwar in allen Komponenten der auseinanderstrebenden Marktbiographien, angeboten bzw. ermöglicht werden.

Beginnen wir mit der arbeitsmarktbedingten Mobilität. Zum einen wäre es denkbar, die Individualisierungseffekte der Mobilität selbst abzupuffern. Bislang wird mit großer Selbstverständlichkeit davon ausgegangen, daß Mobilität *individuelle* Mobilität ist. Die Familie, und mit ihr die Frau, zieht mit. Die damit aufbrechende Alternative: Berufsverzicht der Frau (mit allen Langzeitkonsequenzen) oder »Spagatfamilie« (als erster Schritt zur Scheidung), wird den Eheleuten als persönliches Problem zugeschoben. Demgegenüber wären *partnerschaftliche* Formen der Arbeitsmarktmobilität zu erproben und zu institutionalisieren. Nach dem Motto: wer den (die) eine(n) will, muß auch dem (der) anderen eine Beschäftigung verschaffen. Das Arbeitsamt müßte eine Berufsberatung und -vermittlung *für Familien* organisieren. Auch die Unternehmen (der Staat) müßten die »Werte der Familie« nicht nur beschwören, sondern durch partnerschaftliche Beschäftigungsmodelle (möglicherweise über mehrere Betriebe hinweg) sichern helfen. Parallel wäre zu prüfen, ob in bestimmten Bereichen nicht bestehende Mobilitätszwänge abgebaut werden könnten (etwa im akademischen Teilarbeitsmarkt). Auf derselben Linie liegt die soziale und rechtliche Anerkennung von Immobilität aus familial-partnerschaftlichen Gründen. Für die Bemessung der Zumutbarkeit von Arbeitsplatzwechseln müßten auch die Gefährdungen der Familie mit aufgenommen werden.

Allerdings wirkt angesichts einer hohen Arbeitslosigkeit knapp unter zwei Millionen die Forderung nach gedrosselter Allmobilität aller noch irrealer, als sie sowieso schon ist. Ähnliche Effekte können dann vielleicht auch von ganz anderen Ansatzpunkten her, z. B. dadurch erzielt werden, daß – wie gefordert – der *Zusammenhang zwischen Existenzsicherung und Arbeitsmarktbeteiligung* insgesamt gelockert wird. Sei es, daß die Sozialhilfe in Richtung Mindesteinkommen für alle Bürger aufgestockt wird; sei es, daß Probleme der Gesundheits- und Alterssicherung von Erwerbsarbeit abgekoppelt geregelt werden usw. Diese Lockerung der Arbeitsmarkt-Schraube hat Tradition (sozialstaatliche Sicherungen, Verringerung der Arbeitszeit). Sie steht mit der gegenläufigen Entwicklung, die sich in der Massenarbeitslosigkeit ausdrückt – Drängen der Frauen auf den Arbeitsmarkt bei gleichzeitiger Verringerung des Arbeitsvolumens durch Steigerung der Produktivität der Arbeit –, sowieso auf der gesellschaftlichen Tagesordnung.

Doch selbst eine partnerschaftsfreundlich gedrosselte Arbeitsmarktdynamik wäre nur die eine Seite. Soziales Leben müßte neu ermöglicht, erfunden werden. Überall kommt nichts mehr von außen, ist nichts mehr sicher, muß also von innen, aus Wahlfreiheit der einzelnen entstehen oder hat keine Zukunftschance. Dafür käme es u. a. darauf an, die *zugewiesenen* Primärbeziehungen mit den *gewollten und gewählten* zu vergleichen, überhaupt erst einmal in der Fülle der in ihnen schlummernden Möglichkeiten zu entdecken und zu erproben – etwa im Hinblick auf die Zentralziele und Notwendigkeiten der Individualisierung: Selbstfindung und Sicherheit im anderen, Austausch und Lebenssuche ohne Schranken und Netze traditionaler Bindungen und Zuweisungen.

Zu entdecken und auszufüllen gibt es hier so langweilige Begriffe wie *Freundschaft* – als gewählte Vertrauenspartnerschaft im rücksichtslosen Offenlegen, die dennoch nicht denselben Höhenflügen und Gefährdungen wie die Liebe unterliegt, aber dadurch beständig ist oder gemacht, gewoben werden kann im Überdauern verschiedener Lieben. »Ein Freund stattet einen mit tausend Augen aus, wie die Göttin Indra. Durch seine Freunde lebt man ungezählte Leben,« schreibt, schwärmt Henry Miller.[15] Freundschaft fällt nicht vom Himmel, sie wächst auch nicht mit der Jugend zu, sie muß aktiv gegen die zentrifugalen Kräfte der Arbeitsmarktbiographien (darin der Doppelberufsehe gleich) hergestellt, bewahrt werden. Immer wieder erneuert werden im Füreinander-Einstehen gerade auch in Form kritischer Offenheit, die die eigenen Absichten gegen den eigenen Verrat kräftigt. Bekanntschaften wären die losere Form der Freundschaft. Beides zusammenverwoben, läßt Netzwerke entstehen, die die in sich kreisenden Biographien gegen ihre Bornierungen und Unsicherheiten abfedern. Mit anderen Worten und allgemeiner gesagt: es wäre eine Typologie von Primärbeziehungen zu entwickeln, zu entfalten, individuell und sozial zu erproben, die den Merkmalen der individualisierten Existenzlage entsprechen und die darin eingebauten Abstürze und Irrsinnsquellen abmildern, ihnen entgegenwirken kann. Ein besonderes Merkmal sei dabei ausdrücklich hervorgehoben: die Gleichzeitigkeit von Nähe und Distanz oder die Ermöglichung von Einsamkeit als Voraussetzung sozialen Lebens unter Individualisierungsbedingungen.

Individualisierung kann nicht zurückgenommen, zurückgeschraubt werden auf alte Gemeinsamkeitsformen. Eher sind Formen *getrennten Zusammenlebens* – von Wünschen und Erwartungen der Partner, aber auch von der Architektur und Stadtplanung, der Mietpraxis, dem Wohnungsbau usw. – zu erfinden und erproben, die Rückzug *und* Gemeinschaftlichkeit *gleichermaßen* ohne Konformitätsdruck, Gruppenzwänge und -normierungen ermöglichen. Was hier entdeckt werden könnte, sind Bruchstücke, Splitter einer *nachindustriellen Aufklärung,* einer Aufklärung, die sich *gegen* die Lebensvorgaben und zerstörerische Eigendynamik in der Industriegesellschaft wendet. Werte wie: Selbstentfaltung, Partnerschaftlichkeit, Liebe zu Menschen, Körpern, Dingen, anderen Naturwesen, der Hunger nach lebbarer Gemeinsamkeit, die Entfaltung ebenso ermöglicht wie Arbeitsteilung, Gleichgültigkeit, Rückzug und Streit: die Hoffnung auf Freundschaft als einer sozialen Beziehung, die begleitet, auffängt, zwingt zum kritischen Gegeneinander – alles dies steht nicht im Widerspruch zur Aufklärung, sondern nur im Widerspruch zu den festgefügten Formen der Ehe- und Familienaufklärung, wie sie die Industriegesellschaft hervorgebracht hat. Am deutlichsten tritt dieser Widerspruch wohl hervor in den Schwierigkeiten, Ichsuche, die *projektive Identität*, die Revidierbarkeit des eigenen Lebensentwurfs mit dem starren Rollengefüge der Familie zu vereinen.

Einerseits wird – über Mobilitätszwänge, aber auch die in der Isolierung und privaten Dramatisierung ungeheuer anschwellenden Arbeiten – der innere Familienzirkel gegenüber möglichen Alternativen von Nachbarschaft, Bekanntschaft, Kommune zum Zentrum des privaten Lebens und Trachtens. Andererseits ist die Schematik der Familienrollen starr und bleibt in der Zeitachse konstant. Die Leistung der Familie für ihre Mitglieder: Stabilität, wechselseitige Antizipation von Bedürfnissen und Fähigkeiten, wird im historisch verordneten Gegeneinander der *gesuchten* Identität und Biographie, die Wechsel, Erprobung, Überwindung erstrebt, zum Hindernis. *Familie ist kein Bündnis von Pfadfindern in eigener Sache,* keine Verschwörung zur Erkundung und Entwicklung der unentdeckten Kontinente des Selbst, der verschiedenen Ichs, die in jedem hausen. Die Möglichkeit, daß aus Raupen Schmetterlinge werden, ist für »ausgewachsene« Familienmitglieder nun einmal nicht vorgesehen.

Der Wechsel zwischen Familien und Ehen ist dann sozusagen

die Flucht in die nächste Falle, solange das Beziehungsgefüge in der Familie nicht die Kindlichkeit der Erwachsenen, das Abstreifen ihrer Schlangenhäute ermöglicht, Familie nicht zu einem Entdeckungsprogramm *für alle* wird. *Gleichheit mit den Kindern! Gegen die Benachteiligung der Erwachsenenstarre!* sind Forderungen, die in diese Richtung weisen. Öffnung der Familie für familieninterne Einsamkeitsträume *und* externe Vernetzungen von Freundschaften und Bekanntschaften, die Identitätskrisen und Ehewechsel überdauern und übergreifen, sind gewiß zwei Entwicklungsvarianten, die zum einen Ehen vom Überdruck der Erwartungen entlasten, zum anderen Scheidungen in ihrer Krisendynamik und Panik abmildern helfen.

Kleinfamilie war und ist ein Programm, das immer noch verfänglich leicht kopierbar erscheint. Es ist die Pauschalantwort auf alle Fragen, die erst im Nachhinein ihre Rache wegen Ungestelltheit und Unbeantwortetheit üben. Bewegung in diesen Wirrwarr der Möglichkeiten wird sozial erst in dem Maße kommen, wie sie zu *neuen, exemplarischen, lebbaren Lebensstilen von stilbildender Vorbildlichkeit* kombiniert – und öffentlichkeitswirksam auch propagiert – werden. Dabei wäre die Erwartung sicherlich falsch eingestellt, die »bürgerliche« nun durch *eine* »nachbürgerliche« Familienform zu überholen. Es ist mit vielen nachbürgerlichen Nichtmehrfamilien oder Dochnochfamilien in einem anderen Sinne zu rechnen, die sich im Kleinen, im Streit von Frauen und Männern, im Schwung miteinander herausbilden und über die Generationswechsel hinweg ihre Selbstverständlichkeiten – und neuen Borniertheiten! – entfalten. Doch die Phase des Suchens scheint noch nicht zu verlockenden, demonstrativen Kristallisationen geführt zu haben, vielmehr wird diese Entdeckung und Erfindung zukunftsfähiger Lebensformen immer noch durch die Leugnung ihrer Notwendigkeit im verbissenen Verteidigen des nur leicht modifizierten Alten (ein bißchen Hausarbeitstausch, ein bißchen Karriereverzicht, gemischt mit wechselseitiger Unterstützung derselben) in ihrer Entfaltung verhindert. Anzuerkennen, daß nichts mehr zusammenstimmt, wenn man wechselseitig nur ein wenig ernst nimmt, wovon dauernd geschwärmt und geschwätzt wird, ist die bittere Voraussetzung dafür, vielleicht irgendwann einmal nicht als matte Stümper in Sachen eigener Lebenspraxis dazustehen.

Liebe zu den durch die »großen Fragen« niedergeknebelten Einzelheiten des Alltags. Das Suhlen in Faulheit. Das Blinzeln und Schäkern mit den verschimmelten Mahnmalen vergangener Freuden und (Belanglosigkeits)Feste. Das Schmücken, Tanzen und Staunen. Das Schreien, Streiten und Kämpfen um die kleinen befreiten Regionen und Aussichtspunkte innerhalb und außerhalb des Selbst: Dieser Horizont, dieses Sehen, dieses kulturelle Auge entsteht nicht vor, sondern *nach* der industriegesellschaftlichen Schematik der Privatheit, im Streit in und um Ehe, Elternschaft, Familie, männliche und weibliche Sexualität und Identität. Die Ideologien, Irrwege, Entwürfe einer anderen Welt, die hier aufkommen, sind nie nur Ideologie im Sinne äußerer Projektionen, aufgepflanzter Utopien, die die Menschen im guten Willen politischer Fremderwartungen in ihrem Innersten bewegen und zum weitertreibenden Engagement motivieren *sollen*. Sondern die Irrtümer, die hier individuell und kollektiv inszeniert und durchlitten werden, haben immer etwas mit den *realen Lebensverhältnissen der Menschen* zu tun, mit dem Zentrum ihrer Bedürfnisse, ihrer Sehnsucht, ihren fast zwanghaft vorgeschriebenen Alltagskonflikten, denen sie letztlich auf keinem der eingeschlagenen Fluchtwege entkommen können. Sind also mindestens (bei aller im Vorhinein gar nicht entscheidbaren Falschheit) insofern richtig, als die alten, manchmal auch nostalgisch überhöhten Wunschformen des privaten Daseins angesichts des ins Biographische verlegten Kollektivaufbruchs den Dienst versagen.

Dieses Liebesthema entsteht im privaten Dschungel des Konkreten, entzündet sich an Einzelheiten und wächst aus ihnen hervor. Hat immer etwas mit den – von außen und oben betrachtet – Nichtigkeiten des Haushalts, des Alltags, der Gewohnheiten, die Mann und Frau geworden sind, dem Selbstbild und Fremdbild und dem in ihnen versteckten Allgemeinen zu tun: dem Ich gewordenen Rollenschicksal, dem Alten, Vergangenen, der Geschichte und der Politik, die neu und individuell sich darin zeigen.

Im Herumirren, Herumwandern, Naschen, Necken, Vernaschtwerden, Aufwachen in Schlangengruben zischelnder Eifersucht, im Wundern darüber, daß Flammen, die durchschritten werden, doch nicht verbrennen, im Entdecken der Einsamkeit als einem Zusammensein mit vielem: Erinnerungen, fremden Bücherwelten und dem kuscheligen Innenglitzerfell des scheinbar außen liegenden, alle Himmel spiegelnden, auflösenden Sees. In diesen zweifellos ganz intimen, je individuellen und insofern nicht allgemein (mit)teilbaren Erfahrungen entsteht ein Horizont, der die Wahrnehmung, die Empfindlichkeiten, die Einfärbung der Welt verändert. Und damit wenigstens zu der *Frage* ermutigt, wie weit diese Sicht, dieser Sinn- und Zweifelshorizont einer ungewissen Liebe ausstrahlt oder ausstrahlen könnte auf die Fragen, die dieser Epoche auch gestellt sind: Naturzerstörung und Selbstherrschaft der Technik?

ULRICH BECK

Kapitel VI

Die irdische Religion der Liebe

1. Was kommt nach der Tradition – nichts?

Es wäre vermessen, über Liebe etwas Abschließendes zu sagen. So
wollen wir enden mit einem fragmentarischen Gedanken, der auf
die Bedeutung des Themas für die nachtraditionale, areligiöse,
individualisierte Lebenswelt zielt.

> »Nur zwei Dinge
> Durch so viel Formen geschritten
> durch ich und Wir und Du,
> doch alles blieb erlitten
> durch die ewige Frage: Wozu?
>
> . . . . .
>
> Ob Rosen, ob Schnee, ob Meere,
> was alles erblühte, verblich,
> es gibt nur zwei Dinge: die Leere
> und das gezeichnete Ich.«
>   Gottfried Benn[1]

Angenommen, das ist die Lage: »es gibt nur zwei Dinge: die Leere
und das gezeichnete Ich« – was aber meint, was beinhaltet dann
»Leere«? *Nicht*tradition im Sinne von Vakuum, und zwar heute
und für alle Zukunft, also Dauervakuum? Viele »Mitten« und
»Götter«? Bastelsinn? Konsumerismus, also Gänseleberpastete
und Südseestrand? Oder vielleicht das alles und zusätzlich noch
irgendeine unbegriffene Art von *Nach*tradition, bezogen auf das
Mit- und Gegeneinander der »gezeichneten« Individuen?

Anders gefragt: einmal gedankenexperimentell unterstellt, die
Kirchen bleiben oder werden eine Geste, die abzuschaffen irgendwie unchristlich wäre – meint die Rede von der »Leere«, die dann
entsteht, im Kern nichts als die Negation des Alten? Drückt sich in
ihr die Phantasielosigkeit des vergangenheitsbezogenen Denkens
aus? Oder ist ein pures Nichts gemeint – also: aus, Schluß, Ende?
Und danach?

222

Entsteht vielleicht doch unterhalb des Nichts, in den Ritzen der Leere eine andersartige, kleinformatige Utopie *jenseits* der großen Sinntraditionen, eine nichttraditionale (nicht codifizierbare, nicht institutionalisierbare, nicht legitimationspflichtige), auf die individualisierte Existenzlage zugeschnittene, sie in ihrem Versprechen aufhebende Utopie? Gefragt wird also in diesem Schlußkapitel, unbescheiden und provisorisch, nach einem *post*christlichen, *inner*modernen Sinn, und unsere Antwort lautet schlicht und unsoziologisch: *Liebe*. In der Leichtsinnigkeit eines Ausblicks sei das Abenteuer der Vermutung gewagt, daß Liebe mit ihrem ganzen Kosmos, ihren höchsten und hinteren Werten, ihren höllischen Himmeln und himmlischen Höllen, mit ihrer wirklich *ganzen* tierischen Menschlichkeit entschlüsselt werden kann als eine solche Form des nachtraditionalen, innermodernen Sinns.

Vermutung und Frage lauten: Beginnt sich vielleicht nach der Erfahrungswelt der Klassengesellschaft im Gegeneinander von Frauen und Männern ein neuer Horizont von Sehnsüchten, Maßstäben und Hoffnungen zu öffnen und selbstverständlich zu werden? Entstehen (ähnlich wie der Klassenkampf, paradox genug, die Ideen der Gleichheit und Solidarität hervorgebracht hat) aus dem Geschlechterkampf andere Luftschlösser, andere Utopien, politische und soziale Leichtsinnigkeiten eines befreiten, befreienden Zusammenlebens, also andere Wirklichkeiten und andere Neurosen? Was bedeutet es, wenn im Zentrum des Alltags nicht Religion, nicht Klasse, nicht materielle Not, auch nicht mehr die modernen, geschlechtsständischen Rollenmuster der Kleinfamilie stehen, sondern die Ansprüche auf Selbstentfaltung und das Ringen um neue Liebes- und Lebensformen? Ist das Sodom und Gomorrha auf Neuhochdeutsch? Hat das Ausstrahlung auf Wissenschaft, Politik, Arbeit, Wirtschaft? Oder endet damit die Aufklärung im Nirgendwo der Intimität, im Bett, im lustlosen Frust der Geschlechter, die nicht mehr miteinander und noch nicht ohne einander leben können?

Max Weber sprach vom »Geist des Kapitalismus«, der ungesehen und ungewollt aus der »innerweltlichen Askese« des Protestantismus entstanden ist. Angenommen: *Nach* der protestantisch-beruflichen Pflichtethik, im Zerbrechen der kleinfamilialen Lebensformen entsteht der kulturelle Sinnhorizont der konfliktvoll werdenden Liebesliebe – was wären die *Nebenfolgen*, der sozusagen ungewollte »Geist«, der aus dem romantisch-therapeutisch aufgeladenen Geschlechter- und Liebeskonflikt entsteht? Hat das Konsequenzen für Wissenschaft, Politik, Technikentwicklung, Ökologie?

Diese Fragen sollen in drei Schritten mehr erörtert als geklärt werden:

(1) Was rückt Liebe in den Rang einer Nachreligion? Was klärt und erklärt der Vergleich von Liebe und Religion? Wo stimmt er und wo nicht? Diese konzeptionellen Präzisierungen sollen in Auseinandersetzung mit den empirisch widersprüchlichen Aussagen veranschaulicht werden, die einmal für *Verfall*, einmal für *Vergötzung* von Familie, Ehe und Liebespartnerschaft sprechen. Die These lautet: Die industriegesellschaftliche Architektur von Geschlechts-, Familien- und Berufsrollen zerbricht, und freigesetzt wird ein moderner Archaismus und Anarchismus der Liebe und all ihrer Ober-, Unter-, Hinter- und Gegenteile. Es ist dieses Ringen um Erfüllung und Befreiung im Jetzt mit seinem Umschlag in Haß, Verzweiflung, Gleichgültigkeit und Einsamkeit, das seine Spuren in Scheidungs- *und* Wiederverheiratungsziffern hinterläßt, in Überlappungs- und Fortsetzungsfamilien, im Ringen um Glück vor, innerhalb, neben und nach der Ehe.

(2) Die eigentliche Gegenthese dazu ist das »Immer-Schon«: die tief verankerte Grundauffassung der *Ungeschichtlichkeit der Liebe.* Dagegen soll die Historizität, die Modernität *dieser Art* von Liebeshoffnung aufgezeigt werden. Richtig ist: Liebesromantik ist keine Erfindung der zweiten Hälfte des 20. Jahrhunderts. Liebe als Offenbarung zu zweit, als Steigerungsform des Selbst wurde z. B. mit dem Vertauschen, Vermischen von Wirklichkeit und Phantasie im 18. und 19. Jahrhundert zelebriert, ausbuchstabiert in ihren Ekstasen und Hysterien. Das Neue der letzten Jahrzehnte ist die Verwandlung der poetisch übersteigerten Haß-Liebes-Romantik in eine *trivialisierte Massenbewegung*, die mit allen Attributen der Moderne daherkommt und sich einschreibt in die Kulturformen, Herzen der Menschen, Lehrbücher der Therapeuten, in die Gesetzestexte und in die Urteile der Scheidungsrichter. Liebesehe als normalisierte Romantik soll nun nicht mehr nur materielle Sicherheit, Elternschaft usw., sondern wechselseitige Selbstfindung und -befreiung, das runde Viereck expressiver Dauerabenteuerlichkeit bei konstanter Vertrauenspartnerschaft ermöglichen.

(3) Liebe ist das Sinnmuster für individualisierte Lebenswelten, die die Architektur ihres Lebens, dessen, was sie als »sozial« anse-

hen, selbst finden und erfinden müssen. *Enttraditionalisierte Liebe ist alles in Ichform: Wahrheit, Recht, Moral, Erlösung, Jenseits, Authentizität.* Diese moderne Liebe hat – ihrer Schematik nach – ihren Grund in sich selbst, *also* in den Individuen, die sie leben. In dieser Selbstbegründung und ihrer subjektiven Entscheidbarkeit liegt auch ein totalisierender Anspruch: nämlich die *Abweisung* von Zurechnung, Verantwortung, Ausgleich, Gerechtigkeit aus Gefühl, Spontaneität und *Aufrichtigkeit.* Nicht zu lieben, ist kein Rechtsverstoß, kein krimineller Akt, auch wenn dadurch das Leben anderer tiefer verletzt wird als durch Diebstahl oder Körperverletzung. Liebe ist also nicht nur ein Erlösungs- und Zärtlichkeitsversprechen, auch *ein Schlachtplan für Kreuzzüge mit den spitzen Waffen der Vertrautheit.* Die auszuarbeitende Vermutung lautet: Liebe ist ein Schema des Hoffens und Handelns, das mit seiner Enttraditionalisierung, mit dem Rückzug von Staat, Recht und Kirche seine *Eigenlogik*, seine eigene *Konfliktlogik* und seine *immanenten Paradoxien* entfaltet. Die Turbulenzen, die hier ausbrechen, sind also nicht nur – wie in der Psychologie vermutet wird – in den *einzelnen* und ihrer frühkindlichen Sozialisation oder – wie in der Soziologie vermutet wird – in den *externen* Bedingungen von Arbeit, Ungleichheit usw. begründet, sondern eben auch wesentlich in der »Logik« und »Unlogik« einer auf der Flüchtigkeit von Gefühlen und Selbstverwirklichungsansprüchen aufgebauten Lebensform.

2. Zerfall und Vergötzung von Ehe, Familie und Liebespartnerschaft

Leserinnen und Leser dieses Buches werden in manchen Kapiteln versteckt, in anderen offen mit einem Widerspruch allein gelassen, dessen Klärung nun keinen weiteren Aufschub duldet: Jedem schlüssigen Beweis eines Bedeutungsverfalls von Ehe und Familie kann ein kaum weniger überzeugender Gegenbeweis ihrer unveränderten oder sogar erhöhten Bedeutung gegenübergestellt werden. Wachsende Scheidungsziffern, die mit der Macht weltlicher Gerichtsurteile vom Ende der Familie zu künden scheinen, werden so in Schach gehalten durch hohe Wiederverheiratungsziffern, die für die fortbestehende Attraktivität der Ehe zeugen. Wer vom Rückgang der Geburten auf den Bedeutungsverlust von Kindern und Elternschaft schließt, muß sich eines Besseren belehren lassen durch den Aufwand, mit dem viele Frauen der Kinderlosigkeit zu entkommen versuchen. Drückt sich nicht in der kollektiven Entscheidung für die »wilde Ehe« eine prinzipielle Skepsis gegenüber den Familienkonventionen aus? Nein, wird gesagt, denn auch in vor- und nichtehelichen Lebensgemeinschaften geht es wenig »wild« zu, beruhigen die (bis in ihre Bezeichnung hinein in Frage gestellten) »Familien«forscher. Ironischerweise läßt sich nämlich gerade auch in gegenkulturellen Jugendsekten, die mit aggressiv-permissiven Sexualparolen schockieren, die strikte Kontrolle quasiehelicher Treue- und Partnerschaftsideale beobachten. Gewiß, die Menschen fliehen aus ihren »paradiesischen Folterkammern« der (legalisierten) Zweisamkeit auf vielen Wegen – Umgehung des Trauscheins, Scheidung, Trennung ohne Scheidung usw. –, aber nicht, um endlich dieses Joch abzustreifen, sondern um frei zu sein für eine *andere*, bessere, schönere Herzensbindung, die einlöst, was die verworfene nicht gehalten hat.

Noch nie war die Ehe so ätherisch, so unmateriell begründet wie heute:[2] Erwerbstätige Frauen und Männer sind ökonomisch familienunabhängig; ihre eheliche Verbindung dient nicht mehr, wie in der ständischen Hierarchie, der großen Politik und Aufrechterhaltung von Dynastien oder Hofbesitz; die selbstverständliche Bindung durch Herkunft ist ebenso gelockert worden wie die Gemeinsamkeit eines Arbeitszusammenhanges, kurz, alles Feste und Vorgegebene verflüchtigt sich. Statt dessen soll nun vieles in der Ehe, in dem Großen-Ganzen einer Verschwörungsgemeinsamkeit mit der geliebten Person, gesucht und gefunden werden, wo frühere Gesellschaften sogar getrennte Berufsstände und Stadtbezirke für zuständig hielten: Geliebten-Liebe, Mätressenliebe, Herzensliebe, Befreiung von den gewordenen Fesseln der Rationalität, des pedantischen Berufsdaseins, Vergebung der Sünden, Aufbruch in biographische Vergangenheiten und Zukünfte, Kinderliebe und was dergleichen Unvereinbarkeiten – mit ihren hintergründigen Drachengesichtern – mehr sein mögen.

Drängt sich angesichts des Verlustes ihrer politisch-ökonomischen Fundamente und moralischen Fesseln im historischen Vergleich die Frage auf, warum Frauen und Männer in einer Epoche, die die Lösung in der Ausdifferenzierung sucht, ausgerechnet den Gipfel ihres privaten Glücks in der Einheitlichkeit der Liebesehe vermuten, die erst und nur eine Erfindung des industriellen Zeitalters ist, so spricht die soziale Wirklichkeit genau die gegenteilige Sprache: Die Ehe hat durch ihren Formenwandel von der Besitz- und Machtvererbung zum luftigen Gebilde der Gefühls-, leidenschaftlichen und Selbstfindungsehe wohl an Stabilität, nicht aber an Attraktivität verloren. Diese Idealisierung von Familie und Liebespartnerschaft trotz und gegen ihre »schlechte« Wirklichkeit gilt (mit unterschiedlichen Bedeutungen und Verhaltensschattierungen) sogar *quer* zu den großen gesellschaftlichen Unterschieden in Einkommen, Bildung und Alter, wie Untersuchungen beispielsweise gerade auch im Arbeiter(innen)milieu zeigen:

»Interviewer: ›Was bedeutet es für Sie, eine Familie, Kinder zu haben?‹
Herr Schiller: ›Damit das Leben überhaupt einen Sinn hat.‹
Frau Schiller: ›Man weiß, wofür man da ist, man weiß, für wen man arbeitet.‹
Herr Xeller: ›Familie bedeutet für mich ein und alles. Ich würde auf alles andere verzichten.‹
Frau Taler: ›Familie und Kinder sind das Höchste, das Erste.‹
Es gibt kaum etwas anderes im Leben der Eltern, das sie selbst so nachdrücklich als Mittelpunkt ihres Handelns bezeichnen. Eine Familie, Kinder zu haben, gibt der Existenz subjektiv erst einen ›Sinn‹...«[3]

Die Schlüsselworte ähneln sich auffällig: Sinn, Höchstes, Erstes. Familie mag durch Scheidungen zerschnippelt, in nicht endende Aushandlungsprozesse überführt, kurz: unmöglich werden. Das – wie die Dinge liegen – schmälert nicht, sondern *erhöht* die Bedeutung, die sie im Wissen und Wollen (bekanntlich nicht im Handeln der Männer, im Bewältigen der Alltagsaufgaben) vieler Menschen einnimmt.

Der Befund ist ebenso rätselhaft wie paradox: *Zerfall und Vergötzung von Familie und Ehe fallen zusammen.* Wenn von Glauben auf Verhalten geschlossen werden kann, heißt das: Paradies und Terrorzusammenhang liegen im Ideal der Liebespartnerschaft dicht beieinander. Vielleicht sind beides nur unterschiedliche Etagen – Turmzimmer und Folterkeller – im gleichen Ideal? Erklärungsbedürftig aber wird in jedem Fall die *Gleichzeitigkeit* von – beispielhaft gesagt – gesteigertem, übersteigertem Kinderwunsch *und* Geburtenrückgang, das Zusammentreffen wachsender Scheidungsziffern mit dem Hunger nach Familienidylle, nach dem erlösenden Diesseitskleinparadies von Partnerschaft, Elternschaft, Liebe; der Kampf der Geschlechter, die Freisetzung aus den industriell entstandenen, »ständischen« Lagen der Kleinfamilie *und* das Hoffen auf erlösende Liebe, auf Vertrauen, Authentizität, Erfüllung, an dem die Menschen sich und ihr Zusammenleben messen – und verwerfen.

Familienidealisierung *und* Scheidung sind die *zwei Gesichter* eines modernen, in den enttraditionalisierten, individualisierten Lebenswelten um sich greifenden Liebesglaubens. Beides – die Wechselsprünge hinaus und hinein in die Ehe – wird verständlich, wenn man die Steigerung der Erwartungen bedenkt, mit denen Zusammenleben und Liebe heute zu ringen haben. Das hat individuelle, vor allem aber auch sozialstrukturelle Gründe: Enttraditionalisierung und Entmoralisierung der Liebe, der Rückzug von Staat, Recht und Kirche aus dem direkten Kontrollanspruch der Intimität, die ökonomischen Zwänge, eigene Biographien aufzubauen und *gegen* Ansprüche der Nächsten, Liebsten durchzuhalten, überhaupt die zahlreichen Notwendigkeiten, sich jenseits tradierter Männer- und Frauenrollen »freizuschwimmen«. Doch wie immer man diese Aufrichtung von Ansprüchen auf wechselseitige Befreiung, Selbstsuche, Leidenschaft, Ekstase erklären mag, es bleibt, daß sie und nicht die simple Mitbejahung der Ehe durch Wiederverheiratung, das eigentliche Neue, Erklärungsbedürftige ausmachen. Es entsteht ein Suchen, ein Wissens- und Hoffnungshorizont der Liebe, der seine eigene Gewalt *gegen* alle Realität und Erfüllbarkeit entwickelt und durch Scheidung und Wiederverheiratung seine Handschrift in die Erwartungen, Handlungen, Ängste und Beziehungsmuster der Menschen einschreibt.

Es ist, als würde die Liebe eine Eigenrealität *gegen* die Realität von Familie und Ehe und *gegen* die Person beanspruchen, der sie zur Befreiung in die wirkliche Existenz verhelfen soll. Wer der Liebe Ehe, Familie, Elternschaft, am Ende vielleicht sogar das Wohlergehen seiner Nächsten opfert, begeht keine Sünde, sondern vollzieht das Gesetz der Erfüllung, der Wahrheit der Gefühle, der Entfaltung des Selbst an sich und anderen. Nicht er oder sie ist zu tadeln, sondern das Festhalten an einer Ordnung, die die Gewißheit der Liebe nicht zuläßt, nicht kennt oder zu erkennen gibt.

»Viele Menschen glauben, daß eine Lebenskrise der anderen sehr ähnlich sei. In Wirklichkeit aber ist eine Scheidung in einer Familie mit Kindern ein Einschnitt, der sich mit keiner anderen Lebenskrise vergleichen läßt... In welcher anderen Lebenskrise spüren wir so drängend den Wunsch zu töten? Wann sonst werden Kinder als Waffen gegen den Partner benutzt? Im Gegensatz zu anderen Lebenskrisen bringt eine Scheidung die elementarsten menschlichen Leidenschaften zum Vorschein – Liebe, Haß und Eifersucht...

In den meisten Krisensituationen – bei Erdbeben, Überschwemmungen oder Brandkatastrophen – bringen die Eltern instinktiv zuerst ihre Kinder in Sicherheit. In der Krisensituation Scheidung hingegen kommen für Väter *und* Mütter die Kinder erst an zweiter Stelle; die eigenen Probleme haben Vorrang. Während das Scheidungsverfahren läuft, vernachlässigen die Eltern ihre Kinder in fast allen Bereichen: Die häusliche Ordnung bricht zusammen, und die Kinder werden allein gelassen. Eltern, die in Scheidung leben, verbringen weniger Zeit mit ihren Kindern und reagieren weniger einfühlsam auf deren Bedürfnisse. In der Panik der Umbruchsituation domiert der nackte Egoismus.«[4]

Der religiöse Charakter des Liebesglaubens wird genau in dieser auffälligen Parallele beispielsweise zum Kalvinismus deutlich: Anhänger dieses Glaubens durften, mußten sich die Erde unterwerfen, also auch mit Traditionen brechen, um Gott zu gefallen. Der moderne Liebesglaube wendet dieses Gebot auf die bisherige Liebesform selbst zurück, ermöglicht, erzwingt, mit der eigenen Familie zu brechen, um das Glück und die Wahrheit der Selbstfindung und -erfüllung nicht zu verraten. Die eigenen Kinder zu verlassen, bedeutet nicht etwa den Bruch mit der Liebe, sondern ihre Erfüllung. Die Liebe gebietet den Bruch mit ihrer falschen Form. Genau dies veranschaulicht die Macht, mit der die irdische Religion der Liebe in den Herzen und Handlungen der Menschen inzwischen regiert; zugleich aber auch den Widerspruch, den diese Aufrichtung des Liebesideals zu den tatsächlichen Verhältnissen in Ehe, Familie und Elternschaft erzeugt.

Dieses Wünschen, Hoffen, Wissen um eine bessere Möglichkeit seiner selbst und seines Liebens und Lebens ist – wie die Religion – ein *Glauben*, der vom Verhalten deutlich zu unterscheiden ist. Gewiß, dieser Glauben zeigt Wirkung. Gerade die Scheidungsziffern beispielsweise auch in Langzeitehen steigen, also dann, wenn das gemeinsame »Projekt Kinder«, das zusammengeschweißt hat, ausläuft und die Wünsche nach der »späten Freiheit« (Leopold Rosenmayr) nicht länger zurückgestellt werden müssen. Aber diese Sprache ist vielzüngig. Nicht nur in den christlichen Religionen, auch in der Liebe gibt es Pharisäer, Konvertiten, Atheisten und Ketzer. Und Zyniker entpuppen sich häufig als enttäuschte, verbitterte Anhänger eines überhöhten Liebesglaubens. Gerade weil zwischen Glauben und Handeln Widersprüche und Verkehrungen lauern, gilt es diese zwei Ebenen deutlich auseinanderzuhalten: Die Aussagen hier zielen wesentlich auf die Wissensebene, den *Glauben der Liebe*, nicht oder kaum auf das Verhalten, das dazu im Widerspruch steht oder wie (verdreht) auch immer daraus folgt.

Hinzukommt ein Phänomen, das man als das *Gesetz der umgekehrten Bedeutung von Glauben und Sicherheit* bezeichnen könnte. Wer sich sicher in der Alltäglichkeit seiner Liebe und Partnerschaft weiß, *vergißt* die Bedeutung, die dieser Glaube auch für ihn oder sie hat. Im Zentrum der Aufmerksamkeit und Sorge steht immer das Unsichere. Erst im Zerbrechen, im Absturz aus der Sicherheit zeigt die Liebe (möglicherweise) ihre Zentralität, die sie für den individuellen Lebensentwurf und Lebensaufbau manchmal vielleicht auch dann hat, wenn die bewußte Antwort dies leugnet.

Doch wie äußert sich dieser quasireligiöse, nachreligiöse Liebeserlösungsglaube, wenn er nicht eindeutig ins Verhalten durchschlägt? Viele werden sagen: es gibt für mich viele Prioritäten, Liebe ist eine davon, und Liebe wiederum in vielen Schattierungen und Übergängen von der leidenschaftlichen über die Mutter- bis zur Normal- und Vertrautenliebe nach siebzehn Ehejahren, homo- oder heterosexuell. *Ein* Gradmesser für die Höhe und Gewalt der Ansprüche liegt, wie gesagt, in den Scheidungsziffern, die ja immer deutlicher die Sprache der Auflösung selbst von Tiefenbindungen sprechen.[5] Zugleich aber melden alle Massenbefragungen eine unverändert hohe Wertschätzung von Familie und Ehe, selbst dort, wo der Haussegen offenbar schon länger schief hängt. Auch die Zahl der Wiederverheiratungen von Geschiedenen, jedenfalls jung Geschiedenen, ist konstant hoch.[6] Gerade die Kinder von geschiedenen Eltern streben hohe Familienharmonie an, ein Ziel, mit dem sie – tragisch genug – oft scheitern.[7] Das alles besagt nichts über das Verhalten im Familienalltag, verweist also eher auf die Abgehobenheit, Abgeklärtheit des Glaubens gegenüber den Niederungen das Alltagsgeschäfts.[8] Wenn Weber die kalvinistischen Glaubensdokumente auf Verhaltensspuren für die »innerweltliche Askese« durchleuchtet hat, so wären heute therapeutische Grundsätze, Beratungsliteratur und Scheidungsprotokolle auf die Handlungsrelevanz und Handlungsfolgen des modernen Liebesglaubens zu befragen.

3. Liebe als Nachreligion

Der Kernpunkt der irdischen Religiosität der Liebe entpuppt sich im systematischen Vergleich. Religion und Liebe beinhalten das Schema einer analog gebauten Utopie. Sie sind jede für sich *ein Schlüssel aus dem Käfig der Normalität*. Sie öffnen die Normalität auf einen anderen Zustand hin. Die Bedeutungspanzer der Welt werden aufgebrochen, Wirklichkeiten anders und neu erstürmt. In der Religion geschieht dies auf eine Wirklichkeit hin, die als Überwirklichkeit die Endlichkeit des menschlichen und alles anderen Lebens in sich enthält. In der Liebe erfolgt dieses Aufschließen der Normalität sinnlich, persönlich, in sexueller Leidenschaft, aber auch in der Öffnung des Blicks füreinander und für die Welt. Die Liebenden sehen anders und *sind* daher anders, *werden* anders, erschließen einander andere Wirklichkeiten. Schaffen sich neu, indem sie ihre Geschichte sich wechselseitig offenbaren und ihre Zukunft neu schmieden. Liebe ist »eine Revolution zu zweit« (Francesco Alberoni 1983). Die Überwindung der liebesfremden Gegensätze und Moralgesetze dieser Welt ist der eigentliche Beweisgrund der Liebe. In ihr erschließen sich die voneinander und von der Liebe Beseelten ein Reich, das von dieser Erde und doch nicht von dieser Erde ist.

Liebe »als exemplarische Zuwiderhandlung« (Alberoni): darin scheint auch auf, was der moderne Liebesglaube verheißt: *Authentizität* – in einer Welt der Stellvertretung, der Zweckmäßigkeit, der Lüge. Die Liebe ist Selbstsuche, ein Verlangen nach authentischer Begegnung mit, gegen, im Anderen. Dies wird erstrebt, erreicht im Austausch der Körper, im Dialog, in der rücksichtslosen Begegnung, in der »Beichte« und »Absolution«, die wechselseitig entgegengenommen und erteilt werden. Im Verständnis, in der Bestätigung und in der Befreiung dessen, was war, und dessen, was ist. Die Sehnsüchte nach Liebe im Sinne von Vertrauen und Heimat gedeihen im Milieu des Zweifels und der Fragwürdigkeiten, das die Moderne erzeugt. Wenn nichts sicher ist, wenn sogar bloßes Atemschöpfen vergiftet, dann jagen die Menschen den irrealen Träumen der Liebe nach, bis diese in Alpträume umschlagen.

Wir überspringen dauernd die nur scheinbar festen Grenzen alltäglicher Wirklichkeitserfahrungen: Die Erinnerung versetzt mich in ein anderes Lebensalter. Ich sinne der Wolke nach, und die

Phantasie trägt mich in ihre Geschichten hinein. Ich lese ein Buch und befinde mich in einem anderen Zeitalter, erlebe das Leben anderer Menschen, die längst tot sind, die ich nie kennengelernt habe, höre ihre Stimmen, die ich nicht höre, aber doch in mir gegenwärtig sind, einfach, weil ich schwarze Buchstaben auf weißem Papier zu mir hereinlasse. Liebe ist eine besondere unter den vielen normalen Grenzerfahrungen. Anders als Krankheit und Tod wird sie erstrebt, nicht verdrängt, jedenfalls nicht in unserer Epoche und Kultur; sie ist nicht bezweckbar, kann nicht gewollt herbeigeführt werden; wo sie erhofft wird, richtet sich diese Hoffnung auf Befreiung im Jetzt und Du. Ihr »Jenseits« ist diesseitig, außerordentlich diesseitig, hat Stimme, Körper, eigenen Willen. In der Religion gilt der Satz: es gibt ein Leben *nach* dem Tod; in der Liebe gilt der Satz: es gibt ein Leben *vor* dem Tod.

Kaum ein Autor hat sich so eindringlich mit dieser *Grenzerfahrung der Liebe* befaßt wie Robert Musil: »Die Sexualität unterbricht gewaltsam die gewöhnlichen Routinen des Lebens, indem sie mit einem Griff Männern und Frauen die Masken ihrer sozialen Rollen von den Gesichtern reißt und eine furchterregende Animalität unter dem zivilisierten Dekorum zum Vorschein bringt. Wie Ulrich (die Hauptperson in Musils Roman *Der Mann ohne Eigenschaften*) nach einer seiner wilden Zusammenkünfte mit Bonadea feststellt, verwandelt sie die Menschen plötzlich in ›schäumende Narren‹, und in dieser Fähigkeit ist die sexuelle Erfahrung in die alltägliche Realität ›eingeschoben‹ wie eine ›Insel des zweiten Bewußtseinszustandes‹. Es ist in dieser Hinsicht interessant, daß Ulrich in der gleichen Passage die Sexualität mit anderen Unterbrechungen der Alltagsrealität vergleicht, insbesondere mit dem Theater, der Musik und der Religion.«[9]

Liebe ist der Kommunismus im Kapitalismus. Pfennigfuchser *schenken* und sind dabei, *dadurch* selig.

»Sich zu verlieben heißt, sich einer anderen Existenz zu öffnen, ohne Garantie, daß dies realisierbar ist. Es ist ein Glücksgesang ohne Sicherheit auf Antwort... Und wenn die Antwort vom Anderen, vom Geliebten kommt, dann erscheint es uns wie etwas Unverdientes, wie ein wunderbares Geschenk, von dem man nie gedacht hat, es zu bekommen... die Theologen haben für dieses Geschenk einen eigenen Begriff: Gnade. Und wenn der Andere, der Geliebte, sagt, daß auch er liebt, und einer im anderen aufgeht, dann ist dies ein Moment des Glücks, in dem die Zeit stehenbleibt.«

»Die Anerkennung, die wir vom Anderen bekommen, gibt uns den Mut, uns zu uns selbst zu bekennen, uns anzuerkennen. Es ist ein Schritt hin zur Individualität.«

»Der Wunsch, dem Geliebten zu gefallen, bringt uns dazu, uns zu ändern. So versucht jeder, dem andern die eigenen Standpunkte klarzumachen und verändert sich selbst, um zu gefallen. Es handelt sich um ein ständiges Entziffern und Entdecken.«[10]

Die Liebe ist eine Utopie, die nicht »von oben« – vom Himmel kultureller Überlieferungen – heruntergeholt und gerechtfertigt, von der Kanzel herab gepredigt werden muß, die vielmehr »von unten« – mit der Gewalt und Dauer der sexuellen Antriebe, aus dem historischen Geschlechterkonflikt in den Wunschzentren der individualisierten Existenz – ihre Verbindlichkeit entfaltet. In diesem Sinne ist Liebe eine *traditionslose* »Religion«; nicht was ihre kulturelle Deutungsabhängigkeit und Gedeutetheit betrifft, aber im Kern und Grad ihrer Verpflichtung, der Stabilität ihres inner- und intersubjektiven Wollens. Niemand muß bekehrt werden, beitreten.

Liebesglaube ist die *Nicht*tradition, die *Nach*tradition, weil er die klassischen Merkmale unterläuft, weder der Institutionalisierung noch der Kodifizierung noch der Legitimation bedarf, um zugleich subjektiv und kulturell wirksam zu bleiben und zu werden. Er entsteht vielmehr im Zusammenwirken mit und aus der enttabuisierten, *freigelassenen* Sexualität mit der tiefenkulturellen Erosion ihrer Rollenselbstverständlichkeiten. Für die Liebe zuständig ist – gemäß der modernen Sozialstruktur – keine externe Moralinstanz, sondern nur noch das Einverständnis der Liebemachenden selbst.

Während Glaube, der nicht mehr gelehrt wird, zerfällt, ist Liebe eine *kirchenlose* und *priesterlose* »Religion«, deren Bestand so sicher ist *wie die Schwerkraft enttraditionalisierter Sexualität*. Ihre Nichtinstitutionalisierbarkeit heißt auch: Institutions*un*abhängigkeit. Diese aber wiederum legt die Liebe noch einmal in die Hände der Individuen, macht sie – bei aller kulturellen Fassung und Formung – zu einer internen Angelegenheit der Liebenden selbst, prädestiniert sie zu einer traditions*losen*, traditions*un*abhängigen, *nach*traditionalen »Religion«, die deswegen gar nicht als solche bewußt wird, weil sie aus dem innersten Wunschzentrum der Individuen aufsteigt, deren ureigenstes, unwiderstehliches Bestreben ist.

Mit dem Rückzug von Recht, Kirche, Moral und Staat legt die

Liebe sogar ihre tradierten Normierungen und allgemeinverbindlichen Codes ab und wird im klassisch-modernen Sinne eine Angelegenheit der Individuen und ihrer Entscheidung. Es entsteht eine Art »*individueller, individualisierter Rechts- und Normenpositivismus*« *der Liebe*. Das alles hebt aber nicht ihren Status als sinnerzeugende Tradition auf, sondern kennzeichnet, begründet diesen: Der Sinntypus, der hier entsteht und gestiftet wird, ist in Genese und Form, Kirche und Bibel, Parlament und Regierung individueller Sinn (»Gewissenssache«): Sinn für und durch die Individuen, zur Aufhebung, Ausgestaltung, Ausbalancierung ihrer Selbst- und Weltentwürfe. Dies gilt jedenfalls dem Ideal, dem *Verfahren*, der Legitimationszuständigkeit nach, was Standardisierungen und Pauschalisierungen im *Inhalt* offensichtlich nicht ausschließt.

Diese Rückbezüglichkeit der Liebe auf Inhalte und Normen der Liebenden macht diese auch *zirkulär* in ihren Bedeutungen und in der Rede über sie. Die Therapeuten versuchen diese biographisch verschlungenen Wucherungen persönlich erlittener und erlebter Bedeutungen vom Allgemeinen her aufzuklären. Schon aber die Grundformel »ich bin ich«, die alles fundieren soll, ist – wie Milan Kundera ironisch sinniert – der seltsame Versuch, eine Unbekannte durch sich selbst zu erklären.[11] In seiner Analyse der Sprache der Liebe deckt Roland Barthes diesen zirkulären Charakter auf.

»*Anbetungswürdig.* Da es dem liebenden Subjekt nicht gelingt, die Besonderheit seines Verlangens nach dem geliebten Wesen zu benennen, greift es zu dem etwas dummen Wort: anbetungswürdig! ...
Da liegt ein tiefes Rätsel verborgen, für das ich den Schlüssel niemals auffinden werde. Warum begehre ich gerade ihn? Warum begehre ich ihn unablässig, sehnend? Begehre ihn als Ganzes (eine Silhouette, eine Form, ein Gesichtsausdruck)? Oder nur einen Teil dieses Körpers? Und was ist in diesem Falle dazu ausersehn, an diesem geliebten Körper für mich begehrenswert zu werden? Welcher vielleicht unglaublich kleine Teil, welche unwesentliche Eigenschaft? Die Kuppe eines Fingernagels, ein etwas abgeschrägter Zahn, eine Haarsträhne, eine bestimmte Art, beim Reden, beim Rauchen die Finger zu spreizen; von allen diesen *Falten* des Körpers gelüstet mich zu sagen, daß sie *anbetungswürdig* sind. *Anbetungswürdig* wiederum soll heißen: das ist meine Begierde, soweit sie jede einzelne Begierde ist; ›das ist es! genau das ist es (was ich liebe)!‹ Dennoch, je deutlicher ich die Besonderheit meiner Begierde erlebe, um so weniger kann ich sie benennen; der Präzision der Zielscheibe entspricht ein zitterndes

Schwanken des Namens; das Eigentümliche der Begierde kann nur die Uneigentlichkeit der Aussage hervorbringen. Von diesem sprachlichen Mißlingen bleibt lediglich eine Spur erhalten: das Wort: ›anbetungswürdig‹...

Anbetungswürdig ist die flüchtige Spur einer Müdigkeit, einer Müdigkeit der Sprache. Von Wort zu Wort mühe ich mich ab, von meinem Bild das Gleiche anders zu sagen, das Eigentliche meiner Begierde wird uneigentlicher: eine Reise, an deren Ende meine letzte Philosophie nur darauf hinauslaufen kann, die Tautologie anzuerkennen – und zu praktizieren. *Anbetungswürdig ist, was anbetungswürdig ist.* Anders ausgedrückt: ich bete dich an, weil du anbetungswürdig bist, ich liebe dich, weil ich dich liebe.«[12]

Das Sakrale der irdischen Liebe liegt dabei gar nicht nur in dieser selbst begründet. Man muß auch über ganz anderes: Bildung, Wissenschaft, Beruf, Weltmarkt, technische Gefahren usw. reden, wenn man verstehen will, warum viele Menschen sich wie wahnsinnig in den Taumel der Liebe stürzen. Überall herrschen Abstraktionen: Statistiken, Zahlen, technische Formeln, die auf (bedrohliche) Wirklichkeiten zeigen, in Dimensionen reden, die bei allen Unterschieden eines gemeinsam haben: sie entziehen sich der alltäglichen Wahrnehmung. Liebe ist auch und wesentlich eine *Rebellion der Erfahrung* gegen die erfahrungslos werdenden Zweitwirklichkeiten in der zivilisatorisch hergestellten Welt.

Ihre Bedeutung ist die Bedeutung einer besonderen Erfahrung: konkret, emotional, totalitär, geradezu unvermeidlich. Im Mit- und Gegeneinander von Mann und Frau, Frau und Frau, Mann und Mann, Eltern mit Knuddelkindern, Rotznasen usw. Politik kann man ins Irrelevante verdrängen; die Klassen sind ins Statistische verblaßt; die erfahrbare Gemeinsamkeit der Berufslage zersplittert im Zuge arbeitszeitlicher und arbeitsrechtlicher Flexibilisierungen. Liebe – genauer: der Liebeskonflikt in seiner Unüberwindlichkeit von der »ewigen Abwaschfrage« bis zum »sexuellen Wie«, von der Kindesliebe bis zur wechselseitigen Selbstentdeckung und Selbstquälerei – *gewinnt ein Monopol auf erlebbare Sozietät.* Je abstrakter die Wirklichkeit, desto attraktiver die Liebe. Liebe ist ein Götterbad der Erfahrung. Was für den Büromenschen der Waldlauf, ist für den Zahlenmenschen die Beziehungskiste: Jogging für die Sinne.

Richtig ist: die traditionsdünne Lebenswelt kennt viele »Mitten« und »Götter«: Fernsehen, Bier, Fußball, Motorrad, Gänseleberpastete, je nach Lebensphase Verschiedenes. Man kann sich in

Vereinen und Friedensgruppen engagieren. Freundschaftsnetze und Bekanntschaften über die Distanz hinweg knüpfen und pflegen als Garanten der Gegeneinsamkeit. Die einen predigen von alten, die anderen von neuen Göttern und polieren die Reliquien, studieren die Sternzeichen. Wieder andere beschwören das Klassenschicksal, besingen die Sonne und die Freiheit und wissen doch, wenn sie ihren ererbten Hoffnungen nicht falschen Lauf lassen, daß dies die Leuchtzeichen einer vergehenden, vergangenen Zeit sind.

Was das Liebesthema diesen anderen gegenüber auszeichnet, ist, daß Beziehungskonflikte *Real*konflikte, *erlebbare*, durchlittene Fragen sind, die im Alltag den Menschen, *ob sie es wollen oder nicht*, um die Ohren fliegen, geschlagen werden. Liebe kann man nicht bezwecken, nicht herbeizwingen. Aber auch dann, wenn er oder sie ihr fremd und gleichgültig gegenübersteht, können sich ebenso überraschend wie grundlos die Falltüren der Liebe öffnen. Liebeskontrahenten wider Willen werden aber wahrscheinlich in dem Maße, in dem die traditionalen Vorgaben versagen. Liebe ist also kein Stellvertreter- oder Blitzableiterthema, kein politischer Exportartikel gewünschten Engagements, kein Nurwerbespot, sondern ihre Konjunktur ist Ausdruck der realen Lebensverhältnisse oder genauer: der Lebensunmöglichkeiten, der vorgestanzten Serienkonflikte, die – historisch bedingt – in der Privatheit rumoren, hervorbrechen und auch dann durchzelebriert werden müssen, wenn Liebe »u. a.« rangiert.[13]

Nach Klasse und Not, nach Religion, nach Familie oder Nation, Vaterland usw. entsteht ein Thema, drängt sich konfliktvoll vor, breitet sich als Unsicherheit, Angst, unerfülltes, unerfüllbares Bedürfnis aus, wird von Pornographie, Feminismus, Therapie geweckt, ausgewalzt, verschlüsselt, normiert, vorgestanzt, aber entwickelt auch sein eigenes Licht, seine eigene Farbigkeit, seine Landschaft von Standpunkten, läßt andere Abgründe, andere Ausblicke entstehen als etwa der Hunger nach Geld, das Gerangel um Karriere oder die technische Phantasie: das Gegeneinander der Geschlechter im gemeinsamen Kampf um Liebe; die in Vaterschaft und Mutterschaft zerbrochene Elternschaft; und das Ringen um die Kinder als die Träger der verletzten Hoffnungen – kurz, die real wirkende Utopie der ungreifbar werdenden Liebe.

»Geliebt zu werden, heißt gesagt zu bekommen: Du mußt nicht sterben« (Gabriel Marcel).[14] Diese leuchtende Hoffnung gewinnt mit der erfahrenen Endlichkeit, Einsamkeit und Brüchigkeit der Existenz ihren verführerischen, unwiderstehlichen Klang. Krankheit und Tod, persönliche Krisen und schwere Einbrüche in die bürgerliche Existenz sind Zeiten und Gelegenheiten, in denen sich die Eide der Liebe beweisen oder als Meineide entlarven. Darin ähnelt der *Sinnanspruch* der irdischen Religion der Liebe dem anderer Religionen. Man kann auch umgekehrt sagen: Der gedachte Tod, der die Normalität aufbricht, zutiefst zweifelhaft werden läßt, auf andere Möglichkeiten hin befragt, öffnet zugleich den Bedeutungshorizont der Liebe. Das Gehäuse der Zweckrationalität, der Karriere, der methodischen Lebensführung, das dann – wenigstens augenblicksweise – zerbricht, läßt die Fragen Wozu und Warum herein, die ihre Kraft aus dem geliebten, erinnerten oder schmerzlich vermißten Miteinander erhalten.

Wenn der Glaubensanspruch der Religionen verdämmert, suchen die Menschen Zuflucht in der Einsamkeit der Liebe. Die Begehrlichkeit ist eingebunden in eine Hoffnung, die sich auf mehr richtet als die Selbstüberhöhung. Liebe findet im Bett, aber auch am Krankenbett statt. Die irdische Religion der Liebe beweist ihre Kraft im Umgang mit der Schwäche, dem Alter, Fehlern, Versäumnissen, ja selbst Verbrechen. Ob die Versprechen – »in guten wie in bösen Tagen« – eingelöst werden, ist eine zweite Frage, die sich allerdings nicht weniger für das Sinnversprechen der Religionen stellt. Krankheit kann eine neue Art des »Verliebtseins« eröffnen. In der Wunschvorstellung, daß Fehler und Fehltritte in der Liebe des geliebten Menschen aufgehoben sind, wird Liebe als Ort der Beichte deutlich, schwingt etwas von der alten Auflehnung der Liebe gegen die sie verleugnende, verlogene Gesellschaft mit.

Die Analogie des Sinnanspruchs zwischen Religion und Liebe endet dort, wo die Liebe selbst endet. Der Tod, ihr Tod bleibt für die nachreligiöse Religion der Liebe sinnleer, sinnlos. Oder genauer gesagt: er könnte nur dort durch Sinn gemildert werden, wo die Trennung »um der Liebe willen«, also in Eintracht vollzogen und gemeinsam verstanden wird. Mag für nachwachsende Generationen »Liebeswechsel« zu einer Art Berufswechsel werden, »Liebesmobilität« zu einer Unterart sozialer Mobilität, die Scheidungsdramen bislang deuten auf das Gegenteil hin.

Die irdische Religion der Liebe steht unter dem Diktat der Diesseitigkeit, der Duhaftigkeit, der Konkretheit und Nachprüfbarkeit der Erfüllung, die verheißen wird. Aufschub ist letzten Endes ebensowenig möglich wie die Vermittlung über Gott oder die Vertagung des Ausgleichs auf das Leben nach dem Tode. Es fehlt das Erbarmen des Jenseits, mit dem die Religionen die Konflikte und das Überbordende der Ansprüche zugleich entladen *und* erfüllen konnten – *ohne* ihre Versprechen *bar*, sozusagen in der Münze nachprüfbarer Erfahrungen, »bezahlen« zu müssen.

Die irdische Liebe ist *eine Liebsten-Liebe, keine Nächsten-Liebe*. Sogar die Liebsten-Liebe steht unter der Drohung ihres Gegenteils. *Ex*liebste verlieren ihre Heimat, ihr Aufenthaltsrecht in der Liebe. Asyl nicht vorgesehen. Nichtliebe heißt, *erzwingt Verstoßenwerden*. Die Therapeuten – die Intensivstation für Scheidungsverletzte – können ein Lied davon singen.

Der Liebesglauben erzeugt zwei Gruppen, die stark fluktuieren: die Gruppe der Jeweils-Liebsten, die quantitativ stabil, aber variabel ist. Dieser steht eine wachsende Gruppe von Ex-Liebsten gegenüber, die mit der Varianz der Jeweils-Liebsten anwächst. Geradezu mechanisch unter dem Druck der Erfüllung, Selbstentfaltung entstehen auf diese Weise *Netzwerke von In und Aus*, deren Zentren und Fäden die einzelnen bilden und weben, ähnlich wie die Spinne mit ihrem eigenen Körperfaden ihr Netz knüpft.

Bei allen Parallelen sind die *Unterschiede* zwischen Liebe und Religion groß: hier ein privater, dort ein die Herrschafts- und Weltordnung umgreifender Kosmos. Die Liebenden sind ihre eigene Kirche, ihre eigenen Priester, ihre eigene Bibel – selbst wenn sie Therapeuten anrufen und zu Rate ziehen, um sich und ihre Geschichte entziffern zu lernen. Alles Vorgegebene wird für sie zum Schaffensplan. Der irdischen Religionen der Liebe sind *unendlich viele*. Ihre Zauberkräfte und Gehäuse zerbrechen, wo die Menschen, die sie zusammenbinden, die Kraft der Erneuerung und die Beschwörung der »Priesterschaft« verläßt.

Die Liebe nistet in Symbolen, die die Liebenden zur Überwindung ihrer Fremdheit mit der Geschichte ihrer Liebe selbst schaffen, als Nistplatz ihrer Gemeinsamkeit ausgestalten und in der Erneuerung von Erinnerungen zu »fliegenden Teppichen« tragender Realitätsträume fortweben. So entstehen die Fetische, die Opfer, die Zeremonien, die Rauchkerzen, die gegenwärtigen Spuren, die das Erleben und Erleiden der Liebe verkörpern. Nicht wie Religion priesterlich geweiht und verwaltet, sondern individuell stilisiert, erfunden, ausgeschmückt. Die einen nisten und kuscheln in Mäusesymbolen, die anderen wählen die Farbe Gelb zum Nest ihrer Träume und Erinnerungen, erfinden Kosenamen, die aus erinnerten Geschichten gewoben sind, ihre Liebe in Erinnerungen aufbewahren und so dem immer drohenden Vergessen und Verlieren entgegenwirken.

Der Horizont der Religion verbindet Diesseits und Jenseits, Anfang und Ende, Zeit und Ewigkeit, Lebende und Tote. Entsprechend wird er oft überzeitlich allgemein zelebriert und erfahren. Der Horizont der Liebe dagegen ist ebenso konkret wie eng. Es sind kleine Ich-Du-Welten, die hier entstehen. Liebe ist, anders gesagt, partikularistisch, von außen betrachtet borniert, ihrer Logik nach ungerecht bis grausam, rechtfertigunglos, ohne schiedsrichterliche Instanz. Ihre Bedeutungen und Gebote sind nicht einklagbar, nicht übertragbar, widerstehen der Codifizierung und Allgemeingültigkeit.

Doch Liebe ist *gerade deswegen die paßgerechte Gegenideologie der Individualisierung.* Sie betont die Einzigartigkeit, verspricht die Gemeinsamkeit der Einzigartigen, nicht durch Rückgriff auf ständische Überlieferungen, Geldbesitz, rechtliche Ansprüche, sondern kraft Wahrheit und Unmittelbarkeit des Gefühls, des individuellen Liebesglaubens und seiner jeweiligen Personifizierung. Die Instanzen der Liebe sind die vereinzelten Individuen, die nur kraft ihrer Begeisterung füreinander sich das Recht nehmen, ihr eigenes Recht zu schaffen.

4. Wider die Ungeschichtlichkeit der Liebe: Liebe als demokratisierte und trivialisierte Romantik

Die eigentliche Gegenposition zu dieser Theorie ist das *Immer-Schon*, die Auffassung, daß Liebe in all ihren Aspekten: Fortpflanzung, Lust, Verdrängung, Erotik, Ich-Du-Begegnung, die öffnet, verändert und umschlägt in Haß und Gewalt, daß also das ganze Drama der Liebe ein *Menschheitsdrama ist von Anfang an.* Der Beweis scheint nicht schwer zu führen. Die Existenz und Fortexistenz der Menschheit erlauben den nicht voreiligen Rückschluß, daß die Methode der Bienen sich über die Jahrtausende auch unter den Menschen einer nicht nachlassenden Beliebtheit erfreut. Ob schwarz, ob weiß, ob gelb, ob Mohammedaner im 11. Jahrhundert, Christ im 15. oder Sklave bei den alten Griechen, ob Tyrannen unterworfen oder stimmberechtigt – an den Zutaten, mit denen Menschen Menschen machen, hat das alles *im Kern* nichts geändert. Solche ungleichen Kronzeugen wie die Großmacht Biologie, viele Ansätze der Psychologie, das reale und das Bühnendrama (Plautus, Ovid, Shakespeare, Kleist, Beckett, Botho Strauß) sprechen ausnahmsweise mit einer Zunge und die sagt: Liebe war *immer schon* die geheime Mitte, oder aber *nie*. Woraus folgt: die Theorie der irdischen Religion der Liebe ist entweder falsch oder falsch.

Das zwingt zu Präzisierung. Der Scheinwerfer der Frage hier zielt *nicht* auf die *biologische Wirkung* der Sexualität: die Fortpflanzung und ihre organisch-physiologischen Vorgänge und Reaktionen, die sich beschreiben und naturgesetzlich fassen lassen; auch nicht auf das Knäuel von Gesellschaftsinteressen und Institutionen, das darum wuchert. Gefragt wird vielmehr nach Liebe als *kultureller Symbolwelt* im Verhältnis zu anderen Symbolwelten – der materiellen Not, Religion, Karriere, technischen Gefahren, ökologischen Sensibilität. Ähnlich wie in mittelalterlichen Kriegergesellschaften oder in der industriellen Klassengesellschaft *auch* Sexualität und Liebe eine Rolle, aber eben nicht die zentrale Rolle für das Erleben der Menschen spielten, gilt dies – das ist die Einschätzung – heute (mehr noch in Zukunft) umgekehrt: offene Macht- oder Klassenerfahrungen treten mit wachsendem gesellschaftlichen Wohlstand in den Hintergrund, und ins Zentrum der kulturellen Wahrnehmung und Sorge rückt das hektische Liebesgegeneinander im zerbrechenden Rollengefüge der Privatheit.

Ein starker Gegensatz zu gängigen soziologischen Deutungen liegt in dieser Behauptung: daß die Eigenlogik des Liebesglaubens als Sinnhorizont der nachtraditionalen, spätmodernen Gesellschaft im Zuge von Modernisierungsprozessen *systematisch erzeugt* wird. Sehr grob (also angreifbar, widerlegungsfähig) gesagt, wird damit eine historische Reihenfolge behauptet, nämlich: Religion, Klasse, Liebe – nicht im Sinne einer Rangfolge oder Fortschrittsidee, aber im Sinne verschiedenartiger kultureller Zentren und Horizonte mit jeweils ganz unterschiedlicher Reichweite. Wenn alles zusammenbricht, suchen die Menschen in individualisierten Lebenswelten weder Schutz bei Kirche und Gott noch in gelebten Klassenkulturen, sondern im Du, das die eigene Welt teilt und Geborgenheit, Verständnis, Gespräch verspricht. Gewiß, es gibt vielfältige Ungleichzeitigkeiten und Überschneidungen, aber *die Mitte wechselt.* Entsprechend wechseln – wie Max Weber sagt – die »leitenden Wertideen«, das »Licht«, das die kulturellen Bedeutsamkeiten entstehen oder verschwinden läßt.

Also: der Industriekapitalismus zehrt nicht nur parasitär von den Sinnressourcen traditionaler Überlieferungen[15], sondern mit dem Verblassen der industriellen Konstellation entsteht im Zentrum der Lebenswelten ein andersartiger, innermoderner Sinntypus der »Gegenindividualisierung«: die irdische Religion der Liebe.

Damit ist zugleich eine weitere perspektivische Konkurrenz angesprochen, nämlich die zu *Psychologie und Psychoanalyse*. Die Frage nach der »Bedeutung« der Liebe wird nicht auf *individuelle* Einstellungen, Erfahrungen, frühkindliche Sozialisation bezogen, sondern auf *Sozialstrukturen*: Arbeits- und Lebensverhältnisse, Familien- und Ehemodelle, Geschlechtsrollenstereotype, Wertideen, die den historischen Rahmen vorgeben, in dem sich individuelle Erfahrungen und Sehnsüchte organisieren und orientieren.

Dieses Buch und diese Theorie nehmen Partei *für den historischen Bedeutungswandel* der Liebe, also klassisch gesprochen für die *Erotik*. In unserem Kulturkreis gilt: Sexualität verhält sich zu Erotik wie *ist* zu *als ob*. Der Segen oder der Fluch der Wirklichkeit und Eigentlichkeit liegt danach auf der sexuellen Begierde, während sich die Erotik demgegenüber dazu verhält wie die Verpackung zum Inhalt, wie die Ankündigung auf der Speisekarte zur Gans auf dem Teller. Nicht zuletzt im »realistischen« Zugriff der Wissenschaft wurde und wird Erotik irgendwo zwischen Perversion und Überbau angesiedelt. Bei Sozialisten ähnlich wie bei Kapitalisten gerät sie leicht und schnell in den Verdacht der Zechprellerei. Das mag so sein. Vor allem, wenn man es so sehen will. Weil gerade in Sachen Erotik mehr denn je die Sicht das Verhalten prägt, das die Wirklichkeit schafft. Immerhin ist bemerkenswert, daß andere Kulturen und Jahrhunderte, die allerdings auch die Weisheit unserer Wissenschaft noch nicht kannten, diese Sicht dem Pöbel überließen und Kunstfertigkeiten der Erotik entwickelten, von denen wir sogar zu träumen vergessen haben.

Schon ein flüchtiger Überblick beweist die Vielfalt in dem scheinbar Einem. Die Kultur- und Sozialgeschichte kennt – oder sagen wir realistischer: unterscheidet – hundert Formen allein der »leidenschaftlichen Liebe« (und das heißt: geröstete Gänseleber und eine wirklich gelungene Rückhand sind schon ausgeschie-

241

der.): die *frühindischen, -arabischen, -chinesischen Liebeskunst-lehren*; die »*platonische Liebe*«; die Vorstellungen und Lehren vom »*sündigen Fleisch*«, die die christlichen Mönche pflegten; das *Minnesängertum*, zünftig und züchtig, der meist verheirateten, angebeteten Schloßherrin gewidmet; die Liebesideale der *italienischen Renaissance* mit ihrer Vorstellung einer *kosmischen Leiden-schaft*, die keine institutionelle Form duldete und doch eine brauchte, wollte sie nicht in sich selbst vergehen, also zur *Mätres-senliebe* wurde, geachtet bei Hofe, nachgeahmt in den erotisch-literarischen Zirkeln der europäischen Oberschichten, stilbildend für die Liebesphantasien eines ganzen Zeitalters und mehr.

Dies alles, versteht sich, gegen den duldenden Widerstand der Kirche, deren Väter, von Alter und Bildung Gott nahe, sich der schweren Aufgabe unterzogen, die Einzelheiten des ehelichen Bei-schlafes nach Hörensagen und den Worten der Bibel zu ordnen und einzurichten. Davon wissen wir vor allem von ihnen selbst, so daß der ganzen Sozialberichterstattung des Mittelalters über die Feinheiten von Lust, Zeugung, Anstand, Schicklichkeit, »verbote-nen« Liebesstellungen usw. ein klerikaler Oppositionszug eigen ist, der die Frage, was wirklich geschah, auch dann offenhält, wenn man in Rechnung stellt, daß alle Gewissen danach und da-vor im Beichtstuhl gereinigt werden mußten.

Dieses kulturhistorische »name dropping« mag einen ersten Eindruck von der Fülle des Möglichen, ehemals Wirklichen ver-mitteln (soweit die Literatur es der Bestandsaufnahme für wert erachtet hat). Vielleicht sind wir Platos Vorstellungen von Erotik als »Zeugen im Schönen« näher als dem ungeschichtlichen Pla-stikmenschendasein, das wir zu leben glauben? Vielleicht hat Michel Foucault recht, der kurz vor seinem Tode nach Abschluß seines Werkes über die Geschichte der Sexualität sagte: »Die Idee einer Moral als Gehorsam gegenüber einem Regelkodex ist heute im Verschwinden begriffen und ist schon verschwunden. Und die-sem Fehlen von Moral will und muß die Suche nach einer *Ästhetik der Existenz* antworten.« An die Stelle von Gesetz, Moral, Kon-stanz und Hierarchie der Bedürfnisse setzt Foucault die antike Kategorie einer »Kunst der Lebens«, die »Stilisierung der Exi-stenz«, die »Entwicklung einer Selbstpraktik, die zum Ziel hat, sich selbst zu konstituieren als Arbeiter an der Schönheit des eige-nen Lebens«.[16] Das ist olympisch: die Nachbarn der Zukunft sind die alten Griechen! Ich füge hinzu: vielleicht auch die Araber, die

242

Renaissanceliebhaber, die Minnesänger oder etwas anderes, viertes, fünftes, sechstes, vielleicht sogar etwas Neues.

Auch auf die Gefahr, die überlieferte Fülle bis zur Lächerlichkeit zu verunstalten, möchte ich *drei große Phasen im Verhältnis von Liebe und Ehe* unterscheiden (die im übrigen zugeschnitten sind auf die Entstehung der irdischen Religion der Liebe):

Erstens eine überlange Phase, die das Altertum und das ganze Mittelalter umfaßt und erst irgendwann im 18. Jahrhundert ausklingt, für die der Grundsatz gilt: Liebe und Leidenschaften *versündigen* die Ehe. »Nichts ist schändlicher, als seine Frau wie eine Mätresse zu lieben.«[17] Das schließt – zumindest vom Adel aufwärts – keineswegs aus, ermöglicht vielmehr ein *Raffinement der Liebe*, das separat abläuft, von den ehelichen Pflichten und Rechten nicht drangsaliert.

Zweitens die Phase, in der – ausgehend von England Ende des 18. Jahrhunderts – das mit dem Siegeszug des Industriekapitalismus aufkommende Wirtschaftsbürgertum gegen die »losen Sitten« des Adels seine puritanischen Moralvorstellungen durchsetzt. Was zur bekannten Lustverdrängung führt und zur Verbannung der Vielformen der Erotik in die nun medizinisch-psychologisch auszuarbeitende Rubrik »abweichenden Sexualverhaltens«.

Auf der *dritten* Phase liegt der eigentliche Schwerpunkt der Argumentation. Untergründig hatte gerade der sexuelle Rigorismus des Bürgertums die Faszination an den normwidrigen, verdrängten sexuellen Praktiken und schwarzen Phantasien wachsen und wuchern lassen. Damit wurde das Milieu geschaffen, in dem Liebe als *exemplarische Opposition* nicht nur mit der Verheißung der Lust, sondern auch mit der der Freiheit lockte. Was Ich-Philosophie und Romantik vordachten und vordichteten, in Affären und Experimentalbiographien auch vorlebten, vorhaßten und vorlitten, dehnt sich aus: Liebe als Ich-Begegnung, als emphatische Erschaffung der Welt aus dem Du-Ich, eine trivialisierte und um ihr Gegenteil: das moralische Verbot, gebrachte Romantik, pädagogisch zubereitet, wird zum Massenphänomen: die irdische Religion der Liebe.

Liebe, Mönche und Herrschaftsordnung in der vorindustriellen Welt

»In nahezu allen Gesellschaften und fast allen Zeiten außer den unseren bestand« – wie Philippe Ariès und Jean-Louis Flandrin in aufregenden Studien gezeigt haben – »zwischen der Liebe *in* der Ehe und der Liebe *außerhalb* der Ehe« ein großer Unterschied:[18] »Schändlich handelt..., wer in allzu großer Liebe zu seiner eigenen Frau entbrennt. Allzugroß, das ist die unbändige Liebe, die Leidenschaft, welche die Geliebten außerhalb der Ehe empfinden. Ein vernünftiger Mann soll seine Frau mit Besonnenheit lieben, und nicht mit Leidenschaft; er soll seine Begierde zügeln und sich nicht zum Beischlaf hinreißen lassen.«[19]

Hinreißend jedenfalls ist es, die Begründungen für diese luststrenge Zweckmäßigkeitsehe nachzulesen. Selbst der kluge Montaigne schreibt in seinen Essays: »Der Ehestand ist eine fromme heilige Verbindung«, für die sich Lust nicht ziemt, es sei denn, es handelt sich um »ein bedächtiges, ernsthaftes und mit einiger Strenge vermischtes Vergnügen«, um »eine gewissermaßen kluge und gewissenhafte Wollust«.[20]

Offenbar stand selbst er unter dem Einfluß der Theologen, die den Hauptzweck der Ehe in der Erzeugung von Nachwuchs sahen, übrigens nicht nur im Vollzug ihrer christlichen Moralvorstellungen, sondern auch im Vollzug der sozialen Gesetze einer Epoche, die Kontinuität von Macht und Besitz noch ganz auf das brüchige und eben an das Gelingen der (männlichen) Nachwuchszeugung gebundene Verwandtschaftssystem gründete. Die Eheleute bei derart nun wirklich ernstem Geschäfte waren nicht nur deswegen nur zum Scheine alleine, weil der Schatten des Beichtvaters über ihnen schwebte, sondern auch deshalb, weil alle Kriegserfolge, alle Staatskunst sich zerschlugen, wenn *dieses* mißlang. Wer seinen Feinden nicht am Ende doch noch unterliegen, doch noch Hof, Macht, Besitz überlassen wollte, mußte vor allem auch hier »siegen«.

Da war es geradezu barmherzig, daß sich die Kirche auf ihre Moral besann und den alles entscheidenden »Akt«, dessen Folgenlosigkeit verlorenen Kriegen gleichkam, mit Sitte und Zweckdienlichkeit auf sein »eigentliches« Ziel hin orientierte. Gesellschaftliche Herrschaft und Ordnung auf Lust und Liebe zu gründen – denn das genau hätte Liebesheirat in der Feudalgesellschaft bedeutet –, wäre nicht nur der Abdankung der Macht zugunsten von Zufall und Leidenschaft gleichgekommen, sondern hätte auch geheißen, Krieg und Liebe zu mischen.

Vor diesen Alternativen betrachtet, war der moralische Einsatz der Kirchen für den Fortpflanzungszweck der Ehe fast schon »vernünftig«, jedenfalls auf der Höhe der Zeit. Wenn für unser zeitgenössisches Verständnis manches rätselhaft erscheint, so gilt es zu beachten, daß in der Zwischenzeit im Schema der modernen, bürgerlichen Industriegesellschaft die Sicherung von Herrschaft und Ordnung an ein verfaßtes politisches System, an ein ausdifferenziertes Recht usw. delegiert wurde, also – qua Sozialstruktur – nicht mehr mit Folgen des ehelichen Beischlafs verknüpft ist.

Neugierig macht allerdings, *wie* die Mönche und Theologen sich ihrer heiklen Aufgabe entledigt haben.

»Der Mann, der sich von übermäßiger Liebe hinreißen läßt und seine Frau so leidenschaftlich bestürmt, um seine Begierde zu befriedigen, als wäre sie gar nicht seine Frau und er wollte dennoch Verkehr mit ihr haben, der sündigt. Das scheint der heilige Hieronymus zu bestätigen, wenn er dem Pytagoräer Sextus beipflichtet, der sagt, daß der Mann, der seiner Ehefrau in übermäßiger Liebe zugetan ist, Ehebruch begeht... Darum sollte der Mann sich seiner Frau nicht wie einer Dirne bedienen, und die Frau soll sich ihrem Mann nicht wie eine Geliebte nähern, denn es ziemt sich, von diesem heiligen Sakrament der Ehe mit aller Schicklichkeit und Ehrfurcht Gebrauch zu machen.«[21]

Auch die Begründungen sind amüsant. Gerade die Mönche wußten: Lüste, die einmal entbrannt sind, müssen nicht heimisch bleiben, können viele kleine himmlische Fegefeuer errichten.

»Außerdem lehren diese Gatten ihren Frauen in ihrem eigenen Bett tausend Geilheiten, tausend Schlüpfrigkeiten, tausend neue Stellungen, Wendungen, Arten und bringen ihnen jene ungeheuerlichen Figuren des Aretino bei; aus einem Feuerbrand, den sie im Leib haben, lassen sie hundert lodern; und so werden sie verhurt. Sind sie einmal auf solche Weise gedrillt, können sie sich nicht mehr davor hüten, ihren Gatten zu entlaufen und andere Kavaliere aufzusuchen. Darüber verzweifeln die Gatten und töten ihre armen Frauen; darin haben sie sehr unrecht...«[22]

In vielen Texten mischt sich derart Moral mit Geilheit. Sie wissen, wovon sie sprechen und wogegen sie sind, und sie halten damit auch nicht zurück. Das spricht für eine untergründige, »schwarze Erotik des Verbots«, die die sinnenfeindliche Kirche in ihrem Innersten züchtet und bewahrt hat.

Doch die Herrschaftssicherung durch eheliche Fortpflanzungsmoral hatte die andere Seite der *nichtehelichen Liebesleidenschaft*, die zwar immer gegen die kirchliche Moral errungen werden mußte, aber eben auch konnte, jedenfalls in den diesbezüglichen Regionen von Reichtum und sozialer Hierarchie. Diese Zweiteilung der Welt und der Moral hatte gewiß ihre Konfliktpunkte und Peinlichkeiten, sie ermöglichte (vereinzelt, selektiv und zumeist auch dann gegen die Eigenentfaltung weiblicher Lust und Sexualität) jedoch zugleich die Erkenntnis und Pflege der Lüste und Leidenschaften unabhängig von dem Vollzug der »ehelichen Pflichten«. Liebe und Liebe innerhalb der und außerhalb der Ehe waren nicht dasselbe, was Anlaß zu vielen Verwicklungen gab, aber eben auch die Ehe *und* die Liebe in Grenzen zu stabilisieren vermochte. Die Ehe, weil sie nicht der Vergänglichkeit der Leidenschaften ausgesetzt war, die Liebe, weil sie freigehalten war von den Zwängen der Elternschaft und der Dauer. Die erotische Kunst und die Kunst der Erotik haben sich über die Jahrhunderte immer *jenseits* der Zwangseinheit von Liebe und Ehe entwikkelt.

Selbst heute gilt dieses Gesetz in abgewandelter Form: Die Liebesehe kann das *Gegen*einander von Ehe und Liebe nicht in ein *Neben*einander auflösen, sondern nur in ein *Nach*einander.

Unsere Epoche der »funktionalen Differenzierung« huldigt in ihrem Privat- und Intimleben dem *Gegenideal der Entdifferenzierung*. Im Ideal der Liebesehe wird das Gesetz der funktionalen Differenzierung geradezu auf dem Kopf gestellt. Die alten Mönche würden weise lächeln.

Wirtschaftsbürgertum, Konventionsbruch und Ehebruch

Der Widerspruch zwischen sinnlicher Liebe und dem puritanischen Eheideal der frühkapitalistischen Bürgergesellschaft ist oft beschrieben und kritisiert worden.[23] Doch gerade das Freiheitspathos der Liebe steht ja nicht nur im Gegensatz zur bürgerlichen Welt; die Ehemoral dieser Welt vielmehr auch im Gegensatz zu »Freiheit und Gleichheit«, deren Durchsetzung, Erkämpfung das Bürgertum seinen Aufstieg gegen die Adelsherrschaft verdankt. Der Unternehmer muß mit ständischen Normen und Borniertheiten brechen, rücksichtslos gegenüber dem Althergebrachten und der Konkurrenz seinen Entwurf der Welt, sein Gewinninteresse verfolgen und durchsetzen. *Aber* zu Hause sollen Sitte und Ordnung herrschen. Die Vernunft wird von der Philosophie gegen alle Metaphysik und damit auch Religion als alleiniges Prinzip des Handelns entdeckt und ausgefaltet. *Aber* das Gesetz der Vernunft ist *Freiheit*, Subjektivität, die keinem Herren mehr dient, niemandem gehorcht als sich selbst, als der eigenen Erfahrung und Einsicht. Zugegebenermaßen Freiheit in und durch Bindung, aber Freiheit, deren »kategorischer Imperativ« nun auch gegen die geweckte und entfachte Subjektivität »apriorisch« begründet werden muß.

Die Welt ist keine vorgegebene mehr, sondern Produkt des Handelns, diesem unterworfen: das ist die Gemeinsamkeit von Kant und dem unternehmerischen Impetus, der ja ein ökonomisch verklausuliertes Konzept der Welteroberung darstellt. Darin aber wird eine Eigenmächtigkeit des Subjekts behauptet, begründet und in Umlauf gesetzt, der zwar Sexualität, Leidenschaft, Liebe untergeordnet bleiben, aber letzten Endes: mit welchen Gründen? Mit welchen Halterungen?

Wenn das Recht auf Freiheit des Unternehmers sich im Bruch mit den Gepflogenheiten und verkrusteten Normen einer überkommenen Ständewelt zeigt, warum zeigt sich das Recht der Liebenden auf ihre Freiheit nicht auch im Bruch mit der bürgerlichen Antisexualität? Es gibt, anders gesagt, *eine Wahlverwandtschaft zwischen dem unternehmerischen Konventionsbruch und dem Ehebruch*, der wirtschaftlichen Subjekt- und Selbstbehauptung und dem Recht der Liebenden und der Liebe auf sich selbst und dem Zelebrieren ihrer Hysterien und Subjektivitäten – diese ist eine Steigerungsform jener, gleichsam ihr Superlativ –, einen Gleichklang im Gegenklang, der den immanenten Widerspruch der Sinnenferne und -feindlichkeit des Bürgertums aufdeckt und damit dessen Anfälligkeit für das Unter- und Hintergründige der durch die Verbote sowieso geschürten und beweisfähig gemachten Liebe und ihrer schwülen Leidendschaften.

Der Ausbruch der Liebe aus den Konventionen des Wirtschaftsbürgertums ist nicht nur Ausbruch. Er wendet auch die Konventionen gegen sich selbst. Die Faszination der Liebe ist auch die Faszination der Freiheit, die *mit* der bürgerlichen Moral *gegen diese* angezettelt werden kann. Die Romantik – hier verstanden als die Entfesselung von Subjektivität, ihrer Liebes- und Leidensfähigkeit – ist die *zweite Möglichkeit*, die mit dem Wirtschaftskapitalismus prinzipiell eröffnet ist und gegen die Halbierungen der Freiheit sozusagen mit der paradoxen Unterstützung seines Widerstandes immer möglich bleibt. Diese Sprache spricht bis heute der rasche Wechsel exzessiver Subkulturen, auch der überschäumende Konsumismus. So betrachtet ist das gleichzeitige Erscheinen im 19. Jahrhundert von restriktiver bürgerlicher Ehemoral, industrieller Welteroberung, Kant, Ich-Philosophie, Naturphilosophie, De Sade, romantischer Lyrik und biographischer Eskapaden in Literatur und Wirklichkeit keineswegs ein weltgeschichtlicher Zufall.

Die Gegenwart der Romantik: Liebe als gelebter Schlagertext

Liebe ist, ihrem romantischen Ursprung nach, eine Verschwörungsgemeinschaft gegen »die Gesellschaft«. Liebe kennt keine Schranken. Weder die von Ständen und Klassen noch die von Gesetz und Moral. Diese subversive Befreiungsideologie der Liebe streifte, wie Hans Magnus Enzensberger in einem »dokumentarischen Roman« an einem überschäumenden Beispiel nachzeichnet, immer nahe an die Hysterie.

»Auguste Bußmann an Clemens Brentano, (Landshut, Herbst 1808)

Freytag morgen

Oh du abschäulicher garstiger böser hassenswerther gehaßter geliebter Clemens Clemens warum thust du mir solche Qual an? Ich küsse dich heute nicht, ich schlage dich, ich beiße dich, ich kraze dich, ich drücke dich tod aus Liebe wenn du kommst. – –«

Drei Jahre später schreibt sich der »Tot-Gedrückte aus Liebe« mit diesem wohl beispiellosen Abschiedsgedicht seinen Haß von der Seele:

»Clemens Brentano,
Wohlan! so bin ich deiner los
Du freches lüderliches Weib!
Fluch über deinen sündenvollen Schoß
Fluch über deinen feilen geilen Leib,
Fluch über deine lüderlichen Brüste
Von Zucht und Wahrheit leer
Von Schand' und Lügen schwer,
Ein schmutzig Kissen aller eklen Lüste.
Fluch über jede tote Stunde

Die ich an deinem lügenvollen Munde,
In ekelhafter Küsse Rausch vollbracht, « usw. usw., seitenlang.

»... Du Lügnerin leb wohl, leb schlecht, hier ist die Schwelle,
Wo sich mein reuig Herz, von dir du Hexe scheidet,
Verdorren mag der Fuß, der je dein Bett beschreitet,
Ich hab' dich nie gekannt, ich hab' dich nie gesehen,
Es war ein böser Traum, er muß hinuntergehen,...«

»Liebe unglückliche Auguste«, schreibt Enzensberger, »Sie können nicht ahnen, was Sie angerichtet haben, Sie und eine Handvoll ihrer Zeitgenossinnen und Zeitgenossen. Ich übertreibe kaum, wenn ich behaupte, Sie (eine Handvoll Menchen zwischen dem achtzehnten und dem neunzehnten Jahrhundert) hätten ›die Liebe‹ erfunden – oder sagen wir lieber das, was man in Europa bis auf den heutigen Tag darunter versteht. Denn was war das schon vordem? Man wurde verheiratet, machte gute und schlechte Partien, suchte Arbeitskraft, zeugte Kinder und zog sie auf, nahm sein Unglück oder sein Glück, wie es kam, lebenslänglich hin. Dann erst, ziemlich spät, seid Ihr auf die Idee gekommen, etwas mehr möchte doch zu erlangen sein, über das Kindbett, die Arbeit, das Vermögen hinaus: so als könnte man sein Leben, auch in dieser Hinsicht, selber in die Hand nehmen. Eine höchst riskante und folgenreiche Idee! Das Ich in seiner vollen Größe, und das Du. Die Seele und der Leib, daraus sollte eine kleine Unendlichkeit werden. Eine Emphase war das, eine Erwartung, ein Glücksverlangen, von dem sich frühere Generationen nichts hatten träumen lassen – und zugleich eine gegenseitige Überforderung, die ganz neue Möglichkeiten des Unglücks heraufbeschwor. Die Enttäuschung war die Kehrseite Eurer Utopie, und Eure neuen Einverständnisse gaben auch dem alten Kampf zwischen den Geschlechtern eine neue, radikale Wendung.
Ich könnte viele Seiten an die Schilderung der Folgen wenden, doch fürchte ich, Sie würden mir keinen Glauben schenken. Daß Ihr Roman zum Vorbild, ja zum Schema einer unabsehbaren Literatur wurde, und daß Ihr Liebeskampf in tausend Varianten bis heute unsere Theater füllt, ist die geringste dieser Konsequenzen. Was Sie noch viel weniger für möglich halten werden, Auguste: Ihre Geschichte ist alltäglich geworden, platt, trivial, auf den Hund gekommen in millionenfacher Wiederholung, aber auch zur Quelle millionenfachen Leidens. Ganze Wissenschaften haben

sich über sie hergemacht; ein Heer von Experten, Beratern und Scharlatanen beschäftigt sich mit dieser endlosen Geschichte und mit ihrer bürokratischen Verwaltung, und jeden Tag von neuem wird sie vor den Schranken unserer Gerichte verhandelt. Denn es kann doch kein Zufall sein, daß es Ihre Zeit war, die, gleichsam in einem Atemzug mit der Entdeckung des unbedingten Gefühls, auch die Scheidung erfunden hat.«[24]

Auguste Bußmann und Clemens von Brentano haben diese Selbst- und Liebessucht rücksichtslos gegen sich und gegeneinander durchexperimentiert und durchlitten. Sie sind Pioniere dieser dornenreichen Liebesirrfahrt, nicht aber – wie Enzensberger meint – ihre Erfinder. In den Überhöhungen und deren Scherbenhaufen steckt beispielsweise viel später, zerschellter Plato (auch die gängige Trivialliteratur der Frauen- und Männerchaotik heute jammert platonisch); schwingt einiges Angelesene oder kollektiv Erinnerte über Minnesänger und Mätressen mit; altindische Weisheiten (die ja nicht zufällig heute auf den Ladentischen locken) leben auf; das Treiben bei Hofe wird in die Appartements verlegt; kurz: verstohlene Lektüre und alte, herüberwirkende Innennormierungen bestimmen das Treiben, das sich individuell gibt.

So betrachtet, ist Liebe *angewandte Romanlektüre, gelebter Schlagertext, biographisch-therapeutisch gewendete Ich-Philosophie*. Die Vermischung mit, vielleicht sogar die Dominanz vorgestanzter Phantasie, die aus der Gegensituation, der Individualisierung entsteht – vielleicht liegt in dieser geborgten Überhöhung ihr eigentlich romantischer Kern.[25] Es ist auch eine schriftliche Liebe, eine Sozusagen-Liebe, eine Liebe vom Hören-Sagen, in dem Sinne, daß sie auf einer Verwechslung von Gelesenem, Gehörtem und Gelebtem beruht. Auguste Bußmann und Clemens von Brentano beispielsweise dürften gar nicht mehr gewußt haben, ob sie ihre Briefe leben oder schreiben. Diese Art der Briefliebe, die die gelebte ungeheuer beflügelt, ihr vorweg- und nacheilt, Spuren und Ziele aufsammelnd und vorwegtragend, fehlt heute wohl. Aber an ihre Stelle ist die rezeptive, die *gelesene, gehörte* (ferngesehene und therapeutisch normierte) Liebe getreten, sozusagen die vorproduzierte »Liebeskonserve«, das »Drehbuch«, das nun in den Betten und Küchen nachgespielt wird.

In der Vergangenheit sprengte die Liebe Gemeinschaftsbindungen und Normen. Mit der Auflösung von ständischen und familialen Normen und Barrieren läuft sie dagegen mehr und mehr ins

Leere. Sie ist nicht mehr das freiheits- und individualitätsverbürgende Gegenprinzip zu gesellschaftlichen Zwängen, sie trifft auf keinen Widerstand mehr, sie ist nicht mehr im Kern amoralisch. Dies führt dazu, daß sie sich auf sich selbst zurückwendet, sich selbst aufzehrt, sozusagen »selbstreflexiv« wird.[26]

Dies zeigt sich in den Gebetsmühlen der Beziehungskisten (die jeweils ganz individuell und ganz standardisiert ablaufen), in der Pädagogisierung der Liebe, in pornographischen Selbststimulierungstechniken oder ganz allgemein in der emotionalen Besetzung des Zustands der Verliebtheit – und nicht in der emotionalen Besetzung des Partners. Ähnlich wie Wissenschaft nicht mehr Unwahrheit mit Wahrheit bekämpft, sondern eine Wahrheit sich an der anderen reibt, so kann sich die romantische Liebe als die individuelle Glücksutopie (bzw. die Utopie des Glücks der Individualität) nicht mehr am Widerstand gegen gesellschaftliche Zwänge und Verbote entzünden und ihr Recht finden, sondern nur noch in Konkurrenz und Auseinandersetzung mit jeweils anderen. Das Resultat ist Verwirrung und Mißverständnis und gelegentliche Übereinstimmung. Auf jeden Fall verliert Liebe mit ihrem Selbstbezug, ihrer Schrankenlosigkeit ihren Status als Garant individueller (nicht-gesellschaftlicher) Sicherheit. *Die* Liebe gibt es nicht. Es gibt nur ihren *Plural*: Lieben – schwer mitteilbare, zusammenfügbare, variable Utopien pluralisierter und individualisierter Liebesvorstellungen (in bezug auf Sexualität, Zusammenleben usw.).

Gerade weil Liebe zum knappen und begehrten Gut wird, kann man die Zeit des gegenwärtigen Individualisierungsschubs als eine Zeit bezeichnen, in der Liebe Hochkonjunktur hat und Liebesfragen für alle zu existentiell brennenden Fragen werden – und nicht nur, wie noch im 19. Jahrhundert, für Außenseiter und Liebesheroen. Oder überspitzt gesagt: Mit dem Tod der Liebe, mit ihrer Auflösung in Elternliebe, Leidenschaft, Flirt, Erotik, Partnerschaft, Familienbindung setzt die massenhafte Suche nach der ganzheitlichen, »großen Liebe« ein.

Dieser Liebesglaube ist die Liebe der Vereinzelten, aus Traditionen von Klasse und Stand Herausgelösten, für die an die Stelle vorgegebener Gemeinsamkeiten selbstentworfene und kontrollierte Gemeinsamkeits*bilder* treten. Der idealistischen Romantik damals und der therapeutischen Romantik heute ist das *Prinzip der Distanz* gemeinsam: Diese idealisierende, nachgelebte Liebe wächst mit der Entfernung – auch da, wo sich die Liebenden räumlich nahe sind, da sie ihre *Bilder* der Liebe lieben, die *Bilder* der Geliebten auch, *sich* lieben in den Geliebten und deren Liebe und in den dadurch möglich werdenden Übersteigerungen, Grenzüberschreitungen des eigenen Selbst. Gegenüber dieser *Selbstliebe der Liebessehnsucht* erweist sich die Realität der geliebten Person mit ihrer ganzen Banalität (soweit der Rausch nicht sowieso die Realitätssinne vernebelt hat) als Bedrohung. Realität bedeutet Einsturz und Absturz, wogegen wiederum nur Idealisierungen – und Distanz helfen. »In der Liebe täusche ich mich ständig über die Realität... Täuschung – als Voraussetzung des Lusterlebens?«[27]

Diese Liebe ist überhöhte – wie Lou Andreas-Salomé sagt – *vertausendfachte Einsamkeit.* Die Überwindung der Einsamkeit durch ihr zelebriertes tausendfaches Echo. Nicht nur in dem Sinne, daß sich die liebenden Einsamkeiten in ihren Idealisierungen überbrücken, überwinden. Dann und solange sind die einzelnen nicht einsam! Weil die Distanz in den Rausch eingebettet ist, der die Idealisierung ermöglicht. Auch in dem Gegensinne, daß die Zerbrechlichkeit, der Fall zurück in die Einsamkeit, der mit dem Hereindämmern der Normalität und Realität fast schon unvermeidlich ist, nur über die Distanz aufgeschoben, abgepuffert werden kann – und das heißt in der Nähe vielleicht auch: Ironie, Selbstironie, Spiel, Phantasie; die Vertauschung von Ich und Du, wenn schon nicht erleben, dann erlachen. Diese Liebe singt das Lob der (Nähe in, durch) Distanz – in welcher Form auch immer! Ihr verdankt sie ihr Überleben. Das ist ihr romantischer, ihr realistischer Kern, ihre Erfindung.

Liebe ist Einsamkeit zu zweit. »Obgleich wir nämlich so völlig vom anderen erfüllt zu sein wähnen, sind wir es doch nur von unserem eigenen Zustand, der uns im Gegenteil ganz besonders unfähig macht, uns, berauscht wie wir sind, mit der Beschaffenheit von irgend etwas wahrhaft zu befassen. Liebesleidenschaft ist von allem Anfang an außerstande zu einer wirklichen sachlichen Aufnahme eines Anderen, zu einem Eingehen in ihn, – sie ist vielmehr unser tiefstes Eingehen in uns selbst, vertausendfachte Einsamkeit ist sie, aber eine solche, der, wie mit tausend blitzenden Spiegeln umstellt, sich die eigene Einsamkeit zu einer alles umfassenden Welt zu weiten und zu wölben scheint.«[28]

5. Liebe als soziales Sinnmuster subjektiver Selbstverwaltung: Eigendynamik, Konfliktlogik, Paradoxien

Mit der Freisetzung von Moral und Recht scheint Liebe zu einer *puren* Angelegenheit der sich liebenden Individuen zu werden, wenn schon nicht der Realität nach, so doch dem Idealtypus. Das Irritierende, schwer Nachvollziehbare und am wenigsten Begriffene allerdings ist, daß genau diese Form der Delegation an die Subjekte und ihr Belieben ihre *eigene Schematik* enthält, ihre *Gesetzmäßigkeit, Konfliktlogik*, nicht zuletzt ihre *Paradoxien*, die sich im Individuellen austoben, *als* Individuelle austoben, doch einem Ablauf folgen, der im Allgemeinen der Liebe seinen Grund hat. Zugespitzt gesagt: Wie bei Kapital und Macht geht es auch bei der Liebe um ein *vorgezeichnetes Verhaltens- und Krisenspektrum*, nur eben um eines, das mit den Äußerungsformen der Subjektivität, mit der Selbstgesetzgebung der Liebe zusammenfällt:

(1) Liebe wird zum Inbegriff der gesellschaftlichen Individualisierung und zugleich zum Versprechen, die vereinzelten Individuen vor deren anomischer Kehrseite zu retten. Liebe meint damit *Gegeneinsamkeit*. Sie ist die Antwort, die Wunschantwort auf das historische Zerbrechen der Gemeinsamkeiten und Verbindlichkeiten. Sie ist die *Gegen*individualisierung, genauer: die *Utopie* der Gegenindividualisierung, die *mit* der Individualisierung *für* diese und *gegen* diese ihr Versprechen auf eine sinnliche, sinnvolle Zweisamkeit, auf Überwindung der Weltferne und -entfremdung, auf *gemeinsame* Selbstentfaltung, auf Überwindung des »gezeichneten Ichs« entfaltet. Umgekehrt ist Individualisierung *eine Art Nachhilfestunde in Partnerschaftsidealisierung*. Selbst Realisten werden unter dem Druck der Verhältnisse zu Idealisten wider Willen, weil Mobilitätseinsamkeit und der Zerfall der lebensweltlichen Sozialformen und Sicherheiten nun von der Liebespartnerschaft zurückerhoffen lassen, was ansonsten ausdünnt und unwahrscheinlich wird. Individualisierung *erzeugt* das Ideal der Liebesehe.

(2) Liebe ist ihrer sozialen Schematik nach ein *Akteurs*modell, ein Modell der *Verantwortlichkeit, nicht* der *Anonymität* und *Mechanik*. (Daß gerade darin auch ihre Mechanik begründet liegt, soll gezeigt werden.) Liebe macht die Menschen zu Akteuren in

einer Welt, die ansonsten aus Mechanismen besteht. Alles gilt hier als zurechenbar, als schuldfähig, als subjektiv begründet, absichtsvoll, gewollt. Man wird gepackt, kann sich nicht distanzieren, wird hinaufgeschleudert und hinuntergestürzt, erlebt das Alte, Fremde, Vorgegebene, Unterdrückende und Unterdrückte, das man selbst dort ist, wo man am intensivsten Ich und unerreichbar selbstbestimmt zu sein glaubte. Was am wertvollsten, am lustvollsten, am dringlichsten erscheint und erstrebt wird, ist nur im Durchgang durch ganz Allgemeines: Geschlechtsrolle, Arbeitsmarkt, Ökonomie zu erreichen. Hier ist man zugleich König und Sklave. Gesetzgeber, Richter und Gefängniswärter. Man muß fortlaufend alltägliche Wunder vollbringen, um das Normalste zu schaffen, und das auch dann, wenn man allem Wunderglauben, aller Erlösungshoffnung *what so ever* längst abgeschworen hat.

(3) Der Rechtfertigungsmodus der Liebe ist *nicht traditional und formal, sondern emotional und individuell*. Entstammt also der Erfahrung und dem Glauben und Hoffen der Individuen und nicht irgendwelcher übergeordneter Instanzen. Die Liebenden und nur sie verfügen über Wahrheit und Recht ihrer Liebe. Nur sie können sich das Recht nehmen – und es sprechen. Es ist damit allerdings ein Recht, das keine Satzung kennt, kein Verfahren. Damit aber auch: *kein Unrecht* selbst dort, wo es in flagranti geschieht – keine Einklagbarkeit, keine Revision. Liebe und Gerechtigkeit sind Wörter, die fremden Sprachen angehören.

(4) *Selbstbegründung*. Der Grund der Liebe ist immer und nur die Liebe selbst. Was operational gewendet heißt: nur die Liebenden können beurteilen, ob sie lieben. Liebe ist Radikaldemokratie zu zweit, die Form der *Selbstverantwortlichkeit schlechthin*. So extrem, daß sie die Unverantwortlichkeit mit einschließt, weil nur die Liebenden, und daraus folgt: auch einer *gegen* den anderen, *für* beide das Ende der Liebe feststellen *und* exekutieren können – ohne andere Gründe als eben die, daß die Liebe, seine, ihre Liebe erloschen ist.

(5) Der Modus der Selbstbegründung der Liebe heißt auch: Sie ist – dem Anspruch nach – der *Gegenzweifel*, der erhoffte Wiedergewinn der verlorenen Sicherheit im anderen und in sich selbst. Im 19. Jahrhundert war die Liebe das Irrationale, das Andere der bürgerlichen Gesellschaft, das Unsichere, Exotische, symbolisiert durch das »lockende Schlangenweib«. Die heutige Situation ist genau umgekehrt: Angesichts der Relativierung und Auflösung

aller Verbindlichkeiten gewinnt Liebe den Status des letzten Ortes unbezweifelbarer Sicherheit. Während Liebe im 19. Jahrhundert an gesellschaftlichen Konventionen zerbrach (oder sich entzündete), wird heute angesichts zerbrochener gesellschaftlicher Konventionen in der Liebe Zuflucht gesucht.

(6) Liebe ist die *Leerformel, die die Liebenden zu füllen haben.* Wie geliebt wird, was Liebe heißt, ist Entscheidungssache, die die Liebenden im Konsens auszumachen haben, variieren können in Tabus, Entdeckungen, Seitensprüngen, die ihren Vorlieben und Nachlieben überlassen bleiben. Liebe ist *Selbstnormierung,* nicht dem Inhalt, aber dem *Verfahren,* dem Legitimationsverfahren – »Gewissensentscheidung!« – nach. Inhalt wird ihrem Modus nach subjektive Erfindung im Konsens. Darin liegen Grenzen und Abgründe. Dies gilt auch dort, wo Pauschales: Moral, Kamasutra oder therapeutisches Know How ausfüllen, was selbsterzeugt sich gibt.

(7) Dies schließt ein, daß Liebe, enttraditionalisierte Liebe *keine Abweichungen kennt* oder jedenfalls nur individuelle, keine sozialen Abweichungen. Öffentlich sanktionsfähig ist nur die Zustimmung: Gewalt ist rechtsfähig und wird öffentlich straffähig ausgegrenzt.

(8) *Sinn und Gemeinsamkeit der Liebe sind immer gefährdet.* Auch darin beweist sich ihr irdischer Charakter. Eine systematische Hauptgefährdungsquelle liegt in der Frage, wer wie über das Bestehen der Gemeinsamkeit und der Liebe zu entscheiden vermag. Zwei Schalthebel öffnen die Falltüren: Die Aufkündigung der Gemeinsamkeit kann isoliert erfolgen, ohne Vetorecht des »Gekündigten«. Und: Das Kriterium der Aufkündigung ist – letztlich – die subjektive Befindlichkeit, das Verhältnis von Liebestraum und -wirklichkeit im Horizont der individuellen Wahrnehmung (und angesichts von Konkurrenzen im offener werdenden Angebot). Hinter der Unendlichkeit der Beziehungsgespräche droht immer das Fallbeil der einseitigen Entscheidung. Daher rennen sie wie Ratten im Käfig.

(9) Liebe ist *Dogmatismus zu zweit,* wenn es gut geht im Konsens, wenn es schlecht geht im offenen Glaubenskrieg gegeneinander. Daß Liebe Dogmatismus ist, bleibt im Zusammenklang und Überschwang der Gefühle verborgen, bricht erst voll im Langzeit- und Grundsatzkonflikt auf, dann, wenn die allein Gültigkeit und Recht verbürgende »Authentizität« sich spaltet und gegeneinan-

der gerichtete Wahrheiten sich zu Worte melden. »Aufrichtigkeit« und »zu seinen Gefühlen stehen« heißt dann: Abbruch des Verfahrens, Ende, Schluß. Ich will es so. Der Dogmatismus steckt bereits im Verfahren, das gerade keine Sache der einzelnen ist, sondern der Verfaßtheit der Liebe entspricht. Die Liebenden können alles entscheiden, aber nicht, ihren individuellen Entscheidungsmodus aufzuheben. Sie *sind* dieser Modus. Daraus aber folgt die Möglichkeit des Höhenflugs *und* Absturzes – das Aufspalten der Gemeinsamkeit in das Gegeneinander subjektiver Dogmatiken, an der alle Verständnissuche abprallt.

(10) Liebe ist das *Gegenmuster zur Zweckrationalität*. Sie ist kein bezweckbares Ziel, läßt sich weder erwirtschaften noch technisch sichern oder perfektionieren; sie ist noch nicht einmal eine Nebenfolge, die sich regelmäßig einstellt, wenn anderes planmäßig getan wird. Auch die Ehe ist kein Bauplan, kein Rezept, mit deren Hilfe die Liebe eingefangen und heimlich (gemacht) werden kann. Ihre Verteilung, ihre Ungleichheit, ihre Ungerechtigkeit kann keine sozialstrukturellen Lagen und Lager schaffen. Eine Partei, die die Liebe zum Hauptpunkt ihrer Programmatik erhebt, predigt, verfolgt kein realisierbares politisches Ziel.

(11) Liebe ist eine *Nach*tradition und *Nicht*tradition, die sich mit der Kraft entmoralisierter und entrechtlichter Sexualität sozusagen selbst tradiert. Liebe ist *nicht* institutionalisierbar, *nicht* codifizierbar, *nicht* rechtfertigungspflichtig in einem allgemeinen Sinne, solange Freiwilligkeit und Konsens unterstellt werden können. Anders gesagt: Während eine Religion, die nicht mehr gepredigt wird, aufhört, im Wissen zu regieren, ist die Liebesreligion eine priesterlose »Tradition«, die ihren Fortbestand auch kraft sexueller Bedürfnisse sichert. Jedenfalls dann, wenn externe Normierungen und Kontrollen verblassen und ein florierender Markt – von der Schlagerschnulze über die Pornographie bis zur Psychotherapie – die Schleusen der Bedürfnisbefriedigung öffnet.

Auch hier zeigt sich noch einmal: Liebe ist *Subjektivitäts*religion, ein Glaube, in dem alles: Bibel, Priester, Gott, Heilige und Teufel, in die Hände und Körper, die Phantasie und Ignoranz der sich liebenden und mit ihrer Liebe marternden Individuen gelegt ist.

Doch wie sind in dieser Struktur der Liebe Himmel und Hölle ineinander verzahnt? Enttraditionalisierte Liebe ist, zusammenfassend gesagt, *radikalisierte Selbstzuständigkeit*, ein Schema des Hoffens und Handelns, in dem Themen, Recht, Praktiken, Verfahren – alles – in die Entscheidungen der Liebenden gestellt sind. Soweit liegt dieses Beziehungs- und Entscheidungsmuster ganz in der Entwicklungslinie von Moderne und Aufklärung, in der alles Vorgegebene in Entscheidungen überführt und den Individuen überantwortet wird. Dieses Lockbild überdeckt jedoch eine doppelte Tür, die sichtbar wird, wenn die Frage nach der *Revision* von Entscheidungen und Urteilen gestellt wird. Die Antwort folgt demselben Muster: auch dafür sind die Individuen zuständig. Nur daß nun deutlich wird, daß Eintracht, Konsens, Gegenseitigkeit, die die Liebe verspricht und zu ihrem Inbegriff macht, darüber hinwegtäuschen, daß, wenn diese Überschwenglichkeiten verflogen sind und ihr Gegenteil: Gleichgültigkeit, Zweifel, Angst und Haß regieren, die Entscheidungen immer noch in den Händen und Wahrnehmungen der Kombattanten selbst liegen. Liebe als radikale, aller externen Stützen und Kontrollen entkleidete Selbstverwaltung kennt *nun keine Schiedsrichter, keine Normen, keine einklagbaren Verfahren*, um ihre Angelegenheiten aus dem Kampfgetümmel, dem Sumpf der Niederträchtigkeiten herauszuheben und einer neutralen, objektivierbaren Beurteilung zu unterziehen. Die Liebeskombattanten sind auch die Richter ihres Streits, die Gesetzgeber und die Exekutive, die ihre Urteile im Gegeneinander wechselseitig aneinander vollstrecken – darin vollendet sich die »Liebesdemokratie« *und schlägt zugleich um in ihr Gegenteil*: das ungezügelte Ausleben von Subversivität und Haß mit den Mitteln der Intimbrutalität, zu der nur *aneinandergekettete Langzeitvertraute* im wechselseitigen Wissen um die Schmerzstellen fähig und in der Lage sind.

Liebe, von ihrem Gegenteil her betrachtet, ist mittelalterlicher Glaubenskrieg *vor* seiner staatlichen Schlichtung. Die Entscheidung der Entscheidung, die Beurteilung der Beurteilung ist in allen Punkten: Regeln, Ausgleich, Geschichte, Bedürfnisse, nicht ausgelagert, sondern zugleich konsequent und überaus gefährlich zur Angelegenheit der im Liebeskonflikt »Vereinten« gemacht.

Liebe ist ihrem sozialen Zuschnitt nach ein Schönwetter-Schiff auf großer Fahrt. Ein paar Stürme lassen sich mühelos aussegeln. Da aber Besatzung, Kapitän, Segel, Mast und Planken alles eins sind, bricht bei Dauersturm leicht das Chaos aus. Lecks werden mit herausgerissenen Planken gestopft. Wenn es überhaupt noch

dazu kommt, weil auf dem Schiff plötzlich zwei Kapitäne herum-
kommandieren, die einander die Schuld geben und mit Planken
aufeinander losgehen. Da die Verfassung *und* die Verlockung der
Liebe »Freiheit, Einverständnis, Erfüllung« lautet, wird leicht
übersehen, daß gerade deswegen, also nicht aufgrund eines Irr-
tums oder eines leicht behebbaren Konstruktionsfehlers, der Umschlag ins Gegenteil vorgezeichnet ist. Was nur auf Einverständnis
und freier Wechselseitigkeit gegründet ist, kann nicht in eine *bedingte* Freiheit *mit Vorbehaltsklauseln* abgewandelt werden, wenn
das Glück zu zerspringen droht oder die Glücksritter der Liebe im
Zeichen der Enttäuschung und Verzweiflung gegeneinander an-
treten.

Die Falltüren der Liebe sind die andere Seite ihrer Sicherheiten:
Subjektivität und *nur* Subjektivität, die in Willkür und Brutalität
umschlägt, auch dann ungezügelt durch externe Verbindlichkeiten. Die Liebenden schaffen ihr eigenes Recht. *Also* droht Recht-
losigkeit, wenn der Liebeszauber für sie verflogen ist und die
eigenen Interessen den Ton angeben. Liebe erfordert vorbehaltlose
Öffnung und Intimität. *Also* wird mit den bösen, schlimmen Waffen der Vertrautheit gefochten. Liebe ist die Legitimation ihrer
selbst, operationalisiert durch die freigesetzten, ihren eigenen Urteilen und Interessen überlassenen (Markt-)Individuen. *Also* ist sie
nicht nur der verständnisvolle, barmherzige Gott des neuen Testa-
ments, sondern auch der rächende und rätselhafte des alten.

Konfliktlogik der Liebe: Bedingungen

Diese »Mechanik« der Liebe folgt einem Gesetz; es ist dies das
Gesetz der Gesetzlosigkeit bedürfnis- und konsensorientierter
Subjektivität und Intimität, die – idealtypisch – alle externen Kontrollen, auch die der Revision und Exekution abgestreift hat und
sich selbst überlassen ist.

Bei dieser Skizze von Merkmalen und Zusammenhängen handelt es sich, wie gesagt, um *idealtypische Konstruktionen*, die
»rein« vordenken, was als Möglichkeit und als real dokumentierbare Bewegung in der Liebe angelegt ist; wirksam und wirklich
wird dies in dem Maße, in dem
– *materielle Gleichheit zwischen Frauen und Männern (in Beruf,*
  Einkommen usw.) verwirklicht wird, weil damit ökonomische
  Zwänge zur Partnerschaft abgebaut werden oder wegfallen,

also Liebe als Ziel und Bindungsgrundlage an Eigengewicht gewinnt;

– *die Unterschiede im Herkunftsmilieu zunehmen*, weil auf diese Weise die Herstellung von Gemeinsamkeit und ihre Bewahrung gegen die zentrifugalen Kräfte der Einzelbiographien in die Hände und Herzen der Partner gelegt werden;

– *die Unabhängigkeit und wechselseitige Undurchschaubarkeit der Arbeitszusammenhänge* von Frauen und Männern wachsen, weil auf diese Weise extern vorgegebene Zwänge und Erfahrungsgemeinsamkeiten entfallen;

– *Staat, Recht und Kirche sich zurückziehen aus der Regelung und Kontrolle von Ehe, Partnerschaft und Intimität* (oder dort, wo die Kirchen ihren Moralanspruch aufrechterhalten, diese angesichts entfalteter Selbständigkeit und Selbstbestimmung immer weniger durchschlägt und Geltung beanspruchen kann), weil auf diese Weise der Freiraum entsteht, in dem Liebe als die Radikalform »selbstverwalteter« Intimität ihre Eigenlogik und Konfliktszenarien entfalten kann;

– *Individualisierung – also Bildungsabhängigkeit, Mobilität, Arbeitsmarktbindung, Verrechtlichung der Biographien – zunimmt*, weil so die Gegeneinsamkeit der Liebe ihr Versprechen auf sinnlich-sinnvolle Zweisamkeit entfaltet.

Für alle diese Bedingungen sprechen wichtige Indikatoren und langfristige Trends (wie sie in diesem Buch verschiedentlich belegt und ausgeführt wurden). Für den Rückzug von Staat und Recht zeugen beispielsweise auch international die Scheidungsgesetze, die das Schuldprinzip durch das »Zerrüttungsprinzip« ersetzt haben, also alle Schuldfragen ausklammern und ausschließlich die *Folgen* regeln, die materiellen Lasten der Scheidung, Erziehungsfragen usw.[29] Ähnliches gilt für die Zurücknahme des strafrechtlichen Regelungsanspruchs für sogenannte »abweichende« Liebesformen und -praktiken, mit der Ausnahme der Gewaltanwendung, woraus hervorgeht, daß auch im Recht die Frage der Rechtmäßigkeit delegiert wurde an das Einverständnis und die Freiwilligkeit der Beteiligten. Gewiß, für die Kirchen, insbesondere die katholische Kirche, ist die Familien- und Eheentwicklung ein Grund dauernder Sorge und öffentlicher Mahnungen. Aber selbst in streng katholischen Regionen und Ländern klaffen päpstlicher Moral- und Regelungsanspruch und eheliche Praxis eklatant auseinander, was nicht nur für die Geburtenrege-

lung durch empfängnisverhütende Mittel gilt, sondern beispielsweise auch an den Abtreibungsziffern etwa im katholischen Polen
abgelesen werden kann: sie gehören zu den höchsten in Europa.

Nirgendwo wird die Eigenlogik der Liebe so deutlich wie an den
Paradoxien, in die die Menschen sich in ihren nur scheinbar individuellen Turbulenzen verirren und verwirren in dem Maße, in
dem sich diese Verhaltenslogik sich selbst überlassen ausbreiten
und ausfalten kann.

Freiheitsparadoxie

Da alles auf Freiheit gegründet ist, muß die Überwältigung der
fremden Freiheit selbst dort zum Ziel werden, wo die Liebe vom
Gegenteil schwärmt; gewünscht wird entsprechend die *freiwillige*
Selbstüberwältigung der fremden Freiheit der eigenen und der
Liebe zuliebe. Aber wie? – *Freiheitssparadoxie:*

»Warum möchte ich mir den anderen zu eigen machen«, fragt Jean-Paul
Sartre, »wenn nicht eben deswegen, weil der andere bewirkt, daß ich bin?
Aber das beinhaltet eben eine bestimmte Weise der Aneignung: der Freiheit
des anderen als solcher wollen wir uns bemächtigen. Und nicht mit Hilfe
von Macht: der Tyrann pfeift auf die Liebe; ihm genügt die Furcht. Wenn er
die Liebe seiner Untertanen sucht, dann aus Gründen der Politik, und
wenn er ein sparsameres Mittel findet, sie zu unterwerfen, so wendet er es
sofort an. Im Gegensatz dazu wünscht derjenige, der geliebt sein will, nicht
die Unterwerfung des geliebten Wesens. Er legt keinen großen Wert darauf,
der Gegenstand einer sklavischen und bewußtlosen Leidenschaft zu werden. Er will keinen Liebesautomaten besitzen, und wenn man ihn demüti-
gen will, so genügt es, ihm die Leidenschaft des geliebten Wesens als das
Ergebnis eines psychologischen Determinismus darzustellen: Der Liebende kommt sich in seiner Liebe und in seinem Sein entwertet vor. Wenn
Tristan und Isolde durch einen Liebestrank betört werden, interessieren sie
uns nicht sehr; und es kommt vor, daß eine vollkommene Unterwerfung
des geliebten Wesens die Liebe des Liebenden tötet ... Also wünscht der
Liebende nicht, den Geliebten zu besitzen, wie man eine Sache besitzt; er
sucht nach einem besonderen Typus von Aneignung. Er will eine Freiheit
als Freiheit besitzen.

Andererseits kann er sich aber auch nicht mit jener erhabenen Form von
Freiheit zufriedengeben, die eine ungezwungene und freiwillige Verpflichtung ist. Wer würde sich mit einer Liebe begnügen, die sich als reine, dem
Vertrauen geschworene Treue darbietet? Wem wäre es recht, wenn er hören
müßte: ›Ich liebe dich, weil ich mich freiwillig verpflichtet habe, dich zu
lieben, und weil ich mein Wort nicht brechen will; ich liebe dich aus Treue

zur mir selbst?‹ So verlangt der Liebende den Schwur und ist über den Schwur unglücklich. *Er will von einer Freiheit geliebt werden und verlangt, daß es diese Freiheit als solche nicht mehr gibt.* Er will, daß die Freiheit des anderen sich selbst dazu bestimmt, Liebe zu werden – und dies nicht nur zu Beginn des Abenteuers, sondern jeden Augenblick –, und gleichzeitig will er, daß diese Freiheit *vor sich selbst* in Fesseln gelegt werde, daß sie, wie in der Verrücktheit oder im Traume, sich gegen sich selbst wendet und ihre eigene Fesselung will. Und diese Fesselung soll freiwillige Abdankung sein, und gleichzeitig wollen wir die Ketten in der Hand behalten.«[30]

Authentizitätsparadoxie

Liebe ist alles in Ichform: Erfahrung, Wahrheit, Transzendenz, Erlösung. Das setzt Authentizität, prinzipiell und im konkreten Fall, voraus. Was aber meint, ist, begründet Aufrichtigkeit? Wie fängt sie den freien Fall der Rückversicherung auf, in den sie die Frage nach ihr stürzt? Muß mein Urteil *über* das Gefühl von derselben Gefühlsgewißheit durchleuchtet sein wie dieses selbst? Wie benehme ich mich im Zugzwang fremder Gefühlsgewißheit, die sich nicht nur meiner Evidenz verschließt, sondern auch meine eigenen Lebensrechte und Ansprüche an die geliebte Person mit der Dogmatik ihrer Gefühlswahrheit abwehrt? – *Authentizitätsparadoxie*:

Gebraucht wird, argumentiert Niklas Luhmann, »ein schlichtes und rezeptfähiges Prinzip, das dreihundert Jahre Einsicht in den unauflöslichen Zusammenhang von Aufrichtigkeit und Unaufrichtigkeit im Aufbau menschlicher Existenz und in der Entwicklung von Liebe beiseite schiebt. Ganz abgesehen von der Frage, ob der, den man liebt, es einem überhaupt erlaubt, alles zu sagen, was man zu sagen hat: Soll man aufrichtig sein, auch in Stimmungslagen, die ständig wechseln? Soll der andere wie ein Thermometer an die eigene Temperatur angeschlossen werden? Vor allem aber: wie soll man jemandem gegenüber aufrichtig sein, der sich selbst gegenüber unaufrichtig ist? Und ist schließlich nicht jede Existenz eine unfundierte Projektion, ein Entwurf, der Stützen und Schutzzonen der Unaufrichtigkeit braucht? Kann man überhaupt eigene Aufrichtigkeit kommunizieren, ohne allein schon dadurch unaufrichtig zu werden?

Der Einfluß der Therapeuten auf die Moral (und der Moral auf die Therapeuten) ist schwer abzuschätzen, sicher aber zu fürchten. Er setzt die labile Gesundheit, die heilungsbedürftige Verfassung des einzelnen an die Stelle der Liebe und entwickelt für Liebe dann nur noch die Vorstellung einer wechselseitigen Dauertherapierung auf der Basis einer unaufrichtigen Verständigung über Aufrichtigkeit.«[31]

Handlungsparadoxie

Not kann man beseitigen, Ungleichheiten abbauen, Sicherheit – gegen Kriegs- oder technische Gefahren – erhöhen. Liebe dagegen läßt sich nicht bezwecken (vielleicht verhindern durch vorgezeichnete Konflikte oder persönliche Blockaden), aber nicht herbeiperfektionieren, herbeibeschwören oder durch Institutionen in gesicherten Grenzen reformfreudig wahrscheinlich werden lassen. Sie geschieht, schlägt ein wie ein Blitz oder erlischt nach Gesetzen, die weder dem individuellen Zugriff noch der gesellschaftlichen Kontrolle offenstehen. Dasselbe gilt auch für ihr Gegenteil, die Gleichgültigkeit, die ebenso wie jene »passiert« oder durch den Überfall der Liebe aufgebrochen werden kann. Wie aber erreichen, bewahren, *überleben* wir die Liebe, wenn nicht nach dem uns verfügbaren Rezeptbuch der Zweck-Mittel-Rationalität? Was geschieht, wenn alle einem Ziel nachrennen, das gar nicht erreichbar ist oder jedenfalls nicht so? Wenn die Abwehr des Ziels sich als der kürzeste Weg dahin erweisen sollte? Oder aber mit dem Erreichen das Ziel sich in das Gegenteil des Erhofften verkehrt?

Eine Epoche, die sich auf der Höhe ihrer technisch gewendeten Rationalität sozusagen in die Liebe verliebt hat, liefert sich aus an *das wohl letzte nicht rationalisierbare (Glücks-) Ziel*, das sich dem Zugriff der Moderne entzieht und gerade daraus seine Verführung, seine Nacheiferer und Glaubensanhängerschaft bezieht. Ähnlich wie Angst, die im übrigen lediglich die Kehrseite der individualistischen »Liebesreligion« in der Risikogesellschaft ist, ist Liebe nicht begründbar, nicht widerlegbar, letztlich nicht diskursiv wahrheitsfähig und trotz oder gerade wegen des inflationären Beziehungsgeredes nicht intersubjektiv teilbar und mitteilbar.

Konkurrenz der Perspektiven

Wissenschaftshistorisch gewendet, heißt das: In dem Maße, in dem diese theoretische Perspektive einer eigenen Glaubens- und Verhaltenslogik der enttabuisierten Liebe an Substanz und Evidenz gewinnt, werden (mindestens) zwei dominante Theorie- und praktische Handlungsperspektiven falsch:

Zum einen diejenige Sicht in *Psychologie* und *Psychoanalyse*, die die »Ursachen« für Konflikte in der Persönlichkeit des einzelnen sucht und in seine *frühkindliche Biographie* projiziert.

Liebesturbulenzen und Partnerkonflikte müssen – das ist die Konsequenz der skizzierten Sicht – ihren Grund weder ausschließlich noch primär in Neurosen und biographischen Frühverwicklungen der Beteiligten haben, sondern können gerade auch aus der *Eigenlogik* des Liebesthemas und seiner facettenreichen Konfliktdynamik selbst entstehen, diese in allen Arten und Unarten durchspielen – eine Erklärung, die mit der Freisetzung der »Liebeslogik« und ihrer Paradoxien in Zukunft eher an Bedeutung gewinnt. Die Abstürze und systematischen Irritationen, die hier möglich und wirklich werden, auf die Psyche und persönlichen Vergangenheiten der Liebeskontrahenten zurückzuführen, kommt dem Fehler nahe, Bergunfälle auf »anales Versagen« oder inflationäre Ökonomie auf »libidinöse Unterdrückung« zu beziehen.

Zum anderen wird falsch der breit gestaffelte Konsens unterschiedlicher *Gesellschaftstheorien*, in denen davon ausgegangen wird, daß sozialer Sinn im wesentlichen *traditionaler* Sinn ist, der dokumentiert, weitergegeben, kritisiert, legitimiert und entweder von Schul- und Kirchenkanzeln in die Hirne und Herzen der nachwachsenden Generation eingetrichtert werden muß oder sich verflüchtigt und seine soziale Geltung einbüßt. Liebe folgt dem umgekehrten Schema: Enttraditionalisierung und Entmoralisierung öffnen die Schleusen der sexuellen Wünsche und Begehrlichkeiten. Daraus geht zugleich hervor, daß mit ihr ein irdischer Sinnanspruch und Sinnenglaube sich der Menschen bemächtigt, aus ihrem Innersten und Geheimsten hervorquillt, der die Hürden institutioneller Überlieferung unterläuft, seine Kulturstabilität sozusagen triebabhängig, unterbewußt, vorbewußt sichert und gerade deswegen als individuelle (im doppelten Sinne: aus den Individuen emporsteigende und ihre Einsamkeit aufzuheben versprechende) »Religion«, als Nicht- und Nachtradition dem Hoffen und Suchen der freigesetzten Individuen Sinn, Orientierung – Lust und Kampfeslust verleiht.

Rückblick aus der Zukunft oder Der letzte Valentinstag

Wir springen ins 21. Jahrhundert und schließen mit einem Bericht, der der *International Herald Tribune* dieser Tage entnommen ist:[32]

Boston, am 14. Februar 2090 – Ein Blick in die Geschichtsbücher lehrt, daß im Jahre 1990 zum letzten Mal der sogenannte

Valentinstag gefeiert wurde. Danach geriet die Idee, der Liebe einen nationalen Feiertag zu widmen, in Verruf. Sie wurde anachronistisch, stand für Zeiten, in denen der Alltag der Menschen von Sexualität, Drogen und Rock 'n' Roll beherrscht wurde.

Schon früher hatten einige Abgeordnete gegen den V-Tag protestiert. Ende der achtziger Jahre kam es dann zu einer gezielten Initiative im Parlament, allen Museen die Mittel zu streichen, die unter dem Pseudonym »Cupidus« Abbildungen nackter Kinder in ihren Archiven aufbewahrten oder sogar öffentlich zur Schau stellten. Als sich der Konflikt zuspitzte, forderten kritische Elterninitiativen Ladenbesitzer ultimativ auf, Liebesgrüße auf Valentinskarten nur noch an Verheiratete auszuhändigen.

Den Ausschlag gab schließlich eine von der Regierung einberufene Liebes-Kommission, die in jenen Tagen ihren Schlußbericht der Öffentlichkeit vorlegte. Das Ergebnis war wenig überraschend. Liebe verursacht demnach, was die Experten einen »Bewußtseinszerfall« nannten. Dieser Fachbegriff hatte im Horizont der strengen Sachlichkeit der neunziger Jahre eine klare Bedeutung: Liebe war eine Droge, und die Menschen trieben Mißbrauch mit ihr.

Die Symptome waren offensichtlich, allgegenwärtig und alarmierend. Liebende, befand die Kommission, hatten nicht nur Konzentrationsschwierigkeiten. Sie waren geradezu geistesgestört, hingen Tagträumen nach, tapsten liebesblind umher – Verhaltensauffälligkeiten, die damals die Aufmerksamkeit der Wissenschaft auf sich zogen. Viele verfielen in Appetitlosigkeit, ihre Herzfrequenz stieg beunruhigend an, sie starrten in die Luft, und auf ihrem Gesicht lag der Schatten jenes Liebesrosas, das ihren Zustand sogar für das bloße Auge erkennbar machte.

Die Folgen dieses von der Kommission mit vielen Argumenten nachgewiesenen Liebesmißbrauchs für das Gesundheitswesen waren besorgniserregend, ebenso die finanziellen Einbußen. Liebende, schätzte man, kosteten Staat und Wirtschaft Milliarden pro Jahr. Produktivitätsverluste durch das ganz normale Liebeschaos verschlangen sogar mehr als beispielsweise die Spionageabwehr. Demgegenüber verwies die Kommission auf die Japaner, die der Liebe bekanntlich niemals einen Nationalfeiertag gewidmet hatten. Mußten die Wissenschaftler deutlicher werden?

Seit langem gab es Auseinandersetzungen um Liebe in der modernen Gesellschaft. Die vorangehende Generation hatte noch die sublimen Botschaften in den alten Schlagertexten wie »I can't give you anything but love, baby« fraglos hingenommen. Dann aber, als die Beatle-Generation erwachsen geworden war und allen Arten von Drogen abgeschworen hatte, machte sie die Liebe zu einem öffentlichen Thema. Methoden der Früherkennung wurden erforscht, ausgefeilt und herumgereicht. Eltern begannen, ihre verwundbaren Kinder mit vorauseilender Sorge dagegen abzuschirmen. Wer konnte auch gleichgültig bleiben gegenüber Einflüssen, die den Menschen den Verstand rauben, sie in Ekstase versetzen?

Vor den neunziger Jahren, so wissen Sprachhistoriker zu berichten, hatte Liebe die Bedeutung eines Substantivs oder eines Verbs. Danach tauchte das Wort Liebe immer häufiger als Adjektiv auf und in Kombinationen wie liebeshörig oder liebeskrank. Verliebte begannen, ihren Zustand als Sucht zu beschreiben. In der Tat, Liebe erzeugt Abhängigkeit, schlimmer noch: Koabhängigkeit. Die Bestseller jenes Umbruchwinters 1989/90 malten dies in grellen Farben aus.

Mit Beginn des 21. Jahrhunderts wurde es dann zunehmend selbstverständlich, auf die Frage. »Wer sind Sie?« mit dem Namen, dem Geschlecht und dem individuellen Liebestherapieprogramm zu antworten: »Hallo, mein Name ist Marianne, und ich bin fast entliebt.« Schon in den neunziger Jahren aber hatten sich Millionen in staatlich gegründeten Selbsthilfegruppen zusammengeschlossen, wie ihre Großeltern sozialen Klassen oder ethnischen Gruppen angehörten. Enthaltsamkeit war das Losungswort, dem alle zujubelten, nacheiferten.

Dies alles schuf den Hintergrund, auf dem die Empfehlungen der Kommission mehr und mehr Zustimmung fanden. Die wissenschaftlichen Beweise für eine um sich greifende Liebesepidemie riefen nach Taten.

Das Verfassungsgericht sprach Firmen das Recht zu, Bewerber und Bewerberinnen um einen Arbeitsplatz einem allgemeinen Liebestest zu unterziehen. Stiftungen finanzierten Programme, die Menschen beibrachten, wie sie ohne einander auskommen können. Lehrer wurden angewiesen, den Jugendlichen die Risiken der Liebe vor Augen zu führen. *Romeo und Julia* verschwand aus den Bücherregalen. In dieser Atmosphäre konnte dann auch der Valentinstag nicht länger toleriert werden.

Die heutige Geschichtsschreibung datiert die Überwindung der

Liebe auf die Auseinandersetzungen Anfang der neunziger Jahre. Damals gelang es, diese ganz alltägliche Subversion moderner Rationalität auszuschalten. Die Liebe wurde einer präventiven Kontrolle unterworfen.

Gelegentlich, so wird berichtet, umarmen sich auch heute noch Paare, stecken ihre Köpfe zusammen, aber das geschieht meistens in Form von oder nach gymnastischen Übungen. Auch wenn niemand vor Rückfällen sicher ist, kann man doch sagen, daß wir im postvalentinären Zeitalter das große Ziel der rationalen Lebensführung nahezu erreicht haben, mit Ausnahme der Abschaffung des Elends. Dem Mut und der Entschlossenheit unserer Vorfahren in den neunziger Jahren ist es zu verdanken, daß wir heute mehr und mehr in einer liebesfreien Gesellschaft leben.

Anmerkungen

Einleitung

1 Motive zum BGB, V, S. 562 (circa 1880), Hervorh. durch uns.
2 Um eine Formulierung von K. Ley (1984) aufzunehmen.
3 Individualisierung als Begriff, Vermutung, Erklärung, Rezept, Ver-
   dammnis ist heute in aller Munde – wird diskutiert im Zusammenhang
   mit der sogenannten »Stimmungsdemokratie«, den unberechenbaren
   Wanderungsbewegungen von Stammwählern, Schwierigkeiten der Ge-
   werkschaften, deren Mitgliederschwund sich mit den alten Parolen
   und Organisationsformen offenbar nicht aufhalten läßt, Aufmüpfig-
   keiten Jugendlicher, Fragen der sozialstrukturellen Ungleichheiten, die
   sich nur noch mit operationalen Kraftanstrengungen im Grau der
   Massendaten zu Klassen zusammenfügen lassen und, fast schon selbstverständlich, auch mit den ganz normalen Rätseln, die die Daten über
   Ehe und Familie den bekanntlich nie ganz unbeteiligten Beobachter(inne)n aufgeben. Unsere ersten Beiträge zu dieser fast schon allthemati-
   schen Individualisierungsdebatte – Beck (1983), Beck-Gernsheim
   (1983), Beck (1986) – sollen, soweit es geht, hier vorausgesetzt und
   nicht wiederholt werden. Zur *Theorie* gesellschaftlicher Individualisierungen siehe u. a.: N. Elias (1987), J. Habermas (1988), S. 223 ff,
   A. Honneth (1988), N. Luhmann (1989), M. Kohli (1988), H. Keupp
   (1988), H. Keupp/H. Bilden (1989), P. A. Berger (1987), P. A. Berger/
   S. Hradil (1990), Einleitung, K. Dörre (1987), S. 43 ff, J. Ritsert
   (1987), H.-G. Brose/B. Hildenbrand (1988), Ch. Lau (1988), H. Joas
   (1988), L. Rosenmayr (1985), Ch. Hennig (1989), H. Esser (1989),
   W. Hornstein (1988), A. Flitner (1987), A. Weymann (1989), H. Klages (1988), W. Heitmeyer/K. Möller (1988), K. Wahl (1989), S. Nek-
   kel (1989), R. Zoll (1989).
4 Foucault (1989), S. 53 ff, Burckhardt (1972), Elias (1977) Bd. 2. Max
   Weber (1972) sah in der innerweltlichen Askese des Kalvinismus eine
   Freisetzung aus der traditionellen Heilsgewißheit und den Zwang, durch
   individuelle Selbstbehauptung und methodische Lebensführung die
   Natur zu unterwerfen und gesellschaftliche Reichtümer aufzuhäufen.
   Für Georg Simmel (1977) liegt der zentrale Motor der Individualisierung in der Geldwirtschaft; diese öffnet die sozialen Kreise und mischt
   sie neu. So läßt sich das Thema Individualisierung durch die Epochen
   und Gesellschaftstheorien bis in die Gegenwart hinein verfolgen.
5 J. Mooser (1983), S. 186.
6 Zit. nach G. Brinker-Gabler (1979). S. 17
7 Weiterhin spielen hier Verrechtlichungen, sozialstaatliche Sicherun-

gen, Auflösungen traditionaler Wohnverhältnisse, Verkürzung der Arbeitszeit usw. eine Rolle; siehe dazu U. Beck (1986), S. 121–130. Gerade auch die Mehrdeutigkeit des Individualisierungsbegriffs und seine rasante öffentliche Karriere stehen für die Unsicherheit einer ganzen Gesellschaft über das Gesicht ihrer Sozialstruktur. Er ist das Codewort für das Verblassen einer alten und das Entstehen einer neuen, noch diffusen Gestalt sozialer Ungleichheiten; siehe dazu *Soziale Welt*, Heft 3/1983, sowie die Sonderbände der *Sozialen Welt*, herausgegeben von R. Kreckel (1983) und P. A. Berger/S. Hradil (1990).

8 »Der Individualisierungsprozeß läuft in verschiedenen Milieus mit unterschiedlicher Geschwindigkeit und nicht unbedingt in der gleichen Richtung ab«, wie Burkart u. a. (1989) im einzelnen zeigen (S. 256; auch S. 11 f., 61, 195, 259); siehe dazu auch H. Bertram/C. Dannenbeck (1990).

9 Yankelovich, zit. nach Zoll u. a. (1989), S. 12.

10 H. Mann, zit. nach Wander (1979), S. 8.

11 I. Illich (1985), S. 18.

Kapitel I: Freiheit oder Liebe

1 Dazu ausführlich Kap. VI: *Die irdische Religion der Liebe.*

2 Diese Analogie von Liebe und Religion wird erläutert im Schlußkapitel.

3 Der romantische Gehalt des modernen Liebesideals ist Thema aller Kapitel, insbesondere dazu S. 248–252.

4 Der Höchststand lag 1984 bei 87 Ehelösungen je 10000 bestehende Ehen, und seitdem ist eine Abschwächung zu beobachten: 1985 86, 1986 83; siehe Statistisches Bundesamt (Hg.) (1988), S. 78.

Ehescheidungen in Deutschland

Jahr	Insgesamt	je 10000 Einwohner	je 10000 bestehende Ehen
1900	7928	1,4	8,1
1913	17835	2,7	15,2
1920	36542	5,9	32,1
1930	40722	6,3	29,5
1938	49497	7,2	31,1
1950	84740	16,9	67,5
1960	48878	8,8	35,0
1970	76520	12,6	50,9

1980	96 222	15,6	61,3
1984	130 744	21,3	87,1
1988	128 729	21,0	–

Quellen: Statistisches Bundesamt 1985, S. 57 und S. 137; *Statistisches Jahrbuch* 1983–1985, Tab. 3.32–3.34; *Wirtschaft und Statistik*, Heft 8/1989, S. 508.

5 Differenziert nach Ehejahren ist die Anzahl der Scheidungen bei Paaren, die 16 und 20 Jahre verheiratet waren und mehrere Kinder gemeinsam großgezogen haben, mit Abstand am höchsten (bei 360 je 10000 geschlossener Ehen, während die Scheidung bei 2, 3 und 4 Ehejahren zwischen 146 und 230 schwankt; ebd., S. 78). Die Vermutung liegt nahe, daß die Gemeinsamkeit der Kinder viele so lange an der Scheidung hindert, wie diese noch im Hause sind.

6 Zwar sind die Eheschließungen in den letzten Jahren angestiegen und haben 1987 die höchste Zahl der letzten zehn Jahre erreicht. »Das heißt jedoch nicht, daß die jüngeren Jahrgänge wieder häufiger heiraten würden. Die Heiratsziffern der Ledigen sind nämlich überwiegend weiter zurückgegangen.« Dagegen ist »der Anteil von Zweit- und Drittehen stark gestiegen. Während noch 1960 nur 8% der Männer bzw. 7% der Frauen vor ihrer Eheschließung geschieden waren, hatten sich diese Anteile bis 1983 bereits mehr als verdoppelt« (Günter Burkart, Beate Fietze, Martin Kohli (1989, S. 14). Woraus hervorgeht, daß die wieder angestiegenen Heiratszahlen auch ein Echoeffekt der hohen Scheidungsrate sind.

7 2,5 Millionen hat das Deutsche Jugendinstitut errechnet (Deutsches Jugendinstitut (Hg.) 1988, S. 156), 3 Millionen das Institut für Demoskopie Allensbach, zit. nach *Süddeutsche Zeitung* 10./11. 6. 1989. Der häufig zu hörenden Deutung, nichteheliche Lebensgemeinschaften seien Quasiehen oder eine neue Form der Verlobung, widerspricht deren Zusammensetzung: mit und ohne Kinder, vor und nach der Scheidung, materiell und psychisch Scheidungsgeschädigte oder sogenannte »Rentner-Konkubinate« (Bertram u. a. 1988, S. 18).

8 G. Burkart u. a. (1989), S. 30, 34; *Süddeutsche Zeitung* 7./8. 10. 1989.

9 Vgl. Maria S. Rerrich (1989) sowie später S. 199 ff.

10 Dabei liegt die Gruppe der ledigen Singles, der Geschiedenen und der verheirateten Getrenntlebenden insgesamt bei rund 58%, während verwitwete Frauen (und Männer) insgesamt bei 41,5% liegen; vgl. Statistisches Bundesamt (Hg.) (1989), S. 64 ff.; errechnet aus Tab. 3.16.

11 Gerlinde Seidenspinner/Angelika Burger (1982), S. 30.

12 K. Allerbeck/W. Hoag (1985), S. 105.

13 Vgl. Frauenhandlexikon (1983), S. 79.

14 Bundesminister für Bildung und Wissenschaft, *Grund- u. Strukturda-*

ten 1988/89, S. 70. Bei den Abiturienten ist in den letzten Jahren ein leichter Rückgang des Frauenanteils zu beobachten; er lag 1987 bei 45,7%; Statistisches Bundesamt (Hg.) (1988), S. 354 f.

15 Noch größer wird die Diskrepanz in der Hochschule: im Wintersemester 1987/88 waren an deutschen Universitäten 62% Männer, dagegen nur 38% Frauen eingeschrieben; vgl. ebd., S. 359.

16 Genauer waren im Wintersemester 1986/87 bei Sprach- und Kulturwissenschaften 61% Frauen eingeschrieben, Rechts-, Wirtschafts- und Sozialwissenschaften 38% und bei Mathematik und Naturwissenschaften 31%; vgl. ebd., S. 361.

17 Seidenspinner/Burger (1982), S. 11.

18 Statistisches Bundesamt (1988), S. 330.

19 B. Wiegmann (1979), S. 130.

20 Bundesminister für Bildung und Wissenschaft, *Grund- und Strukturdaten 1988/89*, S. 206–208, sowie Statistisches Bundesamt (1989), S. 367; insgesamt liegt der Anteil der Frauen 1987 bei 15%, wobei 5% der Professoren (nicht differenziert nach C-Stufe), 13% der Assistenten und gut 19% der Mitarbeiterstellen von Frauen besetzt sind.

21 Bundesminister für Jugend, Familie und Gesundheit (1980), S. 31.

22 Vgl. Statistisches Bundesamt (1987), S. 106, Statistisches Bundesamt (1988), S. 97.

23 Statistisches Bundesamt (1988), S. 480,

24 Statistisches Bundesamt (1987), S. 79; siehe dort auch die Angaben für die einzelnen Leistungsgruppen, die zum Teil näher beieinander liegen; ferner Quintessenzen aus der Arbeitsmarkt- und Berufsforschung (1984), S. 33 f.

25 Seidenspinner/Burger (1982), S. 9.

26 Helge Pross (1978), S. 173.

27 Metz-Göckel/Müller (1985), S. 18.

28 Ebd., S. 21.

29 Ebd., S. 63.

30 Ebd., S. 26 f.

31 Ebd., S. 22 f.

32 B. Strümpel u. a. (1988), sowie A. Hoff, J. Scholz (1985).

33 Ebd., S. 6.

34 Ebd., S. 17.

35 Ebd., S. 17 f.

36 Ebd., S. 8, 43.

37 Ebd., S. 16.

38 E. Beck-Gernsheim (1983) und in diesem Band.

39 Metz-Göckel/Müller (1985), S. 139, sowie später S. 199 ff.

40 Ebd., S. 139.

41 Vgl. dazu Maria S. Rerrich (1988).

42 A. Imhof (1981), S. 181.

43 E. Beck-Gernsheim (1989) sowie in diesem Band Kapitel IV.
44 Maria S. Rerrich (1988).
45 G. Muschg (1976), S. 31.
46 Th. W. Adorno (1982), S. 176 f.
47 Dies spiegelt sich auch wider in der rasanten öffentlichen und wissen-schaftlichen Karriere des Individualisierungsbegriffs; siehe dazu u. a. für den Bereich der *Jugendsoziologie* W. Fuchs (1983), W. Hornstein (1985), W. Rosenmayr (1985), M. Baethge (1985), W. Michal (1988), S. 143 ff., Heitmeyer, W./Möller, K. (1988); *Arbeiterschaft und Arbei-terbewegung:* Mooser (1983), K. Dörre (1987), D. Brock (1988); *Frauenforschung:* E. Beck-Gernsheim (1983), H. Bilden (1989); *so-ziale Ungleichheit:* P. A. Berger/S. Hradil (1990), S. Neckel (1989), K. U. Mayer (1989); *Familiensoziologie:* H. Bertram/R. Borrmann-Müller (1988), H.-J. Hoffmann-Nowotny (1988), G. Burkart u. a. (1989), I. Herlyn/U. Vogel (1988).
48 Eine interessante Frage wird sein, inwieweit der völlig überraschende, allerdings durch die rasanten Veränderungen im ehemaligen Ostblock insgesamt begünstigte, demokratische Bürgerprotest in der DDR die Konsequenz *vorenthaltener Individualisierungen* ist – eine Rebellion gegen die bürokratische Gängelung und Bevormundung und zugleich die Antwort auf unterdrückte Entfaltungs- und Selbstgestaltungsmög-lichkeiten, wie sie nicht nur via Fernsehen in der Bundesrepublik vorgelegt oder -gegaukelt werden, sondern auch angesichts erreichter sozialer Sicherheit in der DDR möglich und überfällig sind.

Kapitel II: Von der Liebe zur Beziehung?

1 Elias 1985, S. VIII.
2 Siehe Kapitel III.
3 Exemplarisch dazu Imhof 1984.
4 Ebd., S. 23.
5 Weber 1984.
6 Berger u. a. 1975, passim.
7 C. G. Jung, zit. nach Imhof 1984, S. 174 f.
8 Mooser 1983, S. 286.
9 Ebd.
10 Hornstein 1985.
11 Frankl 1984, S. 11.
12 Rosenbaum 1982, S. 76 f.
13 Weber-Kellermann 1974, S. 107.
14 Vgl. Lasch 1977.
15 Badura 1981, S. 23.
16 Rückert, abgedruckt in Behrens 1982, S. 205.

17 Pfeil, zit. nach Preuss 1985, S. 37.
18 Benard/Schlaffer 1981, S. 279.
19 Berger/Kellner 1965.
20 Schellenbaum 1985, S. 142 ff.
21 Vgl. Rückert.
22 Ryder 1979, S. 365.
23 Alberoni 1983, S. 132 und S. 67.
24 Wachinger 1986, S. 70 f.
25 Exemplarisch dazu Berger u. a. 1975.
26 Riesman 1981, S. 123.
27 Berger u. a. 1975, S. 42.
28 Ebd., passim.
29 Zukunftsperspektiven gesellschaftlicher Entwicklungen, 1983, S. 32.
30 Zit. nach Bach/Molter 1970, S. 141.
31 Schellenbaum 1985.
32 Preuss 1985, S. 169; Hervorhebung original.
33 Partner 1984.
34 Bach/Wyden 1975.
35 Krantzler 1977.
36 Ehrenreich/English 1979, S. 276.
37 Zit. nach ebd.
38 Ebd., S. 273 und S. 278.
39 Wollstonecraft in Rossi 1974, S. 64 und S. 71.
40 Fichte, zit. nach Gerhard 1978, S. 146.
41 Degler 1980, S. 189.
42 Riehl 1861, S. 60.
43 Nathusius, zit. nach Lange/Bäumer 1901, S. 69.
44 Appelius, zit. nach Lange/Bäumer 1901, S. 94.
45 Löhe, zit. nach Ostner/Krutwa-Schott 1981, S. 25.
46 Langer-El Sayed 1980, S. 56.
47 Basedow, zit. nach Kern/Kern 1988, S. 51.
48 Christie 1978, S. 130.
49 Anteil der Mädchen/Frauen an:

	Gymnasien (Oberstufe)	Hochschul- anfängern	Hochschul- studenten
1960:	36,5%	27,0%	23,9%
1970:	41,4%	28,8%	25,6%
1980:	49,4%	40,1%	36,7%
1987:	49,8%	40,2%	38,0%

Quelle: Bundesminister für Bildung und Wissenschaft, Grund- und Strukturdaten 1989/90, S. 46 und S. 154 f.

50 Im Jahr 1907 waren in Deutschland von den über 15jährigen verheirateten Frauen 26% am Erwerbsleben beteiligt. 1965 betrug die Beteiligungsquote in der Bundesrepublik 33,7%, im April 1988 dann 44,5% (Statistisches Bundesamt 1983, S. 63; Statistisches Bundesamt 1989, zit. nach *Süddeutsche Zeitung*, 24./25. 6. 1989).

51 Die Erwerbstätigenquote verheirateter Frauen mit Kindern unter 18 Jahren stieg von 33,2% im Jahr 1961 auf 44% im Jahr 1982 (Bundesminister für Jugend, Familie und Gesundheit 1984, S. 21).

52 Willms 1983, S. 111.

53 Imhof 1981, S. 180 f.

54 Ibsen 1973, S. 826.

55 Ebd., S. 830.

56 Siehe Kapitel I.

57 Bernard 1976.

58 Rubin 1983.

59 Ehrenreich u. a. 1986.

60 Alberoni 1987.

61 Metz-Göckel/Müller 1987.

62 Ehrenreich 1984; Fishman 1982.

63 Cancian 1985, 1986; Wagnerova 1982.

64 Höhn u. a. 1981; Wagnerova 1982.

65 Brenda Rabkin in *New Woman*, September 1985, S. 59.

66 Nila Bevan in *Ms.*, Juli 1984, S. 37.

67 Bock-Rosenthal u. a. 1978; Hennig/Jardim 1978.

68 Suzanne Gordon, Interview mit Jean Baker Miller, in *Ms.*, Juli 1985, S. 42.

69 Jong 1985, S. 113.

70 Wiggershaus 1985.

71 Zschocke 1983.

72 Jannberg 1982.

73 Schenk 1979.

74 Siehe Umschlagbild von Merian 1982.

75 Merian 1982.

76 Meller 1983.

77 Goldberg 1979.

78 Benard/Schlaffer 1985.

79 Eichenbaum/Orbach 1983.

80 Metz-Göckel/Müller 1985, S. 18.

81 Ebd., S. 22 f.

82 White 1984, S. 435.

83 Fallaci 1982, S. 173.

84 O'Reilly 1980, S. 219.

85 Jong 1985, S. 12.

86 Brose/Wohlrab-Sahr 1985, S. 18.

87 Wingen 1985, S. 348; Statistisches Jahrbuch 1988 für die Bundesrepublik Deutschland, S. 78.
88 Jaeggi 1982; Jaeggi/Hollstein 1985; Wachinger 1986.
89 Jaeggi 1982, S. 25.
90 Jong 1974, S. 18.
91 Wachinger 1986, S. 80–83.
92 Jaeggi/Hollstein 1985, S. 219.
93 Lutz 1985, S. 3. (Die Zahlen beziehen sich auf Österreich, in der Bundesrepublik verläuft jedoch die Entwicklung ganz ähnlich.)
94 Fallaci 1982, S. 278, S. 415, S. 419, S. 409.
95 Jaeggi 1982, S. 26.
96 Jaeggi/Hollstein 1985, S. 217 ff.
97 Schellenbaum 1985, S. 35 ff.
98 Jong 1974, S. 251.
99 Fallaci 1982, S. 435.
100 *New Woman,* Juli 1985, S. 44 ff.
101 Exemplarisch: Partner 1984.
102 Schumacher 1981.
103 Fischer 1983.
104 Schmidbauer 1985.
105 Jong 1985, S. 332.
106 Der Anteil der Nichtehelichen an allen Neugeborenen stieg von 4,6% im Jahr 1967, dem niedrigsten Stand während der letzten Jahrzehnte, auf 10,2 im letzten Quartal 1987 (Permien 1988, S. 90; Burkart u. a. 1989, S. 30).
107 »Ein uneheliches Kind ist immer weniger die ungewollte Teenager-Schwangerschaft früherer Jahre, dafür häufiger die geplante Schwangerschaft von Frauen über 25. Außereheliche Fruchtbarkeit ist also immer weniger ein ›Malheur‹ junger Frauen, sondern eine offenbar geplante oder wenigstens bewußt in Kauf genommene Entscheidung älterer Frauen« (Burkart u. a. 1989, S. 34).
108 Sichtermann, zit. nach Wetterer 1983.
109 Krechel 1983, S. 149.
110 Ravera 1986, S. 138.
111 *Süddeutsche Zeitung,* 22. September 1989 und 31. Oktober 1989.
112 1962 und 1983 wurde gefragt, ob es für eine Frau wichtig sei, daß sie verheiratet ist, wenn sie ein Kind bekommt. 1962 hielten dies 89,4% der Mädchen für wichtig, 1983 nur noch 40% (Allerbeck/Hoag 1985, S. 97 f.).
113 Merrit/Steiner 1984; Fabe/Wikler 1979, S. 122 ff.; *Für Sie,* Nr. 11/1985: »Ledige Mütter mit Wunschkind – Geht es wirklich ohne Mann?«; *Ms.,* November 1984: »When Baby makes Two – Choosing Single Motherhood«; *New Woman,* Mai 1985: »Having Babies Without Husbands«.

114 Heiliger 1985.
115 Erfahrungsbericht in Häsing 1983, S. 83.
116 Fallaci 1979, S. 19−21.
117 Jong 1985, S. 68, S. 296, S. 107.
118 *Wiener,* Januar 1984, S. 32 ff.
119 *Esquire,* März 1985, Titelgeschichte.
120 *Eltern,* Oktober 1985, S. 37.
121 Handke 1982, S. 23 und S. 34 f.
122 Siehe ausführlicher Beck-Gernsheim 1989, S. 31 ff.
123 Erfahrungsbericht in Dowrick/Grundberg 1982, S. 74.
124 Lazarre 1977, S. 96.
125 Erfahrungsbericht in Dowrick/Grundberg 1982, S. 31.
126 Chesler 1980, S. 145 f.
127 Erfahrungsbericht aus Dowrick/Grundberg 1982, S. 74 f.
128 Plessen 1976, S. 15.
129 Preuss 1985, S. 12.
130 Webb, zit. nach Mackenzie/Mackenzie 1984, S. 291.

Kapitel III: Freie Liebe, freie Scheidung

1 Jaeggi/Hollstein 1985, S. 36.
2 Siehe z. B. Rosenbaum 1978, 1982; Schröter 1985; Sieder 1987; Stone 1978, 1979.
3 Stone 1978, S. 445−447.
4 Imhof 1984, S. 20.
5 Blixen 1987, S. 49.
6 Rosenmayr 1983, S. 113.
7 Z. B. Borscheid 1986; Mayer 1985.
8 Stone 1978, S. 475.
9 Jaeggi/Hollstein 1985, Text auf der Rückseite des Umschlags.
10 Schmid 1989, S. 10.
11 Berger/Kellner 1965, S. 225.
12 Ebd., S. 223.
13 Z. B. Mayer 1985; Schneider 1985.
14 Elschenbroich 1988, S. 364.
15 Mayer 1985, S. 70.
16 Elschenbroich 1988, S. 366.
17 Ebd.
18 Mayer 1985, S. 72.
19 Elschenbroich 1988, S. 366−368; Hervorhebung original.
20 Ostner/Pieper 1980.
21 Ebd., S. 120.
22 Elschenbroich 1988, S. 368.

23 Zit. nach *Abendzeitung,* 23. 10. 1987.
24 Dieser Interview-Ausschnitt stammt aus dem unveröffentlichten umfangreichen Material einer Untersuchung, die im Rahmen des Projekts »Erziehungsalltag in der Unterschicht« am Deutschen Jugendinstitut, München, durchgeführt wurde. Siehe hierzu Wahl u. a. 1980.
25 Norwood 1986.
26 Hite/Colleran 1989, S. 44 ff.
27 Hite/Colleran 1989.
28 Tyrell 1988, S. 154 f.
29 Wehrspaun 1988, S. 165.
30 Weymann 1989, S. 6.
31 Swaan 1981.
32 Schlodder 1984.
33 Hage 1987.
34 Praschl 1988.
35 Hage 1987.
36 Ostner/Pieper 1980, S. 128.
37 Vollmer 1986, S. 217.
38 Bach/Deutsch 1979, S. 26.
39 Hahn 1988, S. 179.
40 Ebd.
41 Vgl. Berger 1986, S. 90 f.; Wehrspaun 1988.
42 Zit. nach Lüscher 1987, S. 23.
43 Jourard 1982, S. 177–179.
44 Berger/Berger, zit. nach Jaeggi/Hollstein 1985, S. 36.
45 Cohen 1983, S. 330 f.
46 Nunner-Winkler 1989.
47 Zit. nach ebd.
48 Wassermann 1987, S. 93.
49 Beck-Gernsheim 1980, S. 68 f.
50 Partner 1984, S. 85 ff.
51 *Süddeutsche Zeitung,* 13. 6. 1985.
52 *International Herald Tribune,* 24. 9. 1986.
53 Ebd.
54 Jean Baer, *How to Be an Assertive (Not Aggressive) Women,* New York 1976. Zit. nach Ehrenreich/English 1979, S. 275.
55 Partner 1984, S. 128 f.
56 Ebd., S. 128.
57 Furstenberg 1987, S. 30.
58 Ostner/Pieper 1980, S. 123; Hervorhebung original.
59 Brontë 1966, S. 475 f.
60 Erich Kästner, abgedruckt in: Groffy/Groffy 1986, S. 283 f.
61 Keupp 1988.
62 *Hanna und ihre Schwestern,* Schlußszene.

63 Wellershoff, zit. nach Hage 1987.
64 Mayer 1985, S. 87.
65 Capek 1985.
66 Cohen 1984, S. 18.

Kapitel IV: Alles aus Liebe zum Kind

1 Gronemeyer 1989, S. 27.
2 Z. B. Rosenbaum 1982; Tilly 1978.
3 Zit. nach Imhof 1981, S. 44.
4 Karl von Leoprechting 1855, zit. nach *Bad-Tölz-Wolfratshauser Neueste Nachrichten/Lokalteil der Süddeutschen Zeitung für den Landkreis*, 11. 8. 1988, S. IV.
5 Bolte 1980, S. 66.
6 Fend 1988, S. 160.
7 Hurrelmann 1989, S. 11 f.
8 Münz 1983, S. 39.
9 Ebd.
10 Zinnecker 1988, S. 129.
11 Siehe ausführlicher Beck-Gernsheim 1988a, S. 128 ff.
12 Erfahrungsbericht in *The Boston Women's Health Book Collective*, 1980, Band 2, S. 645.
13 Höpflinger 1984, S. 104.
14 Erfahrungsbericht in Häsing/Brandes 1983, S. 208.
15 Erfahrungsbericht in ebd., S. 191.
16 Erfahrungsbericht in Roos/Hassauer 1982, S. 220 ff.
17 Bopp 1984, S. 66 und S. 70.
18 Weymann 1989, S. 2.
19 Höpflinger 1984, S. 146 f.
20 Wahl u. a. 1980, S. 34–38.
21 Erfahrungsbericht in Dowrick/Grundberg 1982, S. 75.
22 Dische 1983, S. 32.
23 Helga Maria Heinze in: Roos/Hassauer 1982, S. 40.
24 Siehe Roos/Hassauer 1982, S. 70.
25 Erfahrungsbericht in Häsing/Brandes 1983, S. 180 f.
26 Siehe ausführlicher Beck-Gernsheim 1988a, S. 149 ff.
27 Fuchs 1983, S. 348.
28 Häussler 1983, S. 65.
29 *The Boston Women's Health Book Collective*, 1980, Band 2, S. 644.
30 Erfahrungsbericht in Roos/Hassauer 1982, S. 189.
31 Nichteheliche Lebensgemeinschaften, 1985, S. 77; siehe auch Einstellungen zu Ehe und Familie, 1985, S. 177.

32 Ayck/Stolten 1978, S. 12f., S. 18, S. 25.
33 Urdze/Rerrich 1981, S. 94.
34 *The Boston Women's Health Book Collective,* 1980, Band 2, S. 640.
35 Nichteheliche Lebensgemeinschaften, 1985, S. 78.
36 Vgl. Sichtermann 1982, S. 7–11.
37 Hassauer/Roos in Roos/Hassauer 1982, S. 11.
38 Erfahrungsbericht in Vogt-Hagebäumer 1977, S. 25.
39 Braun/Wohlfart 1984, S. 19.
40 Erfahrungsbericht in Kerner 1984, S. 153.
41 Erfahrungsbericht in Dowrick/Grundberg 1982, S. 94.
42 Erfahrungsbericht in Kerner 1984, S. 153.
43 Erfahrungsbericht in Häsing/Brandes 1983, S. 152.
44 Interview-Ausschnitt aus Urdze/Rerrich 1981, S. 84.
45 Erfahrungsbericht in Reim 1984, S. 172.
46 Grass 1980, S. 12.
47 Schönfeldt 1969, S. 8.
48 *ÖKO-TEST. Ratgeber Kleinkinder,* S. 25f.
49 Beck 1970, S. 238.
50 *Junge Familie. Das Baby-Journal.* Heft 5/1988, S. 30.
51 *McCall's,* Januar 1986, S. 42.
52 *Observer,* 26. April 1987.
53 *Ratgeber aus der Apotheke,* 15. 3. 1989, S. 14.
54 Bruker/Gutjahr 1986, S. 54.
55 *ÖKO-TEST. Ratgeber Kleinkinder,* S. 25f.
56 *Ratgeber aus der Apotheke,* 15. 3. 1989, S. 14f.
57 *Eltern* Nr. 4/1988, S. 164.
58 *Ratgeber aus der Apotheke,* 15. 3. 1989, S. 14.
59 Ebd.
60 *Junge Familie. Das Baby-Journal.* Heft 5/1988, S. 38.
61 *Eltern* Nr. 9/1985, S. 15.
62 Ebd., S. 14–20.
63 Kitzinger 1986, Text hintere Umschlagseite.
64 Ebd., S. 156ff.
65 *Starnberger Neueste Nachrichten/Lokalteil der Süddeutschen Zeitung für den Landkreis,* 21. 2. 1989, S. IV.
66 Schönfeldt 1985, S. 31.
67 Ebd., S. 22.
68 Rolff/Zimmermann 1985; Schütze 1981; Zinnecker 1988.
69 Z.B. Bullinger 1986; Reim 1984.
70 Z.B. *Kursbuch* Nr.72, Juni 1983: *Die neuen Kinder; Kursbuch* Nr. 76, Juni 1984: *Die Mütter.*
71 *Eltern* Nr. 6/1989, Titelgeschichte.
72 Zit. nach Roth 1987, S. 100f.

73 Daele 1985, S. 145 f.
74 Rapp 1984, S. 319.
75 Hoffmann-Riem 1988, S. 40.
76 Hubbard 1984, S. 334.
77 Rothman 1988, S. 101–103.
78 Beck-Gernsheim 1988 b.
79 John Locke, zit. nach Rifkin 1987, S. 30.
80 Schütze 1986, S. 127.
81 Michelmann/Mettler 1987, S. 44.
82 Pfeffer/Woollett 1983.
83 Ebd., S. 28.
84 Fischer 1989, S. 48–56; zu einer wissenschaftlichen Darstellung der Etappen der In-vitro-Fertilisation siehe Bräutigam/Mettler 1985, S. 54–68.
85 Hölzle 1989; Klein 1987; Lorber/Greenfield 1987; Williams 1987.
86 Klein 1987, S. 8.
87 Williams 1987, S. 2.
88 Interview-Aussage in *Time* Nr. 37/10. September 1984, S. 38.
89 Klein 1987, S. 8.
90 Anne Taylor Fleming: *When a Loving Nest Remains Empty*, in: *New York Times*, 15. 3. 1989.
91 Bräutigam/Mettler 1985, S. 64.
92 Zusammenfassend Fuchs 1988.
93 Bräutigam/Mettler 1985, S. 65.
94 Pfeffer/Woollett 1983.
95 Rothman 1985, S. 28.
96 Ebd., S. 29.
97 Interview-Ausschnitt aus Nave-Herz 1988, S. 91.
98 Interview-Aussage in *Ms.*, Januar/Februar 1989, S. 156.
99 Siehe ausführlicher Beck-Gernsheim 1989, S. 29 ff.
100 Tuchmann 1982, S. 56 und S. 58.
101 Schlumbohm 1983, S. 67–72.
102 Wahl u. a. 1980, S. 150.
103 Ebd., S. 41.
104 Becker-Schmidt/Knapp 1985, S. 52.
105 Gstettner 1981.
106 Sichrovsky 1984, S. 38 f.
107 Der Kinderarzt Sanford Matthews, zit. in *McCall's*, November 1983, S. 196.
108 Lois Davitz in *McCall's*, Juli 1984, S. 126.
109 Papanek 1979.
110 Steinbeck 1966.
111 Ariès 1978, S. 560.
112 Kaufmann u. a. 1982, S. 530.

113 Hentig 1978, S. 34.

114 Sichtermann 1981, S. 34 ff.

115 Basedow 1783, zit. nach Ostner/Pieper 1980, S. 112.

116 Zinnecker 1988, S. 124.

117 *Eltern,* Juli 1988, S. 150.

118 *Eltern* Nr. 9/1985, S. 17; Hervorhebung EBG.

119 Beck 1970, S. 60; Hervorhebung EBG.

120 *Das Baby,* 1980, S. 3 und S. 23.

121 D. W. Winnicott 1969, zit. nach Schütze 1986, S. 91; Hervorhebung EBG.

122 *Ihr Baby im ersten Jahr,* 1988, S. 21; Hervorhebung EBG.

123 Schmidt-Rogge 1969, zit. nach Schütze 1986, S. 123.

124 Grossmann/Grossmann 1980, zit. nach Schütze 1986, S. 116 f.

125 Homan 1980.

126 Sichtermann 1981, S. 35.

127 Kaufmann u. a. 1982, S. 531.

128 Bullinger 1986, S. 24.

129 Schütze 1988, S. 108.

130 Ebd., S. 107 f.

131 Bullinger 1986, S. 57.

132 Ebd., S. 39 und S. 56.

133 Erfahrungsbericht in Blackie 1988, S. 160.

134 Erfahrungsbericht in Reim 1984, S. 101.

135 Erfahrungsbericht in ebd., S. 132.

136 Erfahrungsbericht in ebd., S. 19.

137 Nave-Herz 1987, S. 26.

138 Chester 1982.

139 Ledda 1978; Wimschneider 1987.

140 Gronemeyer 1989, S. 27.

141 Ebd.

142 Ellen Key, zit. nach Liegle 1987, S. 29.

143 Honig 1988.

144 Ebd., S. 171.

145 Z. B. Lempp 1986; Richter 1969.

146 Neidhardt 1975, S. 214.

147 Ariès 1978, S. 562.

148 Schütze 1981, S. 77.

149 Hurrelmann 1989, S. 10.

150 Ebd., S. 12.

151 Ebd.

152 Z. B. Büttner/Nicklas u. a. 1984.

Kapitel V: Der späte Apfel Evas

1 Siehe dazu oben S. 38 ff.
2 Es sei denn, die Wirklichkeit richtet sich nach den soziologischen Lehr-
  büchern über sie.
3 Statistisches Bundesamt nach einem Bericht der *Süddeutschen Zeitung*
  vom 24./25. 6. 1989.
4 L. Gravenhorst (1983), S. 17.
5 Insbesondere J. Wallerstein, S. Blakeslee (1989) sowie F..F. Furstenberg (1987), der von »Fortsetzungsehen« und »getrennter Elternschaft« spricht und einen »matrilinearen Umschwung« in Folge hoher
  Scheidungsraten voraussagt, durch den die Väterpräsenz und -bin-
  dung des Verwandtschaftssystems insgesamt gelockert werde.
6 Diesen Hinweis verdanke ich Ronald Hitzler; Indikatoren dafür sind
  das Getrennt- und Mit-neuen-PartnerInnen-Leben Immer-noch-Ver-
  heirateter, die die Kosten oder den psychischen Aufwand der Scheidung scheuen oder einfach die Fassade wahren wollen. Dabei wird
  zugleich deutlich, daß Ehe und Scheidung bei Konstanz der Worte und
  Verwaltungsakte *und* deren statistischer Abbildung die Bedeutung ins
  Provisorische, Formalistische gelockert haben. Wenn die Heiratszahlen wieder steigen, so wohl auch deshalb, weil die Ehe ihren Ewigkeits-
  glamour abgelegt hat und sich als ein Experiment auf Abruf empfiehlt,
  das es nun ebenso nicht zu versäumen und auszukosten gilt wie einen
  Südseeurlaub, das Oktoberfest und die Psychoanalyse.
7 B. Strauß, *Der Brief zur Hochzeit*, in: ders. (1987).
8 B. Caesar-Wolf, D. Eidmann (1985), D. Lucke (1990).
9 Vgl. P. Gross/A. Honer (1990).
10 G. Simmel (1985), B. Ehrenreich (1984), H. Goldberg (1979),
  V. E. Pilgrim (1986), K. Theweleit (1987), H. Brod (1987), W. Hollstein (1988).
11 P. Partner 1984, S. 128.
12 K. Gabert (1988), S. 87.
13 Ebd., S. 89 f.; zu dokumentierbaren Entwicklungslinien aufgrund elterlicher Wunschkindmentalität siehe E. Beck-Gernsheim (1988 b) sowie insgesamt zu den sozialen Folgen der Fortpflanzungsmedizin und
  Humangenetik U. Beck (1988, Kapitel I).
14 Siehe dazu oben S. 40 ff.
15 Zit. nach W. Schmiede, *Henry Miller*, Reinbek 1987, S. 162.

Kapitel VI: Die irdische Religion der Liebe

1 Benn (1962), S. 178 f.
2 Siehe dazu Beck-Gernsheim in diesem Band S. 106 ff.

3 K. Wahl u. a. (1980), S. 34 f.
4 J. Wallerstein, S. Blakeslee (1989), S. 28 f.
5 Siehe dazu oben S. 24 ff.
6 Statistisches Bundesamt (1988), Tab. 3.23, S. 71.
7 J. Wallerstein, S. Blakeslee (1989), S. 38 f.
8 »Es sind charakteristischer Weise *Vorstellungen* und *Phantasien* von
   Familien und Kindern, die Lebenssinn versprechen, viel weniger die
   realen Erfahrungen eines Familienlebens im bisherigen Lebenslauf und
   in seiner Alltäglichkeit.« K. Wahl u. a. (1980), S. 35.
9 P. L. Berger (1983), S. 235 f.
10 F. Alberoni (1983), S. 39 f., 44, 45.
11 M. Kundera (1989), S. 92.
12 R. Barthes (1984), S. 37 ff.
13 Diese Einschätzung, die das Liebesthema historisch zu begründen
   sucht in den Konfliktlagen individualisierter Lebenswelten, bestreitet
   damit zugleich, daß traditionale Milieus *ausschließlich* in »kleine soziale Lebenswelten« (R. Hitzler 1988, S. 136 ff.) aufgelöst werden.
   Liebe wird fast schon ein Zwangsthema in enttraditionalisierten Lebenswelten; dies zeigt auch, wie wichtig es ist, die Frage nach Individualisierungstendenzen mit der Frage nach neu entstehenden Sinn-
   und Sozialmustern zu verbinden.
14 Dieses Zitat verdanke ich Christoph Lau.
15 Die klassische Formulierung von Jürgen Habermas lautet: »Es gibt
   keine administrative Erzeugung von Sinn.« (1973, S. 99) Helmut Dubiel schreibt zusammenfassend für eine lange Linie der Argumentation
   (die zurückreicht zu Adam Smith, Hegel, Tocqueville): »Ähnlich wie
   die Industrie fossile Ressourcen verbrennt, ohne sie ersetzen zu können, zehrt die Stabilität liberaler Marktgesellschaften von den Bestän-
   den einer gesellschaftlichen Moral, die diese Gesellschaften innerhalb
   ihrer eigenen politischen, ökonomischen und kulturellen Institutionen
   nicht erneuern können.« (Helmut Dubiel 1987, S. 1039 ff.) Diese Einschätzung wäre, wenn die hier vorgetragene und vorzutragende Argumentation tragfähig werden sollte, zu überdenken. Und zwar in diesem
   Sinne: Ist es möglich, enttraditionalisierte, konfliktvoll gewordene
   Liebe als eine immermoderne Sinnquelle zu begreifen? Meine Antwort: eine Frage. Wenn es richtig ist, daß Liebe eine der zentralen
   Quellen für Streit, für ätzenden Streit ist, der Männer und Frauen in
   ihrem Innersten bewegt, aufreibt, verletzt und sie zugleich zwingt, ihre
   Lebensformen, ihren Weg, ihre Zukunft, ihre Person, ihre Eigenschaften, ihr Wollen, ihren Glauben und Unglauben zu überprüfen und zu
   »transzendieren«, dann könnte es doch sein, daß der Sinn genau darin
   besteht. Nicht positiver, vorgegebener, autoritärer Eindeutigkeitssinn,
   sondern Streit, der aus der Substanz des Lebens quillt, auf diese zielt,
   diese zersetzt: dies wäre genau die Form des nachtraditionalen, inner-

modernen Sinns der Liebe. Damit sprudeln die Fragen hervor, drohen das Gebäude der Normalität von innen, in seinen Fundamenten auszuhöhlen. Auf diese Weise entsteht vieles: Rückzug, Verbitterung, Zynismus, aber auch – widersprüchlich genug – ein neuer Horizont, eine neue Weltsicht, ein neuer Lebensstil oder wenigstens das Verlangen danach selbst in niedergedrückten Wünschen, in den Hochburgen des zelebrierten Ichs. Nicht in Form von Gewißheiten oder nun schlicht pflückbaren Werten. Aber im Sinne einer kulturellen Wundheit, einer durchgescheuerten Aufmerksamkeit, die die Wahrnehmung weckt, die Prioritäten verschiebt.
Allerdings ist Thomas Luckmann (1980, insbesondere S. 188) zuzustimmen: Liebe als Nachreligion kann nur im *privaten* Bereich sinngebend wirken – und auch nur »insofern dieser wirklich von den großen Institutionen ausgespart wird«; dazu später S. 258 f.

16 Foucault 1984, zit. nach W. Schmid (1986), S. 680.

17 Seneca, zit. nach Hieronymus, zit. nach J.-L. Flandrin (1984), S. 155.

18 Ph. Ariès (1984), S. 165, Flandrin (1984).

19 Seneca, zit. nach Ariès (1984), S. 169.

20 Montaigne, zit. nach Flandrin (1984), S. 161.

21 Benedicti (1584), zit. nach ebd., S. 155.

22 Brantôme, zit. nach ebd., S. 161.

23 H. Marcuse (1971).

24 H. M. Enzensberger (1988), S. 92, 190 f. und 228 f.

25 Der Begriff der Romantik und romantischen Liebe ist zweifellos unscharf und mehrdeutig, wie auch die neu aufgeflammte Debatte über »Die Modernität der Romantik« (K. H. Bohrer 1988) ganz allgemein zeigt. Den Bedeutungskern vermutet Niklas Luhmann ähnlich wie wir in jenem eigentümlichen Verhältnis von Idealisierung und Distanz: Die romantische Liebe ist »ideal und paradox, sofern sie die Einheit einer Zweiheit zu sein beansprucht. Es gilt, in der Selbsthingabe das Selbst zu bewahren und zu steigern, die Liebe voll und zugleich ironisch zu vollziehen. In all dem setzt sich eine neuartige, typisch romantische Paradoxie durch: die Erfahrung der Steigerung des Sehens, Erlebens, Genießens *durch Distanz.*« (Luhmann 1982, S. 172, Hervorh. im Original); siehe auch Fußnote 8; zu den historischen Ursprüngen C. Campbell (1987) sowie A. Honneth (1988 a).

26 Diesen Gedanken verdanke ich Christoph Lau. Die These ist nicht bedeutungsgleich mit der »Reflexivität des Liebens«, von der Niklas Luhmann (1982, S. 175) spricht; diese zielt nämlich nicht auf einen historisch neuen Tatbestand, sondern »ist abstrakt gesehen, eine Möglichkeit für alle Talente und alle Situationen ...«.

27 J. Kristeva (1989), S. 16: »Alle Philosophien des Denkens, die von Plato bis Descartes, Hegel und Kant der Liebeserfahrung einen Zugriff

auf die Realität zu sichern versuchen, tilgen aus ihr das Verstörende und reduzieren sie auf eine vom höchsten Gut oder absoluten Geist angezogene initiatorische Reise. Allein die Theologie... läßt sich... in die Falle des heiligen Liebeswahns locken.«

28 L. Andreas-Salomé (1986), S. 59.

29 D. Lucke (1990).

30 J.-P. Sartre (1974), S. 471.

31 N. Luhmann (1982), S. 210f.

32 Vgl. E. Goodman, The Last Valentine's Day, in: International Herald Tribune, 14. 2. 1990.

Literatur

Adorno, Th. W.: Minima moralia, Frankfurt 1982

Alberoni, F.: Verliebtsein und lieben – Revolution zu zweit, Stuttgart 1983

ders.: Erotik. Weibliche Erotik, männliche Erotik, was ist das? München 1987

Allerbeck, K./Hoag, W.: Jugend ohne Zukunft? Einstellungen, Umwelt, Perspektiven, München 1985

Andreas-Salomé, L.: Die Erotik, Frankfurt/Berlin 1986

Ariès, Ph.: Geschichte der Kindheit, München 1978

ders.: Liebe in der Ehe, in: Ariès, Ph. u. a., Die Masken des Begehrens und die Metamorphosen der Sinnlichkeit – Zur Geschichte der Sexualität im Abendland, Frankfurt 1984, S. 176–196

Ariès, Ph./Béjin, A./Foucault, M. u. a.: Die Masken des Begehrens und die Metamorphosen der Sinnlichkeit – Zur Geschichte der Sexualität im Abendland, Frankfurt 1984

Ayck, Th./Stolten, I.: Kinderlos aus Verantwortung, Reinbek 1978

Bach, G. R./Deutsch, R. M.: Pairing. Intimität und Offenheit in der Partnerschaft, Reinbek 1979

Bach, G. R./Molter, H.: Psychoboom. Wege und Abwege moderner Therapie, Reinbek 1979

Bach, G. R./Wyden, P.: Streiten verbindet. Spielregeln für Liebe und Ehe, Düsseldorf 1978

Badinter, E.: Ich bin Du – Die neue Beziehung zwischen Mann und Frau, München 1988

Badura, B. (Hg.): Soziale Unterstützung und chronische Krankheit. Zum Stand sozialepidemologischer Forschung, Frankfurt 1981

Baethge, M.: Individualisierung als Hoffnung und Verhängnis, in: Soziale Welt 1985/Heft 3, S. 299 ff.

Barthes, R.: Fragmente einer Sprache der Liebe, Frankfurt 1984

Beck, J.: How to Raise a Brighter Child, Fontana Books 1970

Beck, U.: Jenseits von Stand und Klasse? Soziale Ungleichheit, gesellschaftliche Individualisierungsprozesse und die Entstehung neuer sozialer Formationen und Identitäten, in: Kreckel, R. (Hg.) 1983, S. 35–74

ders.: Risikogesellschaft. Auf dem Weg in eine andere Moderne, Frankfurt 1986

ders.: Gegengifte. Die organisierte Unverantwortlichkeit, Frankfurt 1988

Beck-Gernsheim, E.: Das halbierte Leben. Männerwelt Beruf, Frauenwelt Familie, Frankfurt 1980

dies.: Vom »Dasein für andere« zum Anspruch auf ein Stück »eigenes Leben« – Individualisierungsprozesse im weiblichen Lebenszusammenhang, in: Soziale Welt, Heft 3/1983, S. 307–341 dies.: Die Kinderfrage. Frauen zwischen Kinderwunsch und Unabhängigkeit, München 1988 (1988 a)

dies.: Zukunft der Lebensformen, in: Hesse, J./Rolff, H.-G./Zöpel, Ch. (Hg.): Zukunftswissen und Bildungsperspektiven, Baden-Baden 1988, S. 99–118 (1988 b)

dies.: Mutterwerden – der Sprung in ein anderes Leben, Frankfurt 1989

Behrens, K. (Hg.): Das Inselbuch vom Lob der Frau, Frankfurt 1982

Béjin, A.: Ehen ohne Trauschein heute, in: Ariès, Ph. u. a.: Die Masken des Begehrens und die Metamorphosen der Sinnlichkeit, Frankfurt/M. 1984, S. 197–208

Benard, Ch./Schlaffer, E.: Liebesgeschichten aus dem Patriarchat, Reinbek 1981

dies./dies.: Viel erlebt und nichts begriffen. Die Männer und die Frauenbewegung, Reinbek 1985

Benn, G.: Leben ist Brückenschlagen – Gedichte, Prosa, Autobiographisches, München/Zürich 1962

Berger, B./Berger, P. L.: The War over the Family, New York 1983 (deutsch: Reinbek 1984)

Berger, J.: Gibt es ein nachmodernes Gesellschaftsstadium? Marxismus und Modernisierungstheorie im Widerstreit, in: Ders. (Hg.): Die Moderne – Kontinuitäten und Zäsuren. Soziale Welt, Sonderband 4, Göttingen 1986, S. 79–96

Berger, P. A.: Entstrukturierte Klassengesellschaft? Opladen 1986

ders.: Klassen und Klassifikationen, in: Kölner Zeitschrift für Soziologie und Sozialpsychologie 39/1987, S. 59–85

Berger, P. A./ Hradil, S. (Hg.): Lebenslagen, Lebensläufe, Lebensstile, Sonderband 7 der Sozialen Welt, Göttingen 1990 (im Erscheinen)

Berger, P. L.: Zur Dialektik von Religion und Gesellschaft, Frankfurt 1973

ders.: Das Problem der mannigfachen Wirklichkeiten: Alfred Schütz und Robert Musil, in: Sozialität und Intersubjektivität, hg. von Gradhoff/Waldenfels, München 1983

Berger, P. L./Berger, B./Kellner, H.: Das Unbehagen in der Modernität, Frankfurt 1975

Berger, P. L./Kellner, H.: Die Ehe und die Konstruktion der Wirklichkeit, in: Soziale Welt, Nr. 3/1965, S. 220–235

Bernard, J.: The Future of Marriage, Harmondsworth 1976

Bernardoni, C./Werner, V. (Hg.): Der vergeudete Reichtum – Über die Partizipation von Frauen im öffentlichen Leben, Bonn 1983

Bertram, H./Borrmann-Müller, R.: Individualisierung und Pluralisierung familialer Lebensformen, in: Aus Politik und Zeitgeschichte – Beilage zur Wochenzeitung Das Parlament, B 13/1988, S. 14–22

Bertram, H./Dannenbeck, G.: Zur Theorie und Empirie regionaler Disparitäten – Pluralisierung von Lebenslagen und Individualisierung von Lebensführungen in der BRD, in: Berger, P. A./Hradil, S. (1990)

Biermann, I./Schmerl, C./Ziebell, L.: Leben mit kurzfristigem Denken – Eine Untersuchung zur Situation arbeitsloser Akademikerinnen, Weilheim und Basel 1985

Bilden, H.: Geschlechterverhältnis und Individualität im gesellschaftlichen Umbruch, in: Keupp, H./Bilden, H. (Hg.): Verunsicherungen, Göttingen 1989, S. 19–46

Blackie, P.: Mit 35 das erste Kind. Überlegungen und Erfahrungen, Reinbek 1988

Blixen, T.: Moderne Ehe, Frankfurt 1987

Bock-Rosenthal, E./Haase, Ch./Streeck, S.: Wenn Frauen Karriere machen, Frankfurt-New York 1978

Bohrer, K.H.: Die Modernität der Romantik, in: Merkur 469, 1988, S. 179–198

Bolte, K.-M.: Bestimmungsgründe der Geburtenentwicklung und Überlegungen zu einer möglichen Beeinflußbarkeit, in: Bevölkerungsentwicklung und nachwachsende Generation. Schriftenreihe des Bundesministers für Jugend, Familie und Gesundheit, Band 93, Stuttgart-Berlin-Köln-Mainz 1980, S. 64–91

ders.: Subjektorientierte Soziologie, in: Bolte, K.M./Treutner, E. (Hg.): Subjektorientierte Arbeits- und Berufssoziologie, Frankfurt 1983, S. 12–36

Bopp, J.: Die Mamis und die Mappis. Zur Abschaffung der Vaterrolle, in: Kursbuch Nr. 76, Juni 1984: Die Mütter, S. 53–74

Borscheid, P.: Romantic Love Or Material Interest: Choosing Partners in Nineteenth-Century Germany, in: Journal of Family History, Nr. 2/1986, S. 157–168

Bräutigam, H.-H./Mettler, L.: Die programmierte Vererbung. Möglichkeiten und Gefahren der Gentechnologie, Hamburg 1985

Braun, D./Wohlfart, C.: Ich und du und unser Kind. Tagebücher aus dem Leben zu dritt, Reinbek 1984

Brod, H. (Hg.): The Making of Masculinity, Boston 1987

Brontë, Ch.: Jane Eyre. Penguin English Library 1966, S. 475 (Erstausgabe 1847)

Brose, H.G./Hildenbrand, B. (Hg.): Vom Ende des Individuums zur Individualität ohne Ende, Opladen 1988

Brose, H.-G./Wohlrab-Sahr, M.: Formen individualisierter Lebensführung von Frauen – ein neues Arrangement zwischen Familie und Beruf? In: Brose, H.-G. (Hg.): Berufsbiographien im Wandel, Opladen 1986, S. 105–145

Bruckner/Finkielkraut, A.: Die neue Liebesunordnung, München 1979

Bruker, M.O./Gutjahr, I.: Biologischer Ratgeber für Mutter und Kind, Lahnstein 1986

Buchholz, W. u.a.: Lebenswelt und Familienwirklichkeit, Frankfurt 1984

Büttner, Ch./Nicklas, H. u. a.: Wenn Liebe zuschlägt. Gewalt in der Familie, München 1984

Bullinger, H.: Wenn Paare Eltern werden, Reinbek 1986

Bundesminister für Bildung und Wissenschaft (Hg.): Grund- und Strukturdaten, Ausgabe 1982/83, 1984/85, 1988/89, 1989/90

Bundesminister für Jugend, Familie und Gesundheit (Hg.): Frauen 80, Bonn 1980

ders. (Hg.): Frauen in der Bundesrepublik Deutschland, Bonn 1984

Burckhardt, J.: Die Kultur der Renaissance, Stuttgart 1972

Burkart, G./Fietze, B./Kohli, M.: Liebe, Ehe, Elternschaft. Eine qualitative Untersuchung über den Bedeutungswandel von Paarbeziehungen und seine demographischen Konsequenzen. Materialien zur Bevölkerungswissenschaft, Heft 60, herausgegeben vom Bundesinstitut für Bevölkerungsforschung, Wiesbaden 1989

Campbell, C.: The Romantic Ethic And The Spirit of Modern Consumerism, Oxford 1987

Cancian, F. M.: Gender Politics: Love and Power in the Private and Public Spheres, in: Rossi, A. S. (Hg.): Gender and the Lifecourse, New York 1985, S. 253–265

dies.: The Feminization of Love, in: Signs, Heft 4/1986, S. 692–709

Capek, K.: Romeo und Julia. Eine Erzählung, in: Süddeutsche Zeitung, 25./26./27. 5. 1985

Chesler, Ph.: Mutter werden. Die Geschichte einer Verwandlung, Reinbek 1980

Chester, R. (Hg.): Children and Marriage. Sonderheft des International Journal of Sociology and Social Policy, Band 2, Heft 3, 1982

Cohen, A.: Die Schöne des Herrn, Stuttgart 1983

ders.: Das Buch meiner Mutter, Stuttgart 1984

Cook, E. H./Harrell, K. F.: Parental kidnapping: a bibliography. Monticello: Vance Bibliographies, 1984

Christie, A.: Meine gute alte Zeit. Eine Autobiographie, Bern-München 1978

Daele, W. van den: Mensch nach Maß? Ethische Probleme der Genmanipulation und Gentherapie, München 1985

Degler, C. N.: At Odds. Women and the Family in America from the Revolution to the Present, New York 1980

Demos, J./Boocock, S. S. (Hg.): Turning Points – Historical and Sociological Essays on the Family, Chicago 1978

Diezinger, A./Marquardt, R./Bilden, H.: Zukunft mit beschränkten Möglichkeiten, Projektbericht, München 1982

Dische, I.: Das schönste Erlebnis, in: Kursbuch Nr. 72, Juni 1983: Die neuen Kinder, S. 28–32

Dörre, K.: Risiko-Kapitalismus – Zur Kritik von Ulrich Becks Weg in eine andere Moderne, Marburg 1987

Dowrick, S./Grundberg, S. (Hg.): Will ich wirklich ein Kind? Frauen erzählen, Reinbek 1982

Dubiel, H.: Zur Ökologie der Moral, in: Merkur 1987, S. 1039 ff.

Duby, G.: Die Frau ohne Stimme – Liebe und Ehe im Mittelalter, Berlin 1989

Durkheim, E.: Über die Teilung der sozialen Arbeit, Frankfurt 1982

Ehrenreich, B.: The Politics of Talking in Couples: Conversus Interruptus and other Disorders, in: Jaggar, A. M./Rothenberg, P. S. (Hg.): Feminist Frameworks, New York 1984, S. 73–76

dies.: The Hearts of Men, New York 1983 (deutsch: Reinbek 1984)

Ehrenreich, B./English, D.: For Her Own Good. 150 Years of the Experts' Advice for Women, London 1979

Ehrenreich, B./Hess, E./Jacobs, G.: Remaking Love. The Feminization of Sex, New York 1986

Eichenbaum, L./Orbach, S.: Was wollen die Frauen? Ein psychotherapeutischer Führer durch das Labyrinth in Liebesdingen, Reinbek 1986

Elias, N.: Über den Prozeß der Zivilisation, Bern/München 1969

ders.: Vorwort, in: Schröter, M.: »Wo zwei zusammenkommen in rechter Ehe...« Sozio- und psychogenetische Studien über Eheschließungsvorgänge vom 12. bis 15. Jahrhundert, Frankfurt 1985, S. VIII–XI

ders.: Die Gesellschaft der Individuen, Frankfurt 1987

Elschenbroich, D.: Eine Familie, zwei Kulturen. Deutsch-ausländische Familien, in: Deutsches Jugendinstitut (Hg.): Wie geht's der Familie? Ein Handbuch zur Situation der Familien heute, München 1988, S. 363–370

Enzensberger, H. M.: Requiem für eine romantische Frau – Die Geschichte von Auguste Bußmann und Clemens Brentano, Berlin 1988

Erler, G. A.: Erdöl und Mutterliebe – von der Knappheit einiger Rohstoffe, in: Schmidt, Th. (Hg.): Das pfeifende Schwein, Berlin 1985

Esser, H.: Verfällt die soziologische Methode?, in: Soziale Welt, Heft 1/2 1989, S. 57–75

Fabe, M./Wikler, N.: Up Against the Clock. Career Women Speak on the Choice to Have Children, New York 1979

Fallaci, O.: Brief an ein nie geborenes Kind, Frankfurt 1979

dies.: Ein Mann, Frankfurt 1982

Fend, H.: Zur Sozialgeschichte des Aufwachsens, in: Deutsches Jugendinstitut (Hg.): 25 Jahre Deutsches Jugendinstitut e. V. – Dokumentation der Festveranstaltung und des Symposiums, München 1988, S. 157–173

Fischer, E.: Jenseits der Träume. Frauen um Vierzig, Köln 1983

Fischer, I.: Der andere Traum vom eigenen Baby, in: Geo-Wissen, Sonderheft Sex – Geburt – Genetik, Mai 1989, S. 46–58

Fishman, P. M.: Interaction: The Work Women Do, in: Kahn-Hut, R./Daniels, A. K./Colvard, R. (Hg.): Women and Work: Problems and Perspectives, New York 1982, S. 170–180

Flitner, A.: Zerbrechliche Zukunft, in: ders.: Für das Leben – oder für die Schule?, Weinheim 1987, S. 211–219

Flandrin, J.-L.: Das Geschlechtsleben der Eheleute in der alten Gesellschaft, in: Ariès, Ph. u. a.: Die Masken des Begehrens und die Metamorphosen der Sinnlichkeit, Frankfurt/M. 1984, S. 147–164

Foucault, M.: Die Sorge um sich, Sexualität und Wahrheit 3, Frankfurt 1989

Frankl, V.: Das Leiden am sinnlosen Leben. Psychotherapie für heute, Freiburg 1984

Fuchs, W.: Jugendliche Statuspassage oder individualisierte Jugendbiographie? In: Soziale Welt, Heft 3/1983, S. 341–371

Ders.: Biographische Forschung, Opladen 1984

Furstenberg, F. Jr.: Fortsetzungsehen. Ein neues Lebensmuster und seine Folgen, in: Soziale Welt, Heft 1/1987, S. 29–39

Gabbert, K.: Prometheische Schamlosigkeit, in: Ästhetik und Kommunikation, Heft 69: Gentechnologie, Berlin 1988, S. 85–91

Garfinkel, P.: In A Man's World, New York 1986

Gensior, S.: Moderne Frauenarbeit, in: Karriere oder Kochtopf, Jahrbuch für Sozialökonomie und Gesellschaftstheorie, Opladen 1983

Gerhard, U.: Verhältnisse und Verhinderungen. Frauenarbeit, Familie und Rechte der Frauen im 19. Jahrhundert, Frankfurt 1978

Geulen, D.: Das vergesellschaftete Subjekt, Frankfurt 1977

Gilligan, C.: Die andere Stimme – Lebenskonflikte und Moral der Frau, München 1984

Glick, P. C.: Marriage, divorce, and living arrangements: prospective changes, in: Journal of Family Issues, 1984, S. 7–26

Goldberg, H.: Der verunsicherte Mann. Wege zu einer neuen Identität aus psychotherapeutischer Sicht, Reinbek 1979

Goody, J.: Die Entwicklung von Ehe und Familie in Europa, Frankfurt 1989

Grass, G.: Kopfgeburten, Darmstadt 1980

Gravenhorst, L.: Alleinstehende Frauen, in: Beyer, J. u. a. (Hg.): Frauenhandlexikon – Stichworte zur Selbstbestimmung, München 1983, S. 16 f.

Groffy, Ch./Groffy, U. (Hg.): Das Insel-Buch der Ehe, Frankfurt 1986

Gronemeyer, R.: Die Entfernung vom Wolfsrudel. Über den drohenden Krieg der Jungen gegen die Alten, Düsseldorf 1989

Gross, P.: Bastelmentalität: Ein »postmoderner« Schwebezustand, in: Schmid, Th. (Hg.): Das pfeifende Schwein, Berlin 1985, S. 63–84

Gross, P./Honer, A.: Multiple Elternschaften, in: Soziale Welt 1/1990 (im Erscheinen)

Gstettner, P.: Die Eroberung des Kindes durch die Wissenschaft. Aus der Geschichte der Disziplinierung, Reinbek 1981

Habermas, J.: Legitimationsprobleme im Spätkapitalismus, Frankfurt 1973 ders.: Nachmetaphysisches Denken – Philosophische Aufsätze, Frankfurt 1988

Häsing, H. (Hg.): Mutter hat einen Freund. Alleinerziehende Frauen berichten, Frankfurt 1983

Häsing, H./Brandes, V. (Hg.): Kinder, Kinder! Lust und Last der linken Eltern, Frankfurt 1983

Häussler, M.: Von der Enthaltsamkeit zur verantwortungsbewußten Fortpflanzung. Über den unaufhaltsamen Aufstieg der Empfängnisverhütung und seine Folgen, in: Häussler, M. u. a.: Bauchlandungen. Abtreibung – Sexualität – Kinderwunsch, München 1983, S. 58–73

Hage, V.: Ferne Frauen, fremde Männer, in: Die Zeit, 11. Dezember 1987

Hahn, A.: Familie und Selbstthematisierung, in: Lüscher, K. u. a. (Hg.): Die »postmoderne« Familie, Konstanz 1988, S. 169–179

Handke, P.: Kindergeschichte, Frankfurt 1982

Heiliger, A.: Alleinerziehende Mütter: Ohne Partner glücklicher, in: Psychologie heute, Dezember 1985, S. 10–11

Heitmeyer, W./Möller, K.: Milieu-Einbindung und Milieu-Erosion als individuelles Sozialisationsproblem, in: Zeitschrift für erziehungswissenschaftliche Forschung 1988, S. 115–144

Hennig, Ch.: Die Entfesselung der Seele – Romantischer Idealismus in den deutschen Alternativkulturen, Frankfurt 1989

Henning, M./Jardim, A.: Frau und Karriere, Reinbek 1978

Hentig, H. von: Vorwort, in: Ariès, Ph.: Geschichte der Kindheit, München 1978, S. 7–44

Hite, S./Colleran, K.: Keinen Mann um jeden Preis. Das neue Selbstverständnis der Frau in der Partnerbeziehung, Niederhausen 1989

Hitzler, R.: Sinnwelten, Opladen 1988

Höhn, Ch./Mammey, U./Schwarz, K.: Die demographische Lage in der Bundesrepublik Deutschland, in: Zeitschrift für Bevölkerungswissenschaft, Heft 2/1981, S. 139–230

Hölzle, Ch.: Die physische und psychische Belastung durch In-vitro-Fertilisation, in: pro familia magazin, Heft 5/1989, S. 5–8

Höpflinger, F.: Kinderwunsch und Einstellung zu Kindern, in: Hoffmann-Nowotny, H.-J. u. a.: Planspiel Familie. Familie, Kinderwunsch und Familienplanung in der Schweiz, Diessenhofen 1984, S. 77–181

Hoff, A./Scholz, J.: Neue Männer in Beruf und Familie, Forschungsbericht Berlin 1985

Hoffmann-Nowotny, H.-J.: Ehe und Familie in der modernen Gesellschaft, in: Aus Politik und Zeitgeschichte – Beilage zur Wochenzeitschrift Das Parlament, B 13/1988, S. 3–13

Hoffmann-Riem, Ch.: Chancen und Risiken der gentechnologisch erweiterten pränatalen Diagnostik. Eine qualitative Studie bei Klienten humangenetischer Beratungsstellen. Forschungsantrag, Hamburg 1988 (Hektographiertes Manuskript)

Hollstein, W.: Nicht Herrscher, aber kräftig – Die Zukunft der Männer, Hamburg 1988

Homan, W. E.: Kinder brauchen Liebe – Eltern brauchen Rat, München 1980

Honig, M.-S.: Kindheitsforschung: Abkehr von der Pädagogisierung, in: Soziologische Revue, Heft 2/April 1988, S. 169–178

Honneth, A.: Soziologie. Eine Kolumne, Merkur 470, 1988, S. 315–319

ders.: Soziologie. Eine Kolumne, in: Merkur 477, 1988, S. 961–965 (1988 a)

Hornstein, W.: Jugend. Strukturwandel im gesellschaftlichen Wandlungsprozeß, in: Hradil, S. (Hg.): Sozialstruktur im Umbruch. Karl Martin Bolte zum 60. Geburtstag, Opladen 1985, S. 323–342

ders.: Gegenwartsdiagnose und pädagogisches Handeln, in: Zeitschrift für Pädagogik 34/1988

Hubbard, R.: Personal courage is not enough: some hazards of childbearing in the 1980s, in: Arditti, R. u. a. (Hg.): Test-Tube Women. What future for motherhood? London 1984, S. 331–355

Hurrelmann, K.: Warum Eltern zu Tätern werden. Ursachen von Gewalt gegen Kinder, in: forschung – Mitteilungen der DFG, Nr. 1/1989, S. 10–12

Ibsen, H.: Dramen. Erster Band, Winkler Dünndruck Ausgabe, München 1973

Illich, I.: Einführung in die Kulturgeschichte der Knappheit. In: Stephan H. Pfürtner (Hg.): Wider den Turmbau zu Babel. Disput mit Ivan Illich. Reinbek 1985, S. 12–31

Imhof, A. E.: Die gewonnenen Jahre, München 1981

ders.: Die verlorenen Welten, München 1984

Institut für Demoskopie Allensbach/Köcher, R.: Einstellungen zu Ehe und Familie im Wandel der Zeit, Stuttgart 1985

Jaeggi, E./Hollstein, W.: Wenn Ehen älter werden. Liebe, Krise, Neubeginn, München 1985

Jarnberg, J.: Ich bin ich, Frankfurt 1982

Jong, E.: Fear of Flying, Panther Books 1974

dies.: Parachutes & Kisses, Panther Books 1985

Jourand, S. M.: Ehe fürs Leben – Ehe zum Leben, in: Familiendynamik, Heft 2/April 1982, S. 171–182

Kamerman, Sh. B.: Women, Children and Poverty: Public Policies and Female-headed Families in Industrialized Countries, in: Signs – Journal of Women in Culture and Society, Sonderheft »Women and Poverty«, Band 10/Heft 2, Winter 1984, S. 249–271

Kaufmann, F.-X.: Sozialpolitik und Familie, in: Aus Politik und Zeitgeschichte – Beilage zur Wochenzeitschrift Das Parlament, B 13/1988, S. 34–43

Kaufmann, F.-X./Herlth, A./Quitmann, J./Simm, R./Strohmeier, P.: Familienentwicklung – generatives Verhalten im familialen Kontext, in: Zeitschrift für Bevölkerungswissenschaft, Heft 4/1982, S. 523–545

Kern, B./Kern, H.: Madame Doctorin Schlözerin. Ein Frauenleben in den Widersprüchen der Aufklärung, München 1988

Kerner, Ch.: Kinderkriegen. Ein Nachdenkbuch, Weinheim und Basel 1984

Keupp, H.: Riskante Chancen. Das Subjekt zwischen Psychokultur und Selbstorganisation, Heidelberg 1988

Keupp, H./Bilden, H. (Hg.): Verunsicherungen. Das Subjekt im gesellschaftlichen Wandel, Göttingen 1989

Kitzinger, Sh.: Wie soll mein Kind geboren werden? Ein Ratgeber für Schwangere, München 1986

Klages, H.: Wertedynamik – Über die Wandelbarkeit des Selbstverständlichen, Zürich 1988

Klein, R. D.: Where Choice Amounts to Coercion: The Experiences of Women on IVF Programmes. Referat auf dem Dritten Internationalen Interdisziplinären Frauenkongreß, Dublin 1987 (Hektographiertes Manuskript)

Kohli, M.: Die Institutionalisierung des Lebenslaufes, in: KZfSS 1985/1, S. 1–29

ders.: Normalbiographie und Individualität, in: Brose, H. G./Hildenbrand, B. (Hg.): Vom Ende des Individuums zur Individualität ohne Ende, Opladen 1988, S. 33–54

Krantzler, M.: Kreative Scheidung. Wege aus dem Scheidungsschock, Reinbek 1977

Krechel, U.: Meine Sätze haben schon einen Bart. Anmahnung an die neue Weiblichkeit, in: Kursbuch 73, September 1983, S. 143–155

Kreckel, R. (Hg.): Soziale Ungleichheiten, Sonderband 2 der Sozialen Welt, Göttingen 1983

Kristeva, J.: Geschichten von der Liebe, Frankfurt 1989

Kuhn, H.: »Liebe« – Geschichte eines Begriffs, München 1975

Kundera, M.: Das Buch der lächerlichen Liebe, Frankfurt 1989

Lange, H./Bäumer, G. (Hg.): Handbuch der Frauenbewegung, I. Teil, Die Geschichte der Frauenbewegung in den Kulturländern, Berlin 1901

Langer-El Sayed, I.: Familienpolitik: Tendenzen, Chancen, Notwendigkeiten, Frankfurt 1980

Lasch, Ch.: Haven in a Heartless World: The Family Besieged, New York 1977

Lau, Ch.: Gesellschaftliche Individualisierung und Wertwandel, in: Luthe, H. O./Meulemann, H. (Hg.): Wertwandel – Faktum oder Fiktion? Frankfurt /New York 1988

Lazarre, J.: The Mother Knot, New York, Laurel, 1977

Ledda, G.: Padre, Padrone, Zürich 1978

Lempp, R.: Familie im Umbruch, München 1986

Ley, K.: Von der Normal- zur Wahlbiographie, in: Kohli, M./Robert, G. (Hg.): Biographie und soziale Wirklichkeit, Stuttgart 1984, S. 239–260

Liegle, L.: Welten der Kindheit und der Familie, Weinheim und München 1987

Lorber, J./Greenfield, D.: Test-Tube Babies and Sick Roles: Couples' Experiences with In vitro Fertilization. Referat auf dem Dritten Internationalen Interdisziplinären Frauenkongreß, Dublin 1987 (Hektographiertes Manuskript)

Lucke, D.: Die Ehescheidung als Kristallisationskern geschlechtsspezifischer Ungleichheit im Lebenslauf von Frauen, in: Berger, P.L./Hradil, S. (1990)

Luckmann, Th: Lebenswelt und Gesellschaft, München 1980

Lüscher, K.: Familie als Solidargemeinschaft aller Familienangehörigen – Erwartungen und Möglichkeiten, in: Familienideal, Familienalltag. Schriften des deutschen Vereins für öffentliche und private Fürsorge, Band 266, Frankfurt 1987, S. 22–37

Luhmann, N.: Liebe als Passion. Zur Codierung von Intimität, Frankfurt 1984

ders.: Die Autopoesis des Bewußtseins, in: Soziale Welt 1985, Heft 4, S. 402–446

ders.: Inividuum, Individualität, Individualismus, in: ders.: Gesellschaftsstruktur und Semantik, Bd. 3, Frankfurt 1989, S. 149–258

Lutz, W.: Heiraten, Scheidung und Kinderzahl. Demographische Tafeln zum Familien-Lebenszyklus in Österreich, in: Demographische Informationen 1985, S. 3–20

Maase, K.: Betriebe ohne Hinterland, in: Marxistische Studien, Jahrbuch des IMSF, Frankfurt 1984

Mackenzie, N./Mackenzie, J. (Hg.): The Diary of Beatrice Webb, Volume Three, 1905–1924, London: Virago, 1984

Mayer, E.: Love and Tradition. Marriage Between Jews and Christians, New York und London 1985

Mayer, K.U.: Empirische Sozialstrukturanalyse und Theorien gesellschaftlicher Entwicklung, in: Soziale Welt Heft 1/2 1989, S. 297–308

Meller, L.: Lieber allein. Zur Situation weiblicher Singles, Frankfurt 1983

Merian, S.: Der Tod des Märchenprinzen, Reinbek 1983

Merrit, S./Steiner, L.: And baby makes two: Motherhood without Marriage, New York: Franklin Watts, 1984

Metz-Göckel, S./Müller, U./Zeitschrift Brigitte: Der Mann, Hamburg 1985

Metz-Göckel, S./Müller, U.: Partner oder Gegner? Überlebensweisen der Ideologie vom männlichen Familienernährer, in: Soziale Welt, Heft 1/ 1987, S. 4–28

Michal, W.: Die SPD – staatstreu und jugendfrei, Reinbek 1988

Michelmann, H. W./Mettler, L.: Die In-vitro-Fertilisation als Substitutionstherapie, in: Wehowsky, S. (Hg.): Lebensbeginn und Menschenwürde. Stellungnahmen zur Instruktion der Kongregation für Glaubenslehre vom 22. 2. 1987. Band 14 der Reihe Gentechnologie, Frankfurt-München 1987, S. 43–51

Mooser, J.: Auflösung der proletarischen Milieus, Klassenbindung und Individualisierung in der Arbeiterschaft vom Kaiserreich bis in die Bundesrepublik Deutschland, in: Soziale Welt, Heft 3/1983, S. 270–306

Müller, W./Willms, A./Handl, J.: Strukturwandel der Frauenarbeit 1880–1980, Frankfurt 1983

Münz, R.: Vater, Mutter, Kind, in: Pernhaupt, G. (Hg.): Gewalt am Kind, Wien 1983, S. 33–44

Muschg, G.: Bericht von einer falschen Front, in: Piwitt, H. P. (Hg.), Literaturmagazin 5, Reinbek 1976

Musil, R.: Der Mann ohne Eigenschaften, Hamburg 1952

Nave-Herz, R.: Bedeutungswandel von Ehe und Familie, in: Schulze, H.-J./Mayer, T. (Hg.): Familie – Zerfall oder neues Selbstverständnis? Würzburg 1987, S. 18–27

dies.: Kinderlose Ehen. Eine empirische Studie über die Lebenssituation kinderloser Ehepaare und die Gründe für ihre Kinderlosigkeit, Weinheim und München 1988

Neckel, S.: Individualisierung und Theorie der Klassen, in: Prokla Heft 76/1989, S. 51–59

Neidhardt, F.: Die Familie in Deutschland. Gesellschaftliche Stellung, Struktur und Funktion. Vierte, überarbeitete und erweiterte Auflage, Opladen 1975

Nichteheliche Lebensgemeinschaften in der Bundesrepublik Deutschland. Schriftenreihe des Bundesministers für Jugend, Familie und Gesundheit, Band 170, Stuttgart-Berlin-Köln-Mainz 1985

Norwood, R.: Wenn Frauen zu sehr lieben, Reinbek 1986

Nunner-Winkler, G.: Identität und Individualität, in: Soziale Welt 1985, Heft 4, S. 466–482

dies.: Identität im Lebenslauf, in: Psychologie heute (Hg.): Das Ich im Lebenslauf, Weinheim 1989

ÖKO-TEST, Ratgeber Kleinkinder, Reinbek 1988

Olerup, A./Schneider, L./Monod, E.: Women, Work and Computerization – Opportunities and Disadvantages, New York 1985

O'Reilly, J.: The Girl I Left Behind, New York: Macmillan 1980

Ostner, I./Krutwa-Schott, A.: Krankenpflege – ein Frauenberuf? Frankfurt 1981

Ostner, I./Pieper, B.: Problemstruktur Familie – oder: Über die Schwierigkeit, in und mit Familie zu leben, in: Ostner/Pieper (Hg.): Arbeitsbereich

Familie. Umrisse einer Theorie der Privatheit, Frankfurt-New York 1980, S. 96–170

Palmer, C. E./Noble, D. N.: Child Snatching, in: Journal of Family Issues, Band 5, Heft 1, März 1984, S. 27–45

Papanek, H.: Family Status Production: The »Work« and »Non-Work« of Women, in: Signs, Band 4/Heft 4, Sommer 1979, S. 775–781

Parzner, P.: Das endgültige Ehebuch für Anfänger und Fortgeschrittene, Schönberger Verlag: München 1984

Pearce, D./McAdoo, H.: Women and Children: Alone and in Poverty, Washington 1981

Permien, H.: Zwischen Existenznöten und Emanzipation – Alleinerziehende Eltern, in: Deutsches Jugendinstitut (Hg.): Wie geht's der Familie? Ein Handbuch zur Situation der Familien heute, München 1988, S. 89–97

Pfeffer, N./Woollett, A.: The Experience of Infertility, London 1983

Plessen, E.: Mitteilung an den Adel, Zürich 1976

Pilgrim, V. E.: Der Untergang des Mannes, Reinbek 1986

Praschl, P: »Bloß keine Blöße geben«, in: Stern Nr. 13/1988, S. 38

Praz, M.: Liebe, Tod und Teufel – Die schwarze Romantik, München 1960

Preuss, H. G.: Ehepaartherapie. Beitrag zu einer psychoanalytischen Partnertherapie in der Gruppe, Frankfurt 1985

Pross, H.: Der deutsche Mann, Reinbek 1978

Quintessenzen aus der Arbeitsmarkt- und Berufsforschung 1984, Frauen und Arbeitsmarkt, Nürnberg (IAB) 1984

Rapp, R.: XYLO: a true story, in: Arditti, R. u. a. (Hg.): Test-Tube Women. What future for motherhood? London 1984, S. 313–328

Reim, D. (Hg.): Frauen berichten vom Kinderkriegen, München 1984

Rerrich, M. S.: Veränderte Elternschaft, in: Soziale Welt 1983, Heft 4, S. 420–449

Dies.: Balanceakt Familie. Zwischen alten Leitbildern und neuen Lebensformen. Freiburg 1988

Dies.: Was ist neu an den »neuen Vätern«, in: Keupp, H./Bilden, H. (Hg.): Verunsicherungen. Das Subjekt im gesellschaftlichen Wandel, Göttingen 1989, S. 93–102

Richter, H. E.: Eltern, Kind und Neurose. Die Rolle des Kindes in der Familie, Reinbek 1969

Riehl, W. H.: Die Familie, Stuttgart 1861

Riesman, D.: Egozentrik in Amerika, in: Der Monat, Nr. 3/1981, S. 111–123

Rifkin, J.: Kritik der reinen Unvernunft, Reinbek 1987

Rilke, R. M.: Briefe, Frankfurt 1980

Ritsert, J.: Braucht die Soziologie den Begriff der Klasse? in: Leviathan 15/1987, S. 4–38

Rolff, H.-G./Zimmermann, P.: Kindheit im Wandel. Eine Einführung in die Sozialisation im Kindesalter, Weinheim und Basel 1985

Roos, B./Hassauer, F. (Hg.): Kinderwunsch. Reden und Gegenreden, Weinheim und Basel 1982

Rosenbaum, H. (Hg.): Seminar: Familie und Gesellschaftsstruktur, Frankfurt 1978

dies.: Formen der Familie. Untersuchungen zum Zusammenhang von Familienverhältnissen, Sozialstruktur und sozialem Wandel in der deutschen Gesellschaft des 19. Jahrhunderts, Frankfurt 1982

Rosenmayr, L.: Die späte Freiheit, München 1984

ders.: Wege zum Ich vor bedrohter Zukunft, in: Soziale Welt 1985, Heft 3, S. 274 ff.

Rossi, A. S. (Hg.): The Feminist Papers. From Adams to de Beauvoir, New York: Bantam Books, 1974

Roth, C.: Hundert Jahre Eugenik, in: Dies. (Hg.): Genzeit. Die Industrialisierung von Pflanze, Tier und Mensch. Ermittlungen in der Schweiz, Zürich 1987, S. 93–118

Rothman, B. K.: The Tentative Pregnancy. Prenatal Diagnosis and the Future of Motherhood, London 1988

Rubin, L. B.: Intimate Strangers. Men and Women Together, New York 1983

Ryder, N. B.: The Future of American Fertility, in: Social Problems, Band 26/Heft 3, Februar 1979, S. 359–370

Sartre, J.-P.: Das Sein und das Nichts, Reinbek 1974

Schellenbaum, P.: Das Nein in der Liebe. Abgrenzung und Hingabe in der erotischen Beziehung, Stuttgart 1984

Schenk, H.: Abrechnung, Reinbek 1979

Schlodder, H.: Sprachver(w)irrungen. Der Jargon und die Gefühle, in: Süddeutsche Zeitung, 8./9. September 1984

Schlumbohm, J. (Hg.): Kinderstuben. Wie Kinder zu Bauern, Bürgern, Aristokraten wurden, 1700–1850, München 1983

Schmid, J.: Die Bevölkerungsentwicklung in der Bundesrepublik Deutschland, in: Aus Politik und Zeitgeschichte – Beilage zur Wochenzeitschrift Das Parlament, B 18/89, 28. April 1989, S. 3–15

Schmid, W.: Auf der Suche nach einer neuen Lebenskunst, in: Merkur 1986, S. 678 ff.

Schmidbauer, W.: Die Angst vor Nähe, Reinbek 1985

Schmiede, W.: Henry Miller, Reinbek 1987

Schneider, S. W.: Intermarriage. The Challenge of Living with Differences, The Free Press, 1989

Schönfeldt, S., Gräfin von: Das Buch vom Baby. Schwangerschaft, Geburt und die ersten beiden Lebensjahre, Ravensburg 1969

dies.: Knaurs Großes Babybuch, München 1985

Schopenhauer, A.: Vom Nutzen der Nachdenklichkeit, München 1987

Schröter, M.: »Wo zwei zusammenkommen in rechter Ehe...« Studien über Eheschließungsvorgänge vom 12. bis 15. Jahrhundert, Frankfurt 1985

Schütze, Y.: Die isolierte Kleinfamilie, in: Vorgänge, Heft 5/Oktober 1981, S. 75–78

dies.: Die gute Mutter. Zur Geschichte des normativen Musters »Mutterliebe«, Bielefeld 1986

dies.: Zur Veränderung im Eltern-Kind-Verhältnis seit der Nachkriegszeit, in: Nave-Herz, R. (Hg.): Wandel und Kontinuität der Familie in der Bundesrepublik Deutschland, Stuttgart 1988, S. 95–114

Schulz, W.: Von der Institution »Familie« zu den Teilbeziehungen zwischen Mann, Frau und Kind, in: Soziale Welt, Heft 4/1983, S. 401–419

Schumacher, J.: Partnerwahl und Partnerbeziehung, in: Zeitschrift für Bevölkerungswissenschaft, Nr. 4/1981, S. 499–518

Seidenspinner, G./Burger, A.: Mädchen '82. Eine Untersuchung im Auftrag der Zeitschrift Brigitte, Hamburg 1982

Sennett, R.: The Fall of Public Man, London 1976 (deutsch: Frankfurt 1983)

Sichrovsky, P.: Grips-Mittelchen, in: Kursbuch, Mai 1985, S. 55–59

Sichtermann, B.: Leben mit einem Neugeborenen. Ein Buch über das erste halbe Jahr, Frankfurt 1981

dies.: Vorsicht, Kind. Eine Arbeitsplatzbeschreibung für Mütter, Väter und andere, Berlin 1982

dies.: Wer ist wie? Über den Unterschied der Geschlechter, Berlin 1987

Sieder, R.: Sozialgeschichte der Familie, Frankfurt 1987

Simmel, G.: Philosophie des Geldes, Berlin 1977

ders.: Schriften zur Philosophie und Soziologie der Geschlechter. Hg. von Dahme, H. J./Köhnke, K., Frankfurt 1985

Statistisches Bundesamt (Hg.): Frauen in Familie, Beruf und Gesellschaft, Ausgabe 1983, Wiesbaden 1983

dass. (Hg.): Datenreport, Bonn 1983

dass. (Hg.): Frauen in Familie, Beruf und Gesellschaft, Ausgabe 1987, Wiesbaden 1987

dass. (Hg.): Statistisches Jahrbuch 1988 (für die Bundesrepublik Deutschland)

Steinbeck, J.: Amerika und die Amerikaner, Luzern 1966

Stich, J.: »Spätere Heirat nicht ausgeschlossen...« Vom Leben ohne Trauschein, in: Deutsches Jugendinstitut (Hg.): Wie geht's der Familie? Ein Handbuch zur Situation der Familien heute, München 1988, S. 155–162

Stone, L.: Heirat und Ehe im englischen Adel des 16. und 17. Jahrhunderts, in: Rosenbaum, H. (Hg.): Seminar Familie und Gesellschaftsstruktur, Frankfurt 1978, S. 444–479

ders.: The Family, Sex and Marriage in England 1500–1800, New York 1979

Strümpel, B. u.a.: Teilzeitarbeitende Männer und Hausmänner, Berlin 1988

Swaan, A. De: The politics of agoraphobia, in: Theory and Society, 10/1981, S. 359–385

The Boston Women's Health Book Collective: Unser Körper, unser Leben. Band 1 und 2, Reinbek 1980

Theweleit, K.: Männerphantasien, 2 Bände, Reinbek 1987

Tilly, Ch. (Hg.): Historical Changes of Changing Fertility, Princeton 1978

Tuchman, B.: Der ferne Spiegel. Das dramatische 14. Jahrhundert, München 1982

Tyrell, H.: Ehe und Familie – Institutionalisierung und Deinstitutionalisierung, in: Lüscher, K. u.a. (Hg.): Die »postmoderne« Familie, Konstanz 1988, S. 145–156

Urdze, A./Rerrich, M.S.: Frauenalltag und Kinderwunsch. Entscheidungsgründe für oder gegen weitere Kinder bei Müttern mit einem Kind, Frankfurt 1981

Vester, H.-G.: Die Thematisierung des Selbst in der postmodernen Gesellschaft, Bonn 1984.

Vogt-Hagebäumer, B.: Schwangerschaft ist eine Erfahrung, die die Frau, den Mann und die Gesellschaft angeht, Reinbek 1977

Vollmer, R.: Die Entmythologisierung der Berufsarbeit, Opladen 1986

Wachinger, L.: Ehe. Einander lieben – einander lassen, München 1986

Wagnerova, A.: Scheiden aus der Ehe. Anspruch und Scheitern einer Lebensform, Reinbek 1982

Wahl, K./Tüllmann, G./Honig, M.S./Gravenhorst, L.: Familien sind anders! Reinbek 1980

Wahl, K.: Die Modernisierungsfalle – Gesellschaft, Selbstbewußtsein und Gewalt, Frankfurt 1989

Wallerstein, J./Blakeslee, S.: Gewinner und Verlierer – Frauen, Männer, Kinder nach der Scheidung, München 1989

Wander, M.: »Guten Morgen, du Schöne«. Frauen in der DDR. Protokolle. Darmstadt und Neuwied 1979

Wassermann, J.: Laudin und die Seinen, München 1987 (Erstausgabe 1925)

Weber, M.: Die protestantische Ethik, hg. von Winckelmann, J., Tübingen 1979

Weber-Kellermann, I.: Die deutsche Familie. Versuch einer Sozialgeschichte, Frankfurt 1975

Wehrspaun, M.: Alternative Lebensformen und postmoderne Identitätskonstitution, in: Lüscher, K. u.a. (Hg.): Die »postmoderne« Familie, Konstanz 1988, S. 157–168

Wetterer, A.: Die Neue Mütterlichkeit. Über Brüste, Lüste und andere Stil(l)blüten aus der Frauenbewegung, in: Häussler, M. u.a.: Bauchlandungen. Abtreibung – Sexualität – Kinderwunsch, München 1983, S. 117–134

Weymann, A.: Handlungsspielräume im Lebenslauf. Ein Essay zur Einführung, in: Ders. (Hg.): Handlungsspielräume. Untersuchungen zur Individualisierung und Institutionalisierung von Lebensläufen in der Moderne, Stuttgart 1989, S. 1–39

White, N. R.: On being one of the boys: an exploratory study of women's professional and domestic role definitions, in: Women's Studies International Forum, Band 7/Heft 6, 1984, S. 433–440

Wiegmann, B.: Frauen und Justiz, in: Janssen-Jurreit, M. (Hg.): Frauenprogramm. Gegen Diskriminierung. Reinbek 1979, S. 127–132

Wiggerhaus, R.: »Nun aber ich selbst«. Neue Tendenzen in der Literatur von Frauen in der Bundesrepublik, in Österreich und in der Schweiz, in: Die Neue Gesellschaft, Frankfurter Hefte, Nr. 7/1985, S. 600–607

Williams, L. S.: »It's Gonna Work for Me«: Women's Experience of the Failure of In Vitro Fertilization and Its Effect on Their Decision to Try IVF Again. Referat auf dem Dritten Internationalen Interdisziplinären Frauenkongreß, Dublin 1987 (Hektographiertes Manuskript)

Willms, A.: Segregation auf Dauer? Zur Entwicklung des Verhältnisses von Frauenarbeit und Männerarbeit in Deutschland, 1882–1980, in: Müller, W. u. a.: Strukturwandel der Frauenarbeit 1880–1980, Frankfurt 1983, S. 107–181

dies.: Grundzüge der Entwicklung der Frauenarbeit von 1880 bis 1980, in: Müller, W. u. a.: Strukturwandel der Frauenarbeit 1880–1980, Frankfurt 1983, S. 25–54

Wimschneider, A.: Herbstmilch. Lebenserinnerungen einer Bäuerin, München 1987

Wingen, M.: Leitung und Einführung zur Podiumsdiskussion »Heiratsverhalten und Familienbindung«, in: Schmid, J./Schwarz, K. (Hg.): Politische und prognostische Tragweite von Forschungen zum generativen Verhalten. Herausgegeben von der Deutschen Gesellschaft für Bevölkerungswissenschaft, Berlin 1985, S. 340–351

Wysocki, G. v.: Die Fröste der Freiheit. Aufbruchphantasien, Frankfurt 1980

Zinnecker, J.: Zukunft des Aufwachsens, in: Hesse, J. J./Rolff, H.-G./Zöpel, Ch. (Hg.): Zukunftswissen und Bildungsperspektiven, Baden-Baden 1988, S. 119–139

Zoll, R. u. a.: »Nicht so wie unsere Eltern!« Ein neues kulturelles Modell? Opladen 1989

Zschocke, F.: Er oder ich. Männergeschichten, Reinbek 1983

Zukunftsperspektiven gesellschaftlicher Entwicklungen. Bericht der Kommission »Zukunftsperspektiven gesellschaftlicher Entwicklungen«, erstellt im Auftrag der Landesregierung von Baden-Württemberg, Stuttgart 1983

Drucknachweise

Riskante Chancen (Einleitung): Originalbeitrag

Kapitel I: erheblich erweiterte und überarbeitete Fassung des Kapitels IV in: U. Beck, Risikogesellschaft. Auf dem Weg in eine andere Moderne, Frankfurt 1986, S. 161–194.

Kapitel II: überarbeitete und aktualisierte Fassung der Aufsätze E. Beck-Gernsheim, Von der Liebe zur Beziehung? in: Berger, J. (Hg.): Die Moderne – Kontinuitäten und Zäsuren, Sonderband 4 der Sozialen Welt, Göttingen 1986, S. 209–233; und dies.: Bis daß der Tod euch scheidet?, in: Archiv für Wissenschaft und Praxis der sozialen Arbeit, Heft 2 bis 4/1986, S. 144–173.

Kapitel III: übernimmt Teile aus E. Beck-Gernsheim: Freie Liebe – freie Scheidung, in: Weymann, A. (Hg.): Handlungsspielräume, Stuttgart 1989, S. 105–119.

Kapitel IV: Originalbeitrag.

Kapitel V: Originalbeitrag; (Abschnitt 1 u. 2 aus: U. Beck, Risikogesellschaft, a. a. O., S. 195–200).

Kapitel VI: Originalbeitrag.

Bibliothek der Lebenskunst
Eine Auswahl

Iso Camartin. Belvedere. Das schöne Fernsehen.
150 Seiten. Gebunden

Hans-Martin Gauger. Vom Lesen und Wundern. Das Markus-Evangelium. 136 Seiten. Gebunden

Hans Ulrich Gumbrecht. Lob des Sports. Übersetzt von Georg Deggerich. 176 Seiten. Gebunden

Durs Grünbein. An Seneca. Postskriptum. Seneca. Die Kürze des Lebens. Übersetzt von Gerhard Fink.
88 Seiten. Gebunden

Jochen Hörisch. Es gibt (k)ein richtiges Leben im falschen.
104 Seiten. Gebunden

Alexander Kluge. Die Kunst, Unterschiede zu machen.
112 Seiten. Gebunden

Detlef B. Linke. Hölderlin als Hirnforscher.
176 Seiten. Gebunden

Adolf Muschg. Von einem, der auszog leben, zu lernen. Goethes Reisen in die Schweiz. 88 Seiten. Gebunden

Hannelore Schlaffer. Das Alter. Ein Traum von Jugend.
112 Seiten. Gebunden

Wilhelm Schmid. Mit sich selbst befreundet sein.
436 Seiten. Gebunden